Ernst Lohoff, Norbert Trenkle,
Maria Wölflingseder, Karl-Heinz Lewed (Hg.)

Dead Men Working

UNRAST

Die derzeitige Generalmobilmachung gegen den Sozialstaat, die zunehmende Repression gegen Arbeitslose und Ausgegrenzte und die Schaffung eines breiten Sektors von Elendsarbeit sind noch nicht das letzte Wort einer Krisenverwaltung der Arbeits- und Warengesellschaft, die auch in den Weltmarktzentren immer brutalere Züge annimmt. Je klarer zu Tage tritt, dass die rasante Produktivitätsentwicklung immer mehr Arbeit überflüssig macht, desto heftiger klammert sich diese Gesellschaft an die entgegengesetzte Perspektive. Unter der Prämisse ›Arbeit schaffen um jeden Preis‹ werden die Potentiale gesellschaftlichen Reichtums rücksichtslos der kapitalistischen Form geopfert. Die gesellschaftliche Opposition zeigt sich angesichts der immer neuen Zumutungen gelähmt. Aus ihrer Paralyse kann sie nur herausfinden, wenn sie aufhört, die Diktatur von Arbeit und Warenproduktion fraglos zu akzeptieren, und stattdessen in ihr das zentrale Problem dieser Gesellschaft erkennt.

Ernst Lohoff, Norbert Trenkle, Maria Wölflingseder,
Karl-Heinz Lewed (Hg.)

Dead Men Working

Gebrauchsanweisungen zur Arbeits- und Sozialkritik in Zeiten kapitalistischen Amoklaufs

UNRAST

Bibliographische Information Der Deutschen Bibliothek
Die Deutsche Bibliothek verzeichnet diese Publikation in der Deutschen Nationalbibliografie; detaillierte bibliographische Daten sind im Internet über http://dnb.ddb.de abrufbar.

Ernst Lohoff u.a. (Hg.) - Dead Men Working
2. Auflage, April 2005
ISBN 3-89771-427-2

© UNRAST-Verlag, Münster
Postfach 8020, 48043 Münster – Tel. (0251) 66 62 93
info@unrast-verlag.de
www.unrast-verlag.de
Mitglied in der *assoziation Linker Verlage* (aLiVe)

Umschlag: Martin Klindtworth, Leipzig
Martin.Klindtworth@t-online.de
Satz: UNRAST-Verlag, Münster
Druck: Interpress, Budapest

Inhalt

Vorwort

Unablässig wird uns die immergleiche Botschaft ins Hirn gehämmert: Neue Arbeit braucht das Land. Die aber sei nur zu haben, wenn die betriebswirtschaftliche Rentabilität endlich bedingungslos als gesellschaftliche Leitkultur anerkannt werde. Dann blühe uns ein Leben in materiellem Wohlstand und Freiheit.

Die gesellschaftliche Realität jedoch passt nicht so recht zu diesem Dogma. Die Länder des Südens und des Ostens haben die totale Entfesselung der Marktkräfte nach 1989 mit Verarmungsschüben bezahlt, zu denen sich höchstens in der Epoche der »ursprünglichen Akkumulation« (Marx) Parallelen finden lassen. Aber auch im Auge des Orkans wird es immer ungemütlicher. Mit rasanter Geschwindigkeit wird hier das gleiche Zerstörungswerk vollzogen wie in den Verliererländern des Weltmarkts. Nur um die kapitalistische Produktions- und Gesellschaftsform, die Warenproduktion, zu retten, werden alle sozialen und ökologischen Standards entsorgt. Der Abriss der sozialen Sicherungssysteme und die Plünderung der öffentlichen Infrastruktur hinterlässt eine breite Schneise gesellschaftlicher Verwüstung und sozialer Verrohung. Auch nach Deutschland kehrt die längst als angeblich gelöst vergessene ›soziale Frage‹ zurück. Die schöne neue Welt der Selbstvermarktung reimt sich für die Einzelnen auf prekäre Lebensverhältnisse, zunehmenden Stress, Mobbing und hochgradig unsichere Zukunftsperspektiven. Aber bitte, immer schön positiv denken und das penetrante Verkäuferlächeln nicht vergessen!

Wenn ihre großspurigen Glücksversprechen nicht aufgehen, reagieren Sekten vorzugsweise mit verstärktem Druck auf ihre Anhänger. Die Doktrin darf nie das Problem sein, sondern stets nur mangelnde Konsequenz und fehlende Hingabe bei deren Umsetzung; insofern liegt es allemal allein an den Jüngern, durch mehr Opferwille und Einsicht doch noch die Erlösung zu erlangen. Die Vertreter der marktwirtschaftlichen Heilslehre ticken keinen Deut anders. Können Sie tatsächlich in den ›Chancen und Risiken‹ der Selbstvermarktung nicht das höchste Glück auf Erden erkennen? Offensichtlich haben Sie ein massives Wahrnehmungsproblem. Wer die Welt zwanghaft negativ sieht, sabotiert seinen persönlichen Erfolg und zugleich den ›unseres Standorts‹.

Ganze Weltregionen brechen weg und verelenden? Dort muss es an der Bereitschaft gefehlt haben, die verordnete Kur der totalen Ökonomisierung mit nötiger Konsequenz anzuwenden. Ausgerechnet Argentinien, der Musterknabe des IWF, ist wirtschaftlich ins Bodenlose abgestürzt? Das lässt nur einen Schluss zu: Die bei der Verfolgung der reinen neoliberalen Lehre eifrigste Führung auf der Welt war noch nicht eifrig genug. Die einstigen Lieblingskinder der viel gepriesenen ›New Economy‹, die neuen Informationsarbeiter, liegen zu Hunderttausenden auf der Straße oder räumen bei Aldi die Regale ein? Offenbar haben sie es nicht verstanden, alsbald neue Karrierechancen zu nutzen, und damit schon bewiesen, dass sie völlig zu Recht als untüchtig aussortiert wurden. Jedem das Seine. Der Markt hat immer Recht, und der Arbeitsmarkt sowieso.

Die ›Reform‹-Hysterie die derzeit über Deutschland und andere europäische Länder hereinbricht, markiert einen historischen Einschnitt. Es geht nicht mehr bloß um die Rücknahme einzelner sozialer Standards, die dem Kapitalismus abgerungen werden konnten. Es geht um den Totalabriss. Die auf Arbeit und Warenproduktion basierende Gesellschaft ist in einen fundamentalen Krisenprozess eingetreten, der sie in ihren Fundamenten erschüttert. Gerade in diesem Prozess enthüllt sie noch einmal ihren zutiefst irrationalen und destruktiven Charakter und tritt in eine offen terroristische Phase ein. Sozialer Widerstand dagegen regt sich kaum. Hierzulande noch weniger als anderswo. Das Heer der Arbeitslosen wird auf Diät gesetzt, darf sich bei der Arbeitssuche alles gefallen lassen und rührt sich nicht. Millionen stellen sich resigniert darauf ein, dass ›überkommene Besitzstände‹ wie die Aussicht auf einen Zahnersatz demnächst zum überflüssigen Luxus werden. So manche Faust ballt sich – bislang aber leider nur in der Tasche.

Der ökonomieterroristische Amoklauf schreit geradezu nach einer Gegenbewegung und nach einer Renaissance von Gesellschaftskritik. Und doch ist die antikapitalistische Opposition wie gelähmt, zeigt sich schicksalsergeben und orientierungslos. Weit davon entfernt, dem aufkeimenden Unwillen zur Sprache zu verhelfen, versinkt sie selber in Sprachlosigkeit und stellt alles andere als den Kristallisationskern für einen möglichen Widerstand dar.

Zunächst einmal erscheint diese Paralyse als Folge einer thematischen Ausblendung. Krieg und Frieden, Rassismus, Sexismus, Ökologie und internationale Solidarität haben die Linke in den letzten Jahrzehnten immer wieder mobilisiert und heftige Debatten ausgelöst. Die soziale und Arbeitswirklichkeit im eigenen Land kam hingegen in den Diskussionen fast nicht mehr vor und spielte für das linke Selbstverständnis kaum eine Rolle. Daher versetzt die Wiederkehr der ›sozialen Frage‹ die antikapitalistische Opposition in die terra incognita eines ihr unvertrauten gesellschaftlichen Konfliktfelds.

Für die grobe Vernachlässigung von Fragen der alltäglichen Reproduktion im Kapitalismus sind freilich nicht einfach nur die politischen Konjunkturen verantwortlich zu machen. Das systematische Desinteresse ist auch und vor allem der verqueren Perspektive geschuldet, unter der das antikapitalistische Denken diesen Problemkreis gewohnheitsmäßig wahrgenommen hat und (wenn überhaupt) bis heute wahrnimmt. Die Neue Linke begriff die soziale und Arbeitswirklichkeit nie als eigenständigen Kritikgegenstand. Stattdessen hat sie – dem marxistischen Erbe entsprechend – die Auseinandersetzung damit beharrlich der berühmt-berüchtigten ›Klassenfrage‹ untergeordnet. Der allgemeine gesellschaftliche Zwang, lebenslang die eigene Haut zu Markte zu tragen, verdiente Aufmerksamkeit nur unter einer Prämisse: Kapital und Arbeitskraftverkäufer seien per se antagonistische gesellschaftliche Kräfte und die Arbeit ein Gegenprinzip zur kapitalistischen Ordnung. In den 70er Jahren war für das linke Selbstverständnis noch wesentlich die positive, klassenromantische Variante dieser Vorstellung prägend. Man phantasierte sich die Lohnarbeiterschaft zum eingeborenen Träger einer emanzipativen Mission zurecht und schrieb der Arbeit ein mysteriöse befreiende Kraft zu. Diese Hoffnung blamierte sich zwar sehr schnell an der Wirklichkeit. Doch die abstruse Vorstellung, eine Kritik des kapitalistischen Arbeitsregimes müsse auf einem positiven Klassenstandpunkt fußen, überlebte negativ gewendet dieses Dementi. Generation um Generation von Linken diente das alsbald nur noch vom Hörensagen bekannte Proletkult-Intermezzo dazu, die eigene Ignoranz gegen die Arbeitswirklichkeit und jeden Bezug auf die ›soziale Frage‹ als Ausfluss höherer Einsicht zu legitimieren.

Die Wiederkehr der ›sozialen Frage‹ deckt indes nicht nur massive inhaltliche Defizite auf. Sie bringt die Linke auch als Soziotop nachhaltig in die Bredouille. In oppositionellen Zusammenhängen finden seit jeher vorzugsweise Menschen zusammen, die in einer gewissen

Distanz zum herrschenden Arbeits- und Konkurrenzwahn leben. Die Energie zum Engagement bringen in erster Linie jene auf, die es verstanden haben, die eigene Reproduktion vergleichsweise arbeitsarm zu organisieren und sich Zeit und Nerv für etwas anderes als die Verwertung und Regeneration des eigenen ›Humankapitals‹ zu reservieren. Obwohl jedoch die gesamte linke Subkultur auch und nicht zuletzt auf dieser stillen ›lebensweltlichen‹ Voraussetzung beruht, war Schaffung und Sicherung disponibler Zeit nie selber Inhalt linker Politik und blieb stets im schlimmsten Wortsinn Privatangelegenheit. Die arbeitsterroristische Generalmobilmachung ist drauf und dran diese Existenzbedingung zu zerstören. Wenn kaum mehr jemand mit Nebenjobs über die Runden kommt, wenn unter dem Druck der arbeitsreligiösen Offensive systematisch alle gesellschaftlichen Luftlöcher verschwinden, die das Bildungssystem und der Sozialstaat bis dato gelassen haben, dann wird damit nebenbei auch den linken Soziotopen die Luft abgedrückt. Die regierende Arbeitskirche tut alles, damit Menschen nur noch für zwei Dinge im Leben Zeit und Kraft haben: für die Arbeit und für die Arbeitssuche. Das individuelle Ausweichen vor diesen Zumutungen nimmt zusehends selber den Charakter einer Schwerstarbeit an. Damit verwandeln sich aber die bisherigen Formen oppositionellen Engagements für immer mehr Menschen in eine kaum noch dauerhaft in die eigene Biographie integrierbare psycho-soziale Luxusleistung.

Auch insofern bedarf es einer grundsätzlichen Neuorientierung der gesellschaftlichen Opposition. Es gilt die ›soziale Frage‹ auch im Bezug auf den eigenen Alltag und die eigenen Lebensverhältnisse ernst zu nehmen. Nicht im Sinne einer ›Politik in der ersten Person‹, wie in der verblichenen Alternativbewegung, sondern als alle vom Kapitalismus gezogenen Grenzen überschreitende Solidarisierung jenseits von Stellvertreterpolitik und Romantisierung eines phantasierten revolutionären Subjekts.

Die auf Zerstörung und Selbstzerstörung programmierte Herrschaft von Arbeit, Warenproduktion und Verwertung stellt radikale Antikapitalisten prinzipiell vor die gleichen Probleme wie alle anderen Menschen, die ein Leben als Konkurrenzautomat und Selbstverkäufer unerträglich finden und denen es vor der um sich greifenden sozialen Verwilderung graut. Insofern ist der Wechsel von einem positiven Bezug auf die Arbeit zu einer konsequenten Kritik dieses Allerheiligsten der Warengesellschaft nicht nur unerlässlich, um eine Kritik des globalisierten Krisenkapitalismus auf der Höhe der Zeit zu entwikkeln. Vielmehr liegt für radikale Gesellschaftskritik in der arbeits- und sozialkritischen Neuorientierung zugleich die Chance, eine Ausstrahlungskraft weit über die bisherigen oppositionellen Segmente und Subkulturen hinaus zu gewinnen.

Die Arbeitskirche begegnet der fundamentalen Krise der Arbeit mit Gesundbeterei, dem Auftürmen hohler Ideologiegebirge und verschärfter Repression. Vor allem setzt sie darauf, dass der Überlebenskampf in der Vereinzelung keinen Widerstand aufkommen lässt. Das gilt es zu durchbrechen. Radikale Gesellschaftskritik kann ihren Beitrag dazu leisten, indem sie die Unerträglichkeit und die Unhaltbarkeit der Arbeits- und Warengesellschaft beim Namen nennt und damit möglicherweise einem allgemeineren Bedürfnis mit zur Sprache verhilft.

Einen Schritt in diese Richtung zu unternehmen, ist die Intention des hier vorliegenden Buches. Es versteht sich als Fortsetzung einer Kritik, die im Rahmen der Zeitschrift *Krisis* entwickelt und mit dem »Manifest gegen die Arbeit« (Gruppe Krisis, 1999) sowie dem Buch »Feierabend! Elf Attacken gegen die Arbeit« (Hrsg.: Robert Kurz, Ernst Lohoff und Norbert Trenkle, Hamburg 1999) in eine breitere Öffentlichkeit getragen wurde. Weitere Schritte werden folgen. Wer sich dafür interessiert, sei insbesondere auf die *Krisis* und auf das arbeits- und wertkritische Magazin *Streifzüge* sowie auf unsere Homepages verwiesen (*www.krisis.org* und *www.streifzuege.org*).

Ernst Lohoff, Norbert Trenkle, Karl-Heinz Lewed und Maria Wölflingseder

Mai 2004

Ernst Lohoff

Das Schweigen der Lämmer
Neue soziale Frage im entsicherten
Kapitalismus

Die Umwertung des Sozialen

Kaum ein Tag vergeht, an dem Politiker, Arbeitgeberverbände oder
irgendwelche so genannten Wirtschaftsexperten nicht mit neuen Vorschlägen zur ›Rettung des Sozialstaats‹ und zur Verbesserung der Arbeitsmarkt-
lage aufwarten würden. Mit einer nie da gewesenen Geschwindigkeit
verändert die sich überschlagende ›Reformpolitik‹ das Gesicht der
mitteleuropäischen Gesellschaften. Der Begriff ›sozial‹ macht einen
grundlegenden Bedeutungswechsel durch. In der Zeit des ›Rheinischen
Kapitalismus‹ stand dieses kleine Adjektiv für ein tief gestaffeltes
System gesellschaftlicher Institutionen, die der Vernichtungskonkurrenz Grenzen setzten. Auch diejenigen, die aufgrund von Arbeitslosigkeit, Krankheit oder Alter vorübergehend oder dauerhaft daran
gehindert waren, vom Verkauf ihrer Arbeitskraft zu leben, sollten von
den Früchten der Arbeitsgesellschaft etwas abbekommen. ›Sozial‹
meint dagegen heute, die sukzessive Außerkraftsetzung dieser Ordnung. An die Stelle kollektiv abgefederter Abhängigkeit vom Markt
tritt die unmittelbare Auslieferung an die totale, konsequent individualisierte Konkurrenz.

›Sozial ist, was Arbeit schafft‹, lautet die Zauberformel dieser Umwertung. Kapitalverwertung schafft Arbeitsplätze, folglich gilt als ›sozial‹, was diese befördern könnte. Das Wort ›unsozial‹ bezeichnet
dagegen alles das, was die ebenso scheuen wie seltenen Investoren-
Rehlein womöglich schreckt oder gar belastet. Ob Rente, Krankenversicherung oder Arbeitslosengeld: jede Arbeitskraftverkäuferin und jeder
Hilfsbedürftige trägt für eine gelingende Verwertung seine Verantwortung. Aus Fürsorge gegenüber der Verwertungsmaschine ist von jeder
›Anspruchshaltung‹ Abstand zu nehmen. Am besten er mutiert zum
Elendsunternehmer. Das Motto dieses Umbaus: ›Wo Lohnnebenkosten

sind, soll Eigenverantwortung werden.‹ ›Sozial‹ sind fernerhin sämtliche Maßnahmen, die den Druck auf jeden Einzelnen erhöhen, koste es, was es wolle, seine Haut zu Markte zu tragen. Jedwede Laxheit bei der gebotenen Selbstzurichtung zu Humankapital gefährdet nämlich die Grundlage der Gesellschaft und muss dementsprechend Ächtung und die Aberkennung des soziale Existenzrechts nach sich ziehen. Auf den Sozialstaat angewiesen zu sein, heißt, dieser perversen Logik zufolge, einen Anschlag auf ihn zu verüben. Wer vom Markt für überflüssig befundenen Menschen Elend und Demütigungen ersparen will, handelt aber nicht nur gegenüber der Gesellschaft verantwortungslos, er versündigt sich auch noch am ureigensten Recht der Sozialstaatsklienten auf Selbstbestimmung. Indem sie eine Hängemattenmentalität züchte, blockiere die Existenz des Sozialstaats die freie Persönlichkeitsentfaltung. Keine Perfidie, die sich mit diesem Argument nicht rechtfertigen ließe. Hier nur ein Beispiel: In Österreich tobt – wie überall sonst auch – gerade eine Debatte um die Verlängerung der Lebensarbeitszeit. Der emeritierte Wiener Volkswirtschaftsprofessor Erich Streissler übernimmt dabei die Rolle des ›unkonventionellen Vordenkers‹ und schlägt die Anhebung des Renteneintrittsalters auf 72 Jahre vor. Wie begründet er diese Forderung? Etwa mit der bedenklichen Kassenlage der staatlichen Rentenversicherungen? Weit gefehlt. Die Altersgrenze ist aus Gründen der Humanität anzuheben. Menschen früher aus der Arbeitsmühle zu entlassen und zum alten Eisen zu werfen, heißt, ihnen Gewalt antun!

Angesichts der Wucht, mit der dieses Programm der Neubestimmung des Sozialen über diese Gesellschaft hereinbricht und angesichts des hohen Akzeptanzgrads, den es findet, möchte man kotzen. Weit und breit kein Widerstand, der diesen Namen verdienen würde. Höchstens ein paar ewiggestrige linke Gewerkschaftler und Kirchenvertreter wollen nicht so recht mitziehen. Leise geben sie zu bedenken, dass der Mensch vielleicht doch nicht ganz im homo oeconomicus aufgehe, aber nur, um für so viel Unverstand allgemeines Kopfschütteln zu ernten. Ansonsten schweigen die Lämmer.

Die Ware Arbeitskraft – keine Ware wie jede andere

So durchschlagenden Erfolg die arbeitsterroristische Gehirnwäsche hat, rechter Jubel will unter den Einpeitschern nicht aufbranden. Stattdessen zeigen sie sich ob des Erreichten hochgradig unzufrieden. Die

Diagnose ›Reformstau‹ macht nach wie vor die Runde, und sämtliche selbsternannten Standort-Retter beschweren sich unisono über das ›kakophonische Stimmengewirr‹ aus unausgegorenen Vorschlägen, über ›kurzatmigen Aktionismus‹ auf Seiten der Regierung und darüber, dass die konkurrierenden Anbieter ›bloßes Stückwerk‹ liefern würden. Nicht nur in Hollywood folgt auf miese Filme vom Kaliber »Nackte Kanone« unweigerlich der zweite, dritte und vierte Teil, auch in Berlin wird seit Herbst 2003 bereits »Hartz 4« verhandelt. Man muss wahrlich kein Prophet sein um vorherzusagen, dass auch diesem Wurf eine ›Nachbesserung‹ nach der anderen folgen wird.

Fanatiker können nie genug bekommen. Das ist allerdings nicht der einzige Grund für das nimmermüde Klagelied und immergleiche Spiel. Bei aller inneren Kohärenz, in ein konsistentes Gesamtkonzept übersetzt sich das arbeitsterroristische Programm tatsächlich in keiner Weise. Nicht nur, dass Teilmaßnahmen unerwünschte fatale Nebenwirkungen zeitigen, sie geraten auch regelmäßig in Widerspruch zueinander; keines der lauthals verkündeten Ziele wird erreicht. Mit einer dauerhaften Stabilisierung der Sozialversicherungskassen ist ebenso wenig zu rechnen wie mit einer Senkung der Arbeitslosenzahlen – von statistischen Effekten einmal abgesehen. Durch den großartigen Umbau der Arbeitsämter in ›Jobagenturen‹ bekommen die privaten Zeitarbeitsfirmen Konkurrenz, zusätzliche Arbeitsplätze entstehen deswegen aber noch lange nicht. Die Verlängerung der Lebensarbeitszeit bleibt angesichts zunehmender Arbeitshetze und Massenarbeitslosigkeit eine Farce. Es stellt sich immer nur die Frage, wer für die aussortierten Älteren zuständig ist, Arbeitsamt oder Rentenversicherung, und auf welches Armutsniveau sie künftig herabgedrückt werden. Und auch sonst gilt: Was die eine öffentliche Kasse entlastet, belastet die andere. Aufgrund der Deregulierung der Ladenöffnungszeiten findet kein Konsument auch nur einen Cent mehr im Portemonnaie, und die in Deutschland als Konjunkturbelebungsmaßnahme angepriesene Abschaffung der Gewerbesteuer ruiniert vornehmlich die kommunalen Haushalte.

Keine Anpassung der Arbeitsbedingungen an das globale Elendsniveau, die im Dumping-Wettbewerb auf dem Weltarbeitsmarkt nicht sofort getoppt würde. Dass angesichts der massenhaften Freisetzung von Arbeitskräften aufgrund des beschleunigten Produktivitätszuwachses phantasiert wird, die Noch-Beschäftigten müssten künftig länger arbeiten, damit die Arbeitslosen endlich in Lohn und Brot kommen, verweist weniger auf höhere Hirnakrobatik denn auf fortgeschrittene Hirnerweichung. Die heimischen Lohnabhängigen werden zu privater Vorsorge für Krankheit und Alter verdonnert, ihnen wird ›Lohnverzicht‹ diktiert, und gleichzeitig denunziert man sie als feige ›Angstsparer‹, die anders als die verantwortungsvollen und daher verschuldungsfreudigen US-amerikanischen Helden des Konsums an der Nachfragefront jämmerlich versagen – alles in einem Atemzug! Das Werk hochkomplex denkender Dialektiker? Wohl eher etwas anderes.

Auch wenn die Arbeitsideologen sich und dem werten Publikum das partout einreden: Die mangelnde Konsistenz der verschiedenen Maßnahmen ist keineswegs nur einer inkonsequenten Umsetzung geschuldet. Die eigentliche Crux ist die Zielvorgabe. Bei der Quadratur des Kreises hat noch nie jemand eine gute Figur gemacht. Beim Projekt ›Rettung des Sozialstaats‹ durch Anpassung an die wirtschaftlichen Erfordernisse handelt es sich um ein Endlosunternehmen, das nie ans offizielle Ziel gelangt, sondern stets nur immer unverschämtere Zumutungen produziert. Wie man es auch dreht und wendet, unter der totalen Herrschaft der Ökonomie ist für die breite Masse der Bevölkerung weltweit nicht einmal ein Minimum an Wohlstand vorgesehen – und zwar verrückterweise, gerade *weil* das Produktivitätsniveau so enorm gesteigert wurde. Die Ökonomisierungslogik gebietet nämlich nicht nur die Verwandlung von allem und jedem in einen Gegenstand der Verwertung und damit der Verausgabung von abstrakter Arbeit, ihr ist zugleich der Drang inhärent, Arbeitszeit einzusparen. Unter den Bedingungen der mikroelektronischen Revolution läuft Letzteres aber auf die sukzessive Entkoppelung der Reichtumsproduktion von der Anwendung lebendiger Arbeit hinaus. Wie immer Wirtschaftspolitik an den Steuerungsrädchen auch drehen mag, gegen den historischen Prozess der Marginalisierung lebendiger Arbeit – und damit derjenigen, die darauf angewiesen sind, ihre Arbeitskraft zu verkaufen – kommt sie nicht an. Die Brutalisierung der Arbeitsbedingungen mag so weit voranschreiten wie sie will, der Preis der Ware Arbeitskraft ins Bodenlose sinken: Das transnationale Kapital bleibt, was das Verspeisen lebendiger Arbeit angeht, strukturell appetitlos. Beim globalen Dumping-Wettbewerb der Lohnabhängigen geht es nur darum, welche Konkurrenten dem Kapital noch einmal gnadenhalber ihre

Arbeitskraft in den Rachen werfen dürfen, er vergrößert aber nicht die Verdauungsfähigkeit des magenkranken Verwertungsmolochs. Der Arbeitsmarkt sei ein Markt wie jeder andere und die Arbeitskraft eine Ware wie jede andere. Man müsse dem nur ohne falsche Gefühlsduselei Rechnung tragen, dann fänden im freien Spiel der Kräfte Arbeitsangebot und Arbeitsnachfrage schon zueinander, so hämmert die ökonomieterroristische Propaganda es allen ein. Dauerhafte Unterbeschäftigung sei ex definitione das Resultat von ›Unflexibilität‹ auf der Angebotsseite und falschen, die notwendigen Anpassungsprozesse blockierenden gesellschaftlichen Rahmenbedingungen. Dieses menschenverachtende Dogma übersieht die primitivsten ökonomischen Zusammenhänge. Die Basisware der kapitalistischen Gesellschaft, die Ware Arbeitskraft, hat einen ganz besonderen Charakter. Die Anbieter anderer Waren fahren bei mangelnder Nachfrage deren Produktion herunter und ziehen sich von den wenig lukrativen Märkten zurück. Wird ein Gut zum Anachronismus – wie die klassische Schreibmaschine nach der Erfindung des Computers oder die Kutsche im Gefolge der Automobilmachung –, dann wird dessen Fertigung eingestellt, und es verschwindet vom Markt. Den Anbietern der Ware Arbeitskraft ist dieser Weg allerdings dummerweise strukturell verstellt. Sie können zwar von einem Teilarbeitsmarkt in den anderen wechseln, die Möglichkeit, dem Arbeitsmarkt als solchem Lebewohl zu sagen, steht ihnen aber keineswegs offen. Da der herrschende Arbeitsterrorismus zudem sein Möglichstes tut, um auch noch die durch die Existenz sozialer Sicherungssysteme entstehenden Schlupflöcher abzudichten, haben sie keine Alternative, als irgendwie doch noch ihre unverkäufliche Ware an den Mann zu bringen. (Von Lottogewinnen, Millionenerbschaften, kriminellen Karrieren und solchen als Fakir und Hungerkünstler sehen wir hier einmal ab.) Aber nicht nur, dass ein Wegbrechen der Arbeitsnachfrage keine Verringerung des Arbeitsangebots nach sich zieht; in einer den ökonomischen Imperativen unterworfenen Welt führt sie im Gegenteil sogar zu dessen Anwachsen. In für sie besseren Zeiten waren die Arbeitskraftverkäufer noch in der glücklichen Lage, haushälterisch mit ihrer Arbeitskraft umgehen zu können und ein gewisses Maß an Verkaufszurückhaltung zu üben. Sie existierten nicht nur als Arbeitsvernutzungseinheiten, sondern konnten nebenbei mit ihrem Leben noch etwas anderes anfangen, weil die Löhne sich auf einem annehmbaren Niveau bewegten und der Sozialstaat eine gewisse Sicherheit bot. Die zunehmende Verdrängung lebendiger Arbeit aus der kapitalistischen Reichtumsproduktion setzt diesem Zustand ein Ende. Allein, wer bereit ist, bis an die Grenzen physischer Leistungsfähigkeit zu schuften und seine gesamte Lebenszeit und -energie dem Arbeitsgötzen zu opfern, wird vielleicht noch Gnade vor ihm finden. Nur Mehrfachjobs und Überstunden erlauben die Kompensation sinkender Realeinkommen.

Angesichts der sukzessiven Entkoppelung der Reichtumsproduktion von der Verausgabung lebendiger Arbeit kann sich ein ›Gleichgewicht von Arbeitsangebot und Arbeitsnachfrage‹ auf der Grundlage der ökonomischen Logik eigentlich nur auf einem Weg herstellen: Den vom kapitalistischen Standpunkt Überflüssigen müsste man die Kugel geben, damit sie dem Kapital nicht die Luft zum Atmen stehlen; oder besser noch, sie würden sich aus Einsicht in die volkswirtschaftliche Notwendigkeit freundlicherweise in Luft auflösen.

Natürlich bekennt sich der herrschende Arbeitsterrorismus nicht offiziell zum Ideal der (Selbst-)Liquidation. Er behauptet vielmehr stur, seine Maßnahmen wären der Weg zu ›Arbeit und Wohlstand‹ für alle. Man muss allerdings schon den Kopf in den Sand stecken, um zu übersehen, dass die Vokabeln ›Modernisierung‹ und ›Reform‹ längst eine eindeutig sozialdarwinistische Bedeutung angenommen haben. Schon die unsägliche Standortdebatte atmet den Ungeist einer Vernichtungskonkurrenz, die alle Ebenen der Gesellschaft erfasst. Überall erschallt das gleiche Stoßgebet an den Heiligen Sankt Florian der globalen Marktwirtschaft: Nicht unser Land, nicht unsere Region, nicht unsere Stadt, den Nachbarn lass in Stich, heiß geliebter Investor. Wie im Großen so aber auch im Kleinen: Existenz heißt heute Existenzkampf, und die Selbstmanagement-Ratgeber schärfen ihren Lesern die Methode ein, mit der er zu führen ist: ›Seien Sie besonders, sonst werden sie ausgesondert.‹

Gebt der Ökonomie, was der Ökonomie ist, nämlich alles, auf dass sie euch Arbeit und Wohlstand schenke. Dieser kategorische Imperativ halluziniert die basale Krise der Arbeitsgesellschaft weg und legitimiert gleichzeitig das große Ausgrenzungs- und Stigmatisierungsprojekt, mit dem die Arbeitsreligion auf ihre Misere reagiert. Wer im Vernichtungswettbewerb auf der Strecke bleibt, ist selber schuld; mehr noch, er trägt die Verantwortung für die Gesamtmalaise. Die Opfer sind die Täter. Der Standort kann nur vor dem Ruin gerettet werden, wenn dem wachsenden ›Anspruchsdenken‹ ein Riegel vorgeschoben wird und man dem fehlenden Einsatzwillen endlich auf die Sprünge hilft.

Krieg der Faulheit!

Eine vergessen geglaubte Vokabel macht derzeit Karriere: Faulheit. Unmittelbar politisch praktisch galt und gilt die Attacke vornehmlich den Arbeitslosen. In politische Ausführungsbestimmungen übersetzt, läuft die Kriegserklärung an die ›Faulheit‹ im Kern auf die Forderung hinaus, die verrufene ›soziale Hängematte‹ durch ein Nagelbrett zu ersetzen. Die arbeitsideologische Generalmobilmachung geht indes weit darüber hinaus, lediglich den Aussortierten Mores lehren zu wollen. Der Faulheit bezichtigt wird auch die angeblich zu Unflexibilität, Anspruchsdenken und Bequemlichkeit neigende Lohnarbeiterschaft – vor allem jene des öffentlichen Dienstes –, und insbesondere die Gewerkschaften landen als notorische Verteidiger all dieser Fleischesschwächen abgeurteilt am Pranger.

Hierzulande blieb es Gerhard Schröder vorbehalten, den Startschuss zur großen Mobilmachung gegen die Faulheit zu geben. Als im Gefolge des Crashs der ›New Economy‹ in Deutschland wie andernorts auch die Wachstumsziffern einbrachen, die Arbeitslosenzahlen in die Höhe schnellten und die Umfragewerte der rot-grünen Regierung miserabel aussahen, verkündete die Donnerstimme des Kanzlers im April 2001 dem Volke von der Titelseite der Bildzeitung herab das erste und wichtigste Gebot der Arbeitskirche: »Es gibt kein Recht auf Faulheit«. Die zu den harschen Worten passenden harschen Taten ließen nicht lange auf sich warten.

Warum der Kanzler vor drei Jahren den ›Krieg gegen die Faulheit‹ ausgerufen hat, um bei den Arbeitslosen die Daumenschrauben anzuziehen, erklärt sich sicherlich auch mit aus der hiesigen aktuellen Situation. Neben der Legitimierung simpler Kostenminimierung ging und geht es um die Demonstration von politischer Entschlossenheit und Handlungsfähigkeit. Gegen die Entwicklung der Weltkonjunktur und die Steuerflucht hat die hiesige Politik wenig Handhabe; gegen die Arbeitslosen indes sehr wohl. Wenn die von den Widersprüchen des globalisierten Kapitalismus eingeklemmten Regierenden einen Ausbruchsversuch inszenieren, richtet der sich logischerweise gegen das schwächste Glied in der Kette. Für die rot-grüne Regierung bot sich dieser Ausweg umso mehr an, als ihr Feldzug hierzulande auf ein weit verbreitetes arbeitsreligiöses Flagellantentum trifft, das von Selbstkasteiung und vor allem von der Kasteiung anderer gar nicht genug bekommen kann.

Die hiesige Antifaulheitskampagne zeichnet sich im internationalen Vergleich durch besonders schrille Züge aus. Das dürfte zum einen historische Gründe haben. Das protestantische, immer schon sadomasochistisch unterlegte Arbeitsethos ist tief in den Abgründen der deutschen Seele verankert. Zum anderen spielt aber sicher auch der ›Nachholbedarf‹ Deutschlands in Sachen Demontage sozialstaatlicher Errungenschaften eine Rolle. Das macht den Prozess, den das ›Vaterland der Arbeit‹ gerade durchmacht, noch lange nicht zum Unikat. Ob Großbritannien oder Italien, ob Tschechien oder Südkorea: überall sind ganz ähnliche Entwicklungen zu verzeichnen. Kaum ein Land in den noch in die Weltwirtschaft integrierten Weltregionen, in dem nicht artverwandte Prozesse vor sich gehen. Überall werden zu Beginn des 21. Jahrhunderts die gleichen gemeingefährlichen ›Reformen‹ propagiert und forciert ins Werk gesetzt.

Dementsprechend stellt sich für die kapitalistische Weltgesellschaft ganz allgemein die Frage: Wie kommt eine Gesellschaft, die ihren produktiven Möglichkeiten nach mit einem Minimum an Arbeitszeit nie geahnte Gütermassen schaffen und problemlos die gesamte Welt darunter begraben kann, auf die hanebüchene Idee, ausgerechnet ›Faulheit‹ zur Ursache ihrer Probleme zu erklären? Ist es Zufall, dass die Kinder der Marktwirtschaft heute allesamt im Begriff sind durchzudrehen, oder liegt dem eine gewisse Folgerichtigkeit zugrunde?

Die Arbeit als Prinzip gesellschaftlichen Ausschlusses

Die Antwort fällt eindeutig aus. Unter unseren Augen nimmt die planetare Herrschaft der Arbeit eine neue Qualität an. Diese Veränderung ist aber keinesfalls als Entartung einer an sich vernünftigen Ordnung zu werten. Vielmehr enthüllt sie auf brutale Weise den zutiefst irrationalen und destruktiven Grundcharakter der kapitalistischen Gesellschaft. Diese zeichnet sich grundsätzlich durch ein ganz spezifisches Unverhältnis zu allem sinnlichen Reichtum aus. Sie produziert zwar massenhaft Güter, aber nie ihrer stofflichen Qualität und der Befriedigung irgendwelcher menschlichen Bedürfnisse wegen, sondern immer nur als Durchgangsstation auf dem Weg zu abstraktem, monetarisiertem Reichtum. Nur jenen Reichtum, der sich in die Kreisläufe von Kauf und Verkauf einbinden lässt und sich in Geldgrößen übersetzt, kann sie als gesellschaftlich gültig anerkennen, jeder andere gilt ihr als wertlos und ist im Prinzip zur Vernichtung freigegeben. Der monetäre Reichtum ist aber seinem Wesen nach nichts anderes als die Darstellungsform abstrakter Arbeit. Um an sein Ziel zu gelangen, muss dem qualitätslosen Selbstzweck der Verwandlung von Geld in mehr Geld gesamtkapitalistisch gesehen die zunehmende Vernutzung lebendiger Arbeit entsprechen. Die kapitalistische Gesellschaft verdient den Namen Arbeitsgesellschaft genau dieses systemischen Zwangs wegen, also in einer rein pejorativen Bedeutung. Während es vom kapitalistischen Standpunkt aus völlig egal ist, was gearbeitet wird, steht und fällt diese Gesellschaft damit, *dass* massenhaft Arbeitskraft produktiv in ihrem eigenen Sinne verausgabt wird, indem sie nämlich Wert ›produziert‹.

Dieser systemische Zwang tritt den Gesellschaftsmitgliedern als scheinbar unaufhebbare Notwendigkeit gegenüber, und zwar gleich in doppelter Gestalt. Er bestimmt einerseits über den Umfang des kapitalistischen Gesamtreichtums und reglementiert andererseits den Zugang zu ihm. Der als gesellschaftlich gültig anerkannte Gesamtreichtum einer kapitalistisch verfassten Gesellschaft schwillt keineswegs automatisch zusammen mit der Vermehrung der produktiven Potenzen an. Er wächst nur, soweit die Realisierung dieser produktiven Möglichkeiten sich in der wertproduktiven Verausgabung von zusätzlicher Arbeitskraft ausdrückt, also in der Erschließung zusätzlicher Bereiche arbeitsintensiver Warenproduktion. Ist das nicht der Fall, sinkt also der Gesamtumfang der in den Verwertungsprozess eingehenden Menge an Arbeitskraft aufgrund der Produktivitätsentwicklung, dann verarmt die kapitalistische Gesellschaft nach ihren eigenen Maßstäben, auch wenn bzw. gerade weil es von einem rein stofflichen Standpunkt möglich ist, viel mehr Güter zu produzieren als je zuvor! Mit der mikroelektronischen Revolution ist diese Denkmöglichkeit Wirklichkeit geworden. Ihr Siegeszug markiert den historischen Wendepunkt, an dem die Vermehrung der produktiven Möglichkeiten nach kapitalistischen Kriterien in einen säkularen allgemeinen Verarmungsprozess umschlägt.

An der gesellschaftlichen Oberfläche erscheint dieses Problem als Finanzierungsproblem. Dass Geld letztlich knapp ist, ist keine ›Propagandalüge der Herrschenden‹. Dieses Faktum zeigt vielmehr an, dass sich die Schere zwischen stofflichem und abstraktem Reichtum öffnet und damit die Grundverrücktheit der kapitalistischen Ordnung, Reichtum auf die in die betriebswirtschaftliche Verwertung eingehende Verausgabung von Herz, Muskel und Hirn zu reduzieren, auf diese selbst zurückschlägt.

Nicht nur der Gesamtreichtum der kapitalistischen Gesellschaft muss sich aber durch das Nadelöhr betriebswirtschaftlicher Arbeitsvernutzung quetschen. Eine Gesellschaft, in der sinnlicher Reichtum nur als Abfallprodukt der Schaffung abstrakten, monetären Reichtums anfällt, macht auch die Teilhabe an ihm zu einem Abfallprodukt. Nur für diejenigen fällt etwas ab, die ihre Fron in der großen Arbeitsmühle verrichten. Ein halbwegs menschenwürdiges Leben hat eine Existenz als Rädchen in der Arbeitsmaschine zur Voraussetzung. Die Reduktion von Menschen auf Arbeitsvernutzungseinheiten bedeutete schon immer Unterwerfung und Fremdbestimmung. Auch das Damoklesschwert, mit dem Verlust der Arbeit den Zugang zum gesellschaftlichen Reichtum zu verlieren, schwebte selbstverständlich seit jeher über den auf den Verkauf ihrer Arbeitskraft Angewiesenen. Solange die Kapitalverwertung langfristig expandierte und darauf angewiesen war, immer neues Menschenmaterial einzusaugen, blieb indes immerhin noch die Möglichkeit, die Abhängigkeit von der Arbeitsmühle in eine gemeinsame Angelegenheit zu verwandeln. Auf dem Boden der repressiven Integration in die Arbeitsmühle ließen sich kollektiv abgefederte und damit erträglichere Knechtschaftsverhältnisse erkämpfen, solche, die auch potentiellen und außer Kurs gesetzten menschlichen Rädchen ein Existenzrecht zugestanden. 150 Jahre lang haben die Arbeiterbewegung und ihre Erben dieser Möglichkeit zur Wirklichkeit verholfen. Unter dem Banner der Arbeit verstanden sie es, den dem Prozess nationalökonomischer Formierung inhärenten Spielraum zur Verbesserung der allgemeinen Lebensbedingungen zu nutzen. Das Ende der industriellen Massenarbeit und die Auflösung der Nationalökonomien zerstören nachhaltig die Grundlage dieser Ordnung. Die Konkurrenz zwischen den Besitzern der Ware Arbeitskraft lässt die gemeinsamen Konkurrenzinteressen gegenüber dem Kapital in den Hintergrund treten. Die Chiffre ›Der Arbeit ihr Recht‹ macht einen Bedeutungswandel durch. Sie steht nicht mehr für die Ansprüche, die das menschliche Rohmaterial kollektiv gegen die kapitalistische Maschine geltend macht, sondern für die Pflicht, die das Prinzip Arbeit jedem Konkurrenzsubjekt auferlegt. Dieses muss alles tun, um der permanenten Aussonderung von Humanmüll aus dem überfüllten Pool des Menschenmaterials einstweilen noch zu entgehen.

Bei der Generalmobilmachung der Arbeit gegen die Faulheit handelt es sich um mehr als eine bloße historische Kapriole; sie markiert eine Epochenschwelle. Es gibt kein Zurück zu einer menschenfreundlicheren Variante der Arbeitsgesellschaft – weder zum verflossenen ›Rheinischen Modell‹ noch zu irgendeinem anderen, weder hierzulande noch sonst wo. Ohne bewusst das Arbeitsfundament dieser Gesellschaft in Frage zu stellen, werden Menschen nie mehr vor einer anderen Handlungsperspektive stehen als der, solange wie irgend möglich im Konkurrenzkampf andere niederzutrampeln, um letztendlich selber früher oder später niedergetrampelt zu werden. Auf der Grundlage der kapitalistisch-arbeitsgesellschaftlichen Logik ist der Amoklauf der Ökonomie nicht mehr zu stoppen, sondern nur noch im bewussten Kampf gegen sie.

Krise der Arbeit – Krise des Kapitalismus

Auf den ersten Blick scheint die These, die globale arbeitsterroristische Mobilisierung markiere einen Epochenbruch, vielleicht reichlich apodiktisch geraten und übers Ziel hinauszuschießen. Lässt sich der behauptete grundsätzliche innere Zusammenhang zwischen der Krise der Arbeitsgesellschaft, der Misere kapitalistischer Reichtumsproduktion und dem Umschlag der arbeitsgesellschaftlichen Logik in Vernichtungskonkurrenz überhaupt mit der Entwicklung der letzten beiden Dekaden zur Deckung bringen? Hat sich das Gedeihen des Kapitals nicht längst und ein für alle mal von der Auspressung lebendiger Arbeit emanzipiert? Und inwiefern stellt die laufende Generalmobilmachung im Zeichen der Arbeit eine logische, wenn auch paradoxe und perfide Reaktion auf die Auszehrung der Arbeitssubstanz dar?

Schließlich ist die Krise der Arbeitsgesellschaft ja kein brandneues Phänomen. Die Diagnose steht bereits seit einem Vierteljahrhundert im Raum. Der Übergang des Arbeitsregimes in eine offen terroristische Phase bahnte sich hingegen, vor allem was Kontinentaleuropa angeht, erst in den letzten Jahren an, und der eigentliche Dammbruch erfolgt derzeit. Legt nicht allein schon dieser zeitliche Abstand die prinzipielle Vereinbarkeit der Fortsetzung des Arbeitsregimes mit sozialer Integration nahe – Krise der Arbeit hin, Krise der Arbeit her? Warum stattdessen den Angriff auf den Sozialstaat gleich als Exekution einer dem Krisenkapitalismus inhärenten Logik werten? Ist er nicht einfach das Produkt höchst unglücklicher politischer Kräfteverhältnisse, die sich auch auf dem Boden des Arbeitsregimes jederzeit wieder ändern können?

So viel ist natürlich richtig: Eine zyklusübergreifende Sockelarbeitslosigkeit begann sich in den OECD-Ländern bereits Mitte der 70er Jahre mit dem Auslaufen des langen fordistischen Nachkriegsbooms herauszubilden. Diese Entwicklung ging jedoch weder mit einer wirtschaftlichen Dauerdepression einher noch führte sie, zumindest in den Ländern Kontinentaleuropas, zu einer kontinuierlichen und flächendeckenden Verschlechterung der Existenzbedingungen von Arbeitenden und Arbeitslosen. Stattdessen wurde in den 80er und 90er Jahren ein ganz neues Phänomen sprichwörtlich, das des so genannten ›Jobless Growth‹.

Das Nebeneinander von florierender Kapitalakkumulation und massenhafter Freisetzung von Arbeitskraft dokumentiert indes weder, dass das Kapital irgendwann seinen Charakter als »aufgehäufte tote Arbeit« (Marx) abgestreift hätte, noch die Fehlerhaftigkeit dieser Bestimmung; sie hat ihren Grund vielmehr in der spezifischen kasinokapitalistischen Dynamik einer Aufblähung von Kredit und Spekulation. Für zwei Dekaden hat der spekulative Vorgriff auf die Vernutzung künftiger Arbeit, von Arbeit, die nie verausgabt werden wird, die Vernutzung gegenwärtiger Arbeit als Wachstumsmotor abgelöst. Kapitalistischer Boom und ein Schrumpfen der Masse an produktiv vernutzter lebendiger Arbeit sind auf Dauer unvereinbar; solange jedoch die Börsen Jahr um Jahr von Höhenflug zu Höhenflug stürmten und eine Hoffnung auf künftige Verwertung nach der anderen kapitalisiert wurde, war dieser Widerspruch erst einmal in einer Bewegung allgemeinen Reichrechnens aufgehoben! Mit dem Platzen der großen zukunftsträchtigen Erwartungen und der Vernichtung des in der Spekulation geschöpften fiktiven Kapitals, tritt nun aber der hochgradig prekäre Charakter des kasinokapitalistischen Zwischenspiels zu Tage, und die basale Identität von realer Arbeitsvernutzung und Kapital macht sich bemerkbar. Natürlich ist das für den Zeitgeist und die Marktwirtschaftsideologen noch lange kein Anlass, die reale Unhaltbarkeit der herrschenden Ordnung ins Auge zu fassen; einen tiefen Einschnitt markiert diese Wendung dennoch. Schluss mit lustig, heißt die Devise. Der süße Traum von den unbändig aus dem Nichts sprudelnden Profiten und Geldvermögen ist ausgeträumt; die Tage, da wirtschaftlicher Erfolg sich an der so genannten ›Cash Burn Rate‹ maß, also an der Fähigkeit möglichst viel Geld in möglichst kurzer Zeit zu verbrennen, sind mit dem Crash der ›New Economy‹ zu Ende gegangen. Stattdessen soll nun der arbeitsgesellschaftliche Kahn durch Zwangseinspeisung von Arbeitskraftunternehmern in nicht existierende Arbeitsmärkte, das immer schnellere Verbrennen der infrastrukturellen Substanz der Gesellschaft und das Abwerfen sozialstaatlichen Ballasts – bei gleichzeitiger Sozialisierung der Kosten des kasinokapitalistischen Desasters – noch einmal auf Touren gebracht werden.

Vom Drogenberater zum Dealer

Die Krise der Arbeitsgesellschaft begann sich mit dem Auslaufen des fordistischen Nachkriegsbooms abzuzeichnen. Repressives Weghalluzinieren hat diesen Prozess freilich keineswegs von Anfang an begleitet. Im Gegenteil, der Kontrast zwischen den heutigen Standortdebatten und den in den späten 70er und frühen 80er Jahren recht breit geführten Diskussionen um die ›Zukunft der Arbeit‹ könnte kaum schärfer ausfallen. Dass die mikroelektronische Revolution drauf und dran ist, nicht allein mechanische Schreibmaschinen, sondern auch die Ware Arbeitskraft in einen unverkäuflichen Anachronismus zu verwandeln, galt damals Sozialwissenschaftlern wie Feuilletonisten als Gemeinplatz. Allenthalben wurde damals sogar die Zielvorgabe »Befreiung von falscher Arbeit« (Thomas Schmid) formuliert. Selbst renommierte Soziologen wie Ralf Dahrendorf forderten in den frühen 80er Jahren den Abschied vom Primat der Erwerbsarbeit und sahen die Entkoppelung der Reichtumsproduktion von der Vernutzung lebendiger Arbeit weniger als Bedrohung denn als im Grunde erfreuliche Aussicht. Diese Perspektive bestimmte denn auch die damalige Debatte um die Zukunft des Sozialstaats. Nicht dessen ›Demontage‹ und die rigorose Durchsetzung des Arbeitszwangs wurde propagiert, vielmehr kursierte die Idee, ganz offiziell das Einkommen partiell vom Zwang zur Erwerbsarbeit zu entkoppeln. Großer Beliebtheit erfreute sich in diesem Zusammenhang insbesondere die Forderung, das Sozialversicherungssystem durch ein an keine Arbeitspflicht mehr gebundenes Grundeinkommen für alle zu ersetzen bzw. zu ergänzen. Eine solche Grundsicherung sollte es Menschen künftig erlauben, ihr Leben wesentlich selbstbestimmten Aktivitäten zu widmen. Daran knüpften sich zwei Ziele. Zum einen war beabsichtigt, auf diesem Wege der breiten Palette unmittelbar bedürfnisorientierter Tätigkeiten wie der häuslichen Reproduktion und der Nachbarschaftshilfe, apostrophiert als ›Bürger‹- und ›Eigenarbeit‹, endlich die ihr gebührende gesellschaftliche Anerkennung zuteil kommen zu lassen. Zum anderen priesen Autoren wie Ulrich Beck die »Bürgerarbeit« als »eine Art von Methadonprogramm für eine an Arbeitssucht erkrankte Gesellschaft«, geeignet, an übertriebenem Leistungszwang leidende Menschen, allmählich an ein gesundes Verhältnis von Anstrengung und Muße heranzuführen.

Der Zeitgeistsurfer macht sich nach wie vor für die ›Idee der Bürgerarbeit‹ stark; allerdings soll mit dem Einsatz dieses Instruments nicht mehr das gleiche Ziel erreicht werden. Seit den späten 90er Jahren vertreibt Ulrich Beck als Mitglied der ›Zukunftskommission der Freistaaten Bayern und Sachsen‹ die alte Idee als Disziplinierungsmittel und trifft zusammen mit seinesgleichen wieder die aktuelle Stimmungslage: Wer schon keine richtige Arbeit vorzuweisen hat, der soll sich wenigstens durch irgendwelche kommunal oder staatlich organisierten Pseudoarbeiten in die Arbeitsdisziplin einüben. Armensüppchen ja, aber bitte nur für die, die sich ihrer auch würdig zeigen und jeden Tag ihren Kotau vor dem Arbeitsgötzen machen! Das Methadonprogramm, das den Entzug des Arbeitsstoffs erleichtern sollte, wird jetzt als Einstiegsdroge verdealt. Die Arbeitsentwöhnten anfixen, heißt das Gebot der Stunde.

Die Neuausrichtung der aus der verflossenen Debatte um die Krise der Arbeitsgesellschaft entlehnten Idee der ›Bürgerarbeit‹ wirft ein Schlaglicht auf den Brutalisierungsgrad, den das arbeitsterroristische Regime inzwischen erreicht hat. Gemessen am heute herrschenden arbeitsreligiösen Fanatismus, der das Streben nach disponibler Zeit als Todsünde behandelt und ihm Krankheitswert zuschreibt, erscheint die verflossene Diskussion ohne Zweifel als Labsal.

Fatal wäre es allerdings, in Nostalgie zu verfallen und die Rückerinnerung an die 80er-Jahre-Diskussion gleich als Beleg für die Verzichtbarkeit von konsequenter Arbeits- und Kapitalismuskritik in der Frontstellung gegen den herrschenden Arbeitsterror zu nehmen. Wie in vergleichbaren anderen Fällen auch kam die arbeitsterroristische Wendung von Ulrich Beck und Co. nicht von ungefähr. Sie war in den Mehrdeutigkeiten und Schwächen dieser Position selber schon angelegt. Vor allem aber war für eine Kritik an der Arbeitsgesellschaft, die einer kategorialen Kritik von Kapital und Arbeitsform ausweicht, überhaupt nur unter den spezifischen historischen Bedingungen des beginnenden kasinokapitalistischen Zeitalters Platz.

Der Ausgangspunkt jener 80er-Jahre-Debatte hat bis heute nichts an Brisanz verloren. Es ist abstrus, eine Gesellschaft, in der die Vernutzung lebendiger Arbeit für die stoffliche Reichtumsproduktion zunehmend an Bedeutung verliert, weiterhin dem Primat der Arbeit zu unterwerfen. Weiterhin ist von einem emanzipativen Standpunkt aus die Reduktion von gesellschaftlichem Reichtum auf Warenreichtum und von gesellschaftlich gültiger Tätigkeit auf Arbeit zu attackieren. Die aus den frühen 80er Jahren vertraute Kritik griff allerdings insofern zu kurz, als sie solche Verrücktheiten nicht als Strukturprinzipien der Warengesellschaft begriff, sondern als Frage eines falschen gesellschaftlichen Bewusstseins und eines zu engen Verständnisses von Arbeit behandelte. Durch bloßes Umdenken und Umdefinieren des herrschenden Arbeitsbegriffs – vor allem durch Aufwertung von ›Eigenarbeit‹ und ›Hausarbeit‹ – lässt sich die objektivierte Logik des Kapitalismus aber nicht außer Kraft setzen.

Natürlich sind die Tätigkeiten, die in der damaligen Debatte als ›Haus‹- und ›Eigenarbeit‹ firmierten, für jede gesellschaftliche Reproduktion unerlässlich – auch die Reproduktion des Kapitals bleibt stofflich stets auf diese stillen, ihr vorgelagerten Tätigkeitsbereiche angewiesen. Was die monetären Flüsse angeht, stellt sich die Beziehung zwischen dem kapitalistischen Sektor und dem Reproduktionsbereich aber genau anders herum dar. Der letztere hängt am Tropf der kapitalistischen Megamaschine und ist darauf angewiesen, dass deren Motor brummt.

Aus der Perspektive der damaligen Kritik an der Arbeitsgesellschaft stand das störungsfreie Weiterfunktionieren der kapitalistischen Reichtumsproduktion außer Frage. Die fundamentale Differenz von stofflichem und abstrakt monetärem Reichtum war ihr unbekannt. Der Überfluss an stofflichem Reichtum und der Überfluss an abstraktem monetärem Reichtum galten ihr dementsprechend von vornherein als synonym. Zum anderen löschte eine extensive Interpretation des Begriffs der im kapitalistischen Sinn produktiven Arbeit von vornherein die mit der ›Krise der Arbeit‹ sich abzeichnende Schranke kapitalistischer Akkumulation. Im eifrigen Bemühen der so genannten ›Reproduktionsarbeit‹ die gleichen Ehren zuteil werden zu lassen wie der ›Erwerbsarbeit‹, wurde ihr die Qualität angedichtet, direkt zur Vermehrung der gesamtkapitalistischen Wertmasse beizutragen. Ihre scheinbare Plausibilität verdankten solche Ideen indes keineswegs ihrer kapitalismusanalytischen Qualität. Theoretisch reflektierten sie vielmehr die inflationäre Verwendung des Arbeitsbegriffs in unserer von der Arbeit konditionierten Alltagssprache und Wahrnehmung, die sich zugleich auch in der völligen Begriffslosigkeit der Volkswirtschaftslehre reproduziert. Praktisch waren sie einzig und allein durch die einsetzende kasinokapitalistische Expansionsbewegung gedeckt. Die Dynamik fiktiver Kapitalschöpfung überspielte das Auseinandertreten von monetärem und stofflichem Reichtum. Angesichts von Geldvermögen, die sich wie von Geisterhand immer weiter vermehrten, schien es nur opportun, auch den von der Erwerbsarbeit Freigesetzten in der Form einer ›Sozialdividende‹ ihren Anteil am allgemeinen Reichrechnen zukommen zu lassen.

Zwei Formen von ›Realismus‹

Die 80er-Jahre-Debatte um die Krise der Arbeit entstand an einer historischen Schnittstelle. Ihre Absetzbewegung von der Arbeit war, wie könnte es auch anders sein, eine Absetzbewegung von der fordistischen Arbeit, die bis dato das Gesicht des Kapitalismus geprägt hatte. Positive Referenzpunkte fand sie demgegenüber in der Alternativ- und in der Frauenbewegung. Angesichts der Krise des klassischen Fabrikregimes malte sie das Bild einer Zukunftsgesellschaft friedlicher, dualwirtschaftlich organisierter Koexistenz an die Wand. Neben einem zwar schrumpfenden, dennoch bestens gedeihenden kapitalistischen Arbeitskern sollte ein monetär daraus alimentierter Bereich selbstbestimmter, nicht auf Profitlogik ausgelegter ›Aktivitäten‹ die neue ›Tätigkeitsgesellschaft‹ prägen. In dieser Vorstellung vermischten sich Distanz zum Arbeitswahn, kategoriale Anerkennung der Vorherrschaft der Arbeit und Ignoranz gegenüber dem strukturell imperialen Charakter von Kapital und Arbeit.

Was das Wissen um die Irrationalität des herrschenden Arbeitswahns betrifft, kann und muss ein emanzipativer Ansatz heute an das schon einmal vorhandene Problembewusstsein anknüpfen. Er kann das allerdings nur, indem er die Bestandteile der Gedanken-Melange voneinander trennt und damit die Beschränkungen der damaligen Debatte überwindet. Eine solche Radikalisierung wäre nicht nur vom Standpunkt eines entschiedenen Antikapitalismus notwendig; sie ist längst zur Grundvoraussetzung jedweder Kritik geworden. Eine Kritik der Arbeitsgesellschaft, die sich damit begnügt, an der Arbeitsreligion nur zu kratzen und bei einer phantasmagorischen Umwertung von Wert und Arbeit stehen zu bleiben, hatte als deren menschenfreundlichste Version Teil an der Basisillusion des aufblühenden Kasinokapitalismus. Spätestens mit dem Ende dieser Ära ist sie halt- und gegenstandslos geworden.

Die für die vergessene Debatte charakteristische Mischung von Akzeptanz und Distanz gegenüber dem arbeitsgesellschaftlichen Wahn lässt sich prinzipiell in zwei entgegengesetzte Richtungen auflösen, die man beide als Realistischwerden beschreiben könnte. Die emanzipative Variante erkennt die Arbeit als mit kapitalistischer Herrschaft identische gesellschaftliche Zwangsform, die nicht wegzumogeln, sondern auszuhebeln und abzuschaffen ist. Die repressive Variante akzeptiert die irre Arbeitsform als das unhintergehbare, die Wirklichkeit nun einmal strukturierende Prinzip und verpflichtet sich auf bedingungslosen Kadavergehorsam. Was auch immer die Arbeitsdiktatur an Folgen noch zeitigen mag, der repressive Realismus exekutiert ihre Logik.

Bei der ersten Form von Realismus handelt es sich um eine Denkmöglichkeit, die vielleicht einmal Wirklichkeit werden könnte; beim gemeingefährlichen ›Realismus‹ erübrigt sich die Verwendung des Konjunktivs. Der Zeitgeist ist diesen Weg in den späten 80er und 90er Jahren bereits bis zum bitteren Ende gegangen.

Angesichts der sich überschlagenden Erfolge des Kasinokapitalismus und des Zusammenbruchs des ›Realsozialismus‹ verflüchtigte sich innerhalb weniger Jahre jeder gesellschaftliche Gesamtanspruch, wie er in den dualwirtschaftlichen Visionen noch präsent war. Margaret Thatchers Vision, es gäbe keine Gesellschaft mehr, sondern nur noch Individuen, ersetzte den Traum kollektiver solidarischer Gesellschaftsveränderung und bestimmte immer mehr das Denken und Fühlen. Damit verstummte die Diskussion um eine neue, vom Primat des Geldverdienens befreite ›Tätigkeitsgesellschaft‹. Sie ist allerdings keineswegs zusammen mit den emanzipatorischen Ambitionen folgen- und nachfolgelos verschwunden. Ein direkter Weg führt von der Kritik am fordistischen Sozialcharakter und dessen Normalarbeitsverhältnis zur

Apologie des neoliberalen flexibilisierten Arbeitsregimes. Das Nein zum alten Fabrikregime mit seinen hierarchischen Strukturen, seinen ›industriellen Armeen‹ und seiner strikten Trennung von Arbeit und allen anderen Lebensäußerungen, das für den antiautoritären Protest und die Alternativbewegung konstitutiv gewesen war, erlebte seit den späten 80er Jahren eine neue, durch und durch marktkonforme Neuinterpretation. In dieser neuen Gestalt wurde es hegemonial. Während die Befreiung vom Fabrikregime zu einer innerhalb der individuellen Möglichkeiten jedes Marktsubjekts angesiedelten und daher ihm selber obliegenden Praxis schrumpfte, verengte sich das weite, unscharf umrissene Feld neu zu entdeckender autonomer Tätigkeiten ausgerechnet auf die Avantgardesektoren des neuen Kapitalismus. Die Arbeitskultur der neuen Informationsarbeiter mit ihren ›flachen Hierarchien‹ und ihrer pseudohedonistischen Auflösung der Grenze zwischen Arbeit und Freizeit – der Protestbewegung entlehnte Motive – mendelte sich als das allgemeine gesellschaftliche Leitbild einer neuen radikalen Ungesellschaftlichkeit heraus.

Mit seiner Yuppifizierung wurde das Erbe der verebbten Protestbewegung freilich nicht nur konsequent von jedwedem gesellschaftskritischen Gehalt befreit. Diese Entsorgung war zugleich mit einer Orwellschen Wendung verbunden. Durch den Friedensschluss mit dem Markt wurde alles, wofür die 68er und ihre Nachfolger gekämpft hatten, in den 90er Jahren Wirklichkeit – allerdings als sein genaues Gegenteil. Es rächte sich jetzt bitter, dass die Neue Linke über eine rein äußerliche und soziologisch verengte Kritik des kapitalistischen Arbeitsregimes nie hinausgekommen und zu einem kategorialen Angriff auf die Arbeit als das Unwesen kapitalistischer Vergesellschaftung durchgestoßen war. Aus der erledigten, unzulänglichen Kritik speiste sich das neue kapitalistische Arbeitsregime und dessen Legitimationsideologie.

Die Kritik an der Reduktion von Menschen auf emotionslose Arbeitsautomaten übersetzte sich in den allgemeinen Imperativ, gefälligst auch sämtliche ›Soft Skills‹ und somit die ganze Persönlichkeit zum Verkaufsgegenstand zu machen. Der antiautoritäre Protest hatte gegen entfremdete Arbeitsverhältnisse aufbegehrt und versucht, gegen die allgemeine Funktionalisierung von Menschen, Freiräume zu erkämpfen. In den Start Ups der ›New Economy‹ entstand eine ›schöne neue Welt‹, in der Freizeit zur Fortsetzung der Arbeit mit anderen Mitteln geriet und insofern die Grenzen zwischen beiden verschwammen. Indem das Arbeitsuniversum lebensweltliche Elemente als zusätzlichen Rohstoff ansog, schien es im strengen Sinn gar nicht mehr zu existieren. Arbeit fiel im neuen Bezugssystem ebenso in die Rubrik ›Fun‹ wie die ›After Work Party‹. Keinen Deut besser ging es dem Wunsch nach Befreiung aus Fremdbestimmung. Er kam in der Verherrlichung des Arbeitskraftunternehmers und seiner unmittelbaren Unterwerfung unter das Marktdiktat zu sich. Der Schrei nach Mündigkeit fand sein Echo im Triumph einer zwischen Imagination und Inszenierung schwebenden neuen infantilen Selbständigkeit. Überall dynamische Jungidioten, die sich penetrant danach erkundigten, was denn die Welt koste, um immer gleich darauf hinzuweisen, dass sie auch genug Kredit hätten, sie demnächst einzukaufen. Aus dem Ekel vor verkniffenen, pfennigfuchsenden Ausbeutern wurde etwas mindestens genauso Ekelhaftes geboren: narzisstische Spaßunternehmer.

Selbst für den getilgten kritischen Anspruch fand sich noch eine Verwendung, nämlich als Karikatur und abschreckendes Beispiel. Manchmal blitzten ja selbst beim hartgesottensten Selbst-Verkäufer leise Zweifel an der Vortrefflichkeit der eigenen Existenz auf. Gelegentlich fiel es auch dem postmodern (Nach-)Sozialisierten schwer, den geforderten Spaß zu empfinden und in jedem Augenblick im Markt ein Spielfeld unendlich reicher Chancen und Möglichkeiten zu erkennen. In solchen Fällen half die Gedankenpolizei des positiven Denkens – diese inverse Form des ewig schlechten Protestanten-Gewissens – und präsentierte augenblicklich die Vogelscheuche eines angeblich lustfeindlichen und miesepetrigen negativen Denkens, vor dem sich das eigene fröhliche Weltbild scheinbar so angenehm abhebt.

Auf den ersten Blick schien die Rückerinnerung an die 80er-Jahre-Debatte um die Krise der Arbeitsgesellschaft noch nahe zu legen, dass sich Kritik am Würgegriff von Arbeit und Ökonomie auch ohne fundamentale Kapitalismus- und Arbeitskritik formulieren lasse. Ein genauerer Blick auf die älteren Ansätze und auf das, was aus ihnen geworden ist, hat indes das genaue Gegenteil gelehrt. Für ihre Verkürzungen, für ihre Scheu, die Arbeits- und Warenform zu attackieren, wurde die damalige Kritik gleich doppelt abgestraft. Als emanzipatorischer Ansatz ist sie wirkungslos versickert; als Lieferant für Stichworte und Motive hat sie gegen die Intentionen ihrer Urheber selber Eingang in das arbeitsterroristische Regiment gefunden. Wie dem auch sei. Für das 21. Jahrhundert bleiben nur drei historische Alternativen.

Entweder die Lämmer schweigen betäubt weiter und lassen sich nach Herzenslust massakrieren. Oder unter den Arbeits- und Warensubjekten, die ihr Recht auf gesellschaftliche Teilhabe ausbeißen, brechen im Zeichen rassistischer Ideologien Scrapie-Epidemien aus. Oder es findet endlich ein Aufstand gegen die Arbeitsdiktatur statt, der mit der Kritik des kapitalistischen Formzwangs Ernst macht. Hohe Zeit die dritte Option ins Spiel zu bringen.

Der Kapitalismus in der Ära der Selbstkannibalisierung

Wertverwertung hat letztlich keinen anderen Inhalt als die Verwandlung lebendiger Arbeit in aufgehäufte ›tote Arbeit‹. Die sukzessive Entkoppelung der stofflichen Reichtumsproduktion von der Arbeitsvernutzung stürzt von daher nicht nur die Arbeit in die Krise, sondern auch die kapitalistische Maschinerie. Die kapitalistische Produktionsweise kann die lebendige Arbeit nicht aus der Reichtumsproduktion eliminieren, ohne sich damit zu guter Letzt selber zu zerstören. 20 Jahre lang hat es die Warengesellschaft verstanden, den basalen Prozess der Auszehrung realer Arbeitssubstanz zumindest für die Metropolen zu überspielen. Der vom spekulativen Vorgriff auf künftige Arbeit (auf Arbeit, die nie geleistet werden wird) entfesselte kasinokapitalistische Boom wurde zur Grundlage von Prosperität und sekundärer Beschäftigung. Die Vermehrung fiktiven Kapitals schuf nicht nur (vorübergehend) Arbeitsplätze in den Avantgardebereichen der ›New Economy‹ selber, sondern das allgemeine Reichrechnen sorgte – vermittelt über das hochgeschraubte Konsumniveau – auch für das Aufkommen eines breiten Segments von Billiglohn-Dienstleistungen und für eine gewisse Arbeitskraftnachfrage in den industriellen Kernsektoren. (Die beiden ersten Faktoren kamen in Reinkultur vor allem in den USA zum Tragen, der dritte – dank der US-amerikanischen Defizitwirtschaft – vornehmlich in Europa.)

Der Einbruch der ›New Economy‹ markiert den historischen Umschlagpunkt, an dem dieser Kompensationsmechanismus an seine Grenzen stößt. Die Maschinisten des kapitalistischen Weltsystems stehen am Beginn des 21. Jahrhunderts vor einer alles andere als einfachen Aufgabe. Sie müssen die große Wertberichtigung verhindern (der ›New Economy‹-Crash hat erst einen Bruchteil des in den letzten 20

32

Jahren aufakkumulierten fiktiven Reichtums in seine Ursubstanz, in heiße Luft, zurückverwandelt) und die Kapitalisierung von Zukunftserwartungen um jeden Preis fortschreiben; sie brauchen einen Ersatzbrennstoff, an dem sich noch einmal die Hoffnung auf eine neue Runde privaten Reichrechnens entzündet und der damit den stotternden Motor wieder auf Touren bringt.

In seinem Roman »In 80 Tagen um die Welt« stellte Jules Vernes, der Urvater der Sciencefictionliteratur, seinen Helden vor ein weit weniger dramatisches und komplexes, vom Grundtypus aber durchaus artverwandtes Problem. Auf dem Dampfschiff, das Phileas Fogg zurück nach England bringen sollte, gingen auf dem letzten Stück der Atlantiküberquerung die Kohlevorräte zu Ende. Daraufhin lässt Jules Vernes seinen Snob Anweisung geben, das Schiff selber Stück um Stück zu verheizen, um die Kessel weiter unter Dampf zu halten und sein Reiseziel rechtzeitig zu erreichen. Ähnliche Probleme – ähnliche Lösungen.

Der Kasinokapitalismus hat das Kunststück fertig gebracht, noch nicht geförderte Kohle zu verfeuern und damit die Weltwirtschaft auf Wachstumskurs zu halten; jetzt rückt ein anderes, diesmal handfestes Heizmaterial als neuer Träger von Profiterwartungen nach. Die allgemeinen Voraussetzungen gesellschaftlicher Reproduktion wandern als Brennstoff in den Rachen der Profitmaschine, und was partout keinen Heizwert freisetzen will, geht als Ballast über Bord.

Während ihrer langen Aufstiegsgeschichte hat die Arbeitsgesellschaft der Warenproduktion immer neue Felder erschlossen. Der Prozess der Verwandlung allen Reichtums in Warenreichtum sparte allerdings ganze zentrale Sektoren zumindest im Kern aus, nämlich die allgemeinen infrastrukturellen Rahmenbedingungen der gesellschaftlichen Reproduktion wie Bildung und Gesundheitswesen, aber auch das Verkehrs- und Kommunikationsnetz und zahlreiche andere artverwandte Aufgabenbereiche. Hätten die Konkurrenz- und Arbeitssubjekte nur in Gestalt von individuellem Warenkonsum Zugang zu diesem immer wichtiger werdenden Teil des arbeitsgesellschaftlichen Reichtums gehabt, hätten die allgemeinen Voraussetzungen der Konkurrenz nur für eine Minderheit und nicht flächendeckend zur Verfügung gestanden und der Siegeszug der Arbeits- und Warengesellschaft wäre stecken geblieben. Es bedurfte der Herausbildung einer zweiten, nicht direkt am einzelbetrieblichen Verwertungskalkül orientierten Abteilung der Arbeitsgesellschaft, um dieser Selbstblockade zu entgehen. Der Staat und ihm angegliederte Institutionen übernahmen diesen Part und garantierten für ihr jeweiliges nationales Territorium und ihre Staatsbürger Formen der Teilhabe an den allgemeinen Voraussetzungen gesellschaftlicher Reproduktion, die nicht nach dem Prinzip von Kauf und Verkauf organisiert waren.

Im Zeichen von Kostenminimierung und Privatisierung wird die aus guten Gründen entstandene Grenzziehung zwischen der eigentlichen Warenproduktion und dem allgemeinen Infrastrukturrahmen verschoben bzw. durchlöchert. Der Abriss der zweiten Abteilung der Arbeitsgesellschaft liefert der ersten das Rohmaterial. Der Wirkungsgrad dieser Form marktwirtschaftlicher Brennstoffgewinnung dürfte letztlich bescheiden ausfallen, dafür ist ihr Preis umso höher: Die Gesellschaft hat für die Aufrechterhaltung der Diktatur von Ware und Arbeit mit verheerenden Verarmungs- und Entgesellschaftungsschüben zu bezahlen.

Erste Ansätze kapitalistischer Selbstkannibalisierung gab es selbst in Deutschland bereits in den 90er Jahren, und viel folgenreichere in den angelsächsischen Ländern. Dort begann der Ruin zentraler, leider aber betriebswirtschaftlich wenig rentabler Infrastrukturbereiche (Stromnetz, öffentlicher Nah- und Fernverkehr etc.) bereits während des kasinokapitalistischen Booms. Insgesamt ordnete sich die Privatisierung von staatlichen Unternehmen wie Bahn und Post in den letzten beiden Jahrzehnten des 20. Jahrhunderts aber noch in eine allgemeine Expansionsbewegung ein, in der die Zerstörung des Bestehenden noch mit erheblichen privaten Vorinvestitionen in neue zusätzliche Infrastrukturangebote einherging. Wenn die spekulativen Hoffnungen überhaupt stofflichen Niederschlag fanden, dann vornehmlich in einer neuen privatwirtschaftlich organisierten Kommunikationsinfrastruktur (Internet, Mobilfunk).

Der Crash der ›New Economy‹ mit ihren überschießenden Renditehoffnungen verändert das Gesamtszenario indes entscheidend. In den ehemaligen Boomsektoren zeichnet sich eine Konzentration auf Kernsegmente ab, die nicht nur spekulativ die Möglichkeit von Profiten in einer fernen Zukunft *versprechen*, sondern ihre betriebswirtschaftliche Rentabilität *aktuell* unter Beweis stellen müssen. Der Anspruch einer flächendeckenden Versorgung, eigentlich das Wesen von Infrastruktur, der von den privatisierten Staatsunternehmen im kasinokapitalistischen Boom in der Kernsubstanz noch halbwegs eingelöst wurde, fällt dem betriebswirtschaftlichen Kostenbewusstsein zum Opfer. Dieser ›Luxus‹ gehört zunehmend der Vergangenheit an. Gleichzeitig macht der Staat jetzt im großen Stil zusätzlich Bereiche frei, um sie der unsichtbaren Hand des Marktes zu überlassen. Vor allem aus seiner Verantwortlichkeit für die Reproduktion des Humanmaterials zieht er sich auf breiter Front zurück. Soziale Sicherheit, Gesundheit und Bildung haben als Gemeinkosten soweit wie irgend möglich zu verschwinden, vor allem um ›die Wirtschaft‹ als Ganze von Kosten zu entlasten und – in zweiter Linie – um ihre verwertbaren Teilbereiche perspektivisch in private Anlagesphären zu verwandeln (Privatkliniken, Versicherungen etc.).

Schluss mit lustig!

Das kasinokapitalistische Zeitalter mit seinen Spekulations- und Privatisierungsschüben hat nicht nur das ökonomische Gefüge gründlich umgewälzt, es ging auch mit einem einschneidenden gesellschaftlichen Klimawechsel einher. In den 90er Jahren setzte sich auf breiter Front ein radikal ungesellschaftliches Gesellschaftsverständnis durch, das im Standpunkt des vereinzelten Einzelnen den allein akzeptablen und ›realistischen‹ erkennen will. Je mehr sich die Kapitalisierung von Zukunftserwartungen gegenüber der realen Arbeitsvernutzung in den Vordergrund schob, desto tiefer sickerte diese asoziale Grundhaltung in das Alltagsdenken und -fühlen ein. Der alte biedere Arbeitsmann und seine kollektive und gewerkschaftlich moderierte Abhängigkeit vom Kapital galten nun als Fossil. Der agile Selbstunternehmer, der souverän auf den Marktwellen zu surfen versteht, wurde zur Leitfigur. Damit stieg Egomanie zum zentralen Sozialisationsinhalt auf und das Sich-Verkaufen zur Tugend der Tugenden. Mit so etwas wie sozialer Rücksichtnahme konnte die schöne neue Gedankenwelt der New-Economy-Generation nichts mehr anfangen. Schon vorauseilend und unabhängig von der eigenen aktuellen Situation auf die Gewinnerperspektive eingeschworen, hielt sich der jung-dynamisch-avantgardistische Mainstream an das doppeldeutige Motto ›Eure Armut kotzt mich an‹.
Der Einbruch der New Economy und die darauf folgende weltwirtschaftliche Rezession versetzte sowohl von der gesamtgesellschaftlichen Stimmungslage als auch massenhaft individuell dem Wishfull Thinking einen schweren Schlag. Der halluzinatorische Zug im herrschenden Denken und Fühlen verlor deswegen keineswegs an Stärke. Er nahm

lediglich einen Double-Bind-Charakter mit deutlich hysterischen Komponenten an. Je offensichtlicher es wird, auf welch wackeligen Füßen sämtliche ›Erfolgsgeschichten‹ des ›neuen Unternehmertums‹ stehen, desto entschiedener gilt es, am positiven Denken festzuhalten – im eigenen Mikrouniversum wie im Großen.

Was die soziale Frage angeht, so endete mit dem Übergang von den traumtänzerischen Zukunftshoffnungen der 90er Jahre zum verzweifelten Halluzinieren in gewisser Weise die lange Desensibilisierungsphase. Ihre ›Wiederentdeckung‹ gestaltet sich allerdings denkbar unerfreulich. An die Stelle von Ignoranz tritt offene Brutalisierung. Die lange vergessenen alten ›Überflüssigen‹ und die neuen ›Verlierer‹ erfreuen sich plötzlich erhöhter Aufmerksamkeit – als Hass- und Verfolgungsobjekte. Wer am eigenen Leibe sozialen Absturz erfährt, hat das Desaster zur wertvollen Erfahrung und zur Basis künftiger Triumphe umzuphantasieren oder sich ganz zu verstecken. Die Kinder der ›Individualisierung‹ schlucken ohne Murren und mit vorbildloser Bereitwilligkeit Verarmungsschübe, die zu anderen Zeiten Menschen massenhaft auf die Barrikaden getrieben hätten.

Bei der ideologischen und entsorgungstechnischen Bewältigung der Kriseneinbrüche kommt die am Vorbild der kasinokapitalistischen Avantgarde-Sektoren geformte Leitfigur des Arbeitskraftunternehmers zu ungeahnten Ehren. Vor allem hierzulande macht sie streng genommen überhaupt erst richtig Karriere, seitdem sie auf ihrem ureigensten Feld gründlich Schiffbruch erlitten hat. Während der kasinokapitalistischen Boomphase blieb die Selbstunternehmer-Herrlichkeit weitgehend auf die ›Gewinner‹ beschränkt und auf jene, die sich dafür hielten; für das Gros der arbeitenden Bevölkerung und erst recht für die ›Überflüssigen‹ stieg sie zwar zum Leitbild auf, doch das blieb zumeist unerreichbares Ideal. Die große Mehrheit hatte es noch mit aus der Zeit der fordistischen Massenarbeit überkommenen Beschäftigungs- und Freisetzungsformen zu tun. Jetzt sollen jeder und jede, allen voran die Unrentablen, zwangsweise in den Genuss der aus der zerfallenden Gewinner-Welt vertrauten (Selbstzurichtungs-)Errungenschaften kommen. Es fällt nicht sonderlich schwer, den größeren Zusammenhang auszumachen, in den sich diese Wendung einfügt. Wir erleben derzeit eine gesellschaftliche Klimakatastrophe, mit der genau die ideale Höllenatmosphäre für das phantasmagorische und dennoch höchst bedrohliche Projekt der Rettung der Arbeitsgesellschaft durch Selbstkannibalisierung entsteht. Bei der Verallgemeinerung des Selbstunternehmerstandpunkts handelt es sich um eine der entscheidenden Durchsetzungsformen des neuen, konsequent entsicherten Kapitalismus. Die Bedeutungsverschiebungen, die der Begriff bei seiner Übertragung auf das überflüssige Humankapital durchmacht, spricht Bände. Die Arbeitskraftunternehmer der Start Ups zogen noch aus, die »Chancen und Risiken« (Ulrich Beck) des neuen Kapitalismus zu nutzen. Die ›Chancen‹ sind reihenweise wie Seifenblasen geplatzt, das Risiko, auf der Strecke zu bleiben, dagegen potenziert sich. Genau der richtige Zeitpunkt, um endlich die legitimatorischen und finanziellen Lasten des Scheiterns so weit wie irgend möglich zu privatisieren. Die bisherigen Selbstunternehmer hatten zumindest erst einmal eine gewisse Aussicht auf ›Erfolg‹ im kapitalistischen Sinn, und viele erfreuten sich ein paar Jahre lang sogar real erklecklicher Einkünfte. Das unerträgliche Gewäsch von Selbstentfaltung und der Anspruch, sich ganz einzubringen, war Mittel der Selbstanästhesierung gegenüber dem hohen persönlichen Preis, den sie dafür entrichten mussten. Beim derzeit von den ›Reformern‹ lancierten neuen Selbstunternehmertum handelt es sich um ein mit Gehirnwäsche und der Ästhetisierung einer prekären Existenz kombiniertes Verelendungs- und Vereinzelungsprogramm. Der alte Autonomenkalauer ›Du hast keine Chance, aber nutze sie‹ kehrt als kategorischer Imperativ einer hochgradig zynischen inneren Zwangsabschiebungspolitik wieder.

Der ›Spaßgesellschaft‹ hat die Stunde geschlagen. Die Ideologen beschwören überall den neuen Ernst des Lebens, und Deutschland wäre nicht Deutschland, fänden sich nicht auch sofort sozialdarwinistische Arschlöcher, die mit Heidegger und Nietzsche die sich verschärfenden Zumutungen und existenzbedrohenden Unsicherheiten als Rückkehr existentieller Tiefe glorifizieren würden. Nach dem ebenso drögen wie infantilen kasinokapitalistischen Highlife, endlich Gelegenheit, eine Art individualisiertes August-1914-Erlebnis zu beschwören. Überflüssig zu betonen, dass dieser Umschlag kein Ende von Verblödung und Infantilisierung bedeutet, sondern deren Übergipfelung. Hinter Nietzsche und Heidegger lauert niemand anderes als der gute alte Schreber, der nicht nur die gleichnamigen Gärten erfunden hat, sondern auch zu den Vätern der ›Schwarzen Pädagogik‹ zählt. An die Stelle des idiotischen Lifestyle-Selbstunternehmertums der 90er Jahre mit seinem nervtötenden dauerpubertären Spaßzwang tritt die Abschreckungspädagogik der Job-Agenturen und die beschäftigungstherapeutische ›Verfolgungs-betreuung‹ von Arbeitslosen (vgl. den Beitrag von Frank Rentschler in diesem Buch).

Ein bisschen Kritik geht nicht!

Die offene Krise von Arbeit und Kapital und der arbeitsterroristische Amoklauf setzten für das 21. Jahrhundert eine ebenso einfache wie ungeheuerliche Alternative auf die historische Tagesordnung. Entweder diese Gesellschaft verwildert und das kapitalistische Menschen-material landet auch in den Metropolen auf dem Müllhaufen oder die Menschen hören auf, sich zum Menschenmaterial degradieren zu las-sen und brechen mit der arbeitsterroristischen Logik. Entweder die auf ihre alten Tage zur größten Sekte aller Zeiten degenerierte Arbeits-kirche verbrennt beim wahnsinnigen Versuch, die kapitalistische Reichtumsform aufrechtzuerhalten Stück um Stück die gesellschaftli-chen Reproduktionsvoraussetzungen oder diese Gesellschaft entbin-det die Reichtumsproduktion endlich vom betriebswirtschaftlichen Rentabilitätszwang. Entweder formiert sich eine Emanzipationsbewe-gung in fundamentaler Frontstellung zum arbeitsgesellschaftlichen Irr-sinn oder es formiert sich gar nichts mehr außer konkurrierenden Formen von Unmenschlichkeit.

Angesichts des demoralisierten Zustands, in dem sich das oppositionel-le Spektrum derzeit befindet, insbesondere hierzulande, kann eine sol-che Perspektive sehr leicht ein Gefühl der Hoffnungslosigkeit wecken. Wenn schon die in 150 Jahren auf der Basis der arbeitsgesellschaftlichen Logik mühsam erkämpften sozialen Standards und Errungenschaften dahinschmelzen wie Schnee unter tropischer Sonne, ohne dass sich ernsthafter Widerstand regt, wie soll dann gar radikaler Antikapitalismus Boden unter den Füßen gewinnen können? Tut man nicht besser daran, statt eine derart hohe Messlatte aufzulegen, lieber erreichbare Ziele an-zuvisieren und wenigstens das Schlimmste zu verhindern?

Ein gewisses Erschaudern vor der Tiefe des nötigen Umbruchs ist na-türlich nur zu verständlich. Nichts wäre indes fataler, als ausgerechnet mit dem Hinweis auf das Elend der Opposition und die verheerenden Kräfteverhältnisse eine radikale Neuorientierung zum überflüssigen Luxus zu erklären. Das Infragestellen der arbeitsgesellschaftlichen Logik markiert kein Fernziel, über das man sich vielleicht in besseren

Tagen einmal Gedanken machen könnte, bis dahin aber nur Verbal-
radikalismus darstellt. Diese Orientierung ist unabdingbare Voraussetzung
dafür, dass überhaupt wieder Kämpfe führbar werden, die über kurz
aufflackernden und sofort wieder in sich zusammenfallenden Widerstand gegen die allerschlimmsten Zumutungen hinausgehen. Nichts ist
von einem emanzipativen Standpunkt so unrealistisch wie ›Realismus‹,
wenn darunter die stillschweigende Anerkennung der Unaufhebbarkeit
der Arbeitsform und der betriebswirtschaftlichen Logik zu verstehen
ist. Solange der Kampf gegen die Verschlechterung der Lebensverhältnisse und die Verallgemeinerung der Vernichtungskonkurrenz mit
dem illusionären Vorhaben einer ›alternativen‹ Rettung der Arbeitsgesellschaft begründet wird, machen Protest und Kritik sich deren
Unhaltbarkeit und Irrationalität zu ihrer eigenen. Sie müssen sich am
Wegphantasieren der Krisenrealität beteiligen. Im Wettbewerb der hallu-
zinatorischen Weltbilder bleiben die gemeingefährlichen, auf die Exekution der Ausgrenzungslogik ausgerichteten, aber allemal plausibler als der
nostalgische Traum von einer Arbeitsgesellschaft mit einem etwas
›menschlicheren Antlitz‹. Das versprengte Häufchen linker Gewerkschafter und um ›Anschlussfähigkeit‹ an die offizielle Politik bemüh-
ter Attac-Sprecher können sich und anderen noch so oft weismachen,
der Staat müsse nur die neoliberalen Konzepte durch neokeynesia-
nische ersetzen, damit die Krise der Arbeitsgesellschaft und die Misere
des Sozialstaats sich in Wohlgefallen auflöse; so borniert, das zu glauben, ist nicht einmal der Alltagsverstand. Das geschlossene Wahnsystem der Arbeitssekte lässt sich nicht von innen aufweichen, sondern
nur indem man seine unhaltbaren Prämissen zum Kritikgegenstand
macht. Sozialer Widerstand kommt heute deshalb nicht auf die Beine,
weil er nach 200 Jahren Internalisierung der Arbeitsdiktatur darauf
konditioniert ist, sich selber auf den arbeitsgesellschaftlichen Boden zu
stellen. Der jedoch bricht ihm unter den Füßen weg. Grundbedingung
für die Formierung emanzipativer Gegenwehr ist es, dies zu begreifen
und gerade *deshalb* die so genannten ›Sachzwänge‹ der Krisenverwaltung nicht im Geringsten anzuerkennen.
Pseudoexpertentum, das zu ›alternativer‹ Politikberatung drängt, produziert aber nicht nur Konzepte, die selten auch nur das Papier wert
sind, auf dem sie geschrieben stehen; vor allem hat es dem für die
neue Arbeitsdiktatur konstitutiven Vereinzelungsterror, der die fast
widerstandslose Durchsetzung immer neuer Restriktionen überhaupt

erst ermöglicht, nichts entgegenzusetzen. Denn es schreibt die Logik der politischen Mobilisierung fort, der zu Folge die Vereinzelung immer nur symbolisch bei bestimmten Events wie Demonstrationen, Kongressen und Kundgebungen durchbrochen wird – und zwar stets nur als Mittel zum Zweck eines in ferner Zukunft liegenden (und tatsächlich unerreichbaren) ›politischen Ziels‹. Das Engagement gegen das eine oder andere Übel aus dem System der herrschenden Widerwärtigkeiten nimmt bei einer solchen Orientierung für die Einzelnen unweigerlich die Form einer vom eigenen Daseinskampf abgetrennten Zusatzanforderung an und hat meist den Charakter von Stellvertreterprotesten. Diese Form des klassischen politischen Vorgehens ist nicht nur grundsätzlich zu kritisieren, sie ist auch historisch obsolet. Gerade angesichts der Verschärfung der Verhältnisse sind immer weniger Menschen in der Lage, eine solche psycho-soziale Luxusleistung dauerhaft in ihr Leben zu integrieren.

Die gegenwärtige Situation schreit geradezu nach Kristallisationskernen, an denen sich der Schock über die immer neuen Zumutungen und ein weit verbreitetes, wenn auch diffuses Unbehagen an einer zusehends auf totale Konkurrenz getrimmten Gesellschaft zu sozialem Widerstand verdichten kann. Eine emanzipatorische Formierung auf der Problemhöhe der Zeit wird erst möglich, wenn sie in der Lage ist, die Frage der persönlichen Reproduktion und die Verfolgung gesellschaftlicher Ziele perspektivisch zusammenzuführen. Diese Brücke lässt sich aber nur von einer fundamentalen Kritik aus schlagen, die sich offensiv gegen die Vereinzelung und damit gegen die Reduktion sozialer Beziehung auf Geldbeziehungen wendet und sich auf die sukzessive direkte kollektive Aneignung der gesellschaftlichen Ressourcen hin orientiert.

Vom Gebrauchswert radikaler Arbeitskritik

Die konsequente Kritik von Arbeit und Warenform existiert heute nur als theoretischer Ansatz. Wer daraus ableitet, diese Position würde per se die Schwelle zu einer emanzipativen Praxis besonders hoch setzen und wäre von der Alltagserfahrung durch eine Chinesische Mauer getrennt, irrt. Zunächst einmal kann der arbeitskritische Ansatz in der individualisierten Existenz in dieser Gesellschaft etwas Entlastendes haben. Er hilft, in einer verrückten Gesellschaft selber nicht völlig verrückt zu werden. Wen beschlichen unter dem Verfolgungsdruck der arbeitsterroristischen Institutionen und angesichts der permanenten medialen Gehirnwäsche nicht schon Zweifel am eigenen Denken und Fühlen? Wer hat sich nicht schon wie ein Außerirdischer gefühlt, wenn die Mitgeiseln im eigenen Umfeld reihenweise dem ›Stockholmsyndrom‹ verfallen und anfangen, sich mit den Motiven und Wahnvorstellungen ihrer arbeitsterroristischen Geiselnehmer zu identifizieren? Doch diese Zweifel sind unberechtigt. Das Empfinden all jener, die im Sich-Verkaufen einfach nicht das höchste Glück auf Erden erkennen können, stimmt mit einer konsequenten Analyse des heutigen Kapitalismus durchaus überein: Als Geisterfahrer sind die Arbeitsenthusiasten unterwegs, nicht wir Unwilligen.

Perspektivisch wichtiger ist freilich die Frage nach dem ›Gebrauchswert‹ eines arbeitskritisch neufundierten Antikapitalismus für die dringend gebotene kollektive Notwehr gegen den arbeitsgesellschaftlichen Amoklauf. Ihn zu entdecken, wäre geschichtliche Tat, eine Tat, die freilich nicht im Rahmen von auf sich selbst gestellter gesellschaftskritischer Theorie, sondern nur von einer Emanzipationsbewegung vollbracht werden kann und deren Inhalt ausmachen würde. So viel lässt sich freilich antizipieren: Radikale Arbeitskritik wird nicht praktisch, indem sie neue, bisher unbekannte Terrains sozialen Kampfes erfindet; sie ermöglicht die Orientierung in jenen sozialen Auseinandersetzungen, die das arbeitsterroristische Lager mit seinem großen Selbstverheizungsprojekt längst schon einseitig vom Zaun gebrochen hat. Es gilt, von einem Widerstand, der sich auf die aussichtslose Verteidigung des Status quo reduziert, zu einer emanzipativen Konfliktbestimmung gegenüber dem Selbstverbrennungskapitalismus zu kommen.

Die Überschrift, unter der die nächsten Jahrzehnte stehen werden, zeichnet sich in unmissverständlicher Deutlichkeit ab: ›Krieg der Arbeit‹. Es stellt sich allerdings die Frage, ob diese Devise nur in ihrer bedrohlichen Variante oder auch in ihrer hoffnungsschwangeren Zweitbedeutung das Geschehen bestimmen wird.

Maria Wölflingseder

Von der Zurichtung zur Hinrichtung I
Infantilisierung bis zum Windelstadium

Über die »infantile neue Selbständigkeit« schreibt Ernst Lohoff in seinem Beitrag. Über die »dynamischen Jung-idioten, die sich penetrant danach erkundigten, was denn die Welt koste, um immer gleich darauf hinzuweisen, dass sie auch genug Kredit hätten, sie demnächst einzukaufen«. Die Infantilisierung erschöpft sich nicht nur im Gehabe und in der Gemütsverfassung der Job-Monaden. Die allseitige Regression verlangt obendrein nach Mutter und Windel.

Fräulein Karriere-Frau meint, sie wäre keine solche, wenn nicht ihre Mutter all die täglichen Erledigungen – Einkäufe, Besorgungen, Behördenwege – übernähme. Für IT-Zombies in den USA, die nicht selten im Büro auf einer Matratze nächtigen, »gegen den Computer gekuschelt, weil der immer schön warm ist«, absolvieren das Hilfskräfte, die ihnen vom Arbeitgeber gratis zur Verfügung gestellt werden. (Lorenz Kummer: »An den Computer gekuschelt«, *Salzburger Nachrichten* 7. Oktober 2000)

Am Tropf des ›Zeit ist Geld‹ hängend, können weder FabriksarbeiterInnen noch SupermarktkassierInnen noch Call-Center-Angestellte einfach auf und davon – auch nicht auf die Toilette. Dazu gibt's schließlich Windeln! Aus alles Ecken und Enden der Welt, von fern und nah, sickert die Impertinenz durch: Kindern bringt man bei, rechtzeitig das Klo aufzusuchen, aber Erwachsene werden bei Strafe, bei Verlust ihres Arbeitsplatzes, daran gehindert. Abermillionen dürfen während der Schicht in der Fabrik oder an der Supermarktkasse ihren Platz nicht verlassen. Arbeitende in einem Berliner Call-Center müssen sich zum Toilettengang von der Schicht abmelden. Auch die Toiletten-Verbote eines chilenischen Call-Centers sind dokumentiert. Das wahre Ausmaß liegt wohl im Dunkelschwarz. Wer sich darüber verbreitet, braucht die nächste Schicht wohl gar nicht mehr antreten. Die offiziellen Windel-Begründungen klingen geradezu fürsorglich und lassen an Perfidie nichts zu wünschen übrig, wie zum Beispiel die Erklärung eines argentinischen Supermarktchefs der Provinz Mendoza: »Falls Kälte, Nervosität, Druck oder Stress Inkontinenz verursachen.«

Auch Kindererzieherinnen, die alleine zwanzig Kleinkinder betreuen, geht es nicht viel besser. Wenn sie mal müssen, müssen sie alle ihre Schützlinge im Toilettenraum Aufstellung nehmen lassen. Bis 1998 gab es in den USA – sicher nicht nur dort – kein Bundesgesetz, das den Toilettengang gewährleistet. Vermutlich war der Windelzwang vorher noch nicht so groß wie nun in der Ära der völligen Entsicherung. (Barbara Ehrenreich, Arbeit Poor, Reinbek bei Hamburg 2003, S. 239; Dela Kienle: »Hosen voll«, *Neon [Magazin des Stern]* 2/2004; *www.labournet.de* im Suchfenster ›Toilette‹ eingeben)

Lothar Galow-Bergemann

Der Nächste bitte...
Bemerkungen zur aktuellen Durchkapitalisierung des Lebens am Beispiel der Krankenhäuser

Der nachfolgende Text ist aus der Praxis des Autors als Gewerkschafter und Personalrat in einem Großklinikum entstanden. Er hat einen Beitrag zur innergewerkschaftlichen Debatte um die Positionierung zu den gegenwärtigen tief greifenden Veränderungen in der Krankenhauslandschaft der BRD zur Grundlage.[1]

Was fällt jemandem ein, der zwar die Folgen seines Tuns kommen sieht (oder doch wenigstens einige davon), aber trotzdem felsenfest . davon überzeugt ist, dass er >eigentlich< das Richtige tut? Er kennt nur eine einzige Herausforderung: das Richtige muss auch richtig >gemacht< werden. Alles erscheint nur noch als eine Frage des >Handlings<. Schon immer hatten die Sachwalter des entfesselten Marktes ein vermeintliches Zaubermittel parat, wenn sie mit den Problemen, die ihnen ihr Libidoobjekt beschert hatte, nicht mehr weiter wussten. Sein Name: *Management*.

Verräterisch die Herkunft des Wortes, bedeutet doch lateinisch manus agere nichts anderes als >Hände führen<. Die Leute müssen nur an der Hand genommen und richtig geführt werden, damit alles im Griff und unter Kontrolle bleibt. Eigentlich, so das zugrunde liegende Credo, würde alles zum Besten laufen, würde sich menschliches Verhalten nur möglichst naht- und bruchlos den als naturgesetzlich vorausgesetzten Erfordernissen der Kapitalverwertung anpassen.

---

1 Lothar Galow-Bergemann, »>Qualitätsmanagement< – Der entfesselte Markt wirft seine Schatten voraus. Der Mensch oder das Geld im Mittelpunkt? Grundsätzliche Bemerkungen zur Einführung von Qualitätsmanagement in Krankenhäusern«, ver.di infodienst krankenhäuser April 2001/Nr.11

Allein – die störende Realität war doch stets irgendwie peinlich und schmerzhaft. Die fortschreitende Minimierung menschlicher Inkompatibilitäten mit den Notwendigkeiten des Marktes blieb folglich ständige Aufgabe im Prozess der Durchkapitalisierung des Lebens. In Zeiten der Ich-AGs haben sich die Marktsubjekte zunehmend selber zu managen. Wie führen sich die Leute selber an der Hand oder besser – an der Nase herum? Diese geniale Fragestellung markiert die Geburtsstunde einer höheren Form des *manus agere:* Das Qualitätsmanagement erblickte das Licht der Welt.

Der Ozean der Ellenbogenkonkurrenz verträgt keine Inseln der Menschlichkeit

Aufgrund neu geschaffener gesetzlicher Regelungen hält diese Missgeburt nun auch in den Krankenhäusern der BRD flächendeckend Einzug. Krankenhäuser sind verpflichtet, »einrichtungsintern ein Qualitätsmanagement einzuführen und weiterzuentwickeln.«[2] Häusern, die sich dem verweigern, drohen Abschläge bei den mit den Krankenkassen auszuhandelnden Budgetfestsetzungen.

Was verbirgt sich nun hinter diesem Begriff, der doch für nicht wenige Ohren erst einmal ›gar nicht so schlecht‹ klingt? Zunächst tritt Qualitätsmanagement den Beschäftigten nämlich recht demokratisch gegenüber, und das weckt noch allemal Sympathien. ›Bitteschön, arbeiten wir gemeinsam an der Verbesserung unserer Leistungen – zum Wohle der Patienten und zur Steigerung unserer Arbeitszufriedenheit. Und das alles völlig hierarchiefrei und offen, von der Putzfrau bis zum Chefarzt, alle dürfen mitreden.‹ Dass es in den Kliniken so manches zu verbessern gäbe, weiß aus eigener Erfahrung nicht nur die eine oder. andere Patientin, besonders die dort Beschäftigten zweifeln daran keineswegs. An sachlich fundierten Verbesserungsvorschlägen aus Mitarbeiterkreisen mangelt es denn auch in keinem Krankenhaus. Die Crux ist nur, dass eine Verbesserung der Qualität von Patientenbetreuung in der Hauptsache auch eine bessere personelle Ausstattung erfordern würde. Dies aber würde die Ausgaben erheblich steigern, denn noch immer entfallen, sehr zum Leidwesen aller Rationalisierer,

---

2 Sozialgesetzbuch V, §§135ff.

ca. 70 Prozent eines Klinikbudgets auf Personalkosten. Erklärtermaßen sind aber gerade Kosten*senkungen* der Sinn der ganzen Veranstaltung. Illusionen sind folglich fehl am Platz.

Es ist kein Zufall, dass Qualitätsmanagement im Krankenhaus gerade heute forciert wird. Dabei handelt es sich in gewisser Weise um die propagandistische Begleitmusik zum Programm der Durchkapitalisierung, das in den Kliniken aktuell vor allem mit Hilfe der Einführung so genannter Fallpauschalen durchgesetzt wird. Näheres dazu unten. Diese Durchkapitalisierung stößt in den Spitälern allerdings auf nicht geringe Widerstände. Denn dort hat sich bis heute – sowohl historisch als auch im fordistischen Sozialstaatskompromiss der Nachkriegsjahrzehnte begründet – so etwas wie ›verwertungsfreie Zonen‹ am Leben erhalten. Alles andere als marktkonform ist beispielsweise der Grundsatz, dass ein schwer verletzter Neuzugang vorrangig zu behandeln sei und sich jede Frage danach kategorisch verbiete, ob es sich hierbei um ein mehr oder weniger ›nützliches‹ Mitglied der Arbeitsgesellschaft handelt. Es wird vermutlich noch ein wenig dauern, bis in den Zentren kapitalistischer Verwertung ein solcher Grad der Barbarisierung erreicht ist, dass auch dieser Grundsatz auf dem Müllhaufen so genannter ›Standort gefährdender Sozialromantik‹ landet. Auf anderen Gebieten sind wir da schon weiter. Wie nicht nur das Beispiel des Herren Mißfelder von der Jungen Union zeigt, der »85-Jährigen keine teuren Hüftgelenke mehr einbauen« will, rechnen sich hoffnungsfrohe Nachwuchskrisenverwalter mit mutigen Tabubrüchen dieser Art mittlerweile bereits Karrierechancen aus – und zwar ganz und gar nicht unberechtigt.

Die ökonomisch-politischen Rahmenbedingungen in der Krankenhauslandschaft wandeln sich seit geraumer Zeit. Wir haben es mit der Orientierung auf die fast vollständige Unterwerfung auch dieses Bereiches der Gesellschaft unter die Gesetzmäßigkeiten des freien Marktes zu tun. Die Studie einer Managementberatungsfirma aus dem Jahre 1999 beschreibt (wohl leider nicht unrealistisch) in einem fingierten Rückblick aus dem Jahr 2015 die Entwicklung der vor uns liegenden nächsten Jahre wie folgt:

»Die wirtschaftlichen Rahmenbedingungen machten bereits Anfang des neuen Jahrhunderts die Finanzierung des deutschen Gesundheitssystems in den bestehenden Strukturen unmöglich.

Es kam zu einer Liberalisierung des Gesundheitswesens. Der Staat zog sich mehr und mehr zurück und sorgte für eine steuerfinanzierte Grundversorgung. Die Bevölkerungsschichten, die nicht in der Lage waren, für ihre eigene Krankenversicherung zu sorgen, wurden mit dieser Grundversorgung abgesichert. Die Krankenversicherungen managen effizient den Einkaufsbereich, die Kosten und Leistungen der stationären Einrichtungen sind transparent, die gesetzlichen Krankenversicherungen wie es sie noch am Ende des letzten Jahrhunderts gegeben hat, bestehen in dieser Form nicht mehr. Der Versicherungsnehmer entscheidet (über den Beitrag), welche Gesundheitsrisiken abgedeckt werden. Die Krankenversicherungen treten gegeneinander im Wettbewerb an. Ausgelöst durch den zunehmend freien Wettbewerb und das Einkaufsmanagement der Krankenversicherungen ist der Kampf um den ›Kunden‹ Patient entbrannt. Investitionen in Gebäude, Infrastruktur und Ausstattung wurden für wesentliche Teile der öffentlich-rechtlichen stationären Einrichtungen notwendig, um mit den freigemeinnützigen und privaten Mitbewerbern konkurrieren zu können. Dort, wo das nicht möglich war, sind die Häuser inzwischen vom Markt verschwunden oder von anderen privaten oder freigemeinnützigen Gruppen übernommen worden.«[3]

Nach Einschätzung des ›Gesundheitsexperten‹ von Rot-Grün, K.W. Lauterbach, wird als Folge der gegenwärtigen Weichenstellungen in der Gesundheitspolitik ein großes Krankenhaussterben einsetzen. Von 2.242 Krankenhäusern seien 1.410 ›überflüssig‹ und von den gegenwärtig 559.651 Klinikbetten in der BRD sollen 231.651 von der »unsichtbaren Hand des Marktes« hinweggezaubert werden.[4] Dies alles bei steigenden Patientenzahlen. Des Rätsels Lösung liegt in der anvisierten radikalen Verkürzung der Verweildauer, also der Anzahl Tage, die ein Patient in der Klinik verbringt. Derzeit arbeiten noch ca. eine Million Menschen in diesem Bereich, es ist absehbar, was diese Entwicklung für die Arbeitsplätze bedeuten wird.

---

3 Arthur Anderson, Das Krankenhaus 2015 – Wege aus dem Paragraphendschungel, 1999
4 *Ärzte Zeitung* 2.10.02

»Die Präsidentin des Deutschen Pflegerates, Marie-Luise Müller, befürchtet, dass in den nächsten Jahren rund 100.000 Pflegekräfte arbeitslos werden könnten, wenn die Verweildauer in den Krankenhäusern um 50% sinken sollte... Für die Pflege besteht das Problem darin, dass sie in diesem System nur als Kostenfaktor bei der Berechnung von Kostengewichten auftaucht.«[5]

Es würde im Übrigen nicht überraschen, sollte eben jener Lauterbach für seine unsterblichen Verdienste um die Ökonomisierung des Gesundheitswesens demnächst mit einer Stelle in dem auf Bundesebene neu entstehenden ›Institut für Qualität und Wirtschaftlichkeit‹ in der Medizin belohnt werden. Durchkapitalisierung und Qualitätsmanagement sind nun einmal siamesische Zwillinge.

Dammbruch, dein Name sei Fallpauschale

Einen starken Schub erhält die ganze Entwicklung derzeit mit der völligen Umstellung der Krankenhausfinanzierung. Weg vom Bedarfsdeckungsprinzip hin zum fallpauschalierten Vergütungssystem nach DRG (›Diagnosis Related Groups‹, von Klinikbeschäftigten auch mit ›Durchschleusen, Rausschmeißen, Gewinnmachen‹ übersetzt). Erhielten die Kliniken bisher für jeden Behandlungstag eines Patienten einen bestimmten Betrag, so gibt es künftig nur noch eine festgelegte Pauschale pro Fall. Das System befindet sich derzeit in der Einführungsphase, mit Jahresbeginn 2007 soll es vollständig durchgesetzt und wirksam sein.

Damit ist der Durchkapitalisierung eines weiteren großen Lebensbereiches, der Krankenversorgung, Tür und Tor geöffnet. Denn von nun an herrscht auch dort gnadenloser Wettbewerb: Sieger im Konkurrenzkampf der Kliniken um Marktpositionen wird sein, wer möglichst viele Patienten möglichst schnell durchschleust, wer den Krankenkassen zwar möglichst viele Diagnosen seiner Patienten präsentiert, es nichtsdestotrotz aber am besten versteht, die meisten ›attraktiven Fälle‹ in möglichst geringer Zeit mit möglichst wenig Personalkosten durchzuziehen und sich um ›unattraktive‹ Patienten zu drücken. *Attraktiv* ist

---

5 *FAZ*, 26. Januar 2001

dabei der junge, gesunde, privat versicherte Kurzlieger, der eben mal schnell und bei Unterschreitung der durchschnittlich üblichen Zeit seinen Blinddarm sanieren lässt, *unattraktiv* der ältere, multimorbide, lang liegende Kassenpatient, womöglich mit Diabetes, Herzproblemen und mangelnder häuslicher Versorgung.

Die zu erwartende radikale Senkung der durchschnittlichen Verweildauer in den nächsten Jahren wird nur zu einem geringen Teil wirklichen medizinischen Fortschritten wie etwa der minimal invasiven Chirurgie zu verdanken sein. In der Hauptsache wird es sich um die Folgen des entfesselten Marktes handeln. Was Patienten teils heute schon erleben und worauf sie sich in Zukunft noch mehr einstellen sollten, macht der unter Chirurgen beliebte Sarkasmus von der so genannten ›englischen Verlegung‹ deutlich: Da geht's hopplahopp und der Patient ist beim Verlassen des Hauses halt noch ›ein bisschen blutig‹, so wie das englische Steak eben... Der Nächste bitte!

Absehbar sind dramatische Einbrüche in der Finanzierung ganzer Bereiche, so der Kinderversorgung und der Aidsbehandlung.[6] Anhand besonders krasser Beispiele lässt sich erahnen, zu welch ungeheuren Konsequenzen die Durchkapitalisierung der Operationssäle führen wird. Benötigt ein Patient drei Herzklappen, so kann man ihm die meistens mit einer Operation einbauen. Das Problem ist nur, dass die Klinik künftig genauso viel verdient, wenn sie ihm nur *eine* Herzklappe einsetzt. Das Vorgehen nach der Methode: ›Herr Maier, jetzt versuchen wir's erstmal mit einer Klappe... Herr Maier, jetzt sollten wir doch noch eine zweite einsetzen... usw.‹ könnte Herrn Maier also drei Operationen bescheren und der Klinik den dreifachen Ertrag.[7] Vergisst der Chirurg künftig bei der Entfernung einer Gallenblase einen Clip im Bauch und verletzt den Gallengang, so erhält die Klinik das Doppelte dessen, was sie bekommen hätte, wenn ihm diese Fehler nicht unterlaufen wären. Muss er gar den Gallengang nähen, darf die Klinik mit dem vierfachen Betrag rechnen.[8] Bemüht sich ein Arzt künftig darum, einem Patienten den aufgrund von Durchblutungsstörungen gefährdeten Vorfuß mit konservativer Behandlung zu retten, so prellt er seine Klinik um ein stattliches Sümmchen, denn wäre er gleich zur

---

6 *Das Krankenhaus* 12/02, *Dt. Ärzteblatt* 10/03
7 *Das Krankenhaus* 9/02 S. 703
8 *Deutsches Ärzteblatt* 21/2002 S. 1105

Amputation geschritten, hätte das Haus den viereinhalbfachen Betrag einstecken können.[9] Es ist absehbar, dass unter solchen Bedingungen in einem Umfeld ständig wachsenden ökonomischen Druckes früher oder später auch die letzten Dämme brechen werden.

»Ein weiteres Problem kommt hinzu: Da ein Krankenhaus mehr Geld einnehmen kann, wenn es schwerere Fälle abrechnet, ist es nahe liegend, jede Möglichkeit auszunützen, um die Patienten zumindest auf dem Papier kränker zu machen als sie sind... Aber selbst wenn hierbei nicht betrogen wird, erfordert es doch eine ganz andere Sicht der Ärzte auf den Patienten. Die Vizepräsidentin der Nordwürttembergischen Ärztekammer hat dieses Problem treffend zusammengefasst: ›Ärzte werden ausgebildet, um im Interesse des kranken Menschen zu beobachten, zu untersuchen und weiterzudenken. Im Zentrum steht für sie der Patient, und wahrlich nicht die Sammlung von Haupt- und Nebendiagnosen zur Gewinnoptimierung. (...) Wenn derzeit ein Klinikarzt 5 Minuten für den Patienten aufwenden kann und dann 20 Minuten Dokumentationsbögen ausfüllen muss, ist das im Sinne einer menschlichen Medizin eine absolute Fehlentwicklung.‹«[10]

In den USA, wo bereits seit den 80er Jahren nach Fallpauschalen abgerechnet wird, wenn auch nicht in dieser Radikalität, wie es jetzt in der BRD Wirklichkeit werden soll, »hat dies dazu geführt, dass 60.000 Stellen von Ärzten und Schwestern abgebaut wurden. Stattdessen wurden 6.000 Verwaltungsstellen neu geschaffen sowie Computerprogramme und Hardware im Wert von mehreren hundert Millionen Dollar angeschafft.«[11]

Mit ›Kundenorientierung‹ Fassadensanierung betreiben

Sein oder Nichtsein für die Kliniken und für diejenigen, die ihren Lebensunterhalt dort verdienen. Die Krankenschwester, die sich Zeit

---

9 Dohmen/Baitsch, Hochrheinklinik Bad Säckingen, »Die Kehrseite der Medaille« 24/ 5/03
10 Thomas Böhm, »Warum Privatisierung und Profitlogik die Gesundheitsversorgung verschlechtern und verteuern«, Referat auf dem Fachkongress Gesundheit für alle – nicht nur für Reiche, ver.di, IGM und DGB Stuttgart, 02.02.2002
11 a.a.O.

nimmt für ein einfühlendes Gespräch mit der Oma von Zimmer 19, der Arzt, der eine schonendere, aber langwierigere und finanziell weniger attraktive Therapie in Erwägung zieht, der Pfleger, der einen Sterbenden begleitet – sie alle werden mit ihrem menschlichen Verhalten letztendlich ihren eigenen Arbeitsplatz gefährden. Dementsprechend werden solche sympathischen Erscheinungen tendenziell immer weniger anzutreffen sein.

Geld als Maß aller Dinge – auch in den letzten Refugien der Humanität. Alle menschlichen Beziehungen werden zur Ware und sämtliche Menschen zu Kunden, auch Patienten. Wohin die Entwicklung führt, ist vorgezeichnet: Weg vom bedürftigen Menschen hin zum möglichst rentablen Fall.

Ein wesentliches Ziel von Qualitätsmanagement ist es deshalb auch, die Umdefinition von PatientInnen und deren Angehörigen zu Kunden in den Köpfen der Klinikbeschäftigten zu verankern. Dabei wird geschickt an dem in diesen Kreisen durchaus verbreiteten Unbehagen an dem Begriff ›Patient‹ angesetzt.[12] Der leidende, unmündige Patient ist nicht das, was man sich eigentlich wünscht. Zu Recht wird die im Bild des Patienten enthaltene reduktionistische Sicht des Menschen kritisiert. Als scheinbare Alternative wird nun der Begriff ›Kunde‹ ins Spiel gebracht. Aber diese Neubestimmung läuft nur auf eine noch radikalere Reduktion von Menschen hinaus. ›Kundenbeziehungen‹ sind Geldbeziehungen. Der Kunde ist nur solange König, wie er zahlungskräftig ist. Und ist das in der Kundenvorstellung enthaltene Bild vom ›kritischen Konsumenten‹ in Bezug auf das Gesundheitswesen nicht noch viel abstruser und realitätsfremder als beim Auto- und Äpfelkauf? Was kann der ›Kunde‹ Patient beurteilen? Ist er in der Lage, die Zusammenhänge im Krankenhaus zu verstehen, eine kritische Sicht auf die Umstände und die Art und Weise seiner Behandlung zu entwickeln, genügend qualifiziertes Personal einzufordern, das über genügend Zeit und Spielräume verfügt, um sich ihm in angemessener Weise zuwenden zu können? Natürlich nicht. Das wäre ja ein anderer, ein mündiger Patient. Aber genau darum geht es Qualitätsmanagement nicht. Der ›Kunde‹ Patient kann beurteilen, ob die Brötchen frisch oder hart sind und ob die Räume hell und freundlich sind.

---

12 patiens (lat.) = ertragend, erduldend

Das soll er dann geboten bekommen – in der Hoffnung, damit im Kampf um Marktanteile bestehen zu können.

Nichts gegen frische Brötchen und helle Räume. Aber der ›Kunde‹ Patient wird sich in aller Regel nicht auf gleicher Augenhöhe mit dem ihn umgebenden Fachpersonal und der Klinikmaschinerie befinden. Er wird in den seltensten Fällen Medizin studiert haben und schon gar nicht über klinische Erfahrung auf verschiedensten Spezialgebieten verfügen. Auch bekommt er es schlicht und ergreifend überhaupt nicht mit, wenn beispielsweise im OP und auf der Intensivstation ein nicht zu verantwortender Personalmangel herrscht, er kann höchstens im Nachhinein und in Betrachtung eventueller Symptome dergleichen mutmaßen... Was weiß er beispielsweise von jener Studie in einer schottischen Intensivstation, die einen unzweifelhaften Zusammenhang zwischen personeller Besetzung der Station und der Anzahl der Todesfälle unter den PatientInnen nachgewiesen hat? Die Einzeluntersuchung der schwerkranken Fälle zeigte, dass die Zahl der Todesfälle umso mehr über der möglichen Voraussage lag, je schlechter das aktuelle Verhältnis zwischen Belegung und Personalstand war. Bei guter Personalausstattung starben 17 Prozent der PatientInnen, im schlechtesten Fall 47 Prozent.[13] Und selbst wenn er von der Studie wüsste, was wüsste er über die Zustände in der Klinik, in der er behandelt wird? Und wenn er auch die kennen würde, wie könnte er sie ändern? Auf keinen Fall wäre ihm beispielsweise zu raten, diejenigen, die unter Verweis auf Budgetdeckelungen eine gute personelle Ausstattung von Intensivstationen verweigern, als potentielle Mörder zu bezeichnen. Das hätte vermutlich strafrechtliche Konsequenzen.

Selten wird auf den ersten Blick augenfälliger, wie wenig es mit selbstbestimmter Lebensweise, mit Lebensqualität zu tun hat, wenn Menschen in das Korsett eines Marktteilnehmers gepresst werden. Weil es auf der Hand liegt, dass ›Kunden‹ im Krankenhaus per se nur sehr unzureichend beurteilen können, was für sie von eminenter, mitunter von Lebensbedeutung ist, wird deutlich, was die berühmte ›Kundenorientierung‹ eigentlich nach sich zieht: Ablenkung von der Hauptsache, den Blick auf die Fassade richten, um nicht über die eigentlichen Probleme reden zu müssen. Demgegenüber müsste es gerade Ziel ei-

---

13 *Deutsches Ärzteblatt,* 17.11.2000

ner menschlichen Gesundheitsversorgung sein, sich der Unterordnung zwischenmenschlicher Beziehungen unter den Aspekt der Geldvermittlung zu widersetzen.

In Ländern, in denen die Durchkapitalisierung des Gesundheitswesens schon weiter vorangeschritten ist, etwa in den USA oder in Großbritannien, sind die Ergebnisse dieser Entwicklung bereits zu besichtigen: Eine menschenverachtende Zwei- und Dreiklassen-Medizin mit heruntergekommenen Billigangeboten für die Armen und Luxusmedizin für diejenigen, die es sich leisten können. Aber die Aufhol- und Überholjagd des ›alten Europa‹ findet auch auf diesem Gebiet statt. Während KassenpatientInnen auf lebenswichtige Herzoperationen immer länger warten müssen, während viele Kliniken ganz bewusst den Anteil von wenig qualifizierten Pflegekräften zwecks Kostensenkung erhöhen, während es zusehends vorkommt, dass ältere Menschen, die zu Hause keine Betreuung haben, aus den Kliniken ›ins Nichts‹ entlassen werden, während Zeitungsmeldungen auftauchen, wonach Rettungshubschrauber von einer überbelegten Klinik nach der anderen abgewiesen wurden – während alledem können wir uns durch einen Klick auf *www.medizinplus.com* davon überzeugen, dass es auch anders geht.

Hier wird dem verwöhnten Kunden nur vom Feinsten geboten:

»medizinplus befindet sich im Zentrum des Klinikums Nürnberg, ist aber trotzdem nicht für ›jedermann‹ zugänglich. Von dort haben Sie einen wundervollen Blick auf die romantische Nürnberger Altstadt und die berühmte Kaiserburg. Die geringe Anzahl der Patientenzimmer verschafft die ruhige Atmosphäre, die weniger an ein Krankenhaus als an ein Hotel erinnert…«

Auf der Sonderstation, für die »keine Versorgungsverträge mit den gesetzlichen Krankenkassen« bestehen, wird dem betuchten Patienten für saftige Preise alles geboten, wonach er sich sehnt: ein »gepflegtes Ambiente« mit »hochwertiger Ausstattung der Räume, angenehmen Teppichböden, Hotel-Atmosphäre und Lounge, Einzelzimmer mit Bad, TV und DVD«.

Und während der finanziell unattraktive Opa Schulze zwei Stockwerke darunter gerade viel zu früh ins Pflegeheim entsorgt wird, darf sich der verwöhnte Gast beim Anblick historischer Gemäuer an gedünsteter Heilbuttschnitte in Kräutersauce, Blattspinat und Butterkartoffeln »gemäß den Preisen der Speisekarte« laben oder sich für den geringen

Aufpreis von 120 Euro pro Tag eine »Begleitperson« in seiner Suite halten. Keine Frage, dass auch eine stationseigene Sauna, »verschiedene Massagen«, ein Sekretariatsservice (»Preis pro Tag nach Aufwand«) und ein Fitness- und Entspannungsraum zur Verfügung stehen. Ach ja, nicht zu vergessen »die Chefarztbehandlung in einer besonderen Umgebung... eine optimale medizinische Versorgung... das Beste, was wir Ihnen geben können«. Ein »persönlicher Safe« versteht sich bei alledem von selbst.

Rahmenbedingungen sollen kritiklos akzeptiert werden

Lassen wir noch einmal die eingangs zitierte Studie über die Krankenhauslandschaft der BRD im Jahre 2015 zu Wort kommen:

> »Es fehlen in den staatlichen Krankenhäusern seit Jahren Finanzmittel, um ausreichend Ersatzinvestitionen vorzunehmen. Neue, zukunftsweisende Investitionen werden seit Jahren nicht mehr durchgeführt. Die Schere zwischen staatlichen Häusern auf der einen Seite sowie freigemeinnützigen und privaten Häusern auf der andern Seite hat sich weiter geöffnet.«

Und:

> »Art und Umfang der Grundversorgung liegen deutlich unter dem Leistungsniveau Ende der 90er Jahre... Es gibt nicht mehr die einst im Sozialgesetzbuch V definierten Leistungen der Gesetzlichen Krankenversicherung, sondern es besteht freie Vertragsgestaltungsmöglichkeit.«[14]

– je nach Geldbeutel, versteht sich ...

Vor diesem Hintergrund wird der innere Zusammenhang zwischen der Auslieferung der Krankenhäuser an die Marktgesetze und der Einführung von ›Qualitätsmanagement‹ und ›Kundenorientierung‹ verständlich. Diese Begriffe dienen nicht selbstkritischer Reflexion, in dem Sinne, dass hinterfragt werden könnte, ob Fallpauschalierungen und

---

14 Arthur Anderson, Das Krankenhaus 2015 – Wege aus dem Paragraphendschungel, 1999

von den Krankenkassen verordnete Budgetdeckelungen für Kliniken[15] der richtige Weg sind, ob der Rückzug des Staates und der Kommunen aus einer gewissen Verantwortlichkeit gegenüber *allen* Einwohnern – auf den Punkt gebracht in dem bürokratisch-paternalistischen Begriff der ›Daseinsfürsorge‹ – überhaupt verantwortbar ist oder nicht. Qualitätsmanagement behandelt im Gegenteil gerade diese Fragen als ›unzulässige Fragen‹. Es fordert die kritiklose Akzeptanz der wirtschaftlich und politisch gesetzten Bedingungen als quasi unveränderliche Naturkonstanten. ›Wir haben gar keine andere Chance, als uns alle so zu verhalten, wie der Markt es von uns verlangt.‹ Dieser Satz soll zum Glaubensbekenntnis aller werden. Der Gedanke an eine mögliche Alternative zur Subsummierung der Krankenversorgung unter die Gesetze des Marktes darf erst gar nicht aufkommen.

Qualitätsmanagement tritt mit dem Anspruch auf, als könnten all die voraussehbaren negativen Auswirkungen eines liberalisierten Krankenhausmarktes durch ›richtiges‹ Handeln in den Kliniken selbst aufgefangen und quasi ungeschehen gemacht werden. Wie illusionär das ist, liegt auf der Hand. Es entbehrt allerdings nicht einer gewissen Ironie, dass die Ideologen des freien Marktes mit ihrer Erfindung des ›Qualitätsmanagements‹ gleichzeitig ein ganz unfreiwilliges Eingeständnis machen: Irgendwie scheinen sie nämlich selbst nur ein begrenztes Vertrauen in ihr Allerheiligstes zu haben. Denn würde die von ihnen sonst bei jeder Gelegenheit gerühmte ›invisible hand‹ des

---

15 Dass die Krankenkassen, die als Finanziers der Kliniken fungieren, ihrerseits ebenfalls dem mörderischen Konkurrenzdruck des Marktes ausgeliefert sind, sei hier nur am Rande erwähnt. »Zu welchen perfiden Methoden diese Entfaltung der Konkurrenz führt, geht aus einem Rundschreiben eines McDonalds Franchise-Nehmers an die ›lieben Mitarbeiter‹ mit der Überschrift: ›Möglicher Wechsel der Krankenkasse‹ hervor. Er schreibt: ›Als gesunder junger Mensch haben Sie bei der BKK (also Betriebskrankenkasse) keine Nachteile. Sie erhalten ebenso wie bei der AOK im Normalfall die Leistung bei ihrem Arzt. Sollte Sie jedoch chronisch krank sein (Asthma, Rückenleiden, Krebs etc.) wechseln Sie bitte auf keinen Fall die Krankenkasse. Die AOK hat dann wesentlich bessere Leistungen. Wechseln Sie in einem solchen Fall, wenn kranke Familienmitglieder bei Ihnen mitversichert sind. Sollten Sie bereits über 45 Jahre alt sein, würde ich an Ihrer Stelle auch nicht mehr von der AOK wechseln.‹ Das Schreiben endet mit den Worten: ›Wenn Sie kein Interesse am Wechseln der Krankenkasse haben, vernichten Sie diese Unterlagen und den Briefumschlag. Werfen Sie alles weg.‹« Thomas Böhm, »Warum Privatisierung und Profitlogik die Gesundheitsversorgung verschlechtern und verteuern«, Referat auf dem Fachkongress *Gesundheit für alle – nicht nur für Reiche*, verdi, IGM und DGB Stuttgart, 02.02.2002

Marktes wirklich alles wie von selbst zum Besten regeln, bräuchte man sich kaum ein extra Handwerkszeug zulegen, welches ausgerechnet dazu dienen soll, Qualität herzustellen.

Managementkonzept:
Gold raus aus den Köpfen – Angst rein

Mittels Qualitätsmanagement und Kundenorientierung sollen die Beschäftigten der Kliniken für den Verdrängungswettbewerb ›fit gemacht‹ werden. Aus dem Munde des Managements hört sich das so an: ›Wir müssen das Gold in den Köpfen unserer Mitarbeiter heben.‹ Jetzt wird deutlicher, was es mit dem eingangs beschriebenen demokratischen Habitus des Qualitätsmanagements auf sich hat: Will Durchkapitalisierung heute voranschreiten, braucht sie wahrhaftig die Mitarbeit eines jeden im Kampf um die Standortsicherung, möglichst die Selbstidentifizierung aller mit ›ihrem‹ Betrieb, mit ›ihrer‹ Klinik. Früher einmal hat es nach dem Befehlsprinzip funktioniert. Heute funktioniert es nur noch demokratisch. Besser wird es dadurch allerdings nicht.[16]

Die Goldgrube in den Köpfen gilt es also zu heben. Womit sie anschließend aufzufüllen ist, ist auch kein Geheimnis: Mit Angst. Um die Arbeitsplätze. Wer nicht immer mehr ›Leistung‹ aus sich herauspresst, verliert seine Existenzgrundlage. Intel-Chef Andrew Grove beschreibt das so:

> »Die wichtigste Aufgabe der Führungskräfte ist, eine Umgebung zu schaffen, in der die Mitarbeiter leidenschaftlich entschlossen sind, auf dem Markt erfolgreich zu sein. Furcht spielt eine große Rolle, diese Leidenschaft zu entwickeln und zu bewahren. Angst vor dem Wettbewerb, Angst vor einem Bankrott, Angst, einen Fehler zu machen, und Angst zu verlieren, können starke Motivationskräfte sein.«[17]

---

16 Ein Vorgang, der, nebenbei bemerkt, zum Nachdenken darüber anregen sollte, was Demokratie heute noch mit der Befreiung aus *allen* Verhältnissen zu tun haben kann, »in denen der Mensch ein erniedrigtes, ein geknechtetes, ein verlassenes, ein verächtliches Wesen ist« (Karl Marx).

17 Zitiert nach: Klaus Pickshaus, »Motivationsfaktor Angst?«, Mitbestimmung 7/2002, S. 46f.

Die Zeiten, in denen die PatientInnen und Beschäftigten im Gesundheitswesen zumindest von der bedingungslosen Durchsetzung solcher unbeschönigten Wahrheiten des Kapitalismus halbwegs verschont blieben, sind unwiderruflich vorbei.[18] Von einem Vertreter der Sana[19] bekamen die Mitarbeiter eines Stuttgarter Krankenhauses zu hören: »Das Wesentliche ist, auf dem Markt bestehen zu bleiben. Der Friedhof ist voll von Leuten, die geglaubt haben, dass sie unersetzlich sind. Glauben Sie mir, der persönliche Arbeitsplatz ist eine große Motivation.« Und so soll denn auch die oben beschriebene Luxusstation für Superreiche auf einmal mit anderen Augen gesehen werden. Denn ist es nicht so, dass dadurch mehr Geld in die Klinik kommt? Geld, das womöglich noch – und sei es vorübergehend – den einen oder anderen Arbeitsplatz sichert? Muss man angesichts dieses Totschlagarguments nicht auch noch vor der himmelschreiendsten Zumutung die Augen verschließen?

Unentrinnbares Schicksal?

Gleich, ob sich Menschen als PatientInnen oder als Beschäftigte in den Kliniken befinden: Fallpauschalen, Qualitätsmanagement und Kundenorientierung sind Instrumente ihrer Zurichtung für die Notwendigkeiten der Kapitalverwertung. Sind wir dieser Entwicklung ausgeliefert?

Eine Frage, die mit Ja zu beantworten sich verbietet. Deren Beantwortung mit Nein jedoch zugegebenermaßen eine gehörige Portion Optimismus, um nicht zu sagen Voluntarismus voraussetzt. Hier soll nicht darüber spekuliert werden, ob es gelingen kann, eine menschliche,

---

18 Dabei zeigt der Umstand, dass dies erst jetzt geschieht und auch, zumindest hierzulande, in gewisser Hinsicht noch in den Anfängen steckt, dass wir es mitnichten mit einer bereits voll und ganz durchkapitalisierten Welt zu tun haben. Wenn denn der unscharfe Begriff der ›Globalisierung‹ einen wirklichen Sachverhalt benennt, so wohl den, dass wir gegenwärtig in einer Phase der versuchten Durchsetzung der Kapitalverwertung in möglichst alle Lebensbereiche hinein, auch in die buchstäblich unmöglichen, leben. Ein Unterfangen, das freilich ebenso katastrophale Folgen nach sich ziehen wird, wie es letztendlich doch erfolglos bleiben muss.

19 Sana Kliniken GmbH, 1976 von den privaten Krankenkassen gegründete Gesellschaft mit dem Ziel der Umgestaltung und Privatisierung der Krankenhauslandschaft in der BRD, mittlerweile zum größten privaten Krankenhausbetreiber in der BRD aufgestiegen; *www.sana.de*

emanzipatorische Alternative gegen die weltweit um sich greifende Durchkapitalisierung des Lebens zu verwirklichen. Nur, so viel sollte klar sein: Eine isolierte Lösung wird es auch für das Gesundheitswesen nicht geben. Aus der Brandung der Barbarei werden keine Inseln der Glückseligkeit auftauchen.

Trotzdem gelten die Grundsätze ›Wer sich nicht wehrt, lebt verkehrt‹ und ›Nur wer nichts macht, macht auch keine Fehler‹. Die Beschäftigten in den Kliniken, die dortigen GewerkschafterInnen und PersonalrätInnen werden sich zunächst auf Schadensbegrenzung konzentrieren müssen. Es wird darum gehen, zuallererst einmal ein Bewusstsein für die Gefahren zu schaffen, und schon das ist eine Riesenaufgabe. Der Kampf um die Köpfe darf dem Management nicht überlassen werden. Es gilt, sich mit Fragen wie diesen auseinander zu setzen: Ist der entfesselte Markt wirklich der Glücksbringer für Beschäftigte und PatientInnen, als der er hingestellt wird, oder macht er nicht eher eine solidarische, qualitativ hoch stehende Gesundheitsversorgung für alle Menschen unmöglich? Was ist wirkliche Qualität im Krankenhaus und was ist Augenwischerei oder oberflächliches Marketing? Lohnt es sich, um Alternativen zu kämpfen? Sodann gilt es, alles zu tun, um den Gedanken von Solidarität und Solidargemeinschaft gegen die hereinbrechende Ideologie des ›jeder gegen jeden‹ zu verteidigen. Wo immer möglich, gilt es, den Spieß umzudrehen: ›Wo Qualität drauf steht, da muss auch Qualität drin sein.‹ Damit sind die Entscheidungsträger innerhalb der Häuser, aber auch die politisch Verantwortlichen zu konfrontieren. Für Fassadensanierung à la ›hier noch ein Frühstücksbuffet und da noch ein Schnickschnack‹, während gleichzeitig an allen Ecken das Personal fehlt, sollten sich die Beschäftigten nicht hergeben. *Das beste Qualitätsmanagement wird es sein, die politischen Entscheidungsträger und die Öffentlichkeit mit den wirklichen Verhältnissen in den Kliniken zu konfrontieren und für Besserung einzutreten.* Die Zeit ist reif für die Bildung möglichst breiter sozialer Netzwerke von Betroffenen. Ob Gewerkschaften, Kirchengemeinden, Arbeitslosen-, Anwohner- oder Patienteninitiativen – folgende Ansprüche dürfen nicht aufgegeben, müssen im Gegenteil unüberhörbar formuliert werden: Alle PatientInnen in allen Kliniken müssen gut versorgt werden. Alle Beschäftigten in allen Kliniken müssen unter ordentlichen Bedingungen arbeiten können, ohne Überlastungsstress und Überstundenschieberei und ohne schlechtes Gewissen gegenüber den PatientInnen.

Soweit, so immanent. So notwendig, so unzureichend. Denn auf Dauer wird selbst das beste ›Kräfteverhältnis‹ die Gesetzmäßigkeiten der Ökonomie nicht aushebeln können. Angesagt ist eine Doppelstrategie, deren zweiter Teil allerdings erst noch zu entwickeln wäre. Einerseits die noch vorhandenen Spielräume der Politik ausloten und ausnutzen. Denn noch gibt es, um in der BRD zu bleiben, nicht unerhebliche Unterschiede zwischen relativ reichen Regionen – wie beispielsweise Stuttgart und München – und bereits weitgehend ausgelaugten wie Berlin und Mecklenburg. Andrerseits wird auch bei den gewerkschaftlichen Akteuren ein schmerzlicher Prozess der Loslösung von Illusionen über die Möglichkeiten der Politik einsetzen müssen, die doch immer nur am tendenziell versagenden Tropf der ›Finanzierbarkeit‹ hängt. Möglicherweise hilft auch ein Blick nach Argentinien dabei, dass sich Zweifel an der allzu einfachen Losung ›Geld ist genug da‹ verbreiten. Geld ist eben keine Naturkonstante. Es kann mit einem Crash von heute auf morgen verschwinden. Auf Dauer sollten wir deswegen aus wohlverstandenem Eigeninteresse lieber nicht auf eine derart windige Luftnummer wie die ›Finanzierbarkeit‹ unseres Lebens setzen.

Dies natürlich ist das schwierigste Kapitel von allen. Und trotzdem wird die Notwendigkeit einer ›zweiten Linie‹ auch auf dem Feld der Gesundheitsversorgung immer drängender. Sie wäre aufzubauen hinter der ›ersten Linie‹, der Forderung nach hinreichender monetärer Absicherung unserer Lebenszusammenhänge. Was könnte das konkret heißen, sich Gesundheits- und Krankenversorgung ›anzueignen‹, ohne sich auf das Funktionieren von Wert-, Ware- und Geldbeziehungen zu verlassen? Es müsste eine Bewegung sein, die sich gleichermaßen aus dem Angewidertsein davon speist, dass Menschen zu Waren gemacht werden, als auch aus der Überzeugung, dass dieses System keine Zukunft mehr hat. Eine Bewegung, die sich dessen bewusst ist, dass die Degradierung der Menschen zu passiven Arbeitsgegenständen, mögen sie nun ›Patienten‹ oder ›Kunden‹ heißen, schon weit vor der Einführung von Fallpauschalen und Qualitätsmanagement begonnen hat, dass diese Zumutung ihre letztendliche Ursache in der waren- und wertförmigen Konstituiertheit der Gesellschaft hat.

Sicherlich gilt auch für eine solche, dringend notwendige ›Aufhebungsbewegung‹, dass das Beginnen, und sei es nach der Methode ›trial and error‹, allemal lohnender ist als das Achselzucken.

Franz Schandl

Die Post geht ab

Was sich nicht rechnet, hat sich erledigt, auch wenn es weiter nötig wäre. Nach den Wirtshäusern und Lebensmittelläden, Molkereien und öffentlichen Verkehrsverbindungen sind nun die Postämter dran. Weg damit! Der Markt schafft an, und er schafft auch ab. Nach Belieben, egal, was die Betroffenen empfinden oder erleiden. Das sind ökonomisch nur relevante Größen, wenn sie wiederum verwertbar sind, d.h. geschäftsträchtig gemacht werden können. Wo der Profit stets vor dem Menschen geht, die Verwertung vor der Unschätzbarkeit der Individuen, kann es gar nicht anders sein. Wo das Kapital herrscht, ist der Mensch klein.

In vielen ländlichen Regionen kann man heute weder einkehren noch einkaufen. Zur Arbeit fährt man längst in die Städte, oft viele, viele Kilometer. Einige wenige schleppen in den Dörfern ihre oftmals schwer defizitären Geschäfte und Gaststätten noch bis in den Ruhestand, auch wenn sie schon lang nicht mehr konkurrenzfähig sind, sei's mit dem Supermarkt, sei's mit der Fast-Food-Kette.

Da ist Widerstand angesagt. Und er formiert sich auch. Das Schlimme ist nur, dass der Widerstand immer wieder meint, er könnte das Rad der Geschichte zurückdrehen, Entwicklung ungeschehen machen, anstatt von den neuesten Gegebenheiten aus sich Perspektiven zu überlegen. Winzige Erfolge, die meist nur kurze Verzögerungen darstellen, werden wie große Siege gefeiert. Geradezu krampfhaft klammert man sich an die Marktwirtschaft, sucht Heil im kleinen Kapital gegen das große und erliegt des Öfteren unerträglichsten Verschwörungstheorien. Anstatt Strukturen zu begreifen und anzuprangern, ist man auf der Suche nach Feinden.

Das Grundproblem ist: Solidarität dimensioniert sich nicht über die stoffliche Basis (z.B.: Ja zur Nahversorgung; Ja zum Umtrunk, ohne mit dem Auto fahren zu müssen, etc.), sondern sie kapriziert sich auf eine formale Einrichtung, das Kleingewerbe. Die allermeisten Leute können sich den Inhalt nur in einer bestimmten Form vorstellen, ignorierend, dass gerade die kapitalistische Form diesen sinnvollen Inhalt zerstört. Es ist schon tückisch: Obzwar die Form den Inhalt frisst, schreien die Opfer nach des Inhalts alter Form. Viele Betroffene vermögen die materielle Notwendigkeit lediglich als kapitalistische Wirklichkeit zu denken. Das ist naheliegend wie grundfalsch.

Wahrlich, die Post geht ab. Nur, wer sich gegen die Abschaffung der Postämter wehrt, aber gleichzeitig nicht für die Abschaffung des Kapitalismus ausspricht, ist ein Idiot des Marktes. Das ist nun gar nicht denunziatorisch gemeint, es macht bloß traurig.

Norbert Trenkle

Antipolitik in Zeiten kapitalistischen Amoklaufs
Thesen zur neoliberalen Krisenverwaltung
und den Perspektiven sozialer Emanzipation

1.

Der innere Drang der kapitalistischen Verwertungslogik, alle gesellschaftlichen Beziehungen in Ware-Geld-Beziehungen zu verwandeln, hat von Anfang an Widerstand hervorgerufen. Auch zwanzig Jahre neoliberaler Hegemonie und der Propaganda, es gebe keine Alternative zur bestehenden Gesellschaftsform, konnten diesen Impuls nicht unterdrücken. Zu unerträglich ist die Erfahrung eines Lebens, das den Gesetzen des totalen Marktes und der allgegenwärtigen Konkurrenz unterworfen ist; zu unerträglich die weltweite Spirale der Verelendung, die vom kapitalistischen Krisenprozess in Gang gesetzt wurde.
Mit dem Beginn des 21. Jahrhunderts hat eine Konjunktur sozialer Kämpfe eingesetzt, die neue Perspektiven für den Widerstand gegen die globale Warengesellschaft eröffnen könnte. Doch übertriebener Optimismus ist nicht angebracht. Gemessen an der weltweiten Mobilisierung und Simultaneität des Protests, ob in Bolivien, Argentinien, Frankreich oder Italien, sowie der medialen Präsenz, etwa der Sozialforen, und den großen Demonstrationen der globalisierungskritischen Bewegung, ist es vielmehr erstaunlich, wie gering die materiellen Erfolge ausgefallen sind. In Argentinien wurde zwar die Regierung unter der Parole ›Que se vayan todos‹ gestürzt; Optimisten interpretierten das schon als radikalen Bewusstseinswandel, als grundsätzliche Staatskritik und Abschied von der politischen Illusion. Aber schon ein gutes Jahr später verzeichneten die Präsidentschaftswahlen eine erstaunlich hohe Wahlbeteiligung und der neue Präsident Kirchner genießt zumindest vorläufig eine sehr große Popularität, obwohl er im Grunde nur die bisherige neoliberale Politik fortführt. Ihm ist es allerdings gelungen, davon abzulenken, indem er einerseits die Auseinanderset-

zung mit den Verbrechen der Militärdiktatur spektakulär in den Vordergrund gerückt hat und andererseits mit dem Versprechen hausieren geht, durch eine neo-keynesianische Politik den Binnenmarkt zu entwickeln und die nationale Industrie wieder zu stärken. Dieses Versprechen ist zwar angesichts der Krisenrealität vollkommen haltlos, doch rührt es an der nostalgischen Sehnsucht nach einer verklärten Vergangenheit gewesener ökonomischer Stärke und appelliert an einen verzweifelten Willen, angesichts der Perspektivlosigkeit jedes Märchen zu glauben.

Auch der erzwungene Regierungswechsel in Bolivien hat nur eine Veränderung der Rhetorik und der symbolischen Politik bewirkt. Zwar werden die Erdgasvorkommen (vorerst) nicht zu Schleuderpreisen verkauft, denn an diesem Vorhaben hatte sich der Protest entzündet. Ansonsten aber versucht der neue Präsident Mesa, den Unmut populistisch zu kanalisieren, indem er beispielsweise die nationalistische Karte spielt und die alte Forderung an Chile nach einem Zugang zum Meer neu erhebt, als würden dadurch die wirtschaftlichen und sozialen Probleme des Landes gelöst. In Frankreich und Italien schließlich sind die zahlreichen Streiks und Demonstrationen gegen den verschärften Sozialabbau praktisch ins Leere gelaufen, obwohl sie durchaus von großen Teilen der Bevölkerung getragen und unterstützt wurden. Mehr als ein paar oberflächliche kosmetische Korrekturen der neoliberalen Politik kamen nicht heraus. Wohl selten fiel das Missverhältnis zwischen Mobilisierung von Protest und den erzielten Ergebnissen krasser aus.

Nun würde es zu kurz greifen, die sozialen Kämpfe bloß an ihren unmittelbaren politischen Erfolgen zu messen. Gerade nach langen Jahren, in denen sozialer Widerstand und Protest wie gelähmt schien, sind die Kampferfahrungen selbst und die damit einhergehenden Effekte der Selbstorganisation und der Solidarisierung (auch und nicht zuletzt auf der Ebene des Alltags) gar nicht hoch genug einzuschätzen. Dass die Individualisierung und die Alltagskonkurrenz in den sozialen Bewegungen durchbrochen wurde, dies allein stellt einen Fortschritt gegenüber den vielen Jahren oppositioneller Windstille dar. Auch gehen die direkten materiellen Erfolge vor allem in Bolivien und Argentinien durchaus über den erzwungenen politischen Führungswechsel hinaus. Die kollektive Aneignung von Existenz- und Produktionsmitteln, die Besetzung von Fabriken, Gebäuden und Ländereien, die Schaffung autonomer Kommunikations- und Kulturzentren, die Bildung von

Kooperativen und Netzwerken der Selbsthilfe, all dies hat nicht nur den Alltag der Beteiligten grundlegend verändert, sondern auch eine Basis für die Mobilisierung des Widerstands und für die Fortsetzung der Kämpfe auf neuem Niveau geschaffen.

Wie sich jedoch die sozialen Auseinandersetzungen der näheren Zukunft entwickeln, ob sie tatsächlich eine neue emanzipatorische Qualität gewinnen, steht keinesfalls schon fest. Dies hängt nicht zuletzt davon ab, wie die offensichtliche Wirkungslosigkeit der bisherigen Kämpfe auf *politischer* Ebene reflektiert wird und welche Konsequenzen daraus folgen. Die Einsicht, dass die klassischen Emanzipationskonzepte, die immer auf die Übernahme der Staatsmacht in der ein oder anderen Form zielten, obsolet geworden sind, hat sich zwar bis zu einem bestimmten Grad durchgesetzt. In gewisser Weise könnte man sogar von einer teils spontanen, teils bewussten antipolitischen Tendenz sprechen. Doch diese Tendenz ist in sich gebrochen; das Verhältnis zu Politik und Staat bleibt auch bei Bewegungen, die nicht nach den Hebeln der politischen Macht streben, äußerst schillernd. Die Vorstellung, bei veränderten gesellschaftlichen Kräfteverhältnissen sei auch wieder eine ›andere Politik‹ möglich, hält sich hartnäckig, obwohl niemand so recht anzugeben weiß, worin diese dann eigentlich bestünde. Daher auch die starke Empfänglichkeit für einen Populismus, der in der Simulation einer solchen Politik besteht, nachdem diese ihre reale Grundlage eingebüßt hat. Dieses Gespenst der politischen Illusion verstellt jedoch den Blick auf eine Perspektive gesellschaftlicher Emanzipation, die nur in der Aufhebung der kapitalistischen Zwangsformen von Arbeit, Geld, Markt und Staat bestehen kann.

2.

Der positive Bezug auf die Politik von Seiten sozialer Protestbewegungen und insbesondere der Linken ist ein historisches Produkt der Aufstiegs- und Durchsetzungsgeschichte der modernen warenproduzierenden Gesellschaft. Nachdem der Staat in der frühen Neuzeit eine zentrale Rolle bei der Installation des Kapitalismus spielte, indem er die Monetarisierung der Gesellschaft vorantrieb, den territorial und juristisch abgesicherten Raum für den Warenverkehr schuf und die Menschen für ihr Funktionieren als Arbeits- und Marktsubjekte gewaltsam zurichtete, übernahm er später zunehmend die Aufgabe, die allgemeinen Rahmenbedingungen der Kapitalverwertung abzusichern und zu garantieren. Damit stellte er zugleich auch eine Instanz dar, die dem ungezügelten Spiel der Marktkräfte gewisse Beschränkungen auferlegte und geriet insofern auch zum Adressaten sozialer Forderungen. Aber natürlich war der Staat nie eine außerkapitalistische Instanz, sondern als anderer Pol des Marktes vielmehr Existenzbedingung einer verallgemeinerten Warengesellschaft. Er war niemals dazu in der Lage, die Gesetze der Warenproduktion als solche auszuhebeln oder außer Kraft zu setzen, sondern konnte sie stets nur bis zu einem gewissen Grad regulieren und in bestimmte Bahnen lenken. Ohne diese staatliche Regulation hätte sich der Kapitalismus niemals als umfassendes gesellschaftliches System etablieren können, denn aus der ihm inhärenten Dynamik der Konkurrenz tendiert er dazu, sich selbst und die sozialen und natürlichen Grundlagen des menschlichen Lebens zu zerstören. Die Fähigkeit von Staat und Politik zur Regulation und Begrenzung der Marktlogik war allerdings an ganz spezifische historische Bedingungen gebunden, die von der dritten industriellen Revolution hinweggefegt worden sind. Der auf der Mikroelektronik basierende Quantensprung in der Produktivkraftentwicklung hat zum einen die Grenzen der Nationalökonomien unwiderruflich gesprengt und die Transnationalisierung der Produktions-, Organisations- und Vermarktungsstrukturen des Kapitals vorangetrieben. Damit kulminiert der dem kapitalistischen Expansions- und Wachstumszwang inhärente Prozess der Herstellung des Weltmarkts als Raum einer weitgehend ungehinderten Warenproduktion und -zirkulation. Zum anderen führt die enorme Produktivkraftsteigerung zu einer tief greifenden betriebswirtschaftlichen Rationalisierung und Automatisierung in den Kernsektoren der Kapitalverwertung und damit zu einer massiven Verdrängung lebendiger Arbeitskraft. Da aber der einzige Zweck des Kapitalismus darin besteht, aus Wert (dargestellt in Geld) mehr Wert zu machen, und der Inhalt dieser fetischistischen Kategorie die ›abstrakte Arbeit‹ ist, setzt der Verdrängungsprozess lebendiger Arbeitskraft einen grundlegenden Krisenprozess in Gang, der die Grundlagen der kapitalistischen Vergesellschaftung untergräbt.

Diese Krise, in der die inneren Widersprüche des Kapitalismus historisch kulminieren, ist freilich nicht als einmaliger ›Crash‹ oder ›Zusammenbruch‹ zu verstehen. Vielmehr handelt es sich um einen lang andauernden Prozess, der bereits vor rund drei Jahrzehnten begonnen hat und sich noch über viele Jahrzehnte hinziehen wird. Er stellt sich dar als eine Abwärtsspirale der Zerstörung und Vernichtung der sozialen und natürlichen Lebensgrundlagen, die nur von einer transnationalen Emanzipationsbewegung gestoppt werden kann, indem sie den Bruch mit dem menschenfresserischen System der modernen Warenproduktion vollzieht. Paradoxerweise fällt der Beginn dieses fundamentalen kapitalistischen Krisenprozesses historisch mit der endgültigen Herstellung des Weltmarkts und damit mit der globalen Durchsetzung der Warengesellschaft als alles beherrschender gesellschaftlicher Form zusammen. Die kapitalistische *Form* ist universell geworden, ihr einziger *Inhalt* jedoch, die Arbeitssubstanz, wird gleichzeitig abgeschmolzen. Es ist gerade dieses Paradoxon einer allgemeinen Form, die ihren Inhalt zerstört, das der Krise ihre brutale Zerstörungskraft und ihre spezifische Verlaufsform verleiht. Auf der einen Seite wurden alle nichtkapitalistischen Formen sozialer und materieller Reproduktion fast vollständig vernichtet, weshalb im Prinzip alle Menschen weltweit dazu gezwungen sind, ihre Haut in irgendeiner Weise auf dem Markt zu verkaufen, wenn sie überleben wollen. Auf der anderen Seite jedoch sind sie größtenteils für den Kapitalismus überflüssig, weil ihre Arbeitskraft für die Verwertung nicht benötigt wird. In der Konsequenz steigt der Druck auf diejenigen, die noch in die Verwertungsketten integriert sind, immer härter und immer länger zu arbeiten, während gleichzeitig ein zunehmend größerer Teil der Weltbevölkerung ausgeschlossen und marginalisiert wird. Ausdruck davon ist eine beschleunigte Ausbreitung der Armutsarbeit auf absolutem Elendsniveau und ein immer schneller wachsender ›informeller Sektor‹, der keine grundsätzlich andere Qualität besitzt als der ›formelle‹ Sektor, sondern nur die krisenhafte Gestalt repräsentiert, in der der Kapitalismus für die übergroße Mehrheit der Menschheit Wirklichkeit wird.[1]

3.

Da es sich bei dem aktuellen Krisenprozess nicht nur um eine zyklische ökonomische Krise oder um einen vorübergehenden Strukturwan-

---

1 Vgl. dazu Norbert Trenkle: Es rettet Euch kein Billiglohn!, in: Kurz/Lohoff/Trenkle: Feierabend!, Hamburg 1999 sowie ders.: Das Ende der Arbeit / Informalisiertes Elend, in *iz3w*, März 2003 *(www.krisis.org)*

del innerhalb der kapitalistischen Entwicklungsgeschichte handelt, sondern um einen ganz grundlegenden Bruch auf der Ebene der gesellschaftlichen Basisform, versagen alle politischen Versuche einer Krisenbewältigung schon im Ansatz. Denn Politik ist als die der warenproduzierenden Gesellschaft zugehörige, historisch-spezifische Form allgemein gesellschaftlichen Handelns auch auf ganz bestimmte strukturelle Bedingungen angewiesen, insbesondere auf den institutionellen Rahmen des Nationalstaats (zwar gibt es auch internationale Politik, aber diese betrifft, worauf der Begriff schon verweist, die mehr oder weniger gewaltsame und hierarchische Regelung der Beziehungen zwischen Nationalstaaten). Da nun aber der Krisenprozess zusammen mit den Grundlagen der kapitalistischen Gesellschaft auch die Existenzbedingungen des Nationalstaats untergräbt, zerbricht der Bezugsrahmen von Politik, die dadurch in zunehmendem Maße entmachtet wird.

Wie weit die Zersetzung des Staates und die damit verbundene Entmachtung der Politik fortgeschritten ist, hängt freilich in starkem Maße von der Position eines Landes in der Weltmarkthierarchie ab. Während in den besonders von der Krise heimgesuchten Katastrophengebieten der Welt, in großen Teilen Afrikas und Asiens sowie in bestimmten Regionen Osteuropas und Lateinamerikas, der Staat bereits zu einer leeren Hülle geworden ist, innerhalb derer sich konkurrierende Banden um die Restbestände des gesellschaftlichen Reichtums streiten, wachsen solche Tendenzen in den westlichen Ländern erst unter der Oberfläche einer noch weitgehend stabilen Staatlichkeit heran. Symptomatisch dafür ist die zunehmende Verquickung der Staatsapparate mit der organisierten Kriminalität und eine Verschärfung der regionalen sozial-ökonomischen Polarisierung, die häufig ethnizistisch aufgeladen wird und den Ansatz eines staatlichen Zerfalls darstellt. Ökonomisch werden die scheinbar starken Staaten von zwei Seiten her in die Zange genommen. Zum einen schrumpft mit dem Abschmelzen der Arbeitssubstanz die Wertmasse, welche die Staaten durch Steuern und Abgaben abschöpfen können, um ihre Aktivitäten zu finanzieren. Darüber hinaus fällt es den Unternehmen im Zuge der Transnationalisierung immer leichter, sich der Kontrolle durch die Staaten zu entziehen, wie sie unter den Bedingungen einigermaßen kohärenter Nationalökonomien noch ansatzweise möglich war. Stattdessen geraten die Staaten selbst in eine zunehmende Abhängigkeit vom Kapital und müssen alles dafür tun, um es zur Ansiedlung auf ihrem Territorium zu bewegen. Diese absurde ›Standortkonkurrenz‹ wird nicht nur zwischen den Staaten, sondern auch zwischen Regionen und Städten immer härter ausgefochten. Die Folge ist eine fortschreitende Handlungs- und Manövrierunfähigkeit der Politik, die immer weniger dazu in der Lage ist, regulierend in die Marktbeziehungen einzugreifen, und ihrerseits zu einer abhängigen Variable der Weltmarktbewegungen degradiert wird.

Die Entmachtung des Staates gegenüber dem selbstläufigen Prozess der kapitalistischen Krise wird vielfach so erklärt, als sei sie das Ergebnis einer bestimmten politischen Strategie oder Richtungsentscheidung, die auf den Namen des Neoliberalismus hört und von mächtigen Interessengruppen durchgesetzt wurde. Diese Sichtweise, wie man sie vor allem im Umfeld des Neo-Keynesianismus und des alten Klassenkampf-Marxismus findet, erfüllt eigentlich nur den ideologischen Zweck, den alten Glauben an die politische Machbarkeit – oder anders gesagt: an das Primat der Politik – aufrechtzuerhalten. Demnach komme es eigentlich nur darauf an, eine soziale Gegenmacht aufzubauen, um dann unter veränderten gesellschaftlichen Kräfteverhältnissen eine ›andere Politik‹ durchzusetzen.

Diese politizistische Sichtweise verschleiert die Dramatik der ablaufenden Entwicklung und verstellt deshalb den Blick für eine notwendige Neuorientierung der emanzipatorischen Bewegungen. Dennoch besitzt sie insofern einen realen Kern, als sie – wenn auch verzerrt – auf die subjektive Handlungsdimension im Krisenprozess verweist. Der blinde historische Entwicklungsverlauf der Selbstzerstörung des Kapitalismus setzt sich in seinen Konsequenzen nicht einfach automatisch und unmittelbar in allen gesellschaftlichen Strukturen und Bereichen durch, sondern muss über gesellschaftliche und politische Handlungen und Entscheidungen sowie über die Veränderung der ideologischen Wahrnehmungsmuster vermittelt werden. In diesem Vermittlungsprozess kommt der Politik noch einmal eine wichtige Rolle zu; doch die besteht nicht mehr in der Regulierung sozial-ökonomischer Prozesse, sondern nur noch in der unwiderruflichen Zerstörung ihres ureigensten Bezugsfeldes. Die viel gerühmte ›Wiedererlangung der Handlungsfähigkeit‹, über die alle neoliberalen Ideologen schwadronieren, wenn sie die ›Lähmung der Politik‹ durch den Sozialstaat und die Bürokratie beklagen, besteht in nichts anderem als in einem einzigen Abrissunternehmen (sozial)staatlicher Strukturen. Ist es abgeschlossen, hat die Politik sich selbst den Boden unter den Füßen entzogen. Was dann noch von ihr übrig bleibt, ist allenfalls eine Fassade von Postpolitik, hinter der die Verwilderung und der Zerfall der gesellschaftlichen Beziehungen voranschreiten.

Eine solche rein destruktive ›Politik‹ der Selbstabwicklung hätte sich freilich niemals flächendeckend im Weltmaßstab durchsetzen können, wäre sie bloß das Instrument mächtiger Kapitalinteressen. Vielmehr erklärt sie sich nur als spezifische Verarbeitungsform des objektiven Drucks, den der Globalisierungs- und Krisenprozess ausübt. Erst das Ende des Fordismus, das Aufsprengen der relativen Kohärenz von Nationalstaat und Nationalökonomie und die Verschärfung der Weltmarktkonkurrenz (die u.a. die Grundlagen der binnenmarktorientierten Entwicklungsmodelle der Dritten Welt und des staatskapitalistischen ›Realsozialismus‹ vernichtete) schuf den Boden, auf dem der Neoliberalismus seine Hegemonie erringen konnte. Seine ›politischen Konzepte‹ bestehen allerdings nur darin, die vom Krisenprozess erzwungene Entsicherung der Konkurrenz ›bewusst‹ zu exekutieren und alle Barrieren beiseite zu räumen, die ihr noch im Weg stehen könnten. Dazu gehört beispielsweise das Niederreißen von Handelsschranken (Zöllen, Einfuhrbeschränkungen etc.), die Privatisierung der Infrastruktur, der Kahlschlag der Sozialsysteme, die Deregulierung des Arbeitsmarktes und dergleichen mehr.

Solche Maßnahmen sind natürlich immer umstritten und umkämpft und müssen gegen mehr oder weniger harte Widerstände notfalls auch gewaltsam durchgesetzt werden. Dafür wiederum bedarf es einer politischen Personage, die nicht davor zurückschreckt, das schmutzige Geschäft zu erledigen: so etwa der Militärjunta in Chile, die mit ihrem Putsch gegen die sozialistische Regierung 1973 den Weg für das erste neoliberale ›Experiment‹ öffnete, oder einer Margaret Thatcher, der es u.a. gelang, die Macht der britischen Gewerkschaftsbewegung zu brechen – um nur zwei Beispiele nennen. Auf globaler Ebene spielen darüber hinaus natürlich auch Institutionen wie der IWF und die Weltbank mit ihren berüchtigten ›Strukturanpassungsprogrammen‹ zur Öffnung der Märkte, der Privatisierung und der Streichung von Sozialleistungen eine wichtige Rolle.

Nicht, dass der Neoliberalismus eine klare Vorstellung über die selbstläufigen ökonomischen Basisprozesse besitzen würde. Vielmehr ist er Ideologie ganz im Sinne des Marxschen Diktums: notwendig falsches

Bewusstsein. Als solches jedoch erfüllt er durchaus eine handlungsleitende Funktion für die kapitalistische Krisenverwaltung. Im Grunde handelt es sich um ein höchst primitives Gedankengebäude, das nicht einmal den simpelsten Maßstäben der bürgerlich-positivistischen Wissenschaft genügt. Schon in den 1960er Jahren bemerkte Hans Albert, einer der führenden Köpfe des modernen Positivismus, dass die neoklassische Volkswirtschaftslehre (die ›theoretische‹ Grundlage des Neoliberalismus) im Grunde puren »Modellplatonismus« betreibe, der nichts über die empirische Wirklichkeit aussage. Man könnte aber auch von einem geschlossenen Wahnsystem sprechen, das gerade als solches dem wahnsinnigen Amoklauf kapitalistischer Selbstzerstörung entspricht. Funktional für die Krisenverwaltung ist der Neoliberalismus paradoxerweise, *weil* er den Krisenprozess verschleiert und die Realität konsequent ausblendet, also theoretisch nichtet. Genau das prädestiniert ihn zur Basisideologie einer Epoche, in der die entfesselte, selbstläufige Dynamik des Kapitalismus nur noch eine Richtung kennt: die Vernichtung der Welt.

4.

Den neoliberalen Ideologen zufolge resultieren die strukturellen Probleme des Kapitalismus bekanntlich immer nur daraus, dass der Staat gegenüber dem Markt zu viel Einfluss habe und die angeblich heilsame Wirkung der freien Konkurrenz durch allerlei Regularien – insbesondere natürlich die Rechte von Lohnabhängigen und ökologische Mindeststandards – behindert werde. Befolge daher die Gesellschaft das Rezept der Zurückdrängung des Staates und der Entfesselung der Marktkräfte nur konsequent, leite das angeblich eine neue Wunderära von Wachstum, Wohlstand und Massenarbeit ein. Einmal abgesehen davon, dass das Versprechen, alle menschlichen Regungen restlos in solche von Ware und Geld zu verwandeln, einer veritablen Drohung und Horrorvorstellung gleichkommt, muss festgestellt werden, dass sich der Neoliberalismus – selbst noch gemessen an seinen eigenen Maßstäben – auf ganzer Linie blamiert hat. Sogar in dem primitiven Sinne eines Auseinanderfallens von Anspruch und Wirklichkeit handelt es sich also um pure Ideologie. Seine angeblichen ökonomischen ›Erfolge‹ (Wirtschaftswachstum, Schaffung neuer Arbeitsplätze etc.) sind nichts als Schwindel. Erstens konzentrieren sie sich auf einige

Kernregionen des Weltmarkts und auch dort auf immer kleinere Segmente des Territoriums und der Bevölkerung, während auf der anderen Seite immer größere Teile der Welt für die Kapitalverwertung faktisch überflüssig geworden sind; von den Waren- und Geldströmen praktisch abgeschnitten, werden sie in eine Abwärtsspirale der Verelendung gestürzt. Zweitens sind selbst in den vorläufig vom Krisenprozess nicht ganz so stark betroffenen Regionen und gesellschaftlichen Segmenten die marktwirtschaftlichen ›Erfolge‹ nicht etwa das Ergebnis einer freien Entfaltung der Marktkräfte und eines Rückzugs des Staates aus der Ökonomie. Sie resultieren keinesfalls aus einer Umsetzung der reinen Lehre des Neoliberalismus, sondern sind in Wirklichkeit das Ergebnis permanenter mega-keynesianischer Staatsinterventionen in die wirtschaftlichen Kreisläufe. Die staatlichen Ausgaben wurden im Verlaufe der 80er und 90er Jahre in den Ländern, die noch in nennenswertem Ausmaß am Weltmarkt partizipieren, nicht zurückgefahren, sondern im Gegenteil sogar noch gesteigert, oder sind zumindest im Verhältnis zum Bruttosozialprodukt gleich geblieben. Das gilt gerade auch für die Kernländer des Neoliberalismus, die USA und Großbritannien. In beiden Ländern liegt die so genannte Staatsquote (der Anteil des Staates an der gesamten Wirtschaftsleistung) heute praktisch ebenso hoch wie in den 1970er Jahren, und dies obwohl in der Zwischenzeit der größte Teil der Infrastruktur privatisiert wurde und von den Sozialsystemen nur mehr einige Ruinen übrig geblieben sind.

Hinter diesem quantitativ gleich bleibenden Staatsanteil an der Ökonomie verbirgt sich allerdings ein qualitativ entscheidender Strukturbruch gegenüber der Nachkriegsära des Fordismus, der für den Verlauf des kapitalistischen Krisenprozesses und seine politische Verwaltung charakteristisch ist. Dazu gehört zunächst, dass die Ausgaben des Staates in wachsendem Maße über Kredite finanziert werden. Auch dies ist das glatte Gegenteil dessen, was der Neoliberalismus propagiert. Als Ziel wurde stets ein ausgeglichener Haushalt gefordert und der fordistische Interventionsstaat wegen seiner Verschuldung kritisiert, die aber im Vergleich zum heutigen Stand gerade mal die berühmten Peanuts ausmachte (1975 betrug die gesamte *aufaddierte* und damals schon skandalierte Staatsverschuldung der USA rund 540 Milliarden Dollar; dagegen hat die US-Regierung *allein im Jahr 2003* ein Haushaltsdefizit in fast der gleichen Höhe produziert). Der strukturelle ökonomische Grund dieser Entwicklung ist schlicht die stockende Akkumulation des Kapitals, die aufgrund der fortschreitenden Untergrabung der Arbeits- und Wertsubstanz nicht mehr auf realökonomischer Grundlage in Gang kommen kann und deshalb mit staatlichen und privaten Krediten und einer ungeheuren Aufblähung der Börsenspekulation künstlich angeheizt werden muss.[2]

Diese Kredite werden aber nicht oder nur sehr partiell für den Ausbau der allgemeinen Infrastruktur oder anderer allgemeingesellschaftlicher Aufgaben verwendet, sondern dienen im Grunde nur noch dem blanken Systemerhalt gegen die Schwerkraft des Krisenprozesses. Es wird Liquidität in die Finanzmärkte gepumpt, damit die kapitalistische Akkumulation nicht zum Erliegen kommt. Dafür türmen sich die Schulden und ungedeckten Spekulationswerte zu gigantischen Gebirgen auf, die natürlich früher oder später in sich zusammenkrachen müssen – mit katastrophalen sozial-ökonomischen Folgen. Ganz besonders krass zeigt sich dies in peripheren Staaten, wie beispielsweise Argentinien, wo die Kreditaufnahme in den gesamten 1990er Jahren volkswirtschaftlich gesehen eigentlich nur den einen Zweck erfüllte, die Währung zu stützen, um auf diese Weise für den Zufluss von Finanzkapital attraktiv zu bleiben. Diese zirkuläre Logik der Finanzmarktteilnahme (ständig steigende Kreditaufnahme, um kreditwürdig zu bleiben) bescherte dem Land unter ungeheuren Kosten eine äußerst kurze Boomphase und schürte in Teilen der Bevölkerung die Illusion, bald den Anschluss an die ›Erste Welt‹ zu erreichen. Tatsächlich jedoch stiegen die Schulden gerade in dieser ultra-neoliberalen Phase exponentiell an, während gleichzeitig die Infrastruktur und die staatlichen Unternehmen zu Schleuderpreisen verscherbelt wurden. Das staatliche Personal, das in der fordistischen Nachkriegsära für Aufrechterhaltung der gesellschaftlichen Rahmenbedingungen und der öffentlichen Versorgung zuständig war, mutierte zum Plünderungskollektiv, das die gesellschaftliche Substanz am Weltmarkt verramschte, um sich selbst zu bereichern und nebenbei noch einmal ein kurzes Strohfeuer der Kapitalverwertung zu entfachen – bevor der umso heftigere Absturz kam.

Eine ganz ähnliche Entwicklung bricht sich derzeit in den kapitalistischen Kernländern Bahn. Um die kapitalistische Form aufrechtzuer-

---

2 Vgl. dazu Robert Kurz: Die Himmelfahrt des Geldes, in: *Krisis* 16/17, Bad Honnef 1995; Ernst Lohoff: Große Fluchten. Krise und Entwicklung des Kapitals, in: *Weg und Ziel* 1/2000, Wien (*www.krisis.org)*

halten und einen schrumpfenden Kern der Kapitalverwertung zu sichern, werden keine Kosten gescheut und der Bevölkerung immer größere Opfer abverlangt. Sozialleistungen und allgemeine Infrastruktur erscheinen vom Standpunkt der ›Standortkonkurrenz‹ bloß noch als Ballast, der abzuwerfen ist. Gleichzeitig soll die Privatisierung des öffentlichen Sektors neue Anlagesphären für das Kapital erschließen; doch die sind nur solange privatwirtschaftlich profitabel, wie die dort in der Vergangenheit aufgehäufte Substanz, etwa in der Gestalt von Kliniken, Eisenbahnnetz oder Wasserleitungen, ausgeplündert und aufgebraucht werden kann. Immer rücksichtsloser wird so der gesellschaftliche Reichtum in den Ofen der Verwertung geworfen, um ihn noch einmal kurzfristig anzuheizen, während gleichzeitig immer größere Teile der Bevölkerung von öffentlichen Versorgungsleistungen (Gesundheit, Transport, sauberes Wasser etc.) ausgeschlossen und in die Armut gedrängt werden.[3]

Im Prinzip ist diese Entwicklung die gleiche in allen Teilen der Welt: Der Kapitalismus frisst seine eigene historisch produzierte gesellschaftliche Substanz auf und mutiert damit zu einem System globaler Plünderungsökonomie. Prinzipiell ist es kein Unterschied, ob beispielsweise in Großbritannien das Bahnnetz an Privatfirmen verscherbelt wird, die es in wenigen Jahren verschleißen und auf den Stand eines Dritte-Welt-Landes herunterfahren, um sich ihre Profite zu sichern, oder ob ein afrikanischer Warlord sich die Koltanminen unter den Nagel reißt, um das Metall auf den Weltmarkt zu werfen. Nur die Methoden sind in Großbritannien etwas ziviler und der Zersetzungsgrad des Staates noch nicht soweit vorangeschritten, wie im ehemaligen Zaire. Grundsätzlich haben wir es jedoch mit einem einheitlichen Trend in der gesamten Welt zu tun, mit einer Abwärtsspirale der Vernichtung und des systemischen Autokannibalismus. Die Unterschiede zwischen den verschiedenen Weltgegenden resultieren grundsätzlich nur daraus, dass die Substanz, die verzehrt werden kann, in den kapitalistischen Metropolen sehr viel größer ist als in einem peripheren Land, das nur auf eine kurze Geschichte kapitalistischer und nationalstaatlicher Entwicklung zurückblickt. Darüber hinaus spielt natürlich auch das politische und militärische Machtgefälle eine Rolle, das es den mächtigeren Staaten erlaubt, einen Teil ihrer Krisenkosten zeitweise auf andere schwächere Länder und Regionen abzuwälzen.

---

3 Vgl. den Beitrag von Ernst Lohoff: Das Schweigen der Lämmer in diesem Buch

Im Einzelnen sind diese Unterschiede zwischen den verschiedenen Weltregionen (oder auch innerhalb dieser Regionen) alles andere als nebensächlich, weil sie über Leben und Tod entscheiden können; auch die Bedingungen für die Formierung sozialen Widerstands sind selbstverständlich andere, je nachdem, ob man es mit einem noch halbwegs funktionierenden Staatsapparat zu tun hat oder sich gegen marodierende Banden zur Wehr setzen muss. Die Übergänge allerdings sind fließend, weil überall auf der Welt die (ohnehin immer schon durchlässigen) Grenzen zwischen organisierter Kriminalität und Politik, zwischen Bandenwesen und privaten Sicherheitsdiensten immer mehr verschwimmen.[4] Der Staat büßt auf diese Weise den Allgemeinheitscharakter ein, den er bis zu einem gewissen Grad in den kapitalistischen Kernländern (und nur dort) besessen hat, und mutiert zu einem Akteur der allgemeinen Plünderungsökonomie.

5.

Die politisch vermittelte Durchsetzung der vom kapitalistischen Krisenprozess geforderten Opfer und Zumutungen wäre ohne eine massive ideologische Flankierung kaum möglich gewesen. Denn auch die kapitalistische Krisenverwaltung kann auf eine öffentliche Legitimierung ihres Handelns nicht ganz verzichten. Doch die Entfesselung der Vernichtungskonkurrenz, der Übergang zur Plünderungsökonomie und der massenhafte soziale Ausschluss, lässt sich nicht länger mit dem Versprechen allgemeinen gesellschaftlichen Fortschritts begründen, wie es für den größten Teil des 20. Jahrhunderts prägend war. An seine Stelle musste die neoliberale Ideologie der individuellen Verantwortung und Leistung treten.

---

4 So berichtet etwa das Colectivo Situaciones aus Argentinien: »Am 26. Juni 2002 wurden mit Darío Santillán und Maximiliano Costeki zwei Mitglieder der Arbeitslosenkoordination *Coordinadora de Trabajadores Desocupados Aníbal Verón* ermordet. Die Repression gegen die sozialen Bewegungen tritt sowohl in staatlicher Uniform als auch in einer ganzen Palette anderer Vorgehensweisen auf. [...] Wir sprechen hier von polizeiähnlichen Söldnergruppen, pöbelnden Halbstarkenbanden mit Mafiakontakten sowie den Sicherheitsunternehmen, die sich zu wahren Privatarmeen entwickelt haben und im direkten Dienst von Konzernen oder Gruppierungen der politischen Macht stehen. Die verschiedenen Ausdrucksformen der Repression beweisen, dass der Angriff auf radikale gesellschaftsverändernde Praxen nicht unbedingt eine einheitliche Form aufweisen muss« (s. Colectivo Situaciones, Vorwort zu: Que se vayan todos! Krise und Widerstand in Argentinien, Berlin 2003, S. 22 f.).

Dieses ideologische Motiv hat zunächst den großen ›Vorteil‹, dass es sich hervorragend dafür eignet, die durchschlagende destruktive Wucht des ablaufenden Krisenprozesses zu verdrängen und unsichtbar zu machen, indem die Herausgefallenen für ihr Schicksal selbst verantwortlich gemacht werden; sie haben sich eben nicht genug angestrengt, waren faul oder können sich nicht richtig verkaufen. Diese Zuschreibung findet dabei nicht nur auf der Ebene der Individuen, sondern auch auf der von Institutionen und Staaten statt. Gerät ein Staat in die Krise, so werden dafür regelmäßig die Ursachen nicht etwa in der Weltmarktkonkurrenz gesucht, die aus ihrer inneren Logik heraus Opfer produziert, sondern in einer falschen Politik, der Korruption, einer mangelnden Leistungsbereitschaft der Bevölkerung und dergleichen mehr. Rational betrachtet, ist es zwar vollkommen lächerlich anzunehmen, dass rund 80 Prozent der Menschen auf der Welt nur deshalb im Elend leben, weil sie sich nicht genug ins Zeug gelegt haben oder von unfähigen und korrupten Politikern regiert werden; oder gar, dass es nur einer demokratischen Regierung und einer Öffnung der Märkte bedürfe, um ihnen den Zugang zum gesellschaftlichen Reichtum zu erschließen. Aber der Wille, an solche Märchen zu glauben, ist groß. Da seine Triebkraft nicht rational, sondern ein unbändiger Wunsch der Verdrängung ist, lässt er sich durch Argumente und die Evidenz empirischer Entwicklungen nur schwer erschüttern. Verdrängen wollen die vorläufigen Krisengewinnler und noch nicht abgestürzten Bevölkerungssegmente nicht nur das stetig anwachsende Massenelend in der Welt und ihr damit verbundenes schlechtes Gewissen, sondern vor allem auch die Ahnung, dass sie selbst nur ein paar Schritte vom Abgrund entfernt sind und ihm ständig bedrohlich näher kommen.

Die Individualisierung der ›Verantwortung‹ für das eigene Schicksal hat der Neoliberalismus natürlich nicht erfunden. Sie stellt eine Basisideologie der modernen Warengesellschaft dar und ist zugleich ein ganz wesentliches Strukturelement der für sie charakteristischen Herrschaftsform. Darin reflektiert sich die Verwandlung der Menschen in Ware-Geld-Subjekte, die allesamt dem Zwangsprinzip des Werts unterworfen sind und sich tagtäglich in der Konkurrenz behaupten müssen. Dies ist der strukturelle Grund, weshalb kapitalistische Herrschaft ein gegenüber anderen, historisch vorgängigen Herrschaftsformen grundsätzlich viel höheres Maß an individueller Selbstbeherrschung und -disziplinierung abverlangt, die nichts anderes darstellt, als die individuelle Verinnerlichung der versachlichten Herrschaftsnormen; die Menschen müssen sich selbst unterwerfen und zum Objekt machen, zu einer verkäuflichen Sache.

Dieses Moment der permanenten Selbstunterwerfung (das beispielsweise Foucault in seinen Studien zur Disziplinargesellschaft und zur Gouvernementalität historisch untersucht und beschrieben hat) gewinnt im kapitalistischen Krisenprozess ein verstärktes Gewicht. Es ist nicht nur Funktionsbedingung für den zunehmend deregulierten Arbeitsmarkt und sorgt für die Bereitschaft, sich immer schlechteren und anstrengenderen Arbeitsbedingungen zu unterwerfen und möglichst viel Leistung aus sich herauszupressen. Zugleich und vor allem erlaubt es, den Verelendungs- und Ausschlussprozess relativ reibungslos zu organisieren und den Widerstand zu minimieren. Insofern sind der Kahlschlag der sozialen Sicherungssysteme, die Privatisierung des öffentlichen Sektors und die Entfesselung der Konkurrenz nicht nur Ausdruck des Übergangs zur globalen Plünderungsökonomie, sondern stellen zugleich auch ungeheure Disziplinierungsmaßnahmen dar, die diesen Prozess flankieren. Die Methode ist im Grunde sehr simpel: Halte die Menschen immer auf Trab, gönne ihnen keine Ruhepause, und sie werden die gesellschaftlichen Verhältnisse nicht angreifen. Und wer würde dies besser schaffen als der totale Markt mit seiner brutalen Konkurrenz? In der Ära des Fordismus wurde dem Sozialstaat von linken Kritikern vorgeworfen, er diene der Ruhigstellung der Massen, kontrolliere sie mit seiner Bürokratie und speise sie mit Brotkrumen ab, um sie davon abzuhalten, die ganze Bäckerei zu fordern. Nicht zu Unrecht. Doch in der fundamentalen kapitalistischen Krise wird diese Kontroll- und Disziplinierungsmethode prekär, ja sogar dysfunktional. Denn es erfordert nicht nur einen immer höheren finanziellen und bürokratischen Aufwand, die wachsende Zahl derjenigen, die vom regulären Verwertungsprozess ausgespuckt werden, zu alimentieren. Vor allem gehen die Druckmittel verloren. So war es ja beispielsweise bei faktisch sechs bis sieben Millionen Arbeitslosen in der Bundesrepublik lange Zeit mit ein wenig Geschick durchaus möglich, sich dem Arbeitszwang zu entziehen und zumindest teilweise von Sozialleistungen zu leben. Doch diese fordistischen Hintertürchen des Arbeitszwangs werden nun systematisch verriegelt.

Wenn die neoliberalen Agitatoren die ›Ineffizienz‹ der Arbeits(losen)-verwaltung in der Bundesrepublik anprangern (und sich dabei höchst populistisch den verbreiteten Affekt gegen die angeblich faulen Beamten zunutze machen), dann ist das ein Frontalangriff auf den aus kapitalistischer Sicht obsolet gewordenen gesellschaftlichen Integrationsanspruch, der in den sozialstaatlichen Institutionen den Fordismus noch lange überlebt hat. Zwar sind schon seit Ende der 80er Jahre die Leistungsansprüche kontinuierlich gekürzt und die Druckmittel verschärft worden, doch in den letzten zwei Jahren hat ein Kurswechsel stattgefunden, der einen qualitativen Einschnitt darstellt. Es geht jetzt schlicht und einfach nur noch darum, möglichst viele Menschen aus der Statistik und aus dem Leistungsbezug herauszudrängen. Damit mutiert die staatliche Arbeitsverwaltung von der Integrationsinstanz zu einem Protagonisten der Selektion und des gesellschaftlichen Ausschlusses – und dies durchaus ›erfolgreich‹ in ihrem eigenen Sinne.

6.

Nach über zwanzig Jahren des Wütens auf dem Planeten hat der Neoliberalismus viel von seiner ideologischen Glaubwürdigkeit eingebüßt. Auch konnten seine inneren Widersprüche nicht völlig unbemerkt bleiben. Daher war es nicht überraschend, dass seine propagandistischen Parolen inzwischen etwas entschärft und durch eine neue Rhetorik des ›Sozialen‹ und des ›aktivierenden Staates‹ flankiert wurden. Insbesondere in den westeuropäischen Ländern, in denen noch relativ große Restbestände der fordistischen Sozialsysteme und eine vergleichsweise gut ausgebaute öffentliche Infrastruktur überlebt haben, war dieser rhetorische Kurswechsel sogar die entscheidende Voraussetzung dafür, im Eiltempo nachzuholen, was in den Kernländern des Neoliberalismus und an der Weltmarktperipherie längst durchgesetzt worden ist. Das ›Soziale‹ erfährt in diesem Zusammenhang einen ganz grundlegenden Bedeutungswechsel. An die Stelle der Befriedung durch den fordistischen Sozialstaat tritt ein Polizei-, Sicherheits- und Gefängniskomplex, der die quasi-automatische Dauerdisziplinierung durch den deregulierten Arbeitsmarkt flankiert. Von den staatlichen Sozialsystemen bleibt nur ein Restbestand übrig, der erstens dazu dient, die für die Standortkonkurrenz ›unbrauchbaren‹ Teile der Arbeitsbevölkerung auszusortieren und die ›brauchbaren‹ prekär abzusichern. Zweitens soll er zugleich aus legitimatorischen Gründen so etwas wie ›soziale Gerechtigkeit‹ simulieren, damit sich auch die Mittelschichten des sozialdemokratischen und grünen Wählerpotentials wider besseren Wissens einreden können, es finde gar kein Ausschluss statt, sondern jeder erhalte seine ›Chance‹. Die Sorge um ihr gutes Gewissen stand für dieses Klientel ja ohnehin immer im Mittelpunkt, schon als es in den 70er und 80er Jahren noch für die sandinistische Befreiungsbewegung spendete oder mit dem Gefühl moralischer Erhebung den Jute-statt-Plastik-Beutel durch die Gegend trug. Nun, wo die Zeiten härter werden und der eigene Status bedroht ist, kommt das sozialdarwinistische Urgestein der bürgerlichen Ethik wieder zum Vorschein, wonach nur wer arbeite (oder zumindest arbeiten wolle) ein Existenzrecht habe. Dazu gehört auch, dass die notdürftige Auffanglinie, die für die absolut Verarmten geschaffen wird, rein karitativen Charakter hat, also nicht mehr (oder immer weniger) auf einklagbaren Rechtsansprüchen beruht, sondern der Willkür überlassen ist und jederzeit aufgekündigt werden kann. Diese Armutsversorgung wird ihrerseits zunehmend auf private Initiativen des humanitär-industriellen Komplexes (Wohltätigkeitsorganisationen und NGOs) verschoben und eignet sich überdies hervorragend für populistische Klientelpolitik und Imagewerbung. Typisch dafür ist das Programm *Zero Fomem* (Null Hunger) des brasilianischen Präsidenten Lula, das seiner Fortsetzung der neoliberalen Politik eine höhere Legitimation verschaffen soll, indem es verspricht, die Marginalisierten mit Grundnahrungsmitteln zu versorgen. Es ist bezeichnend, dass nicht einmal dieses erbärmliche Versprechen eingelöst wird, obwohl es nur einen winzigen Bruchteil des vorhandenen Reichtumspotentials beanspruchen würde. Von den rund 35 Millionen Bedürftigen haben bisher gerade einmal 5 Millionen ein paar Brotkrumen aus diesem Programm erhalten. Dennoch gelingt es dem ehemaligen Hoffnungsträger der Linken offenbar (vorerst) noch, sich über die mediale Vermarktung dieser schäbigen Tour einen gewissen Rückhalt bei den weitgehend entpolitisierten marginalisierten Bevölkerungsteilen zu sichern. Flankiert wird diese Mischung aus Repression und Armenspeisung, wie sie sich auch in den Kernländern der EU herauszubilden beginnt, von einem verlogenen Diskurs der Neubelebung ›bürgerlicher Werte‹. Anklang findet er vor allem bei einem Teil der Mittelschichten, der – aus Angst vor den unschönen Konsequenzen sozialer Desintegration wie Kriminalität, Gewalt und Bandenwesen – seine ›gesellschaftliche Verantwortung‹ in Gestalt der schwarzen Pädagogik wieder entdeckt. Schuld an der sozialen Polarisierung soll eine falsch verstandene Liberalität sein, die es versäumt habe, den ›Unterschichten‹ die nötigen kulturellen Kompetenzen, Benimmregeln und Sekundärtugenden, wie Pflichtgefühl, Höflichkeit, Pünktlichkeit etc., beizubringen. Da sei es kein Wunder, dass sie in der Konkurrenz nicht mithalten könnten und stattdessen mit der Chipstüte vor dem Fernseher dahinvegetierten. »Nicht Armut ist das Hauptproblem der Unterschicht. Sondern der massenhafte Konsum von Fast Food und TV«, behauptet etwa ein gewisser Paul Nolte, seines Zeichens Professor an der International University Bremen, im Kampfblatt des Neoliberalismus für den gehobenen Geschmack (Das große Fressen, in: *Die Zeit* 17.12.2003). Deshalb müsse das »Bürgertum« (wer auch immer das sein soll) endlich wieder seinem Erziehungsauftrag nachkommen:

»Wir stehen vor einem Neubeginn, einem Paradigmenwechsel im politischen Umgang mit den Unterschichten. Wir sind zu lange einem Konzept gefolgt, das man als ›fürsorgliche Vernachlässigung‹ bezeichnen könnte. Einer vergleichsweise hohen materiellen Fürsorge der Unterschicht steht eine Vernachlässigung in sozialer und kulturelle Hinsicht gegenüber. Das Ziel muss es wieder sein, Kulturen der Armut und der Abhängigkeit, des Bildungsmangels und der Unselbständigkeit nicht sich selbst zu überlassen, sondern sich einzumischen, sie herauszufordern und aufzubrechen. Es geht um Integration in die Mehrheitsgesellschaft, aber auch – für viele ein heikles Thema – um die Vermittlung kultureller Standards und Leitbilder« (ebd.).

Der von Nolte angewandte diskursive ›Trick‹ ist bezeichnend für die derzeitige Umbruchphase in der Bundesrepublik und anderen EU-Ländern. Er appelliert noch an den Anspruch der ›Integration‹, aber der soll nicht mehr über materielle Teilhabe eingelöst werden – denn die sei ja angeblich gesichert, wie der Experte für amerikanische und deutsche Sozialgeschichte mit kontrafaktischer Kaltschnäuzigkeit behauptet –, sondern über die Vermittlung bürgerlicher Werte. Damit liefert er seinem geneigten Mittelschichtspublikum eine ideologische Verarbeitungsform, wie es sich gesellschaftlich verantwortlich fühlen kann, ganz ohne ein schlechtes Gewissen zu haben, wenn es sich vor den sozialen Folgen der Krise in separierte Wohnviertel und bewachte Shoppingcenter verkriecht – solange es sich dies noch leisten kann.

Für sich genommen ist der Rekurs auf die von der kapitalistischen Durchkommerzialisierung selbst vernichtete ›Kultur bürgerlicher Werte‹ ein reines Phantasma und ein weiteres Zeichen für den Übergang in eine Periode der Simulation und Halluzination. Doch erfüllt er auch den Zweck, die real stattfindende Repression etwas angenehmer zu verpacken? Wie die Praxis aussieht, die dem von Herrn Nolte und seinesgleichen ausgerufenen ›Paradigmenwechsel‹ entspricht, kann man in den so genannten *boot camps* in den USA besichtigen, wo devianten Jugendlichen der Unterschichten mit extremem militärischen Drill und Methoden der Gehirnwäsche beigebracht wird, als anständige Staatsbürger zu funktionieren. Wer diese wohlmeinende Lektion in bürgerlichen Werten lebendig übersteht, hat ganz hautnah erfahren, wie die ›Fürsorge‹ aussieht, die dem Herrn Professor vorschwebt.

Nicht zufällig erinnert der Repressions- und Erziehungsdiskurs und die dazugehörige Praxis an die frühkapitalistische Umgangsweise mit den Unterschichten und den ›gefährlichen Klassen‹. In der Krise der Warengesellschaft kommt der gewaltsame und herrschaftliche Kern des Kapitalismus wieder ganz deutlich zum Vorschein. Und doch gibt es einen nicht unwesentlichen Unterschied: Es geht jetzt nicht mehr darum, bäuerliche Unterschichten gewaltsam für die regelmäßige Verausgabung ihrer Lebensenergie im Arbeitsrhythmus von Manufaktur und Fabrik zuzurichten und damit den Boden für die kapitalistische Expansion zu bereiten. Im Gegenteil besteht das unbewusst-bewusste Ziel darin, die große Masse der ›Überflüssigen‹ so zu disziplinieren, dass sie den kapitalistischen Restbetrieb und diejenigen, die noch daran teilhaben, möglichst nicht stören. Die Ausgeschlossenen und Ausgespuckten sollen sich möglichst ruhig in ihr Schicksal fügen. Natürlich können Hunderte von Millionen Menschen, die weltweit kapitalistisch marginalisiert worden sind, nicht auf diese Weise im Zaum gehalten werden. Solange von ihnen keine Gefahr für den schrumpfenden Sektor der Kapitalverwertung und des Weltmarktkonsums ausgeht, werden sie sich selbst überlassen und durch ein immer schärferes Grenzregime daran gehindert, in die Zentren vorzudringen. Doch da Zentren und Peripherie sich immer stärker durchmischen, gewinnt auch die Bewachung der inneren Grenzen ein immer höheres Gewicht. Der Diskurs über ›bürgerliche Werte‹ liefert die moralische Begleitmusik dazu.

7.

Angesichts der Zersetzung des Staates und seiner Mutation von einer Instanz der kapitalistischen Regulation und der gesellschaftlichen Allgemeinheit zu einem Akteur der Vernichtungskonkurrenz und der Plünderungsökonomie muss das Verhältnis der sozialen Bewegungen zu ihm – oder vielmehr zu seinen Zersetzungsprodukten – radikal neu definiert werden. Wenn die Linke weiterhin Illusionen über die Möglichkeit einer ›anderen Politik‹ nährt und propagiert, dann läuft das erstens ins Leere, weil diese Konzepte unter den objektiven Bedingungen der Krise nicht einmal mehr den Hauch einer praktischen Chance haben; gerade jene selten gewordenen Exemplare der Sozialdemokratie beweisen das, die wie Lula in Brasilien, noch mit einem gewissen sozialen Anspruch an die Regierung gelangt sind. Darüber hinaus zieht zweitens dieses vorprogrammierte Scheitern eine negative, weil unkritische, Desillusionierung nach sich und befördert damit die regressiven Verarbeitungsformen des Krisenprozesses: Rassismus, Antisemitismus, Nationalismus und Verschwörungstheorien jeder Art, die ohnehin überall auf der Welt Hochkonjunktur haben. Auch die sozialen Bewegungen selbst sind keinesfalls frei davon. Insbesondere antisemitische Tendenzen finden vielfach Eingang in scheinbar kapitalismuskritische Argumentationen oder werden zumindest völlig unreflektiert mitgeschleppt und toleriert.

Mindestens genauso stark sind die Tendenzen zur ethnizistischen, regionalistischen und religiösen Identitätspolitik, die gegenüber dem undurchschauten und unkontrollierbaren gesellschaftlichen Gesamtprozess das Gefühl der ›Gemeinschaft‹ vermittelt. Ein trauriges Beispiel dafür ist die Entwicklung der mexikanischen EZLN, die nach dem Scheitern ihres politischen Konzepts einer Transformation des mexikanischen Staates durch den Druck der ›Zivilgesellschaft‹ nun zunehmend indigene Identitäten in den Mittelpunkt rückt. Aber auch in anderen Teilen der Welt gibt es ganz analoge Entwicklungen von Bewegungen, deren emanzipativer Anspruch durch ihren Ethnizismus dementiert wird, so etwa die Aymara-Bewegung in Bolivien oder die verschiedenen regionalistischen bzw. separatistischen Linksparteien in Spanien. Diese Formen der Abwendung von der Politik haben mit deren Überwindung nichts zu tun, sondern stellen im Grunde Varianten ihres Verfalls dar. Dass sich mit dem Staat keine Perspektive gesellschaftlicher Emanzipation mehr verbinden lässt, darf nicht heißen, die Ebene des gesellschaftlich Allgemeinen zu räumen. Vielmehr muss dem Populismus, der postpolitischen Simulation, der kapitalistischen Krisenverwaltung und den regressiven Verarbeitungsformen der Krise gerade auch auf dieser Ebene entschieden entgegengetreten werden. Das hat mit der Illusion einer ›anderen Politik‹ nichts zu tun, sondern lässt sich am ehesten noch als Antipolitik bezeichnen.[5] Ihre Perspektive ist nicht die Eroberung des Staates, sondern seine Aufhebung. Deshalb stellt Antipolitik auch kein fest umrissenes, positives und vereinheitlichendes ›Programm‹ dar, sondern hat den Charakter einer provisorischen ›Negativstrategie‹, die in dem Maße erlöscht, wie sie erfolgreich ist und ihre Antipoden verschwinden. Und deshalb läuft sie auch nicht auf die Vereinheitlichung der sozialen Bewegungen unter einem Kommando und mit einer Avantgarde an der Spitze hinaus, wie es in der Logik der Politik und der Parteiorganisationen liegt, die immer schon die Herrschaftsstrukturen des Staates repräsentieren und reproduzieren. Zugleich soll der Begriff Antipolitik aber auch darauf verweisen, dass ein bloß unverbindliches Nebeneinander der Kämpfe zum Scheitern verurteilt ist. Denn diese Kämpfe bewegen sich allesamt in einem gemeinsamen Rahmen globalisierter Zwangsstrukturen, die durch das uniformierende, abstrakt-universalistische Prinzip der Waren- und Wertform konstituiert werden. Ihr gemeinsames Ziel muss es daher sein, diesen Rahmen zu sprengen, um den Horizont für eine wirklich plurale Weltgesellschaft frei assoziierter Individuen zu öffnen.[6] Zwar ist es richtig, dass sich die kapitalistische Herrschaft gerade wegen ihrer Allgegenwart im Prinzip an jeder Stelle und an jedem Ort angreifen lässt. Doch können die Teilkämpfe auch jederzeit in Konkurrenz und identitäre Abgrenzung umschlagen, wenn sie nicht die gemeinsame Perspektive verbindet, die warengesellschaftlichen Zwangsformen und die damit verbundenen Subjektstrukturen aufzuheben. In diesem Sinne heißt Antipolitik, die gesellschaftlichen Institutionen kapitalistischer Herrschaft durchaus ernst zu nehmen und sich mit ihnen auf

---

5 Vgl. dazu Robert Kurz: Antipolitik und Antiökonomie, in: *Krisis* 19, Bad Honnef 1997; Robert Kurz/Norbert Trenkle: Die Aufhebung der Arbeit, in: Kurz/Lohoff/Trenkle (Hrsg.): Feierabend!, Hamburg 1999; Ernst Lohoff: Determinismus und Emanzipation, in: *Krisis* 18, Bad Honnef 1996 *(www.krisis.org)*

6 Vgl. dazu Norbert Trenkle: Weltgesellschaft ohne Geld, in *Krisis* 18, Bad Honnef 1996 *(www.krisis.org)*

der Ebene des gesellschaftlich Allgemeinen entschieden zu konfrontieren. Damit wird die Tatsache anerkannt, dass auch unter den Bedingungen der Krise die staatlichen Akteure einen veritablen Machtfaktor repräsentieren; nicht nur verwalten sie immer noch einen erheblichen Teil des gesellschaftlichen Reichtums, sondern regulieren und kontrollieren vor allem auch über Polizei und Justiz den Zugang zu ihm. Das zeigt sich drastisch insbesondere dort, wo, wie in Argentinien, besetzte Fabriken geräumt werden, obwohl sie für eine marktwirtschaftliche Produktion unrentabel geworden sind.[7] Trotzdem wird mit aller Gewalt das Privateigentum geschützt, weil es ein Grundprinzip der Warengesellschaft darstellt.

Wo die kapitalistische Krise die Grundlage der Warenproduktion untergräbt und die staatlichen Zerfallsprodukte selbst die Zerstörung und Plünderung der gesellschaftlichen Substanz aktiv vorantreiben, sind Forderungen nach einer Umverteilung des monetären Reichtums und nach einer Regulation des Marktes pure Luftschlösser. Das Motto ›Geld ist genug da‹ ist in jeder Hinsicht verkehrt. Erstens stimmt es nicht, weil die Krise eben genau eine der Waren- und Geldform ist, die zusammen mit der Arbeits- und Wertsubstanz untergraben wird.[8] Zweitens wird damit die Reduktion des stofflichen Reichtums auf die borniere Form des abstrakten, monetären Reichtums fraglos akzeptiert, statt sie zu kritisieren. Ziel der gesellschaftlichen Emanzipation kann es aber nur sein, diese Reduktion zu beenden und den gesellschaftlichen Reichtum direkt und ohne Umweg über den Fetisch von Ware und Geld zu produzieren und zu verwalten.[9]

Die Vorstellung, es könnte ein Zurück zu einem irgendwie ›regulierten‹ oder ›zivilisatorisch gebändigten‹ Kapitalismus geben, ist vollkommen haltlos. Der ›wilde Kapitalismus‹ von heute, der Kapitalismus der seine eigene Substanz und damit auch die Menschheit buchstäblich auffrisst und vernichtet, ist die einzige Form, in der er heute noch

---

7 Vgl. dazu den Beitrag von Marco Fernandes in diesem Buch

8 Empirisch drückt sich dies zum einen in den entsprechenden Entwertungsschüben (Inflation, Währungsabstürze, Finanzmarktkrisen) aus und andererseits darin, dass immer mehr Menschen von den Geldquellen abgeschnitten werden.

9 Vgl. dazu auch den Artikel von Andreas Exner in diesem Buch sowie zum Reichtumsbegriff Ernst Lohoff: Zur Dialektik von Mangel und Überfluss, in *Krisis* 21/22, Bad Honnef 1998

existieren kann. Es gibt keine zivilisatorischen Werte der bürgerlichen Gesellschaft mehr gegen ›die Barbarei‹ zu verteidigen, denn die innere Logik dieser Gesellschaft *führt* in die Barbarei. Eine Emanzipation kann es nur jenseits von ihr geben. Der Ansatzpunkt jeder emanzipativen Gegenwehr muss daher auch sein, sich dem Trend entgegenzustellen, wonach der stoffliche Reichtum rücksichtslos dem Krisenprozess geopfert wird. In dieser Hinsicht ist Antipolitik durchaus kompatibel mit dem Widerstand gegen die neoliberale Krisenverwaltung, etwa mit dem Kampf gegen die Privatisierung des Wassers, wie er beispielsweise in Bolivien erfolgreich geführt wurde, oder mit der notwendigen Gegenwehr gegen die Zerschlagung des öffentlichen Gesundheitswesens, wie sie derzeit in den europäischen Ländern stattfindet. Immanente Kämpfe und eine Perspektive der Aufhebung des warenproduzierenden Systems schließen sich keinesfalls aus, sondern sind aufeinander verwiesen. Letztlich lassen sich diese Kämpfe überhaupt nur *mit* einer solchen Perspektive führen, denn andernfalls sind die Bewegungen stets mit der systemischen Logik (Standortkonkurrenz, ›Rentabilität‹ etc.) erpressbar und der Blick auf den einzigen Ausweg, die offensive Aneignung des stofflichen Reichtums und des gesellschaftlichen Zusammenhangs, bleibt versperrt. Diesen Ausweg zu erkennen, ist nicht nur eine Frage der intellektuellen Einsicht, sondern könnte die Qualität der sozialen Kämpfe entscheidend verändern: »Wenn eine Idee die Massen ergreift, wird sie zur materiellen Gewalt« (Marx).

Maria Wölflingseder

Von der Zurichtung zur Hinrichtung II
Die Frau im falschen Körper

Kaum war die Wende vollzogen, zog es die Frauen in der
DDR massenhaft zur Sterilisierung – um die Chance auf einen Arbeitsplatz um ein paar Prozent zu erhöhen.
Nun soll endlich der Anachronismus Menstruation in Angriff
genommen werden. Frauen wollen, sollen, müssen, dürfen
nicht mehr bluten. Wer kann sich heute noch einen Körper
leisten, der nicht auf Knopfdruck funktioniert? Ein eigener
Rhythmus der Frauen – zu unberechenbar! Ihre kreativen
Schübe und ihre größere körperliche Kraft in der zweiten
Zyklushälfte – erst recht beängstigend! Mit dem Versuch, die
prä-, post- und menstruellen Beschwerden medikamentös zu
beseitigen, soll das Übel am besten gleich an der Wurzel ge-
packt werden. Vor allem japanische Forscher basteln eifrig
daran, die Mensis gänzlich zu unterdrücken. Die labile Psyche
und den Körper der Frau unter Kontrolle bringen, »schützt
die Wirtschaft, die Arbeitgeber und die Männer vor all-
fälligen Ausfällen der Frau«.
Bereits im »England der 1950er Jahre wurden PMS(Prä-
menstruelles Syndrom)-Kliniken eingerichtet, in denen mit
dem Hormon-Gewehr versucht wurde, Herr über die Stim-
mungslabilität der Frau zu werden«. Volkswirtschaftlichen
Überlegungen zufolge verursachen berufstätige Frauen zu
hohe Verluste. »Entweder raus aus dem Körper oder raus aus
dem Job – Platz machen für die Kriegsheimkehrer.«
(Nicole Dietrich, Stimmungen und Verstimmungen, ein Ganz-
Ich-Report vom 15. November 2002, Ö1-Radio, ORF)

Frank Rentschler

Der aktivierende Staat macht mobil
Auswirkungen des ›Forderns und Förderns‹

Nach fast dreißig Jahren stetig ansteigender Massenarbeitslosigkeit wird im herrschenden Diskurs kaum noch nach gesellschaftlichen Hintergründen und Ursachen dafür gefragt. Stattdessen dreht sich der Streit um die Effektivität unterschiedlicher Methoden, die nicht das Problem der Arbeitslosigkeit bekämpfen, sondern vielmehr die Abwicklung des Wohlfahrtsstaates verfolgen. Unter diesen ›Lösungsansätzen‹ kristallisieren sich mit der ›Verfolgungsbetreuung‹ und dem ›Fordern und Fördern‹ zwei zentrale Konzepte heraus.

Die Verfolgungsbetreuung

Die Regierung verweist derzeit gerne darauf, dass die arbeitsmarktpolitischen ›Reformen‹ zu greifen beginnen. Als Beleg dafür wird die statistisch sinkende Zahl der Arbeitslosen genommen. Auffällig an diesem ›Beschäftigungswunder‹ ist allerdings der sich gleichzeitig vollziehende reale Rückgang von Arbeitsplätzen. Dieser scheinbare Widerspruch hängt schlicht mit der Tatsache zusammen, dass die Ansprüche auf Lohnersatzleistungen zusammengestrichen wurden. Weil man die herkömmlichen Kriterien verschärft hat, tauchen nunmehr in der Statistik immer weniger Arbeitssuchende bzw. Leistungsnehmer auf. Durchaus zu Recht bucht dies Florian Gerster, der ehemalige Chef der Bundesanstalt für Arbeit, auf das Konto der sozialdemokratischen ›Reformen‹. Neben der verschärften Vermögensanrechnung der Einkommen von Lebenspartnern, die v.a. zur Streichung des finanziellen Anspruchs von Frauen führte, wurde der Druck auf Arbeitslose erhöht. Dies führte dazu, dass die »unechten Arbeitslosen« (Gerster) durch Aussteuerung aus dem Leistungsbezug nicht mehr als arbeitslos gelten. Der Begriff der ›Verfolgungsbetreuung‹ drückt diese verschärfte Praxis der Arbeitsverwaltung treffend aus. Als beabsichtigter Effekt wird die Statistik bereinigt und die Herausgefallenen werden ohne materielle Zuwendung in eine stetige Verarmung entlassen. Nachdem der Markt bestimmte Menschen schon für überflüssig erklärt hat, vollzieht der Staat nun die gleiche Logik. Mitarbeiter des Personalrats des Landesarbeitsamtes NRW beschreiben die Mechanismen der Kostenreduktion:

»Der BA Vorstand fordert Arbeitslosengeldeinsparungen in Höhe von 2,89 Mrd. Euro für das Jahr 2003. Dabei schätzen die verantwortlichen in der BA zu Recht ein, dass mit einer gutwilligen Rückgabe der Gelder durch die Arbeitslosen nicht zu rechnen ist. Also verpflichtet man die Arbeitsämter, diese Summen einzutreiben. Das Einsparzauberwort heißt Sperrzeit und die dazu notwendigen Maßnahmen werden im BA Unwort des Jahres zusammengefasst: Den Arbeitslosen droht die ›Verfolgungsbetreuung‹. Konkret bedeutet das, jede mögliche und unmögliche Gelegenheit zur Verhängung einer Sperrzeit wird genutzt. Der Druck auf die Arbeitslosen macht auch vor den Kolleginnen und Kollegen in den Ämtern nicht halt. Es werden Hitlisten eingerichtet, mit dem Ziel, zu schauen, wer in welcher Zeit wie viele Sperrzeiten verhängt. In der Arbeitsvermittlung verschärft sich der Umgangston mit den Arbeitslosen, in der Leistungsabteilung brechen die Kolleginnen und Kollegen unter der Flut von Leistungseinstellungen und Sperrzeitbescheiden zusammen. Die Frage, ob berechtigte oder unberechtigte Sperrzeit, ist vollkommen unerheblich, in jedem Fall aber störend und somit unerwünscht.«

Fordern und Fördern

Nun bleibt diese Politik der ›Verfolgungsbetreuung‹, d.h. des Ausschlusses von Arbeitslosen aus dem Leistungsbezug, nicht unkritisiert. Der vorherrschende Einwand besteht jedoch darin, dass sie nicht konsequent genug verfolgt würde. Gelegentlich wird auch moniert, mit diesen Maßnahmen bekämpfe man nur die Arbeitslosen, nicht aber die Arbeitslosigkeit. Allein dieses ›nur‹ ist verräterisch. Denn die Bekämpfung der Arbeitslosen soll keineswegs unterbleiben, vielmehr müsse die Verwaltung die Betreuung der Arbeitslosen gezielt und aktivierend ausweiten: sie sollen ›gefordert und gefördert‹ werden. So heißt es bei Fretschner, Hilbert und Stöbe-Blossey (2003, S. 48) über den aktivierenden Staat:

»Auf der individuellen Ebene der sozialen Arbeit steht die Verknüpfung von Fördern und Fordern im Mittelpunkt. Dies kann
– etwa bei sozial- und arbeitsmarktpolitischen Programmen – ge-
gebenenfalls auch bedeuten, dass die Ablehnung von staatlichen
Förderangeboten mit Sanktionen belegt wird – allerdings nur
wenn geeignete, individuell passgenaue Förderangebote überhaupt gemacht werden. Diese Verknüpfung von Fordern und
Fördern wird in der öffentlichen Diskussion gerne übersehen:
Teilweise werden unter Berufung auf das Leitbild des aktivierenden Staates beispielsweise pauschal Leistungskürzungen für
arbeitsunwillige Arbeitslose gefordert, ohne zu hinterfragen, ob
geeignete Angebote überhaupt existieren (…) Die Verknüpfung
von Fordern und Fördern bedeutet zunächst eine steigende An-
forderung an Sozialpolitik und soziale Arbeit, verstärkt geeignete
Angebote für sehr unterschiedliche Zielgruppen zu entwickeln.
Dies heißt eben auch, dass bei bestimmten Gruppen zunächst
das Wollen-Können unterstützt werden muss. Die Androhung
von negativen Sanktionen im Falle der Ablehnung kann in der
Tat nicht für sich genommen eine Verhaltensänderung in eine
bestimmte Richtung bewirken, sie kann jedoch verknüpft mit
geeigneten Angeboten eine unterstützenden Funktion einnehmen – nicht mehr aber auch nicht weniger.«

Was ist aber im Konzept des Forderns und Förderns überhaupt ein
›geeignetes Angebot‹? Auf jeden Fall eines, das nicht abgelehnt werden kann, ohne negative Sanktionen befürchten zu müssen. Über diesen offen werdenden Zwang versucht die staatliche Verwaltung, eine
Verhaltenskorrektur zu erreichen, die im Kern darin besteht, dass die
Betroffenen freiwillig wollen, was ihnen aufgezwungen wird. Die zunehmende Repression zielt auf Einstellungen: Die ›Geförderten‹ sollen die Zwangsmaßnahmen als ganz in ihrem Sinne begreifen lernen.
Dass sie die Tretmühle der Fördermaßnahmen als sinnlos empfinden,
weil sie sich keine Verbesserung ihrer Situation davon versprechen,
spielt dabei keine Rolle. Vielmehr soll jede Uneinsichtigkeit die Lage
der Betroffenen verschlechtern. Für den Erfolg der Zwangsmaßnahmen ist wichtig, dass das zunächst abgelehnte Angebot doch noch als
sinnvoll begriffen wird. Andernfalls folgt daraus – sozusagen als ›ge-
rechte‹ Strafe für zu viel Eigensinn – unmittelbar eine Leistungs-
kürzung, eine Verschlechterung der materiellen Situation und in letzter

Konsequenz sogar der Verlust der Existenzberechtigung überhaupt. Will der Arbeitslose in dieser Gesellschaft noch eine Perspektive haben, so muss er jeden individuellen Willen aufgeben. Nur dann erhält noch eine »zweite Chance« (Stoiber) und kann somit auf Sozialhilfe hoffen. Wer bisher Leistungen vom Arbeitsamt bezog, die Anspruchsberechtigung wegen angeblich mangelnder Mitwirkung aber verlor, sei es durch Ablehnung einer angetragenen Maßnahme oder weil der Arbeitslose zu offenkundig sein Missfallen ausdrückte, konnte bisher wenigstens noch auf Sozialhilfe ausweichen. Solange diese noch nach den Grundsätzen des bisherigen Bundessozialhilfegesetzes (BSHG) gewährt wurde, war diese Möglichkeit zumindest nicht ausgeschlossen. Allerdings war sie schon vor Hartz immer schwieriger zu realisieren. Erika Biehn und Frank Jäger (2003, S. 35) schreiben zu dem Anspruch auf Sozialhilfe gemäß BSHG:

> »Danach wird die Hilfeberechtigung durch eine gegenwärtige Notlage ausgelöst (Gegenwärtigkeitsprinzip), sie wird gewährt unter Berücksichtigung der individuellen Situation der/des Hilfesuchenden (Individualisierungsprinzip), infolge der Hilfebedürftigkeit nach der tatsächlichen Lage (Faktizitätsprinzip) und sie orientiert sich am Bedarfsdeckungsprinzip. Was am Ende einer durch Verwaltungsverfahren, Kostenerwägungen und Machtausübung bestimmten Gewährungspraxis von diesen hehren Zielen übrig bleibt, das ist die eine Seite. Aber immerhin besteht *noch* die Möglichkeit, die o. a. Ansprüche vor Gericht einzuklagen. Die andere Seite der Medaille ist die sich abzeichnende Anpassung der gesetzlichen Rahmenbedingungen an niedrigere Rechtsstandards, die in der Praxis längst zum Alltag gehören.«

Die ohnehin wenigen Betroffenen, die sich gegen Behördenentscheidungen auf juristischem Wege gewehrt haben, werden zukünftig diesbezüglich überhaupt keine Möglichkeiten mehr haben. Für Bezieher geringer Arbeitslosenhilfe, die Entscheidungen der Behörden nicht einfach hingenommen haben, haben die veränderten Bezugsvoraussetzungen weit gravierendere Auswirkungen als die Absenkung des Niveaus. Die Frage der Höhe des ALGII ist allerdings der einzige Punkt, in dem es derzeit Unterschiede zwischen den Parteien gibt. Das Grundprinzip des ›Forderns und Förderns‹ wird hingegen ebenso geteilt wie die Vorstellung eines autoritären Staates, der als ›aktivierender‹ seine Bürger in die Pflicht nimmt. In diesem Staatsverständnis unterscheidet sich auch die Philosophie der ›Neuen Mitte‹ vom totalen neoliberalen Marktradikalismus. Während dieser alle Vermögenslosen und alle, die ihre Arbeitskraft nicht verkaufen können, ihrem Schicksal überlassen will, zielt der aktivierende Staat auf repressive Inklusion. Die Philosophie der neuen Mitte, beschreibt Martin Dieckmann (1999, S. 31) treffend:

»Wir finden hier einen doppelten Bruch vor. Einerseits mit der Vorstellung von sozialen BürgerInnen-Rechten als ›unbedingten Ansprüchen‹, also mit der historischen Sozialstaats-Idee, wie sie von unten interpretiert wurde. Andererseits wird hier aber auch ein Bruch mit dem neoliberalen Freiheits-Diskurs vollzogen. Der Vorrang von Gesellschaft als ›Gemeinschaft‹ in Gestalt einer Pflichten-Ethik verleugnet sogar noch die rein liberale Dimension von Freiheit (…) Geschickt wird an die Kritik sozialer Ausgrenzung angeknüpft, aber es handelt sich hier um eine Ideologie repressiver Einschließung. Die klar ausgesprochene Politik des Arbeitszwangs hat dabei wahrscheinlich erst in zweiter oder dritter Linie eine unmittelbar ökonomische Bedeutung. Zentral ist dagegen die weit über die unmittelbare ökonomische Anwendung hinaus gehende ideologische Aufladung ›der Arbeit‹ als Pflicht zur Pflicht. (…) Die Einschließung befriedigt den Ruf nach Solidarität, ihr repressiver Charakter bestätigt wiederum das Abgrenzungsbedürfnis der real oder nur imaginär Privilegierten innerhalb der Hierarchie von Anerkennung und Elend. Jede Vorstellung von sozialen Rechten als ›unbedingten Ansprüchen‹ wird bereits im Ansatz unterbunden. Die Frage Viviane Forresters (in *Terror der Ökonomie*), ob man sich denn sein Recht zu leben erst verdienen müsse, wird in der ›Radikalen Mitte‹ auf neue Weise zu einer rhetorischen Frage. Es gibt nur eine einzige Antwort – ein Ja. Die neue Sozialdemokratie tritt zwar in neuer Gestalt auf die Bühne, freilich in Kostümen und mit Requisiten, die man schon aus früheren Inszenierungen kennt: als Sozialdemokratie, Konservatismus und Liberalismus in neuer Zusammensetzung. Unter der Hand ergibt sich daraus ein Gesamtbild, das aus allen diesen historischen Traditionen die reaktionärsten Tendenzen zusammenführt.«

Teacher, Preacher, Cop and Friend

Das Konzept des ›Forderns und Förderns‹ beinhaltet einen neuen sozialpädagogischen Ansatz. Es löst das Prinzip der ›Hilfe zur Selbsthilfe‹ ab, welches noch an emanzipative Vorstellungen aus der 68er-Bewegung gekoppelt war. Obwohl auch dieser Grundsatz repressive Momente hatte und eine sozialbürokratische Verwaltung die Menschen wiederum bevormundete, war der Selbsthilfe-Ansatz doch auf ein bestimmtes Maß an Selbstbestimmung aus. Er zielte in erster Linie auf Selbstermächtigung der Menschen, die lernen sollten, eigene Bedürfnisse zu artikulieren. Die Zielgruppe bildeten daher diejenigen, die mit ihrem Leben unzufrieden waren und einen Rat benötigten, auf welchem Weg sie ihre Lebenssituation verbessern könnten.

Den Ausgangspunkt bildete eine persönlich empfundene Konfliktsituation und das daran anschließende Aufzeigen von Lösungsmöglichkeiten. Der Sozialpädagoge verstand sich als professioneller Berater, der seine Hilfe nicht aufdrängt, sondern sie den Hilfebedürftigen anbietet. Voraussetzung zur Selbsthilfe blieb immer, dass die Betreffenden zunächst selber eine Problemsituation in ihrem Leben wahrnahmen und nicht von anderen zu ›Problemfällen‹ gemacht wurden. Die Inanspruchnahme der Hilfe beruhte daher auf Freiwilligkeit. Wobei die für den Hilfebedürftigen akzeptable Lösung das Resultat eines ergebnisoffenen Prozesses sein sollte. Grundlage war also eine Beratung, die freiwillig in Anspruch genommen wurde, und der Ratsuchende konnte selbst entscheiden, ob er den Rat annimmt oder nicht. Der Sozialarbeiter musste plausibel machen, inwiefern die Befolgung des Lösungsvorschlags die Situation im Sinne des Hilfebedürftigen verbessern würde. Dieser Einsicht durfte nicht durch Androhung von Sanktionen des Beratenden nachgeholfen werden. Im Gegenteil: Der Ratgebende half im Idealfall sogar, drohende Sanktionen von Dritten zu umgehen. Die Möglichkeit ein Hilfsangebot zu befolgen, war freilich in der Realität an rechtliche, finanzielle und politische Vorgaben gebunden, die für den Hilfebedürftigen im Einzelnen nicht angemessen sein konnten. In diesem Fall war der Sozialpädagoge aufgefordert, den Ratsuchenden zu ermuntern, zusammen mit ähnlich Betroffenen für eine Verbesserung der angesprochenen Bedingungen einzutreten und Konflikte mit den Verteidigern des Status Quo auszutragen. Die Pädagogik verstand sich als »Konfliktpädagogik« (Wolfgang Völker).

Im aktivierenden Staat gilt heute hingegen das Prinzip der ›fordernden Beratung‹. Der Ratsuchende wird zum Beratungsgespräch gezwungen. Die neue Praxis basiert auf der finanziellen Abhängigkeit der beratenden Stelle gegenüber, wie dies bei Beziehern von Arbeitslosen- und Sozialhilfe der Fall ist. Ob ihnen die finanziellen Hilfen ausgezahlt werden, hängt nun nicht mehr wie früher vorwiegend von rechtlichen Ansprüchen aus einer früheren Tätigkeit (Arbeitslosenhilfe) oder vom Vermögen (Sozialhilfe) ab, sondern von der Überprüfung ihrer »Arbeitsmarktnähe«, so die Formulierung in einem Regierungspapier. Die Position der Arbeitslosen dem Arbeitsamt gegenüber ist nicht mehr bestimmt durch den erworbenen Anspruch auf Leistungen, sondern sie gelten nach dem Hartz-Konzept jetzt als ›Kunden‹. Dieser Begriff ist durchaus treffend, da dem Antrag auf Arbeitslosengeld zukünftig eine Überprüfung der ›Kreditwürdigkeit‹ des Antragstellers vorausgeht. Es muss geklärt werden, ob sich die Investition in sein ›Humankapital‹ überhaupt lohnt. Die Bundesanstalt für Arbeit, die sich nicht mehr als öffentliche Behörde, sondern als Dienstleister für den Staat, für private Haushalte und für Unternehmen versteht, die diesen Kunden Personal passgenau liefert, hat die Aufgabe zu überprüfen, ob die Menschen die sie aufsuchen, angepasst genug sind, und welcher Aufwand betrieben werden müsste, um sie fit für den Arbeitsmarkt zu machen. Dafür muss sie Geld umschichten und Sorge tragen, dass von den zur Verfügung stehenden Mitteln, möglichst wenig direkt an die Arbeitslosen ausgezahlt und mehr in die Förderung ihrer ›Employability‹ gesteckt wird. Das Beratungsgespräch soll klären, ob sich der Aufwand lohnt. Vom Ausgang der Beratung wird dann abhängig gemacht, ob der Arbeitslose Geldleistungen weiter beziehen kann oder überhaupt erhält. Gleichzeitig wird ihm ein Eingliederungsvertrag vorgelegt, mit der Verpflichtung, diesen zu unterschreiben. Einen Auszug eines solchen Vertrages beschreibt Christa Sonnenfeld (2001, S. 104):

>»Die konkrete Ausgestaltung des Offenbacher Arbeitsamtes sieht folgendermaßen aus: Es werden fünf Bewerbungen die Woche verlangt, das heißt fünf Vorstellungen bei potentiellen Arbeitgebern, die den Besuch der Erwerbslosen schriftlich bestätigen müssen. Im Vordruck heißt es: ›X hat sich heute bei uns um eine Arbeitsstelle u. a. auch als Hilfskraft beworben. Das kostenlose Praktikum von 12 Wochen und den Arbeitgeberzuschuss von 50% für mindestens ein Jahr bei Einstellung hat er angeboten‹ – Firmenstempel und Unterschrift.«

Der Arbeitslose hat sich den Vorgaben des Beraters zu fügen, ohne Fragen nach dem Sinn dieser Vorschriften zu stellen, was einer Überprüfung seiner Anpassungsbereitschaft gleichkommt. Diese Aufgabe übernehmen die Fallmanager der Arbeitsämter nicht nur selber, sondern sie übertragen die Kontrolle auch an die bisherigen sozialpädagogischen Einrichtungen oder neu gegründete Bildungsträger und Zeitarbeitsfirmen. Dabei werden diese zu bloßen Vollzugsorganen der Arbeitsämter degradiert. Doch egal ob nun Fallmanager beim Arbeitsamt oder in einer Einrichtung, für beide gilt dasselbe Leitbild, das in einem Beratungshandbuch der Bertelsmannstiftung propagiert wird: »Teacher, Preacher, Cop and Friend«. In der Dokumentation »Sinnlose Beschäftigungsmaßnahmen und Geschäfte mit Erwerbslosigkeit« wird ein solcher ›Teacher, Preacher, Cop and Friend‹ beschrieben:

»Es ist klar, wir haben hier eine Persönlichkeit vor uns, die das Risiko liebt. Stolz erzählt er, wie er als junger Mensch seinen sicheren Job bei der Lufthansa gekündigt habe, um sich selbständig zu machen. Zwar hat er dann bankrottiert und außerdem ging darüber seine Ehe in die Brüche, trotzdem möchte er diese Erfahrung auf keinen Fall missen. Denn sie hat ihn stärker gemacht, hat ihn gelehrt, dass das Leben voller Risiken ist und dadurch erst lebenswert wird. Mit dieser Einstellung, die es erlaube, alles mal zu versuchen, habe er es schließlich doch noch ziemlich weit gebracht: nämlich bis zum ›Personal-Trainer‹. Er empfehle den Erwerbslosen, sich diese Sichtweise zu eigen zu machen, dann würden sie bald wieder in Lohn und Brot stehen. Dabei müssten sie allerdings auch Misserfolgen etwas Positives abgewinnen und daraus lernen. Keineswegs dürften sie z. B. erwarten, dass sie für ihre Arbeitskraft, die sie anderen zu Verfügung stellen, gleich einen Lohn erhalten. Aber sie könnten ihre Fähigkeiten durch kleine Dienstleistungen austesten, Kontakte knüpfen, Selbstbewusstsein erlangen, und so vielleicht zu einem Job kommen: ›Es gibt doch in ihrer Umgebung bestimmt jemanden, dessen Rasen mal gemäht werden müsste. Bieten sie ihre Hilfe an, ohne gleich Geld zu verlangen. Wenn sie die Arbeit zufrieden stellend erledigen, wird man ihnen beim nächsten Mal Geld anbieten. Und ihre Hilfsbereitschaft wird sich rumsprechen, sie werden von anderen Leuten Aufträge bekommen. Probieren sie es einfach aus, selbst wenn es nicht klappt, sie haben dabei was gelernt.‹ Und stolz erzählt er, wie ihm als jungem Studenten in Frankreich das Geld ausging, und er als Bauarbeiter anheuerte. Das Geld war dabei aber gar nicht das Wichtigste: ›Vielmehr habe ich dadurch gelernt, wie man in Frankreich baut.‹ Probieren sie einfach alles mal aus, empfiehlt er seiner Klientel. Z. B. könnten sie doch auf Bahnhöfen Geschäftsleuten die Koffer schleppen: ›Vielleicht lernen sie dabei ja einen Manager kennen, der ihnen einen Job anbietet.‹ Ach, das Leben kann so schön sein. Nur schade, dass so viele allein erziehende Mütter in der Maßnahme sitzen, denen der Vortrag überhaupt nicht gefällt. Deren Empörung kann der ›Personal Coach‹ gar nicht verstehen. Die Frauen weisen darauf hin, dass es schwierig ist, einen Job zu bekommen, wenn gleichzeitig Kinder versorgt werden müssen. Und die Gefahr, aus ihrer Wohnung zu fliegen, betrachten sie keineswegs als Ausdruck eines spannungsreichen Lebens, sondern dies ist für sie eine erschreckende Aussicht. ›Seien sie doch nicht so dogmatisch‹, lautet die Antwort. ›Wir müssen uns in Deutschland von diesem Sicherheitsdenken lösen. Die USA muss da unser Vorbild sein.‹ Und er erzählt mit verträumten Augen, wie er bei einem USA-Aufenthalt Tina Turner und Ray Charles getroffen hat und die ihm erzählt haben, dass sie in ganz kleinen Clubs angefangen haben, bevor sie große Stars wurden. ›Machen sie es wie die beiden, kämpfen sie für ihre Träume‹, sagt er, bevor er sich wegen eines dringenden Termins vorerst verabschiedet. Wahrscheinlich musste er seinem Nachbarn noch den Rasen mähen.« (AK Erwerbslose, 2001, S. 14)

Soweit also zu dem, was gemeinhin unter ›Profiling‹ zu verstehen ist. Die Juristin Helga Spindler hat darauf hingewiesen, dass dieser Begriff ursprünglich aus der Kriminalistik stammt. Aber auch in dem neuen Bedeutungsfeld hat der Verfolgungscharakter sich keineswegs geändert, denn die Personen, an denen das Profiling jetzt vollzogen wird, haben sich schließlich auch eines ›Verbrechens‹ schuldig gemacht: Sie sind arbeitslos geworden, und dies ist Resultat ihres nicht angepassten und damit schuldhaften Verhaltens. Sie haben sich zu sehr von den eigenen Ansprüchen bei der Arbeitssuche leiten lassen und »Mis-Match Probleme« (so die Hartz-Kommission) erzeugt, indem sie ihr Angebot nicht der Nachfrage auf dem Markt angepasst haben. Entweder waren die Gehaltsvorstellungen zu hoch oder sie erwarteten tatsächlich, durch die Aufnahme einer Arbeit mehr zu verdienen als sie bislang Arbeitslosenhilfe erhielten. Diese Vorstellung ist ihnen in Zukunft grundlegend auszutreiben, indem man ihnen klar macht, dass es sich gerade umgekehrt verhält und sie verpflichtet sind, Löhne unter dem Sozialhilfesatz zu akzeptieren. Möglicherweise sind sie aber auch nicht flexibel genug und zentrieren ihren Lebensinhalt nicht entsprechend auf die Arbeit. Womöglich wollen sie dort wohnen bleiben, wo sie sozial eingebunden sind, anstatt bei jedem Stellenangebot den Wohnort zu wechseln. Vielleicht beanspruchen sie aber auch, Tätigkeiten entsprechend ihrer Wünsche, Neigungen, Fähigkeiten oder gar Qualifikation auszuführen, oder stellen gar die Frage nach dem Sinn ihres Tuns. All dies gilt es, ihnen grundlegend abzugewöhnen. Was das Konzept des ›Forderns und Förderns‹ bedeuten wird, fasst Helga Spindler (2003, S. 13) treffend zusammen:

»Es geht unter der Leitlinie von ›Fördern und Fordern‹ zunächst um den Abbau von Leistungsrechten, insbesondere von kalkulierbaren, einklagbaren Geldleistungsansprüchen zur Existenzsicherung. Darüber hinaus aber geht es ebenso um den Abbau von Abwehr- und Schutzrechten – und zwar nicht nur gegenüber staatlichen Eingriffen, sondern auch vor einer Übervorteilung durch Arbeitgeber. An die Stelle von Rechten treten der Ausbau von rechtlich weitgehend ungeschützten Arbeitsverhältnissen und die sog. neuen Sozialen Dienstleistungsangebote (Assessment, Profiling, Case-Management etc.), die den Einzelnen steuern und überwachen, sobald er Hilfe und materielle Unterstützung benötigt. Die Entwicklung führt weg von Rechten, hin zu nebulösen ›Chancen‹, weg auch von Selbstachtung, Selbstbestimmung und Emanzipation, hin zu autoritären Fürsorgeangeboten, deren Ausgestaltung man sich durchaus etwas kosten lässt. Die Gelder werden nur umgeschichtet: weg vom Individualanspruch, hin zu den Dienstleister/innen und Kontrolleur/inn/en. Bei einem der Bertelsmannschen Vorzeigeprojekte, der Kommunalen Arbeitsförderungsgesellschaft ›KomAG Reutlingen Tübingen‹, sollen die Hilfeempfänger/innen bei mangelnder Mitwirkung an der ihnen aufgedrängten Hilfe bereits zum Schadenersatz herangezogen werden können, und vor kurzem erst hat ein Gericht den dortigen Sozialhilfeträger daran gehindert, die den Sozialhilfebezieher/

inne/n aufgedrängten Arbeitsmaßnahmen auch noch von ihnen mitfinanzieren zu lassen. Entgegen manchen Befürchtungen wird es in Zukunft voraussichtlich sogar mehr Beschäftigungsmaßnahmen geben als bisher, aber nicht im Sinn von Hilfe und Eingliederung unter Berücksichtigung von Freiwilligkeit, Eignung und Neigung, sondern als Gegenleistung für die staatliche Existenzsicherung, ganz im Sinne einer Workfare-Ideologie, die damit eine neue Form von Ausgrenzung schafft.«

Die Dienstbotengesellschaft

Die Frage, ob etwas sinnvoll ist, entscheidet sich in einer Warengesellschaft allein auf dem Markt. Was auf diesem nicht nachgefragt wird, ist sinnlos. Über die Sinnhaftigkeit einer Beschäftigung entscheidet nach dieser Logik daher allein ein potentieller Kunde, der bereit ist, Geld für eine Ware auszugeben. Diese einfache Tatsache des Marktgeschehens haben nicht nur Arbeitslose zu begreifen, sondern auch Politiker. Wolfgang Streeck (1999, S. 159) schreibt dazu:

> »Ob eine Beitragsentlastung geringerer Einkommen dazu führt, dass noch mehr Hamburger gegessen werden, geht den Arbeitsmarktpolitiker nichts an; über Geschmack sollte er nicht streiten. Wer erst politisch klären will, was ›gesellschaftlich sinnvolle Tätigkeit‹ ist, um dann für diese ›Arbeitsplätze einzurichten‹, der mag es gut meinen. Das ist aber schon das Beste, was man über ihn sagen kann.«

Mehr Beschäftigung könne man hingegen nur erzielen, indem man potentielle Kunden auf dem Markt aufspürt und diesen ein attraktives Angebot macht, das ihren Wünschen in Art, Umfang und Preis entspricht. Mehr Beschäftigung entstehe nur durch eine stärkere Orientierung am Kunden. Der deutsche Sozialstaat, sagt Streeck, hat bisher verhindert, dass eine solche Kundenfreundlichkeit entstanden ist. Er beruht auf einer falsch verstandenen Vorstellung von Solidarität:

> »In unseren nordwesteuropäischen Nachbarländern weiß man längst, dass es zu den Solidaritätspflichten der Gemeinschaft gehört, ihre Mitglieder nicht vor Marktzwängen zu schützen, die sie dazu bewegen könnten, sich noch mal aufzuraffen.« (ebd. S. 161)

Dieser als Solidarität missverstandene Schutz schade nicht nur denjenigen, die der irrigen Ansicht sind, sie hätten ein Recht, nicht zu arbeiten, sondern lässt allgemein Arbeitlose verkennen, dass schließlich »jeder Arbeitsplatz besser als keiner« ist (ebd. S. 160). Er verhindert aber vor allem, dass sich »willige und flexible Helfer« am Arbeitsmarkt anbieten. Die zu geringe Beschäftigung drücke sich deshalb in einer »Dienstbotenlücke« aus, und diese folgt laut Streeck daraus, dass diejenigen, die im industriellen Sektor nicht mehr unterkommen können, vom Staat durch passive Leistungen ausgehalten werden, anstatt sie im Hinblick auf den Arbeitsmarkt zu aktivieren. Potentielle Kunden für solche Dienstboten finden somit kein attraktives Angebot am Markt vor. Doch wer könnte überhaupt ein potentieller Kunden sein, wenn es Industrieunternehmen nicht sind? Streeck geht davon aus, dass in der Industrie nur noch technisch hochqualifizierte Menschen unterkommen können. Diese müssen den fast ausschließlich am Weltmarkt orientierten Unternehmen flexibel und zeitlich unbegrenzt zur Verfügung stehen, sich aber auch ständig auf den neuesten technologischen Stand bringen. Die nötige Weiterbildung hat jeweils in der auftragsfreien Zeit stattzufinden und ist zum größten Teil selber zu bezahlen. Sie ist als Investition ins Humankapital zu verstehen, die der Unternehmer der eigenen Arbeitskraft tätigt. Damit ergibt sich eine kleine Schicht relativ gut verdienender Arbeitskraftunternehmer mit einem geringen Anteil an Freizeit. Ihr Einkommen müssen diese verstärkt zum Erhalt ihrer Beschäftigungsfähigkeit einsetzen, ebenso wie für die private Vorsorge gegen eventuelle Risiken. Der Staat bietet die Bereitstellung von Versicherungen und Bildungsangeboten nur noch auf einem abgespeckten Niveau. Die Industrieunternehmen können dagegen im globalen Standortwettbewerb die Bedingungen diktieren, und die Attraktivität für eine Investition richtet sich in diesem Bereich nicht nur nach der Lohnhöhe, sondern auch nach den Steuergesetzen und der ausgebauten Infrastruktur. Den Staat, der diese Bedingungen zur Verfügung stellt, haben nach Streeck ausschließlich die neuen Arbeitskraftunternehmer zu finanzieren. Bei der Finanzierung gilt es aber, diese zu entlasten. Sie sollen einerseits weniger Sozialabgaben bezahlen, aber gleichzeitig mehr Leistungen dafür bekommen. Durch Kürzung und Umschichtung der Mittel, die bisher an Arbeitslose ausgezahlt wurden, soll den High-Tech-Arbeitskräften ein Heer von kundenfreundlich hergerichteten Servicekräften zur Verfügung stehen, die in Personalserviceagenturen der Arbeitsämter leicht abzurufen sind. Diese könnten den engen Zeitfond der Arbeitskraftunternehmer entlasten, indem sie ihnen im privaten Haushalt zur Hand gehen, ihnen ihr Mittagessen bereitstellen oder in zu Wellness-Centern umgebauten Krankenhäusern zu ihrer Erholung beitragen und ihnen beispielsweise die Zeitung ans Bett bringen. Explizit stellt Streeck fest, dass hier insbesondere für Frauen Beschäftigungsmöglichkeiten liegen. Damit dürfte dann auch ein zentraler Aspekt benannt sein, der für den öffentlichen Anklang des ›Forderns und Förderns‹ verantwortlich ist: Sowohl der Paradigmenwechsel in den sozialpädagogischen Konzepten als auch die Verwandlung des Betreuers zum ›Teacher, Preacher, Cop and Friend‹ sowie die Vorstellung vom allseits verfügbaren Dienstbotenpersonal verweisen auf den geschlechtsspezifischen Charakter der derzeitigen Visionen:

»Die Niedriglohnstrategie verdankt ihre Attraktivität aber über ihre vermeintlich ökonomische Plausibilität hinaus den gesellschaftlichen Leitbildern, die mit ihr transportiert werden. In den Visionen der wissensbasierten hochproduktiven Kernsektoren, die sich dank ihres hohen Einkommens und knapper Zeitressourcen eines Heeres von flinken Servicekräften und flexiblen Helfern bedienen, werden mit Verlockungen einer Domestikenökonomie nicht zuletzt auch Geschlechterstereotypen reproduziert.« (Stolz-Willig/Wietholt, 1999, S. 170)

Literatur

AK-Erwerbslose im DGB Marburg: Sinnlose Beschäftigungsmaßnahmen und Geschäfte mit Erwerbslosigkeit. Darstellung, Dokumentation und Kritik Marburger Zustände; Marburg 2001

Bertelsmann-Stiftung u.a. (Hrsg.): Handbuch Beratung und Integration. Fördern und Fordern – Eingliederungsstrategien in der Beschäftigungsförderung, Gütersloh 2002

Biehn, Erika/Jäger, Frank: »Sozialstaat auf Talfahrt. Über die Neuordnung des Fürsorgesystems«; in: *Forum Wissenschaft* 4 (2003)

Dieckmann, Martin: »Auf dem ›Dritten Weg‹ ins 21. Jahrhundert? Überlegungen zur neuen Sozialdemokratie«; in: *Analyse und Kritik* 431 (1999)

Fretschner, Rainer/Hilbert, Josef/Stobe-Blossey, Sybille: Der aktivierende Staat und seine Implikationen für die soziale Arbeit; in: Dahme, Heinz-Jürgen/Otto, Hans-Uwe/

Trube, Achim/Wohlfahrt, Norbert (Hg.): Soziale Arbeit für den aktivierenden Staat; Opladen 2003

Sonnenfeld, Christa: Erzwungene Angebote: Beschäftigungsförderung zu Niedriglöhnen; in: Stolz-Willlig, Brigitte/Veil, Mechthild (Hg.): Arbeit und Demokratie. Solidaritätspotentiale im flexibilsierten Kapitalismus; Hamburg 2001

Spindler, Helga: »›Überfordern und überwachen‹. Der restriktive Paradigmenwechsel in der Sozialpolitik«; in: *Sozialextra* 8/9 (2003)

Stoltz-Willig, Brigitte/Wietholt, Franziska: Auf konfliktreichen Wegen zu neuer Arbeit. Gegen naive Vorschläge und billigen Konsens; in: Nehls/Arlt (Hg): Bündnis für Arbeit. Konstruktion, Kritik, Karriere; Wiesbaden 1999

Streeck, Wolfgang/Heinze, Rolf G.: Runderneuerung des deutschen Modells. Aufbruch für mehr Jobs; in: Nehls/Arlt (Hg): Bündnis für Arbeit. Konstruktion, Kritik, Karriere; Wiesbaden 1999

Völker, Wolfgang: »Fordernde Beratung«. Eine Aufforderung zum Widerspruch an die Adresse Sozialer Arbeit; Manuskript; *www.Lichter-der-grossstadt.de*

Achim Bellgart

Die Simulation der Simulation
Von der Privatisierung der Arbeitslosenverwaltung

Die Hartz-›Reformen‹ zielen bekanntlich darauf ab, die Kosten zu senken, die das allmähliche Verschwinden der Arbeit verursacht. Dazu gehört der Rausschmiss der Langzeitarbeitslosen aus der Arbeitslosenhilfe. Aber es kann auch noch zusätzlich gespart werden, denkt sich das Arbeitsamt. Und weil dessen Bürokraten sich inzwischen als Manager fühlen, haben sie schon was von kostensenkendem Outsourcing gehört. Gedacht, getan. Diejenigen, die gar nicht mehr zu vermitteln sind, sollen nicht mehr mit ihrer massenhaften Anwesenheit in den neuen Kundencentern der Bundesanstalt stören.

In Bremen muss seit Anfang 2003 ein Teil der Langzeitarbeitslosen die regelmäßige Meldung (früher hieß das Stempeln gehen) bei einem Unternehmen absolvieren. Die Simulationsmaschine Arbeitsamt wird von outgesourcten Dienstleistern nochmals simuliert. Die Vorladung der Firma verheißt neben der obligatorischen Drohung des Geldentzugs im Falle des Nicht-Erscheinens eine Informationsveranstaltung zum Thema Jobrecherche. Der Seminarraum des Mini-Unternehmens, das Coaching (wohl eher Ich-AG-Beratung) und Jobvermittlung betreibt, füllt sich nur zögerlich. Schließlich ist ungefähr die Hälfte der Vorgeladenen da, alle mit den Anfangsbuchstaben A und B. Alle mit den Buchstaben W bis Z fehlen. Das ist kein Wunder, bemerkt eine Frau, die ihrer zweiten Vorladung gefolgt ist, die erste kam zwei Tage nach der Veranstaltung an. Das betretene Schweigen des ›Coachs‹, Herrn P., nutzt ein kostenbewusster Arbeitsloser zu der Frage, ob dieses Procedere nicht viel teurer käme als das alte. Falsch, ist die Antwort, schon bei einer wegen Nichterscheinen verhängten Sperrfrist seien die Kosten der Veranstaltung drin, erfahrungsgemäß seien es mehr als eine.

Obwohl darauf hingewiesen wird, dass der nun folgende Informationsteil freiwillig ist, geht niemand. Das sollte sich für viele der Anwesenden als Enttäuschung herausstellen, für die anderen nicht, die haben sich glänzend amüsiert.

Zunächst dominiert Langeweile, zu oft haben die Teilnehmer die abgestandenen Tipps, wo Arbeitsplätze angeboten werden, gehört, zu sicher wissen sie, dass für sie nichts dabei ist. Auch das eingestreute Angebot, wer Herrn P. anmaile, bekomme eine Link-Liste mit 200 (in Worten: zweihundert) Arbeitsplatz-Börsen im Internet zugeschickt, vermag niemanden vom Hocker zu reißen. Komischerweise wollten bisher erst drei Leute die Liste haben, mault der ›Coach‹.

»Ausgetretene Pfade verlassen!« – Die Ankündigung des neuen Kapitels mit Hilfe einer vermeintlich professionellen Powerpoint-Präsentation reißt einige aus dem Dösen. Hier hat sich Herr P. einen besonderen Leckerbissen ausgedacht: Aus zuverlässigen Quellen weiß er, dass Arbeitsplätze, die wegen lang andauernder Krankheit oder gar wegen eines Todesfalles verwaist sind, aus Pietät nicht gleich öffentlich ausgeschrieben werden. Während im Falle der Krankheit nur die besonders Pfiffigen den zum Erfolg nötigen Riecher entwickeln, werden im anderen Falle, dank der Todesanzeigen von Belegschaften, die Informationen frei Haus geliefert. Wieder keine Begeisterung, nur die Nachfrage, ob das Arbeitsamt im Falle des Auffliegens einer sich aufdrängenden nicht völlig gewaltfreien Arbeitsbeschaffungsmaßnahme Rechtsbeistand gewähre …

Da der Elan der Anwesenden nicht zu weiteren Fragen reicht, ist die Präsentation viel schneller vorbei als die veranschlagten eineinhalb Stunden. Da Herr P. flexibel ist, folgen Informationen über Neuerungen im Sozialrecht, z. B. die Verschärfungen der Zumutbarkeits-Regelungen. Die sind manchmal unzumutbar, eifert sich der Impresario und erzählt die wahre Geschichte einer Frau aus Ostfriesland, die einen Arbeitsplatz an der Unterweser angeboten bekam. Da die Nahverkehrsverhältnisse dort sehr schlecht sind, hätte sie zwar die 70 Kilometer nach Hause am Feierabend schon bis 21 Uhr geschafft, aber schon um 19 Uhr für den Arbeitsbeginn am nächsten Morgen aufbrechen müssen. Da hätte er wie ein

Löwe für diese Frau gekämpft (»Das habe ich gelernt, als ich noch bei der Gewerkschaft gearbeitet habe.«), mit dem Ergebnis, dass das Arbeitsamt der Frau einen Führerschein finanzierte. Für das Auto gingen dann zwar ihre Ersparnisse drauf, aber sie hätte einen Arbeitsplatz gehabt und – Kunstpause – an eben demselben ihren Lebenspartner kennen gelernt. Erst hatte sie nichts, danach Führerschein, Arbeitplatz und Mann, alles dem Arbeitsamt und der famosen Vermittlungs-Firma zu verdanken. Ob dieser Verarschung wird die Stimmung im Raum gereizter. Anlass für Herrn P., Mitleid zu erheischen. So hätten die Neuregelungen zur Umschulung zwar zu schmerzhaften Einschnitten in die Fortbildungsmöglichkeiten für Arbeitslose geführt. Darüber solle aber keinesfalls vergessen werden, dass diese Kürzungen allein in Bremen 300 Lehrkräfte im Weiterbildungsbereich arbeitslos gemacht hätte; bei rund 40.000 Arbeitslosen im Lande Bremen mache das immerhin fast ein Prozent Zuwachs aus. Jetzt ist die Geduld und die Humorfähigkeit der Anwesenden doch arg strapaziert. Das Füßescharren wird intensiver, der Unmut bricht sich Bahn, es fallen Bemerkungen wie »Alles Käse« und »Die da oben machen sowieso, was sie wollen«. Schließlich wird die nahe liegende Erkenntnis ausgesprochen, dass das alles keinen einzigen Arbeitsplatz bringe. Ein Blick zur Uhr lässt Herrn P. kühn werden: »Doch, meinen!«. Die Veranstaltung ist beendet. Die Wirkung eines solchen absurden Theaters reicht freilich nicht sehr weit. Beim Rausgehen wurde sich ausgiebig empört über die Veranstaltung und wie mit einem überhaupt umgegangen werde. Dass sich darin jedoch die Krise der Arbeitsgesellschaft ausdrückt und weniger die der Arbeitsverwaltung, schien wenig zu interessieren. Schließlich müsse man ja von etwas leben. Also weiter nach einem Platz in der Maschinerie suchen, wenn schon nicht oben, wie von vielen mal erhofft, dann wenigstens irgendwo. Und wie dieses Suchen aussieht, machte einer vor dem Auseinandergehen ganz reformkonform deutlich: »Alles muss man selber machen.«
Beim Casting für die Billig-Jobs beim neuesten Bremer Pleite-Projekt Space Park, einer Event-Schmiere zum Thema Raumfahrt, drängelten sich Tausende.

Maria Wölflingseder

»Eine Umschulung Richtung IT oder Wirtschaft! Sonst geht's nur bergab!« Phänomenale Erlebnisse einer arbeitslosen Geisteswissenschaftlerin

»...Dummheit stand hoch im Kurs, die Sozialämter hatten wegen Lieferschwierigkeiten meistens zu, Arbeit gab's nur für Crashtestdummies, und die Liebe war in Urlaub.«

Ahne, in: Wladimir Kaminer (Hg.):
Frische Goldjungs, München 2001

Aus dem Spiegel blickt mir ein Zombie entgegen. Ein völlig verquollenes rotes Gesicht, das sich wie ein Reibeisen anfühlt. Meine legendären großen blauen Augen, meine Stupsnase sind buchstäblich im Lymph-Stausee ertrunken. Was, wenn dieses Aussehen nicht mehr verschwindet? Als ob ich nicht schon genug Horrorvisionen hätte! Ich habe begonnen, meine Neurodermitis Immunsystem stimulierend behandeln zu lassen. Meine Erlebnisse als Arbeitslose, die ich mir in den kühnsten Alpträumen nicht hätte zusammenphantasieren können, bescherten mir diese Hautkrankheit. Während des Winters sind Arme, Beine und die rechte Hand stark in Mitleidenschaft gezogen: gerötet, juckend, blutig gekratzt. So ergeht's mir, die ich mit Hautproblemen ungefähr so viel Erfahrung hatte wie im Fassadenklettern – nun aber könnte ich problemlos Wände hochgehen.

Von keinem Vorgesetzten, von keiner Lehrperson, bis dato auch von keinem Arbeitsmarktservice(AMS)-Betreuer wurde ich zuvor jemals so feindselig behandelt – als Schuldige, als Renitente, die zur Räson gebracht werden muss, die gegängelt werden darf. Meine AMS-BetreuerInnen und KursleiterInnen brachten diese Premiere bravourös über die Bühne. Ich könnte mir keine überzeugteren Akteure vorstellen. Umwerfend! Es zog dem zeitlebens gewieften wie umtriebigen Wesen zum ersten Mal buchstäblich den Boden unter den Füßen weg: Wochenlang hatte ich immer wieder nie gekannte Schwindelzustände.

Der Schock über den Schock: Warum habe ich davon noch nirgends gehört oder gelesen? Ich kann doch nicht die Erste sein, der solche Behandlung zuteil wird. Üben sich alle in Blinde Kuh? In Leugnung der Arbeitslosen-Wirklichkeit?

500 Arbeitslose und ein (Fernseh-)Prediger

Im ersten Monat meiner Arbeitslosigkeit wurde ich, 42-jährige Geisteswissenschaftlerin in Wien, schriftlich zu einem ›Bewerbungs-Impulstag‹ ins Messe-Kongresszentrum am Rande des Wurstel-Praters vorgeladen. Im Brief steht zuoberst in riesigen Lettern »Vorschreibung eines Kontrolltermins gem. § 49 ALVG« und unten die Rechtsmittelbelehrung: Bei Versäumnis des Kontrolltermins, also bei nicht Erscheinen zum Bewerbungs-Impulstag, kann es zur Streichung des Arbeitslosengeldes bis zu 62 Tagen kommen. Im beiliegenden Prospekt klingt der Zwang zur Teilnahme so:

> »Wir lassen Sie nicht allein bei der Suche nach einem neuen Arbeitsplatz. … Weitere unterstützende Seminare sind vorgesehen. Sie können effizient und erfolgreich starten! Die Themen des Tages: Sie entdecken die eigenen Stärken als Kapital auf dem Arbeitsmarkt. Marktanalyse leicht gemacht – verdeckte Jobs suchen und finden. Formulieren und erreichen Sie Ihr Ziel – Selbstmotivation kann jede/r lernen. Körpersprache und Persönlichkeitsstil optimal einsetzen. Selbstvertrauen und Überzeugungskraft gewinnen – Erfolg beginnt im Kopf. Tipps und wertvolle Hinweise, damit Bewerben Freude macht. Unterlagen gestalten, Gehalt sicher verhandeln, Alter argumentieren.«

Fünfhundert Arbeitslose – vom Hilfsarbeiter bis zur Akademikerin – saßen zwei Coachs gegenüber. Wir wurden belehrt, dass es keine Verlierer gibt, nur welche, die aufgeben. Dass es um nichts weniger als um den ›Traum unseres Lebens‹ geht: Arbeit soll ja Spaß machen. Jeder kann seinen Traumjob bekommen, man braucht nur ›von der Schattenseite in die Lichtseite treten‹ und Götz von Berlichingens Ratschlag befolgen: »Lächle mehr als andere!« Wir wurden belehrt, dass Frauen nichts Rotes zum Vorstellungsgespräch anziehen sollen, weil dies eine Kampffarbe sei. Auch Handgestricktes, Trachten (außer man stellt sich in einem Trachtengeschäft vor) und Rüschen seien tabu, sie signalisieren Bequemlichkeit und Trägheit. Für die Rocklänge gebe es ganz einfache Vorschriften: zwischen eine Handbreit überm Knie und eine Handbreit unterm Knie. Für Männer ab einer Gehaltsvorstellung über 25.000 Schilling (1.800 Euro) brutto bestehe Krawattenzwang. Und weiße Socken seien noch immer die Todsünde Nummer eins. Zu guter Letzt: Du brauchst nirgends als Bittsteller aufzutreten, du hast etwas zu bieten, du *verkaufst* ja deine Stärken und Fähigkeiten. Sodann musst du nur noch deine einzelnen konkreten Planungsschritte festlegen und verwirklichen, und der Traumjob ist dir sicher. Schließlich gibt es ja eine Million offene Stellen pro Jahr.

Die Trainerin, eine knackige, gestandene Frau. Der Trainer, ein großer, dicker, sanfter Selfmademan, vom Automechaniker zum evangelischen Theologen und schließlich zum Unternehmensberater mit Managementausbildung. Seine Anleihen hat er zweifelsohne bei amerikanischen Fernsehpredigern genommen.

Eine Einlage bot der Auftritt eines Bundesheer-Vertreters. Er umwarb Frauen, aber nur jene bis 34. Die hätten beim Heer keine üblen Berufsaussichten. Unter den unzähligen Info-Tischen – von mehreren Leiharbeitsfirmen bis zum esoterischen Management-Büchersortiment – dominierte bei weitem jener des Bundesheeres.

Folgende Bücher wurden uns wärmstens empfohlen: Von Joseph Murphy, dem Urgroßvater des positiven Denkens, »Werde reich und glücklich. Entdecke Deine unendlichen Kräfte«. Von Chris Lohner, ehemaliger Fernsehsprecherin und Österreichischer-Bundesbahn-Bahnhofs-Stimme, »Keiner liebt mich so wie ich. Oder die Kunst in Harmonie zu leben« und »Keine Lust auf Frust, keine Zeit für Neid«. Von Ute Ehrhardt »Gute Mädchen kommen in den Himmel, böse überall hin«. Sowie ein Buch über spirituelle Intelligenz.

Gary Lux, abgehalfterter Schlagersänger, hat einen Song für diesen Tag komponiert. Ganglien verklebend schallte es in den Pausen über die Lautsprecher:

»Geboren in diese Welt von Leidenschaft und Geld, scheint manches Ziel oft unerreichbar fern. Du fragst dich nach dem Sinn von Ehrgeiz und Gewinn und zweifelst an dir selbst nur allzu gern. Doch irgendwo in jedem von uns lebt ein kleiner Traum, der unaufhörlich nach Erfüllung brennt, und irgendwo in jedem von uns gibt es diese Kraft, die unsichtbar das Schicksal für uns lenkt. Mach was draus, geh hinaus, steh einfach zu dir selbst, übe dich in Zuversicht, bis du den Weg erkennst. Es kann so einfach und so wunderbar sein auf dieser Welt, drum mach was draus und denk nicht ans Geld. Das Leben ist ein Spiel mit unbekanntem Ziel, die Würfel hältst du selbst in Deiner Hand. Oft kommt ein schlechter Zug, man denkt, es ist genug, doch nur wer durchhält, wird am Schluss erkannt.«

Wer bis zum Abend ausgehalten hat, bekam eine CD mit einer Zusammenfassung des Bewerbungs-Impulstages, inklusive Gary Luxens Konzert, um sich zu Hause weiter stimulieren zu lassen. Einer der fünfhundert Mitzumotivierenden ist ein guter Bekannter von mir, aus engagierten linken Kreisen. Während andere von Gehirnwäsche munkelten, war sein einziger Kommentar: »Nach meiner Mediator-Ausbildung mache ich auch Arbeitslosen-Kurse.« Da erübrigt sich zu fragen, warum nichts an die Öffentlichkeit dringt über diesen staatlich zwangsverordneten und finanzierten Aberwitz. Alles, was Arbeitslose und Arbeitslosigkeit betrifft, scheint besonders anfällig für Verdrängung zu sein.

Wie in einer ›totalen Institution‹

Habe ich im AMS-Roulette besonderes Pech mit meiner Betreuung oder hat die Willkür System? Andere bekommen über 1.090 Euro Arbeitslosengeld und werden angemessen behandelt, ich erhalte 450 Euro und als Draufgabe eine Behandlung, die frappant an jene in ›totalen Institutionen‹ erinnert. Beim ersten Termin am AMS wurde keinerlei Gespräch mit mir geführt, sondern nur eine Drohung ausgesprochen: »Sie haben noch keinen neuen Job, dann gibt's nur zwei Möglichkeiten: eine Umschulung Richtung Computer oder Richtung Wirtschaft, sonst geht's nur bergab!« Damals wurde allen Ernstes versucht, möglichst viele AkademikerInnen – ob dazu geeignet oder nicht – in Web-Design-Kurse zu stecken.
Was für ein Affront einen beim nächsten AMS-Termin erwartet, weiß man vorher nie. Eine Arbeitslose »hat dem Arbeitsmarkt zur Verfügung zu stehen« (deshalb darf sie auch nie ins Ausland fahren), sie hat fulltime einen Job zu suchen oder Kurse zu besuchen. »Eigentlich sind wir Leibeigene des Staates.«[1]

---

1 Karl Reitter: »Eigentlich sind wir Leibeigene des Staates«, in: *Volksstimme*, 29. 6. 2000, Wien. Damals einer der wenigen kritischen Artikel zu diesem Thema.

Oftmalige Vorladungen, Listen mit Bewerbungen vorlegen, sich bei völlig unpassenden Stellen vorstellen gehen, darüber Bestätigungen vorlegen: Bewerbungen als Selbstzweck, der endlos betrieben werden kann – wie Lotterie spielen, verbunden mit denselben Hoffnungsphantasien, die nach drei Jahren trotz oder gerade wegen 250 bereits verschickter Bewerbungen zur Halluzination ausarten können.

Willkür scheint Programm zu sein. Zwei Arbeitslose in derselben Situation werden völlig konträr behandelt: Eine Ärztin und ein Arzt wollen nach dem Turnus (nach ihrer Assistenzarztzeit) eine Ausbildung zum Amtsarzt machen. Sie dauert einige Monate, einige Stunden pro Tag. Ihm wird dies erlaubt, ohne dass das Arbeitslosengeld gestrichen wird, ihr untersagt. Oder eine Frau, die nach Deutschland auswanderte: Sie war vor ihrer Übersiedlung einen Monat lang arbeitslos, in dem sie mit Kursen eingedeckt wurde. Die Hoffnung, dass da noch Zeit für all ihre unzähligen mit einer Auswanderung verbundenen Behörden-Rennereien bliebe, konnte sie sich abschminken. Die Liste solcher Beispiele ist lange. Ein Muster fällt dabei auf: Oft bekommen Arbeitslose nicht die Kurse, die sie wollen, während andere, die sie nicht brauchen oder wollen, dazu gezwungen werden. Ich wurde gemeinsam mit hundert anderen AkademikerInnen zum Wirtschaftsförderungsinstitut vorgeladen, um einen Eignungstest für einen dreimonatigen Wirtschaftskurs zu machen – darunter viele AkademikerInnen, die ein abgeschlossenes Universitäts-Wirtschaftsstudium hatten! Wozu dieser Kurs gut sein soll, wurde uns nicht erklärt. Regelrecht wie Keiler gebärdeten sich die Kursleiter.

Bis vor kurzem wurde von PolitikerInnen und seitens des AMS stets behauptet, Arbeitslose seien minderqualifiziert oder hätten die falsche Ausbildung. Ich wurde aber meist mit der Begründung *überqualifiziert* abgelehnt. Aus- und Weiterbildung, Umschulung – ein Allheilmittel

---

Vgl. auch: Gustav Valentin: Trainingsmaßnahmen sind Abschreckungsmaßnahmen, in: *Menschen machen Medien*, hg. v. IG-Medien, Nr. 5/6, 2000, Stuttgart.

Film- und Theaterschaffende haben immer wieder arbeitslose Zeiten zwischen ihren Engagements. Das Münchner Arbeitsamt drangsaliert diese Berufsgruppe mit demütigenden und beleidigenden Psychospielchen auf Bewerbungsseminaren beziehungsweise versucht, sie auf kaufmännische Berufe umzuschulen. Arbeitslosen aus anderen Berufen wird dies erst nach ein bis zwei Jahren Arbeitslosigkeit zuteil, Film- und Theaterschaffenden gleich zu Beginn – egal ob überhaupt Arbeitslosengeld bezogen wird. Manche müssen solche Seminare immer wieder besuchen. Wer nicht erscheint, bekommt eine Sperrfrist des Arbeitslosengeldes. Viele, die sich diesen Schikanen nicht aussetzen wollen, melden sich ab. So wird die Arbeitslosenstatistik geschönt und Geld gespart.

gegen Arbeitslosigkeit? Wohl eher doch Auftragsbeschaffung für Kursinstitute einerseits und Auf-Trab-Halten der Arbeitslosen andererseits. Kursinstitute sind in den letzten Jahren wie Schwammerl (auf bundesdeutsch: Pilze) aus dem Boden geschossen. Sie unterbieten einander im Preis, um Aufträge zu ergattern. Die Illusion, die vor Arbeitslosigkeit rettende Idee zu finden, lässt sich gut vermarkten. Bewerbungsratgeber, in Buchform als auch in Person, gibt es wie Sand am Meer. Wenn es sonst schon keine Einkommensquelle gibt, versuchen AutorInnen und Coachs, aus den Arbeitslosen Kapital zu schlagen. Der ganze Kurs-Zirkus ein potemkinsches Dorf: Die einen – sonst Arbeitslosen – schulen die anderen Arbeitslosen.

›Jeder Arbeitslose hat ein Defizit!‹ Oder: Kollektiver Realitätsverlust

Nach einem Jahr Arbeitslosigkeit avancierte ich in einen halbjährigen Kurs (viermal die Woche) von ›Come back urban‹. Eine aus China stammende Teilnehmerin konnte wenig Deutsch, eine war schwer krank und hatte nie einen qualifizierten Job; eine aus Jugoslawien stammende Arbeiterin war über 50; ein junger Mann hatte viele Vorstrafen; einer war hoch lohngepfändet; einer war Sonderschulabgänger – und ich: Doktor der Philosophie, für alles überqualifiziert. Wahrscheinlich ist das mein Defizit. ›Defizit‹ scheint ein magisches Wort zu sein. Alle Arbeitslosen haben eins gemeinsam: das Defizit. Welches, das muss eruiert werden, um es dann (angeblich) zu beheben.

Im Brustton der Überzeugung konterte der Trainer den Hinweis auf meine bis dato 150 Bewerbungen: Er könne sich nicht vorstellen, warum ich arbeitslos sei, bei ihnen bekäme ich sicher einen Job. Sie hätten auch Stellen, die sonst nirgends ausgeschrieben seien. Nach zwei Wochen Psychospielchen, von denen keiner wusste, wozu sie eigentlich gut sein sollten, durfte ich bereits mit der Jobsuche beginnen, während die anderen erst in eine ›Orientierungsphase‹ eintraten. Ich erhielt kein einziges Stellenangebot, das nicht aus der Zeitung stammte. Derartige Bewerbungen hatte ich bereits zuvor zur Genüge geschrieben, nur dass ich jetzt auch auf völlig unpassende, also absolut aussichtslose Stellenangebote reagieren musste. In sieben Wochen verschickte ich 70 Bewerbungen. Daraufhin waren die TrainerInnen ziemlich kleinlaut. Aber vielleicht habe ich noch immer keinen Job,

weil ich einfach zu wenig Wein getrunken habe. Ja, nicht Alkohol-
suchtgefährdete sollen ruhig ein Gläschen Wein trinken, um ganz entspannt und beschwingt in das Bewerbungsgespräch zu gehen, voll
überzeugt, den Job zu kriegen. Wahlweise soll man zumindest an etwas Schönes denken oder das Foto seiner Kinder, seines Mannes oder
seiner Frau betrachten, um ganz positiv gestimmt zu sein. Nur so habe
man überhaupt eine Chance, einen Job zu kriegen.
Einmal wöchentlich trainierten wir vor der Videokamera das richtige Bewerben. Mir wurde angeraten: »Sie haben doch soviel Charme, den müssen Sie viel besser einsetzen!« Täglich hörten wir, dass wir immerzu zu
lächeln und puren Optimismus auszustrahlen hätten – ganz besonders
auch beim Telefonieren. Es war uns verboten, im Kurs schlechte Erfahrungen bei der oft jahrelangen Arbeitssuche zu äußern. »Vergessen Sie all
Ihre schlechten Erfahrungen! Sie sind kein Opfer, es liegt an Ihnen!«
Schließlich durfte ich noch ein Praktikum und ein paar Computerkurse
machen. An manchen Tagen war ich von 8 bis 22 Uhr unterwegs.
Das Klima im Kurs glich dem in einem von schlechten Pädagogen
geführten Schwererziehbarenheim. Permanent diese subtile Unterstellung: Du bist schuld, du hast etwas angestellt; du musst nur wirklich
wollen. Nach zehn Wochen löste sich der Kurs von selbst auf. Manche
sind entlassen worden, mit einer sechswöchigen Sperrfrist des Arbeitslosengeldes, für andere wurde der Kurs als nicht geeignet erachtet.
Eine Frau war bei einer Leiharbeitsfirma des WAFF (Wiener Arbeit-
nehmerförderungsfond) untergekommen. Ich habe kurzfristig für zwei
Monate ein Angebot an der Uni Klagenfurt als Gastprofessorin bekommen, weil die vorgesehene Dozentin nach Berlin berufen wurde.
Danach war ich wieder arbeitslos.
Eine Bekannte von mir ist Ärztin im Allgemeinen Krankenhaus. Nach
der Schilderung meines Arbeitslosenkurses meinte sie erstaunt: »Und
ich fragte mich immer, warum Arbeitslose ständig irgendwelche Bestätigungen fürs Arbeitsamt brauchen. Jetzt ist mir auch klar, warum
sich viele lieber ins Krankenhaus legen, um sich völlig unnötigen
Operationen zu unterziehen, als sich den Schikanen eines Arbeitslosenkurses auszusetzen.«
Die staatlichen Arbeitslosenwächter – darunter so manche meiner
Freunde – machen nicht nur ihren Job vorbildlich, sie erzählen dir
auch privat permanent diese Ammenmärchen, als ob sie dafür ebenfalls bezahlt würden. Unzählige, die früher die perversen gesellschaft-

lichen Verhältnisse kritisiert haben, kritteln heute, wo die Verhältnisse völlig übergeschnappt sind, stattdessen an den Arbeitslosen herum. Nein, nicht ganz alle: Einmal habe ich im Radio sogar eine ratlose junge Trainerin gehört, die in aller Öffentlichkeit sagte, sie wisse nicht, wie sie Jugendlichen ausländischer Herkunft erklären soll, dass sie keine Chance auf eine Lehrstelle hätten. Aber das Gros der Coachs ist unbeirrbar. Wahrlich wie moderne Prediger lullen sie dich ein. Wie eine Gebetsmühle perpetuieren sie die Beschwörungsformel: ›Wenn du nur wirklich willst, wenn du einfach besser bist als die anderen, dann bekommst du einen Job.‹ Auf die Frage an unsere TrainerInnen, ob es nicht einfach zu wenig Jobs gäbe und deshalb, egal welche Ausschlusskriterien angewandt werden, *immer* welche auf der Strecke blieben, sind sie – welch Wunder – eine Schrecksekunde lang stumm; aber nur, um danach wie ferngesteuert mit ihrer Leier umso erbarmungsloser wieder von vorne anzufangen.

Auch die Medienmacher ziehen – unterm allgemeinen kollektiven Realitätsverlust leidend – diese Masche beinhart durch, ohne Rücksicht auf Verluste. Kein Magazin, das nicht immerzu »frische Erfolgsstories« (O-Ton) auftischt – nach dem Motto: Ich habe es geschafft! – oder »100 Top-Jobs« präsentiert, die zu haben sind. Na bravo, ein paar arme ›Crashtest-Dummies‹ versuchen sich selbständig zu machen, Hunderte, ja Tausende bewerben sich um eine Stelle. Ein wahrer Triumph der Arbeitsbeschaffung! Und die Legionen von Arbeitslosen? Die scheint es nie leibhaftig zu geben. In den Medien kommen sie nicht vor, und selbst im persönlichen Gespräch ist ihre Arbeitslosigkeit kaum ein Thema – zumindest nicht in meinen Kreisen. Wer arbeitslos ist, murmelt höchstens etwas von »die Zeit nützen – für Weiterbildung oder eine neue Ausbildung«.

Staatliche Aufforderung zum Lügen

Im »Bewerbungsratgeber für Akademiker und Akademikerinnen«, herausgegeben 1991 von der Bundesgeschäftsstelle des Arbeitsmarktservice Österreich, den ich beim AMS erhielt, lese ich:

>»Grundsätzlich ist auf Fragen zu Familie und Privatleben in irgendeiner, jedoch immer positiven Form einzugehen. Verweigerungen bringen nichts, sondern reduzieren die Chancen auf null. Es ist darauf zu achten, keine allzu großen Verstöße gegen

überbrachte Rollenbilder – das gilt v.a. für männliche Bewerber – zu begehen. Männer, die über einen bestimmten Zeitraum ihre Kinder betreut haben oder im Haushalt tätig waren, werden nicht nur von ihren Geschlechtsgenossen im Personalmanagement zumeist als künftige Mitarbeiter abgelehnt, sondern bedauerlicherweise auch von Frauen. Verheiratete weibliche Bewerber mit (deshalb) nicht verschweigbarem arbeitslosen oder studierendem (sic) Anhang sollten Jobs (z.B. Projektarbeiten u. dgl.) anführen, die ihre Männer haben. Hausmänner machen die Bewerberin für keinen Arbeitgeber im privatwirtschaftlichen Bereich attraktiv.«

Zur Frage »Derzeitige Tätigkeit« heißt es:

»Grundsätzlich gilt: Man arbeitet immer irgend etwas und irgendwo, und zwar auch dann, wenn man arbeitslos ist. Seine Arbeitslosigkeit zu thematisieren ist ein kaum korrigierbarer Fehler, durch den der Stellensuchende in den Verdacht gerät, unabhängig von Interessen, Ausbildung usw. eine Arbeitsstelle zu suchen, um bloß seinen Lebensunterhalt zu sichern. ... Durch die Artikulation des Problems – in welcher Form auch immer – disqualifiziert sich der Bewerber oder die Bewerberin selbst.«

Im, für alle Langzeitarbeitslosen obligaten, AMS-Bewerbungskurs ›Jobcoaching‹ wird's anno 2000 noch radikaler gelehrt: Kinder, fehlende Betreuung für diese, körperliche Behinderungen und ähnliche »Unzulänglichkeiten« seien zu verschweigen!

»Wan i Ihnen sag, Sie soin beim Fenster aussi hupfen, machen's es ja a net.«

Einerseits werden Arbeitslose permanent in Ausbildungskurse gesteckt – vornehmlich um die Statistik zu schönen. Das treibt Blüten: Eine Bekannte, über 50 Jahre alt, machte eine Ausbildung zur Arbeitslosentrainerin; auch danach noch ohne Job, wurde sie selbst sogleich wieder in einen monatelangen Bewerbungskurs gesteckt. Andererseits, wehe ich möchte selber eine Ausbildung machen, die mir sinnvoll erscheint und nur 300 Euro kostet, dann ätzt meine Betreuerin: »Sie schulen die ganze Zeit...« Ich wagte zu entgegnen, das würde einem doch immerzu nahe gelegt. Sie darauf: »Aber geh! Wan i Ihnen sag, Sie soin da jetzt beim Fenster aussi hupfen, machen's es ja a net!«

Was ich dann aber machen sollte, war ein mehrmonatiges Fulltime-Jobcoaching – parallel zu meiner umfangreichen Sprachlehrerausbildung (Deutsch als Fremdsprache).[2] Wie sich fast schon von selbst versteht, war der Orientierungserfolg enorm: Drei Betreuerinnen gaben völlig widersprüchliche Order, solange bis ich schließlich doch von meiner dritten ›Maßnahme‹ verschont wurde. Aber nicht ohne unterwiesen worden zu sein, es sei ja vor fünfundzwanzig Jahren schon absehbar gewesen, dass mein Pädagogikstudium brotlos sei.

Darf's ein bisserl mehr an Zeitverschwendung sein?

Weil beim AMS alles seine Ordnung hat, gibt es auch hier eine Beschwerdestelle, ein Beschwerdemanagement. Mir war es beschert, mit allen drei ›Trouble-shootern‹ ins Gespräch zu kommen oder zu korrespondieren. Solch eine Anhäufung von Nullaussagen ist mir noch nie untergekommen. Der erste überschlug sich in Ambivalenz: Am Telefon rang er buchstäblich die Hände, als ich den Namen meiner ersten Betreuerin nannte: »Ach, Sie Arme, Frau Magister XY ist ja stadtbekannt für ihre unmögliche Behandlung von Arbeitslosen, warum haben Sie sich nicht schon früher bei mir gemeldet?« Bass erstaunt über diesen allzu empathischen Ton, folgte ich seiner Einladung, bei ihm vorzusprechen. Meine Beschwerde hatte dennoch null Konsequenzen und endete mit dem rüden Ratschlag, ich solle halt Taxifahren oder bei der Lebensmittelkette ›Billa‹ Regale einräumen.

Ein Jahr später erkundigte ich mich, wie ich dazu käme, zu einem Halbjahreskurs verpflichtet zu werden, der für mich völlig ungeeignet sei. Ich hätte noch nie gehört, dass jemand anderer in ähnlicher Lage so etwas machen müsste. Mir wurde 75 Minuten lang (auf meine Telefonkosten) in einem permanenten Auf und Ab von ja-aber erklärt,

---

2 Ich mache seit Herbst 2002 eine Ausbildung zur zertifizierten DaF-Lehrerin (Deutsch als Fremdsprache). Wie sich nun herausstellt, sind die Jobchancen auf diesem Gebiet allerdings auch alles andere als rosig. Als ich erfuhr, dass vom österreichischen Wissenschaftsministerium unterstützte Deutsch-Lektoren an ausländischen Unis nur bis 36 Jahren dort arbeiten dürfen, glaubte ich, mich verhört zu haben. Begründung: JungakademikerInnen müssten gefördert werden. Ein schöner Reinfall für eine, die wie ich gerne in einem slawischen Land unterrichten würde. – Ach ja, Gendermainstreaming in aller Munde, aber die Diskriminierung von über 40-Jährigen – wen interessiert das schon?

man wisse ja, wie unzulänglich solche Kurse seien, aber ich solle halt das Beste daraus machen. Wiederum ein Jahr später erkundigte ich mich, ob das AMS nicht fähig sei, Damen von der berühmt-berüchtigten, im Schneeballsystem, im Strukturvertrieb arbeitenden Vertriebsfirma Herbalife abzufangen, anstatt sie an mich weiterzuleiten. Eine solche bekam von meiner AMS-Betreuerin meine Telefonnummer: Sie hätte auf der AMS-Homepage mein Inserat gelesen; als Pädagogin könne ich doch sicher gut mit Menschen umgehen, ob ich nicht Herbalife-Produkte vertreiben wolle? Die Antwort vom AMS: Ach, Sie haben schlechte Erfahrungen gemacht, das tut uns aber Leid!

Fazit: Beschwerden beim sprichwörtlichen Salzamt könnten nicht erfolgreicher und zeitraubender sein.

Ich und lebensuntüchtig?
Hör ich da die Hühner lachen?

Arbeitslos geworden, hatte ich nicht den blassesten Schimmer, was mich da am Arbeitsmarkt und beim AMS erwarten würde. Ich war allen Ernstes überzeugt, wieder irgendeinen Brotjob zu finden, nachdem die Zeitschrift »Weg und Ziel« eingestellt worden war, bei der ich gearbeitet hatte.[3] Meine Freunde, Bekannten und Verwandten waren offenbar derselben Meinung. Als ich dennoch keinen Job fand, lernte ich alle meine Lieben völlig neu kennen. »Aber Du mit Deinen vielen Erfahrungen und Beziehungen, wenn Du nichts findest...!«, konterten sie meine erfolglosen Bewerbungen. Obwohl jeder weiß,

---

3 Vgl. Maria Wölflingseder, Meine Jahre bei »Weg und Ziel«, in *Weg und Ziel* 1/2000. Siehe *www.streifzuege.org* unter »Weg und Ziel«-Archiv.

Es ist kurios, meinen Job beim legendären KPÖ-Theorieorgan bekam ich, da die Partei nach dem Austritt vieler Mitglieder nach der Wende, neue MitarbeiterInnen und AutorInnen suchte, die – so wie ich – nie Parteimitglied waren. Die Wende war aber dann auch mein Kündigungsgrund, da die deutsche Treuhand um das Geld der KPÖ prozessiert. So fielen das »Weg und Ziel« und ich einer der vielen Einsparungsmaßnahmen zum Opfer. Neben meinem 20-Stunden-Job als Redaktionskoordinatorin war ich seit Ende der 80er Jahre in Österreich und Deutschland stark nachgefragte Esoterik-Analytikerin und -Kritikerin. Auch dieses Zubrot versiegte Ende der 90er Jahren kontinuierlich – nicht nur weil das Thema Esoterik nicht mehr brandneu war, sondern weitgehend aufgrund von Geldmangel der Institutionen, die mich gerne zu Vorträgen eingeladen hätten. Und Buchbeiträge und Artikel sind sowieso unentgeltlich zu verfassen.

wie hoch sie ist und dass sie nie wieder verschwinden wird, wird Arbeitslosigkeit dem Einzelnen gegenüber geleugnet, versucht, sie exemplarisch abzuwehren: Der konkrete Arbeitslose ›muss‹ wieder einen Job finden. Freunde und Bekannte untermauern das Unbedingte mit (meist völlig illusorischen) Ratschlägen und Tipps. Eine andere Hilfe können sie auch gar nicht anbieten. Wie das Karnickel vor der Schlange sitzen sie vor mir, ihrer eigenen personifizierten Angst vor Arbeitslosigkeit. Ich bin in erster Linie Arbeitslose; alles, was ich zuvor sonst noch gemacht habe, ist kein Thema mehr: zuerst brauchst du einen Job, dann kannst du dich deinen Vorlieben widmen. Das wäre ja noch schöner, wenn Arbeitslose sich in Ruhe der Literatur, dem Gedichte Schreiben oder was weiß ich widmen könnten.

Ein Freund, noch dazu ein ganz besonderer, seines Zeichens Psychologe und Psychotherapeut, äußerte ganz nonchalant, ob es nicht doch eine Frage der Lebenstüchtigkeit sei, einen Job zu haben oder sich selbst einen zu schaffen. Ich höre die Hühner lachen, und trotzdem sitzt diese Ohrfeige! Reflektiertheit schützt nicht vor Schmach. Umso schmerzvoller, wenn sie von Freunden kommt. Der Arbeitslose ist niemand. Deshalb kannst du auch nicht Recht haben. Deshalb bist du schuld, unzufrieden und krank, kurz eine unbeliebte Zeitgenossin! Recht haben die, die dem allherrschenden Wahnsinn kein kritisches Wörtchen entgegenstellen. Ach du plattgewalzter Krisengipfel, da musste ich erst arbeitslos werden, damit ich sehe, wohin es die meisten Freunde und ehemaligen MitstreiterInnen getrieben hat (auch wenn sie sich noch immer als ›links‹ bezeichnen).

Der einzige ›Fortschritt‹ heute nach drei Jahren: Nun, wo bereits die 30-Jährigen gut ausgebildeten Erfolgreichen en masse arbeitslos werden, ist die Haltung mir gegenüber etwas gnädiger geworden. Nur wenige brachten es von Anfang an auf den Punkt: »Tja, mit Losern will heute niemand etwas zu tun haben.«

No Money – Only Woman and Cry

Was meine Situation verschärft: die Höhe meines Arbeitslosengeldes, 15 Euro pro Tag. Ich hatte nur 20 Wochenstunden angestellt gearbeitet, ansonsten als freiberufliche Wissenschaftlerin. Die 450 Euro Arbeitslosengeld reichen gerade mal für die Miete meiner 60m^2-Wohnung. Eine Freundin aus gemeinsamer Sozialakademie-Zeit – sie arbeitet als

Sozialarbeiterin – im vollsten Brustton der Überzeugung: wenn mein Arbeitslosengeld so niedrig sei, bekäme ich doch sicher vom Sozialreferat Unterstützung. Alle, die sich dort mal hineingetraut haben, wissen, warum viele die Brücke bevorzugen, aber viele Sozialarbeiter scheinen noch immer ans Märchen vom Sozialstaat zu glauben. Die behördliche Vorgabe auf diesem Amt lautet offenbar: loswerden, wer loszuwerden ist. Eigentlich ist jede Unterstützung ohnehin nur eine Ermessenssache. Drei Monate nach Beginn meiner Arbeitslosigkeit wagte ich den Versuch. Die Methoden, AntragstellerInnen erst gar nicht vorzulassen, sind vielfältig. Ich schaffte es erst beim dritten Mal. Zuerst schickten sie mich auf ein anderes – nicht zuständiges – Amt. Welche Unterlagen ich brauchte, wurde mir erst nach und nach mitgeteilt. Schließlich war ich mit der Begründung, ich hätte ja (vor drei Monaten) 20.000 Schilling (1.450 Euro) Abfertigung bekommen, schnell wieder vor der Tür. Im Gegensatz zu jenen am AMS sprechen die Klienten am Sozialreferat miteinander. Sie haben nichts mehr zu verlieren. Von den Beamten werden sie wie Un-Menschen behandelt. Während der stundenlangen Wartezeit erfuhr ich von zahlreichen Schikanen; fassungslos, mit geballter Wut im Bauch, hätte ich am liebsten das Büro des Chefs der Wiener Sozialreferate gestürmt. Ich kenne ihn aus den Tagen des gemeinsamen Engagements Ende der 70er Jahre, als der gute Mann ach so revolutionär war! Er ist immer so empathisch und nett, dass einem die Spucke wegbleibt. Unter seiner Führung wurde mittlerweile tatsächlich begonnen, die Sozialreferate zu reformieren. Und was sind die Neuerungen? Man bekommt nun so gut wie gar keinen Termin mehr. Deshalb ist ›SOS-Mitmensch‹ nun damit beschäftigt, die Hilfesuchenden vor dieser Einrichtung in Schutz zu nehmen und nach dem Rechten zu sehen.

Ich hatte zuvor noch nie finanzielle Probleme gehabt. Auch war ich nie von den Eltern oder von einem Mann finanziell abhängig – für mich, in den 70er Jahren groß Gewordene, eine Selbstverständlichkeit. Plötzlich tauchte regelmäßig der reiche Mann auf – nein, nicht persönlich, sondern seitens meiner Freunde als (scherzhaft?) phantasierte Problemlösung. Von heute auf morgen nicht mehr für mich, für mein finanzielles Auskommen sorgen zu können, stellt alles in Frage. Mich samt und sonders. Unfassbar, ja ein Phänomen, wie jemand, deren Selbstvertrauen und Selbstbewusstsein stets blühte und gedeihte, die nicht deshalb einen Job braucht, weil sie sonst nicht wüsste, was tun, oder der Anerkennung wegen, trotzdem plötzlich zum Nichts mutiert und sich selbst verwünscht!

Auch jeder Handgriff, den ich mache oder nicht, ist in Frage gestellt. *Lähmung* in jeder Hinsicht. Dringende Reparaturen, die jährliche Wartung der Heizung, Anschaffungen, Bücher, CDs, viele Dinge des täglichen Gebrauchs, aber auch Freunde zum Essen einladen, kann ich mir nicht mehr leisten. Das fehlende Geld für Kultur oder Bahnfahrten lässt einen am besten zu Hause bleiben. Fast jeder Schritt in die Öffentlichkeit ist mit monetären Ausgaben verbunden. Nicht zufällig habe ich Neurodermitis[4], eine Stoffwechselkrankheit, die einen mitunter ziemlich außer Gefecht setzt. Wo kein Geld fließt, fließt nichts mehr. Begebe ich mich dennoch auf die Straße, werde ich gleich mehrmals von immer jünger und immer penetranter werdenden Junkies und Obdachlosen angeschnorrt. Wenn ich entgegne, ich sei selber arbeitslos, bekomme ich zu hören: »So schaun's aba net aus!« Die rapide Zunahme dieses – durch Arbeitslosigkeit verursachten – offensichtlichen Elends, besonders in Form der Drogenszene, die sich buchstäblich vor meiner Haustüre tummelt, drückt schwer aufs Gemüt. Wenn ich morgens das Fenster öffne, erblicke ich nicht selten in einem parkenden Auto, so schön aus der Vogelperspektive durch die Windschutzscheibe, wie sie sich die Nadeln in alle möglichen Venen murksen.

Apropos angeschnorrt werden: Als ob jenes auf der Straße und in der U-Bahn und die Schnorrbriefe von verschiedensten wohltätigen oder Umwelt-Organisationen, die ich mehrmals wöchentlich im Briefkasten vorfinde, nicht schon genug wären. Als ich die Antwort auf eine Bewerbung bei der evangelischen Diakonie erhielt, die Sozialarbeiter-Stellen im »Standard« ausschrieb, blieb mir die Luft im Hals stecken: mehrere dicke, ausführliche, aufwendig hergestellte Schnorrdossiers. – Vielleicht sollte ich in Hinkunft auf alle Mailings mit einem Gegenmailing antworten: Die Ich-AG M.W. ersucht dringend um Spenden. Jedenfalls, die Muße für all das, was ich immerzu, ohne oder mit geringem Salär, gemacht habe, schrumpft immer mehr: wissenschaftliche Buchbeiträge und Artikel schreiben, Belletristik lesen und rezensieren, Gedichte zu Papier bringen, Kroatisch lernen und vieles andere.

---

4 Neurodermitis ist noch immer eine stark tabuisierte Krankheit, obwohl sie in den letzten 30 Jahren rapide zugenommen hat. In Österreich ist jeder zwölfte Erwachsene und jedes fünfte Kind bis 12 Jahren von einer stärkeren Form betroffen.

Das glatte Gegenteil von Ansporn durch Erfolg. Ein Feststecken im Sumpf.

Kein Wunder, dass heute allzu viele Frauen wieder vom Geld ihres Mannes leben, Kinder kriegen, um ihre Arbeitslosigkeit zu kaschieren oder auch um vor unerträglichen Jobs zu flüchten. Kein Wunder, dass in Deutschland die Scheidungsrate plötzlich um 30 Prozent zurückgegangen ist. Frauen würden keinen Job finden und Männer sich die Alimente nicht leisten können. Dass solches auch von betroffenen, sich als feministisch bezeichnenden Frauen völlig unreflektiert bleibt, verwundert allerdings sehr.

Nicht nur die Situation von Arbeitslosen wird – auch von diesen selbst – weitgehend geleugnet und verdrängt, sondern vor allem die Ausweglosigkeit der Arbeitsgesellschaft generell. Was für eine gespenstische Anpassung!

Wie einen der Realitätsverlust mitunter selbst überwältigt

Zu schildern, welch blaue Wunder ich bei der Jobsuche erlebt habe, würde den Rahmen dieses Beitrags weit überschreiten, deshalb nur ein klein wenig darüber.

Jobsuche kann rund um die Uhr betrieben werden. Im Internet gibt es unzählige Seiten mit Jobinseraten. Diese alle durchzuackern, kann süchtig machen: Das kann's doch gar nicht geben, dass da kein Job für mich dabei ist, bis jetzt habe ich doch immer etwas Passendes gefunden! Aber der Alptraum holt mich schnell ein: Ich laufe frischfröhlich drauflos, komme aber keinen Millimeter vom Fleck.

Mindestens auf die Hälfte meiner Bewerbungen, nicht nur auf Blindbewerbungen, bekomme ich keinerlei Antwort, auch keine E-Mails. Oft ist es gar unmöglich, überhaupt jemanden bei der einzigen Kontaktmöglichkeit, einer Telefonnummer, zu erreichen. Oder es laufen nur Tonbänder, deren Stimmen einen auffordern, Name, Adresse, Telefonnummer und Geburtsdatum zu hinterlassen. Rückruf – meist keiner.

Außerdem dienen – laut Auskunft von Jobcoachs – zirka 70 Prozent der Inserate nur dazu, um dem Gesetz der öffentlichen Stellenausschreibung zu genügen. Tatsächlich gibt es die benötigte Arbeitskraft bereits. Oder Ausschreibungen werden überhaupt nur der Promotion wegen gemacht, ohne dass es überhaupt einen Job gäbe.

Der finanzielle Druck und jener von Freunden, Bekannten und Verwandten treibt mich immer wieder auch zu den immer zahlreicher werdenden ›Schrott-Inseraten‹, zu jenen, die alles andere als ›seriöse‹ Jobs anbieten. So verbrachte ich viel Zeit mit Recherchen, Treffen und Überlegungen darüber, ob ich Werbetafeln mit mehreren beweglichen Plakaten als Franchise-Nehmerin vermarkten solle. Oder Euro-Geldbörsen auf Ständen vor Supermärkten. Oder Farben, Bastelmaterial und Geschenkartikel zum Selbstbemalen, nach dem schon erwähnten Schneeballsystem. Zu meiner Ehrenrettung muss ich hinzufügen, dass ich den Lebensunterhalt während meines Studiums unter anderem durchaus mit ähnlichen Jobs finanziert habe. Ich habe auf Messen elektrische Fensterputzer verkauft oder Marionettenfiguren vor einem Spielzeuggeschäft auf der Kärntnerstraße; alles auf Provisionsbasis. In der tiefsten Salzburger Bergprovinz habe ich in rotes Rüschenröckchen, rote Rüschenbluse, rote Strumpfhose und rote Pumps gekleidet, jeden Tag in einem anderen Supermarkt Coca Cola promotet. Nur ging das früher ganz unkompliziert, auf die Schnelle für gutes Geld, während heute alles langfristig nach dem (illegalen) Strukturvertrieb aufgebaut werden muss oder als selbständiges Franchise-Unternehmen funktioniert. Und ob man wirklich Geld dabei verdient oder nicht viel eher Schulden anhäuft, ist alles andere als erwiesen. Übrigens das potemkinsche Dorf Arbeitslosenkurse funktioniert auch ähnlich wie das Schneeballsystem: Arbeitslose AkademikerInnen werden Jobcoaches, die Arbeitslose als Jobcoaches ›werben‹. Ausbildungen für diese BerufsorientierungstrainerInnen – massenhaft Aus- und Weiterbildungen überhaupt – sind dann wiederum Beschäftigungsmöglichkeiten für Arbeitslose. Eine sich abzeichnende schaurige Entwicklung: die Grenzen zwischen Gewinnspiel, Job, Weiterbildung und Sekte verschwimmen immer mehr.[5]

Jobs für ›finanziell Unabhängige‹

Eines der vielen Institute, die Nachhilfeunterricht für SchülerInnen anbieten – es kommt aus Deutschland und funktioniert auch als Franchise-Unternehmen – sucht immer wieder Frauen ab 35 für »verantwortungsvolle pädagogische Tätigkeit«, für die gesamte Koordination

---

5 Vgl. meinen anderen Beitrag in diesem Buch.

der Nachhilfestunden. Sie müssen mit LehrerInnen, aufgebrachten Eltern und SchülerInnen gleichermaßen gut umgehen können, täglich stressige vier bis fünf Stunden lang, wie betont wurde; Einkommen zirka 520 Euro im Monat. »Ach, wenn Sie von dem Geld leben müssen, ist das nichts für Sie«, meinte die Wiener Franchise-Nehmerin zu den versammelten Frauen im Gruppenvorstellungsgespräch. Die meisten standen sofort auf und brachen den zeitverschwenderischen Termin kopfschüttelnd ab.

Ein ähnliches Institut inseriert tatsächlich unter den Jobbedingungen: »Finanzielle Unabhängigkeit«. Da weiß Frau wenigsten gleich, woran sie ist.

Mein Rekordaufwand für 137 Euro Zubrot

Im Februar 2002 brachte das renommierte Wirtschaftsmagazin »Gewinn« die Titelstory: »Wo es die besten Neben- und Teilzeit-Jobs gibt. 1.500˙ tolle Jobangebote.« Die Firma Eurojobs suchte 30 ServiererInnen für leichte Serviertätigkeit bei Caterings und Veranstaltungen – etwa bei Kongressen im Austria-Center. Entlohnung zirka 7 Euro pro Stunde. Ich bewarb mich und wurde ›vorgemerkt‹. Es wurden also nicht tatsächlich 30 Servierkräfte gebraucht, sondern sie wollten einfach genug in petto haben. Ich rief täglich an, und fragte, ob sie einen Auftrag hätten. Schließlich ›durfte‹ ich in einem Monat drei Mal arbeiten. Verdienst 189 Euro. Vom Arbeitsamt bekam ich für diese drei Tage kein Geld (worüber ich von der ansonst sehr kompetenten Arbeiterkammer eine falsche Auskunft erhalten hatte), also minus 45 Euro. So bleiben 144 abzüglich 7 Euro Taxikosten, weil es nächtens einmal keine andere Heimfahrmöglichkeit mehr gab, das macht 137 Euro.

Die Investitionen für entsprechende Kleidung und Schuhe für diesen Job und für die erwarteten Engagements einer anderen Catering-Firma betrugen etwa 215 Euro. Diese Firma, die 50 ServiererInnen gesucht hatte, musste schließlich wegen mangelnder Aufträge passen. So hat mich also der Verkauf meiner Arbeitskraft eigentlich 78 Euro gekostet.

Die Meisterleistung bei diesem Job war aber, die Arbeitsbestätigung fürs AMS aufzutreiben. Da Eurojobs meinte, sie hätten kein solches Formular, musste ich es selbst besorgen, vorbeibringen und später wieder abholen. Und aufs AMS darf man solch ein Papier natürlich auch nicht per Post schicken, sondern muss immer schön brav vorsprechen.

Ein andermal pilgerte ich gleich drei Mal aufs AMS, um die Bestätigung für einen Nebenjob (der sich nicht einmal auf das Arbeitslosengeld auswirkte) vorzulegen. Zwei Mal gaben sie mir eine falsche Auskunft über die vorgeschriebene Form dieses Papiers. Einmal davon wartete ich zwei Stunden, um unverrichteter Dinge von dannen zu ziehen. So vergehen Stunden und Tage und Wochen.

Was steckt hinter dem Makel ›überqualifiziert‹?

Eine Ahnung hatte ich schon, was mit dem Etikett ›überqualifiziert‹ gemeint sein könnte. Letztlich, dass ich einfach nicht ins Konzept passe; dass ich der allherrschenden Business-Logik nicht entspreche, nach der ja heute alles funktioniert: die Kultur genauso wie die Sozialarbeit, der Gesundheitsbereich und alle so genannten NGO-Einrichtungen. Ich bin einfach zu alt, und schon deshalb zu wenig angepasst.

Ein anschauliches Beispiel bestätigt diese Vermutung: Eine Primarärztin in Niederösterreich möchte nicht 60 und mehr Wochenstunden arbeiten. Deshalb sucht sie eine Stelle als Oberärztin. Eine solche bekommt sie jedoch im ganzen Bundesland nicht, mit dem Argument, wer in der Hierarchie einmal weiter oben war, ist weiter unten untragbar. So jemand lässt sich nichts gefallen, ist also ›teamunfähig‹.

Apropos 60 Wochenstunden und mehr arbeiten: Viele, nicht nur Selbständige und solche in prekären Arbeitsverhältnissen, sind schlicht dazu gezwungen, wenn sie ihren Job behalten wollen. Mittlerweile ist das gang und gäbe. In vielen Bereichen beziehungsweise Positionen gibt es überhaupt keine anderen Jobs mehr. Rund um die Uhr oder gar nichts.

»Jeder hat Probleme« – Ein extraordinärer Ratschlag

Schließlich sei noch ein Einblick in einen Briefwechsel mit einer Arbeitsvermittlungsagentur geboten, die im »Standard« inserierte. Ich füllte das Jobsuch-Formular auf ihrer Internet-Seite aus und erhielt folgende Antworten. Sie illustrieren, was von Arbeitssuchenden erwartet wird: Anpassung, Anpassung und noch einmal Anpassung!

Sehr geehrte Frau Doktor Wölflingseder,
Danke für Ihr eMail! Wir merken Ihr Interesse gerne vor.
Wir bekommen aber leider kaum Aufträge aus den gewünschten Bereichen.
Alles Gute für Sie!
Mit freundlichen Grüßen
Herr XY
Stellenvermittlung XY

Sehr geehrter Herr XY!
Geisteswissenschaftler scheinen bereits abgeschafft worden zu sein. Und somit auch ihre Existenzberechtigung.
Ich würde liebend gerne auch alles mögliche andere arbeiten, aber dafür bin ich »überqualifiziert«, wie mir immerzu beteuert wird, oder es ist unmöglich, von der geringen Entlohnung leben zu können.
Mit freundlichen Grüßen
Maria Wölflingseder

Sehr geehrte Frau Wölflingseder!
Natürlich verstehe ich, daß Sie sarkastisch reagieren, aber ich wollte Ihnen keine Hoffnungen machen, die wir dann nicht erfüllen können. Versuchen Sie es doch bei den großen Personalberatungen, die mehr Großunternehmen betreuen. Es gibt auch Akademiker/innen, die ihren Titel unter den Tisch fallen lassen und behaupten, das Studium abgebrochen zu haben, nur um in einen anderen Bereich zu kommen und nicht gleich als überqualifiziert »abgestempelt« zu werden. Das kann man bedauern oder nicht, es ist auch nicht die ganz gerade Linie, aber wenn es hilft, es schadet ja niemandem. Ich habe die Anrede einmal ohne Titel geschrieben, und Sie werden bereits jetzt wissen, ob es geschmerzt hat oder nicht. Es ist sicherlich nicht so, daß die

Gesellschaft die Geisteswissenschaftler nicht braucht, nur sprechen wir hier von PRIVATWIRTSCHAFT.
Und noch etwas aus fast 25 Jahren Praxis: »Nur wer sich aufgibt, ist aufgegeben.« NUR der/die! Es gibt eine große Gefahr, sich selbst zu sehr zu treiben bzw. im Extrem in Panik hineinzusteigern. Das ist wirklich gefährlich, aber das passiert Gott sei Dank den wenigsten Jobsuchenden. Sie kennen doch Ihren persönlichen Wert. Also suchen Sie eine Beschäftigung, die dazu paßt, und glauben Sie nicht, daß die Existenzberechtigung (zuerst sagt man »Geisteswissenschaftler«, dann vielleicht »ich«) fehlt, das ist wirklich sich selbst gegenüber unfair. Helfen Sie Ihrer persönlichen Einstellung mit sogenannten »helfenden Gemeinplätzen«, die man oft nicht mehr hören kann, die aber zeitlos gültig sind, wie z.B. Das Leben geht in Wellen.
Jeder hat Probleme. Es genügt, 10 Minuten mit einem Menschen darüber zu reden, und schon möchte man nicht mehr tauschen.
Ich bin nicht geboren, um Trübsal zu blasen oder in Selbstmitleid zu baden. Ich werde es denen (mir) schon zeigen!
Niemand ist für mein Wohl verantwortlich, nur ich selbst.
Für Gläubige: Es gibt eine (un-, halb-bewußte) Verbindung mit irgendwelchen geistigen Kräften in der anderen Welt. Das gibt Kraft.
Für Ungläubige: Ich bin Künstler, denn es ist eine Kunst, ungläubig zu sein. (Spaß beiseite, es ist ernst.)
(Kann unendlich fortgesetzt werden.)
Also nochmals alles Gute! Ich halte Ihnen die Daumen!
Herr XY

Nachsatz oder: warum ich all meine Erlebnisse erst nach drei Jahren zu Papier bringe:
Ich wurde oft aufgefordert, all diese Erfahrungen doch zu veröffentlichen. Die Ereignisse überschlugen sich jedoch permanent, ich wusste überhaupt nicht, wo damit anfangen. Außerdem hatte ich so etwas wie ein schlechtes Gewissen. Wenn, dann müsste ich eigentlich über jene schreiben, denen es noch viel schlechter geht als mir.

Und dann war da noch die totale Paranoia. Kann ich das überhaupt unter meinem Namen veröffentlichen? Was blüht mir, wenn das den AMS-Beamten zu Ohren und Augen kommt? Was passiert, wenn jemand auf die Idee kommt, meinen Namen in die Internet-Suchmaschine einzugeben, um zu sehen, was ich denn so treibe, vielleicht Schwarzarbeit? Dabei würden sie zweifelsohne auf meine Berichte stoßen.

Aber die Dinge beim Namen nennen, erleichtert es, an den Verrücktheiten der Arbeitslosenverwaltung nicht selber verrückt zu werden. Angesichts der immer ideologischeren und immer schrilleren Debatten, die Politiker, Sozial- und Wirtschaftsexperten über Arbeitslosigkeit und Arbeitslose führen, ist es höchste Zeit, dass sich auch völlig unbekannte Wesen zu Wort melden, über die da verhandelt wird: die Arbeitslosen. Es soll ja nicht Jahrzehnte dauern, bis all das Wegschauen und Schweigen der breiten Masse gebrochen oder überhaupt thematisiert wird. Es ist höchste Zeit, endlich Tacheles zu reden.

Frühjahr 2003

Erich Ribolits

Vom sinnlosen Arbeiten zum sinnlosen Lernen

Es gilt heute als selbstverständlich, dass die Wettbewerbsfähigkeit von Volkswirtschaften in hohem Maß mit dem Bildungsstand der Erwerbsbevölkerung korreliert. Und der wirtschaftliche Erfolg wird seinerseits wieder als Voraussetzung für positive Entwicklungen hinsichtlich nationalem Lebensstandard, Beschäftigungsniveau, individueller Chancen und sozialer Bedingungen gesehen. Neben den drei klassischen Wirtschaftsfaktoren, Grund und Boden, Finanzkapital und Arbeit, wird gegenwärtig dem als ›Humankapital‹ bezeichneten Qualifikationsprofil der Erwerbstätigen größte Bedeutung für die Prosperität der nationalen Ökonomie zugesprochen.

Dementsprechend werden Bildungsausgaben heute nahezu ausschließlich als *Investition ins Humankapital* proklamiert; eine Investition, die sich angeblich für alle rentiert. Die entsprechend qualifizierten Arbeitskräfte – so wird behauptet – profitieren in Form gesteigerter Arbeitsplatzchancen und höherer Löhne, ›die Wirtschaft‹ darf mit optimierten Produktionsmöglichkeiten als einer wesentlichen Voraussetzung für eine verbesserte Kapitalverwertung kalkulieren. Bildung wird damit letztendlich zu einer Größe hochstilisiert, die den Interessen von ›Käufern und Verkäufern von Arbeitskraft‹ gleichermaßen entgegenkommt und den kapitalistischen Gesellschaften immanenten Gegensatz von Kapital und Arbeit gleichsam auflöst.

Noch vor knapp mehr als 30 Jahren wurde eine derartige Verknüpfung der beiden Dimensionen ›Bildung‹ und ›Ökonomie‹ vom bekannten deutschen Sozialwissenschaftler Elmar Altvater äußerst kritisch kommentiert. Er meinte damals in einem seiner Texte:

> »Wenn im Begriff der Bildung noch ganz in humanistischer Tradition Menschenbildung, Fähigkeit zur Reflexion in Einsamkeit und Freiheit, als Konstitution des autonomen bürgerlichen Individuums ... erscheint, so [offenbart sich] im Begriff der Ökonomie dieser Bildung das Moment der Ausbildung, der

Konditionierung des Individuums für die Berufspraxis innerhalb einer Gesellschaft mit differenzierter Arbeitsteilung und –
dies vor allem – *des Kalküls von Kosten und Nutzen*, die eine
spezifische Ausbildung verursacht.«

In der Zwischenzeit scheint jedoch der Gedanke, dass der Begriff Bildung auf mehr und anderes abzielt als auf das Erwerben arbeitsmarkt-
relevanter Qualifikationen aus dem allgemeinen Bewusstsein weitgehend
verdrängt zu sein. Das Bildungssystem wird heute nahezu ausschließlich
als Zulieferinstanz für das ökonomische Geschehen gesehen. Der traditionelle ideologische Überbau von Schule, Universität und Erwachsenenbildung, die Orientierung an ›umfassender Bildung‹, ist weit in den
Hintergrund getreten. Es geht einzig noch um die Vermittlung von
(Schlüssel-)Qualifikationen, die die neuerdings als ›Arbeitskraftunternehmer‹ apostrophierten, subjektförmigen Elemente des Verwertungs-
prozesses zur optimalen Selbstvermarktung befähigen sollen.
Seit der transnationale Kapitalismus die Nationalstaaten immer stärker
in einen Konkurrenzkampf um die maximale ›Kapitalverwertungs-
freundlichkeit‹ zwingt und der Spielraum für politische Entscheidungen, die nicht der Marktlogik untergeordnet sind, rasch abnimmt,
werden auch die den Bildungsbereich betreffenden Argumentationen
immer selbstverständlicher von »ökonomischer Rationalität« bestimmt.
Diese einseitig ökonomische Betrachtungsweise von Bildung führt dazu,
dass gesellschaftlich organisiertes Lernen heute nahezu ausschließlich
an beruflicher Brauchbarkeit orientiert ist und somit im Kern auch *immer berufliche Bildung* darstellt.
Genau das ist der Grund, warum dem permanent vorgebrachten Appell zum lebenslangen Lernen mit größter Skepsis begegnet werden
muss. Das da quasi bis zum letzten Atemzug eingeforderte Lernen
soll ja – sozusagen per Definition – nicht dazu dienen, Menschen zur
selbstbewussten und mündigen Teilhabe an der Gestaltung des Zusammenlebens zu befähigen. Sein Ziel besteht darin, ›brauchbare‹ –
ökonomischen verwertbare – Arbeitskräfte zu *schaffen*. Das lebens-
länglich abverlangte Lernen soll Menschen in die Lage versetzen, als
Rädchen in einem politisch-ökonomischen System zu funktionieren,
dessen Triebkraft ›Verwandlung von Geld in mehr Geld‹ und sicher
nicht ›Humanisierung der Welt‹ heißt. Lernen soll keinen Akt der Befreiung in Gang setzen, sondern einen der Unterwerfung. Ziel ist das

Akzeptieren der Entfremdung, durch die das Leben in der von Wachstums- und Profitraten diktierten Ökonomie definiert ist. Es findet heute wohl kaum mehr eine schulische oder universitäre Abschlussfeier statt, bei der nicht zumindest von einem/r der Redner/innen verkündet wird, dass der aktuell erreichte Bildungsabschluss lediglich ein Zwischenschritt im lebenslangen Lernprozess sei und es sich niemand leisten könne, sich nunmehr vom Lernen zurückzuziehen. Wer am Ball bleiben und im allgegenwärtigen Konkurrenzkampf um attraktive gesellschaftliche Positionen nicht hoffnungslos ins Hintertreffen geraten wolle, müsse sich ständig lernend fit halten, um möglichst viele der aktuell jeweils geforderten Qualifikationen nachweisen zu können. Ganz in diesem Sinn gilt es auch als selbstverständlich, dass Arbeitslose nicht einfach ihre für diesen Fall vorgesehene Versicherungsleistung in Anspruch nehmen und im Übrigen darauf warten dürfen, einen neuen Arbeitsplatz zu finden. Vielmehr ist klar, wer aus dem Arbeitskraftverwertungsprozess herausfällt, muss sich in die Lernmaschinerie einklinken.

Die gegenwärtige Idealisierung des lebenslangen Lernens ist von der Sichtweise des Lernens als ein systematisches Herstellen von Humankapital nicht zu trennen. Permanent gelernt soll werden, um die am Arbeitskräftemarkt aktuell nachgefragten Qualifikationen anbieten zu können. Ziel ist ›Employability‹, ein Begriff, der den Zwang zur permanenten Anpassung an die ökonomischen Verwertungsvorgaben, dem Arbeitskräfte in der Marktgesellschaft unterliegen, nur allzu deutlich macht. Dass mit dem Slogan vom ›lebenslangen Lernen‹ einmal etwas ganz anderes gemeint war als das laufende ›Update von Humanverwertungseinheiten‹, scheint vergessen. Was heute angesprochen wird, wenn von lebenslangem oder – noch ein wenig diffuser – von lebensbegleitendem Lernen gesprochen wird, hat jedenfalls mit dem humanistischen Ideal, mit der Hoffnung, dass Menschen durch den Erwerb von Wissen zu einer vernünftigen Lebensgestaltung befähigt werden, nichts zu tun. Mit lebenslangem Lernen wird nicht die Möglichkeit einer lebenslangen ›Erweiterung des Horizonts‹ angesprochen, sondern bloß der Zwang zur ›lebenslänglichen Anpassung‹.

Das moderne Arbeitsethos, das dadurch charakterisiert ist, dass es sich weitgehend vom existenziellen Problem des Menschen, seinem Dasein Sinn geben zu wollen (ohne die Sinnfrage allerdings rational je schlüssig beantworten zu können), abgekoppelt hat, hat auf das Lernen übergegriffen. War seit etwa zwei Jahrhunderten gewissermaßen versucht worden, die ›Folgen des Sündenfalls‹ durch Arbeit zu kompensieren, wird der Weg zum Heil neuerdings im Lernen gesucht. Der aktuelle Rückgang an Erwerbsarbeitsplätzen macht ein Glorifizieren des dem Arbeitszwang unterworfenen Lebens immer fragwürdiger, stattdessen erfährt nun der lebenslange Lernzwang eine Idealisierung. Das Lernen unterliegt derzeit einer ähnlichen Umdeutung, wie sie zuvor dem Arbeiten widerfahren ist.

Bis an die Schwelle zur Neuzeit war Arbeit – als die traditionelle Bezeichnung für *fremdbestimmtes* Tun(!) – ja aus der Perspektive des biblisch vermittelten, göttlichen Fluchs wahrgenommen worden. Sie galt als eine den Menschen auferlegte bittere Notwendigkeit, als ›Notdurft des Daseins‹, der sich jeder, der es sich leisten konnte, entzog. Erst danach setzte ein Prozess ein, in dessen Verlauf Arbeit zunehmend ›geadelt‹ wurde. Indem das Besondere am Menschen immer weniger in seiner unsterblichen Seele und immer mehr in seiner Fähigkeit gesehen wurde, das Schicksal durch Intelligenz und Willenskraft zu gestalten, wurde Arbeit zur neuen Definitionsgröße des Menschen. Sie wurde zu jenem Faktum umgedeutet, das – wie es Friedrich Engels später einmal formuliert hat – aus Affen Menschen gemacht hat. Ihren Ursprung hatte diese neue Sichtweise von Arbeit in der frühen Neuzeit, mit den bürgerlichen Revolutionen des 18. und 19. Jahrhunderts begann sie sich auf breiter Front durchzusetzen und um die Wende zum 20. Jahrhundert erreichte sie – mit tatkräftiger Unterstützung der Arbeiterbewegung – schließlich ihre heutige allgemeine Akzeptanz.

Die Arbeiterbewegung hat – im wahrsten Sinne des Wortes – aus der Not ihres Klientels eine Tugend gemacht, indem sie die ›feudale parasitäre Faulheit‹ endgültig desavouiert und das bürgerliche Leistungsstreben nachhaltig in den Köpfen der Menschen verankert hat. In einer beispiellosen Überhöhung der Ideologie ihrer Unterdrücker deutete sie den geknechteten und unterdrückten Arbeiter zum Heroen der Geschichte und die entfremdete Arbeit zum Hohelied des Industriezeitalters um. Letztendlich wurde damit die soziale Disziplinierung durch Arbeit – im Kontext profitorientierter Ökonomie(!) – zu etwas hochstilisiert, um das es sich zu kämpfen lohnt. Arbeit hatte sich von der Bindung an die Bedürfnisbefriedigung losgelöst und war damit zu einem ›Zweck an sich‹ geworden – die Arbeitsgesellschaft war etabliert.

Als Folge dieser Entwicklung zählt heute der *qualitative* Inhalt des Arbeitens vom Standpunkt der Arbeitskrafteigner genauso wenig wie vom Standpunkt der Kapitalbesitzer. Es geht einzig um ›Arbeitsplätze‹ und um ›Beschäftigung‹. Was und wofür und mit welchen humanen, sozialen oder ökologischen Folgen produziert wird, ist denen, die vom Verkauf ihrer Arbeitskraft leben müssen, letzten Endes ebenso gleichgültig, wie es den Käufern der ›Ware Arbeitskraft‹ gleichgültig ist. So wie es den einen einzig um ihre Gewinne geht, geht es den anderen nur um ihr materielles Überleben. Die Frage nach einem darüber hinausgehenden Sinn des Arbeitens – oder die Forderung nach einer gesellschaftlichen Ordnung, in der Arbeit aus ihrer Selbstzwecksetzung befreit ist – befindet sich längst außerhalb des allgemeinen Denkhorizonts.

Wenn im Zusammenhang mit Arbeit der Begriff ›Sinn‹ überhaupt noch angebracht ist, dann erschöpft sich dieser für die weitaus überwiegende Zahl aller Beschäftigten einzig und allein in der Entlohnung. Was Günther Anders schon vor fast 30 Jahren in seinem Buch »Die Antiquiertheit des Menschen« aus dieser Tatsache gefolgert hat, gilt damit heute mehr denn je. »Da die Mehrheit unserer in den hochindustrialisierten Ländern lebenden Zeitgenossen nur diesen Sinn [des Geldverdienens im Arbeiten] noch kennen und auch nur noch kennen können, müssen wir von dieser Mehrzahl sagen, sie führen ein sinnloses Leben.« Wobei allerdings auch Anders einräumen musste, »dass das ›sinnlose Arbeiten‹ zwar nicht sinnvoller, aber doch wohl *erträglicher* ist, als das sinnlose Herumvegetieren der Arbeitslosen, denen nicht einmal sinnloses Arbeiten vergönnt ist.« Und so fasste er seine Kritik am sinnlosen Arbeiten mit der sarkastischen Bemerkung zusammen: »Es gibt nichts Herzzerreißenderes als das Heimweh der Arbeitslosen nach den guten alten Zeiten, in denen sie noch hatten sinnlos arbeiten dürfen.«

Ganz in diesem Sinne wird derzeit auch von allen Seiten neue Arbeit herbeibeschworen. Denn, auch wenn sie sich sonst recht uneins gebärden, in diesem Punkt sind sie sich alle politischen Gruppierungen und Interessenvertretungen einig: Ziel der Politik hat das Schaffen neuer Arbeitsplätze zu sein. Die einen wollen die neue Arbeit durch *Umweltmaßnahmen* schaffen, die anderen durch die *Deregulierung der Wirtschaft*, und die dritten versprechen sie sich von einer *offensiven Standortpolitik*. Alle politischen Slogans weisen in dieselbe Richtung: *Ganz egal wie und ganz egal welche – Hauptsache es gibt Arbeit!* Dass vor noch nicht allzu langer Zeit den Menschen jede Arbeit – sogar die unmittelbare Bedürfnisse stillende – als *Fluch* gegolten hatte, können die um den Preis ihrer gesellschaftlichen Deklassierung an die sinnlose Arbeit geketteten Menschen heute einfach nicht mehr nachvollziehen. Diese Situation stellt den ideologischen Untergrund dafür dar, dass dem Versprechen, durch permanentes Lernen ließe sich neue Arbeit herbeischaffen, heute weitgehend unhinterfragt geglaubt wird. Inzwischen werden riesige Summen aus den einbehaltenen Arbeitslosenversicherungsbeiträgen für Weiterbildungs- und Umschulungsmaßnahmen abgezweigt. Trotz des allgemein verbreiteten Evaluierungswahns versucht man interessanterweise kaum je zu überprüfen, ob diese Geldmittel auch tatsächlich irgendeinen Einfluss auf die Arbeitslosenquoten haben. Wer nicht bereit ist, sich dem Qualifizierungsdiktat zu unterwerfen, dem werden umgehend die Leistungen aus der Arbeitslosenversicherung gekürzt oder gleich ganz gestrichen. Der Zentralslogan der Arbeitsgesellschaft, dass, wer nicht arbeitet, auch nicht essen soll, wurde erweitert: Wessen Arbeitskraft gerade nicht gebraucht wird, der hat nur dann ein Recht auf Essen, wenn er bereit ist, den wechselnden Qualifikationserwartungen des Arbeitsmarktes hinterher zu hecheln.

An die Stelle des sinnlosen Arbeitens tritt für immer mehr Menschen sinnloses Lernen. Das gebetsmühlenhaft vorgebrachte Bekenntnis zum lebenslangen Lernen stellt nur die aktualisierte Ausformung des allgemein verinnerlichten Arbeitsethos dar. Und genauso wenig wie heute der qualitative Inhalt des Arbeitens thematisiert wird, wird nach dem qualitativen Aspekt des Lernens gefragt. Kaum wird jemals die Frage nach Bedingungen des Lernen gestellt, die Menschen ermöglichen würden, selbstbewusst und mündig zu werden, und ihnen dabei helfen könnten, gesellschaftliche Zustände zu durchschauen oder mitzuentscheiden, was unter welchen Bedingungen und mit welchem Ressourceneinsatz produziert wird. Lernen dient nicht der Förderung selbstbewusster Individuen sondern der *bewusstlosen* Anpassung. Dem gesamtgesellschaftlichen Monopol des Habens über das Sein entsprechend, wird auch die Lernfähigkeit des Menschen der Dimension des Habens zugeschlagen.

Der Bildungsbegriff war ursprünglich das Synonym für die Idee, dass der Mensch sich nicht bloß in quantitativer Form, sondern qualitativ von anderen Lebewesen unterscheidet. Er ist ja jenes Wesen, das durch die Natur nur in geringem Maß in die engen Bahnen streng vorgegebener Entwicklung und Verhaltensweisen gezwungen wird. Der Mensch ist grundsätzlich *frei*, er ist in der Lage, über seine Existenzweise autonom und mündig zu entscheiden. Er ist zwar selbst Teil der Natur und von ihr abhängig, zugleich ist er aber auch in der Lage, diese Abhängigkeit durch reflektiertes Handeln zu relativieren. Dazu braucht er einerseits Wissen über die ihn umgebende Welt und andererseits Vorstellungen über einen verantwortungsvollen Einsatz dieses Wissens. Bildung zielt in seiner ursprünglichen Begriffsbedeutung auf eine ›Freisetzung des Denkens‹. Wurde auf die Bildungsidee rekurriert, ging es niemals nur um ein Training des Denkvermögens, also darum, dass das Gehirn quasi ›auf Knopfdruck‹ komplizierteste Aufgaben im Rahmen fremdbestimmter Vorgaben erledigen kann. Der Bildungsbegriff hat sich traditionell nicht in der Förderung eines ›instrumentellen Gebrauchs‹ der Vernunft erschöpft. In ihm schwang vielmehr stets die Vorstellung eines zur fortschreitenden Entfaltung seiner Menschlichkeit gelangenden Menschen mit; eines Menschen, der Kraft seines Reflexionsvermögens seine prinzipielle Freiheit ›entdeckt‹ und sich damit zunehmend von Abhängigkeiten emanzipiert.

Der Mensch kann sich und sein Verhalten zum Inhalt seines Denkens machen, und er kann sein Verhalten an Kriterien messen, deren Wert er durch vernünftige Reflexion erkannt hat. Sein Gehirn ist nicht nur ein gewaltiger Informationsspeicher – quasi ein biochemischer Supercomputer –, der Informationen im Sinne irgendwelcher, ihm quasi ›von außerhalb‹ auferlegter Regeln verknüpft. Der Mensch hat die prinzipielle Fähigkeit, bewusst zu entscheiden, ob und in welcher Form er sein Wissen verwerten will. Er ist also nicht bloß zu einem *instrumentellen* Gebrauch seiner Vernunft fähig, er kann sein Wissen selbstreflexiv anwenden. Das heißt, der Mensch kann – und muss in letzter Konsequenz auch – für sein Tun und Lassen Verantwortung übernehmen.

Aber auch die Kriterien des verantwortungsvollen Lebens sind dem Menschen nicht vorgegeben, sie können nur im gesellschaftlichen Diskurs entwickelt werden. Nur gebildete Menschen, die bereit sind, Wissen selbstreflexiv und nicht bloß zum eigenen materiellen Vorteil einzusetzen, können zu einem derartigen Diskurs etwas beitragen. In diesem Sinn meint Bildung ein Heraustreten aus der Sphäre des bloßen Nutzens. Über Bildung gewinnt sich der Mensch selbst als freies Wesen und ist – wie es der deutsche Erziehungswissenschafter Heinz-Joachim Heydorn einmal formuliert hat – in der Lage zu erkennen, dass die Ketten, die ihm ins Fleisch schneiden, *vom Menschen* und nicht von einem unentrinnbaren Schicksal *angelegt* sind, es somit aber auch möglich ist, sie zu sprengen. Ein derartiges, zur Selbstbefreiung befähigtes Subjekt wird durch ein Lernen, das am Ziel der Anpassung ausgerichtet ist, allerdings sicher nicht gefördert. Ein solches Lernen ist letztendlich nur ein Beitrag zur Entmündigung. Ein Lernen, das nicht an der Vorstellung des gebildeten – sprich: selbstbestimmungs-fähigen – Individuums ausgerichtet ist, verkommt ebenso zu einer sinnentleerten Tätigkeit wie das Arbeiten, das sich vom Ziel der Bedürfnisbefriedigung abgekoppelt hat.

Je mehr Bildung zum Ausleseinstrument im Konkurrenzsystem dege-neriert, desto mehr reduziert sie sich auf den Charakter von Zurich-tung. Hatte das neuzeitliche Denken einst den Anspruch erhoben, die Unterwerfung menschlichen Lebens unter höhere Mächte aufzubre-chen, wird die Fähigkeiten zur vernünftigen Reflexion nun ihrerseits zum Anhängsel des gegenwärtig allgemein verehrten ›Gottes‹ Markt degradiert. Der Markt gewährt seine Gunst jedoch nicht jenen, die ihr menschliches Potenzial zu möglichst hoher Vollendung gebracht ha-ben, sondern jenen, die sich möglichst gut den von den Einkäufern diktierten Bedingungen unterwerfen. Was im Zusammenhang mit Ler-nen deshalb heute nur noch zählt, ist der Tauschwert – die Frage also, in welchem Maße Menschen durch Lernprozesse *marktgängiger* werden. Damit verkehrt sich der angesprochene Gehalt von Bildung schluss-endlich in sein völliges Gegenteil. Die weiterhin verwendete Begriffs-fassade dient dazu, der Reduzierung des Menschen auf den Status eines ›intelligenten Tieres‹ Geltung zu verschaffen. Es geht lediglich noch um *Qualifizierung* – das Brauchbarmachen des Menschen für die Erfordernisse seiner profitablen Verwertung. Der heute permanent vorgebrachte Hinweis auf die Wichtigkeit des ›Bildungsfaktors‹ für das wirtschaftliche Geschehen – einschließlich dem schönen Slogan vom lebenslangen Lernen – legt somit nur offen, worum es tatsächlich geht: nicht um die ›Bildung von Individuen‹, sondern einzig um die ›Bildung von Kapital‹ durch die qualifikatorische Zurichtung der Sub-jekte hin auf den Bedarf der potenziellen Käufer der Ware Arbeitskraft. Bildung und Qualifizierung stehen zueinander gewissermaßen im sel-ben Verhältnis wie Liebe und Sexualität. Sex, Zärtlichkeit und Freund-lichkeit sind nicht gleichzusetzen mit Liebe, sie stellen gewissermaßen bloß deren quantifizierbaren Anteil dar. Auch Qualifizierung kann in diesem Sinn als der quantifizierbare Anteil von Bildung charakterisiert werden. Und genauso wie sich Liebe nicht zur Ware machen lässt, Sex und Schmeichelei hingegen durchaus zum Verkaufsangebot im Rahmen der Profitökonomie werden können, lässt sich auch aus Bildung kein Geschäft machen; Qualifizierung dagegen lässt sich durchaus dem Profitmechanismus der Warengesellschaft unterordnen.

Fallweise wird heute noch idealisierend gemeint, dass Bildung Macht sei. Die Aussage spricht allerdings lediglich an, dass jene, die durch ein erfolgreiches Durchlaufen des Bildungssystems viel von der ›Ware Qualifikation‹ anhäufen konnten, damit die Macht gewinnen, sich mehr als andere im Warenhaus der Marktgesellschaft bedienen zu können. Mächtig sind jene, die hohe Schul- und Universitätsabschlüsse nachweisen können, nur innerhalb der ›Ideologie des Habens‹, weil sie mehr von jenem Handelsgut Qualifikation besitzen, das sie – jedoch nur solange eine entsprechende Nachfrage am Markt besteht – in Geld und soziales Ansehen eintauschen können. Auch für sie geht es keineswegs um Bildung, deren Gebrauchswert in der Befriedigung des menschlichen Bedürfnisses nach Wachstum und Entwicklung liegen würde, sondern darum – selbst zur Ware reduziert – zum Wachstum der Kapitalrendite beizutragen.

Der Kapitalismus war von Anfang an vor die widersprüchliche Aufgabe gestellt, die Brauchbarkeit der Menschen für den wirtschaftlichen Verwertungsprozess erhöhen, das Heranwachsen befreiender Erkenntnis gleichzeitig aber verhindern zu müssen. Was nobel als ›Bildung‹ bezeichnet wird, soll unter den Bedingungen der Warengesellschaft die Revolution der Produktivkräfte forcieren, die Revolution im Bewusstsein der Menschen aber verhindern. Mit dem ›Ende der Nationalstaaten‹ – womit ja nicht deren tatsächliches Verschwinden, sondern ihre irreversible Funktionsreduzierung zu bloßen Garanten juristisch-stabiler Räume für Verwertungsbedingungen gemeint ist – bekommt diese Paradoxie allerdings eine neue Dynamik.

Denn heute sind die Nationalstaaten zunehmend gar nicht mehr in der Lage, die Rahmenbedingungen des Bildungserwerbs dem bürgerlichen Gerechtigkeitsempfinden entsprechend zu gestalten, also beim Windhundrennen um attraktive gesellschaftliche Positionen das zu schaffen, was wir als Chancengleichheit zu bezeichnen gelernt haben. Finanziell immer mehr ausgehungert, sind sie gezwungen ihre demokratische Alibifunktion in anwachsendem Maß aufzugeben. In der offiziellen Lesart nennt sich das dann Rückzug des Staates auf seine Kernkompetenzen.

Gleichzeitig hat das Kapital in seiner permanenten Suche nach Verwertungsmöglichkeiten nun auch den Bildungsbereich als Profitquelle entdeckt. Es ist somit nur noch eine Frage der Zeit, bis der Bildungssektor aufhört, lediglich ein gesellschaftlicher Bereich zu sein, in dem es um die Zurichtung von Humankapital und die Indienstnahme der Köpfe *im Interesse* späterer profitabler Verwertung geht. Der Bildungssektor entwickelt sich zunehmend selbst zu einem profitorientierten Wirtschaftszweig. Kam ihm bislang bloß eine *Zulieferfunktion für die Verwertung* zu, soll er *nun selbst zum Verwertungssektor* werden. Und da Bildung im allgemeinen Bewusstsein ohnehin schon längst nur mehr als Ware wahrgenommen wird, ist damit zu rechnen, dass diese Veränderung auch weitgehend friktionsfrei über die Bühne gehen wird.

Die skizzierte bildungsökonomische Sichtweise stellt die Grundlage für den nächsten Schritt in der Verkürzung von Bildung zu einer Ware dar. Im Zusammenhang mit Maßnahmen zur weiteren Liberalisierung der Wirtschaft – Stichwort: GATS – findet eine zunehmende Vermarktwirtschaftlichung des Bildungs*wesens* statt. So wie das Gesundheitswesen und das Altersversorgungssystem soll auch der Bildungsbereich der Mehrwertproduktionsmaschine einverleibt werden. War bisher nur der Weiterbildungs- und Erwachsenenbildungsbereich überwiegend markförmig organisiert, soll nun die Organisation alles Lernens dem Markt anheim gestellt werden. Immerhin schätzt die UNESCO das Volumen des Bildungsmarktes auf etwa zwei Billionen Dollar – mit steigender Tendenz. Gewinnorientierte private Anbieter sind an diesem Markt derzeit mit gerade einmal 20% beteiligt. Dass das Profitmonster angesichts solcher Geldvolumina Begehrlichkeiten entwickelt, liegt auf der Hand.

Hinzu kommt, dass die technologische Entwicklung es zunehmend ermöglicht, auch im Bildungssektor die regionalen Grenzen der Vermarktung zu sprengen. Nachdem unter Bildung nur noch das Verinnerlichen von markttauglichem Wissen und korrelierenden Fertigkeiten verstanden wird, lässt sich auch die Bedeutung der personalen Begegnung im Bildungsprozess kaum mehr argumentieren. Konsequenterweise wird ja heute auch von allen Seiten das Lernen mit Hilfe von Informations- und Kommunikationstechnologien als riesiger Fortschritt gepriesen. Technologisch vermittelte Lernangebote sind aber auch bestens für die transnationale Vermarktung geeignet. Und die notwendigen Investitionsmittel, um Lernangebote zu entwickeln, die

die Möglichkeiten der Informations- und Kommunikationstechnologien wirklich optimal nützen, bringt ein großer internationaler Konzern allemal noch leichter auf als irgendeine nationale Bildungsagentur. Die derzeitige Entwicklung in Richtung Vermarktwirtschaftlichung im Bildungsbereich entspricht der herrschenden Logik. Wer auf den Markt als das alles dominierende Regulativ menschlichen Zusammenlebens setzt, darf sich nicht wundern, wenn zwischen den Menschen irgendwann auch nur mehr Kauf- und Verkaufsbeziehungen existieren. Der Markt funktioniert nach Kriterien des Nutzens, das Humane, die Fähigkeit des Menschen, sich über die Dimension des Nutzens zu erheben und seinem Leben Sinn zu verleihen, hat dort keinen Platz. Was sich nicht in eine Profit bringende Ware verwandeln lässt, kennt der Markt nicht, dort gibt es nur das, was sich in klingender Münze ausdrückt.

Die Sichtweise von Bildung als eine Investition ins Humankapital stellt gewissermaßen die aktuelle Ausformung jenes ›Bankier-Konzepts‹ von Lernen dar, das Paulo Freire schon vor mehr als 30 Jahren kritisch analysiert hat. Freire stellte damals dar, dass die üblichen Arrangements, unter denen Lernen in Schule und Erwachsenenbildung stattfindet, Lernen von einer Möglichkeit der Ausweitung des Gestaltungsspielraums der Individuen zu einem Instrument zu deren Anpassung und Unterordnung werden lässt.

Kritisches Bewusstsein – das immer nur im Zusammenhang mit der Erkenntnis entsteht, dass es möglich ist, den ›Lauf der Welt‹ zu beeinflussen – wird durch Arrangements, in denen Lernen als etwas dargestellt wird, das zur Anpassung an einen vorgeblich objektiv gegebenen Sachzwang dient, systematisch untergraben. Lernen tritt nicht mehr als Mittel zum Begreifen der Welt und zur Befähigung, sie im Sinne eigener Interessen und Bedürfnisse mitgestalten zu können, ins Bewusstsein. Es pervertiert zum Unterwerfungsritual unter naturgesetzlich erscheinende Notwendigkeiten. Lernen intendiert dann nicht mehr die Befreiung von Zwängen, sondern deren Verinnerlichung, und spielt so deren Aufrechterhalten in die Hände.

Was der sozialdemokratische Politiker Wilhelm Liebknecht bereits 1872 in seiner berühmten Rede zur Gründung des Dresdner Arbeiterbildungsvereins postuliert hat, gilt – wenngleich die Diktion heute ein wenig antiquiert klingen mag – noch immer. »Durch Bildung zur Freiheit, das ist die falsche Losung der falschen Freunde. Wir antworten: Durch Freiheit zur Bildung!« Ein Lernen, das denen, die vom Verkauf ihrer Arbeitskraft leben müssen, unter der Drohung auferlegt wird, sonst ihre Lebensgrundlage zu verlieren, korrumpiert die Vorstellung der Befreiung durch Bildung. Der mit Marktargumenten transportierte Appell zum (lebenslangen) Lernen dient dem Verinnerlichen der Marktlogik als objektiver Zwang. Kritisches Bewusstsein und Emanzipation – Zielsetzungen ›echter‹ Bildung, deren befreiende Wirkung genau im Transzendieren systemkonformer Denkvorgaben besteht – wird damit systematisch untergraben und verhindert.

Wenn Lernen nur noch als Investition ins Bewusstsein tritt, ist ihm die emanzipatorische Potenz genommen. Es kann dann nicht mehr in befreiende – im Sinne von gesellschaftlich mündig machende – Bildung umschlagen und entpuppt sich damit letztendlich als ein Element der allgemeinen Entpolitisierung. Zusammenfassend lässt sich somit feststellen, dass die Behauptung, der Widerspruch von Kapital und Arbeit ließe sich durch marktorientiert ausgerichtete Aus- und Weiterbildung neutralisieren, in letzter Konsequenz auf nichts anderes zielt, als auf das Untergraben der letzten Widerstände gegen das blinde Wüten des Marktdiktats. Humanisierung wäre genau das Gegenteil!

Maria Wölflingseder

Von der Zurichtung zur Hinrichtung III
Ein Consulting für optimiertes Schlafmanagement

Da hat einer den Vogel abgeschossen, mitten in der Wiener Margaretenstraße. Dort befindet sich der Sitz der Siesta-Consulting, eine Kreation von Mario Filoxenidis. Man nehme das Normalste auf der Welt, nein, einen kleinen Bruchteil davon, verbräme ihn wissenschaftlich, gründe ein Consulting und vermarkte diese zuvor demontierte Selbstverständlichkeit glorreich. Der Wiener griechischer Herkunft, wohl inspiriert durch die Siesta in seiner Heimat, hat die zwei- bis vierstündige Mittagspause südlicher Länder auf 20 Minuten herunterdividiert. Seit einigen Jahren verscherbelt er an Unternehmer und Manager die Idee eines kurzen Mittagschlafes – im Business Speak *Power Napping* genannt. Es gehe nicht in erster Linie um die Gesundheit, sondern um den betriebswirtschaftlichen Nutzen! (*Die Presse*, 21. September 2002)

»Volle Konzentrations- und Merkfähigkeit den ganzen Tag! Der Kurzschlaf hebt die Leistungskurve bis weit in den Abend hinein! Wettbewerbsvorteil bei Verhandlungen durch das Wissen um die Leistungskurve! Mehr Leistung in weniger Zeit erbringen! Gemeinsam entwickelt Siesta-Consulting und die betreffende Person ein optimiertes Schlafmanagement! Siesta-Consulting begleitet Sie bei der Überzeugungsarbeit, bei der Gestaltung der Rahmenbedingung, bei der Umsetzung im Unternehmen! Bereichern Sie Ihr Veranstaltungsprogramm mit einem außergewöhnlichen Programmpunkt *Power durch Pause* in Management-Lehrgängen, in internen Bildungsprogrammen, in Gesundheitsförderungs-Veranstaltungen! Profitieren Sie von exklusiver

Berichterstattung: Seriöse Presse-Berichterstattung ist der Schlüssel für ein erfolgreiches Umsetzen im Unternehmen. Lassen Sie sich beraten, wie die Einführung von Power Napping als Marketing-Instrument eingesetzt werden kann!« *(www.siesta-consulting.com)*

Ein typischer Fall der immer schlimmer wütenden Seuche Entmündigung: Niemand darf mehr eigenständig lachen, flirten, berühren, lieben, streiten, trauern, geschweige denn atmen, wohnen, reden oder arbeiten, auch nicht putzen und ausmisten. Heute darf schließlich nur mehr ver- und gekauft werden: Lach-, Flirt- oder Trauerarbeitsseminare, Emotionsmanagement, Feng Shui, Wegwerf-Seminare (der aktuelle Renner), Key Mind, Human Design System, Kreatives Visualisieren, Atemtherapie, und Streicheleinheiten aller Art. Denn bezahlte Berührung ist besser als gar keine, verkündet jedes Lifestyle-Blättchen. Im Anzeigenteil des *Standard* werden neben Autos und Antiqutäten, Booten und Büchern, »Energievolle Hände«, »Hautbeben!«, »Sensitive Berührungskunst«, »Asia Sensation« und »Touch for Health – Sinnliche Momente mit Freude erleben« feilgeboten. Ferner »Streicheln, Stressabbau, Entspannen, 90 min. Körper und Seele verwöhnen«, »Tantramassage«, »Grenzenlose Entspannung fühlen«. Und gegen Aufpreis gibt's »Abstand von der Masse! Massage mit Klasse! Ganze Menge neuer Hände!«.

Holger Schatz

Last Exit Meritocracy
Zur Herrschaftsrationalität der Bekämpfung der Arbeitslosigkeit

»Während jede Form des Realitätsprinzips ein beträchtliches Maß an unterdrückender Triebkontrolle erfordert, führen die spezifischen Interessen der Herrschaft zusätzliche Kontrollausübungen ein, die über jene hinausgehen, die für eine zivilisierte menschliche Gemeinschaft unerläßlich sind. Diese zusätzliche Lenkung und Machtausübung, die von den besonderen Institutionen der Herrschaft ausgehen, sind das, was wir als zusätzliche Unterdrückung *bezeichnen« (Herbert Marcuse 1955).*

Nur unschwer ist zu erkennen, wie die Totalisierung der Arbeitsideologie, die sich hierzulande als »größte Arbeitsmarktreform der Nachkriegsgeschichte« (Hartz-Kommission) in einer tiefgreifenden Ausweitung des Arbeitszwangs niederschlägt, quasi im Gleichschritt mit der Krise der Arbeit voranschreitet, die in ökonomischer Hinsicht als Krise der Verwertung von Kapital mittels Arbeit zu verstehen ist. Weitaus unklarer stellt sich jedoch der innere Zusammenhang dieser Bewegungen dar. Die für eine kritische Praxis unabdingbare Analyse des aktuellen Arbeitsregimes wird sich jedenfalls von der Annahme lösen müssen, die derzeitigen sozialpolitischen Angriffe folgten allein der Logik einer unvermittelten ökonomischen Rationalität; eine Perspektive, die viele Kritiker des Sozialabbaus mit den Ideologen des Sachzwangs gemeinsam bezogen zu haben scheinen.

Krise des Leistungsprinzips

Kein Zweifel: Die Bedeutung des aktuellen Zyklus' sozialstaatlichen Kahlschlags im Bereich der Transferzahlungen liegt darin, dass nunmehr verwirklicht wird, wovon die neoliberale Staatskritik in den letzten 20 Jahren nur träumen konnte: die Lohnersatzleistungen, ob in Form von Arbeitslosengeld, Arbeitslosen- oder Sozialhilfe, werden in einem solchen Maße abgebaut, dass weitestgehend »jedes Element eines garantierten Mindesteinkommens, das ohne Arbeit erzielt werden könnte« (Feist 2000, S. 108) aus dem Sozialsystem entfernt wird. Die angestrebte »Beseitigung der Lohnuntergrenze«, die letztlich auf eine Abschaffung der Sozialhilfe für so genannte Erwerbsfähige abstellt (vgl. Ifo Schnelldienst 2002), zielt offensichtlich nicht nur auf eine weitere Einkommensreduktion der lohnabhängigen Klasse in toto, sondern auch auf die Herstellung einer faktischen Alternativlosigkeit zum Lohnarbeitszwang. Aber worin liegt die Rationalität des Schwingens der Weberschen ›Hungerpeitsche‹, wenn anders als zu Zeiten des Frühkapitalismus heute in den Zentren der Metropolen keine Fabriken mehr zu füllen sind? Tatsächlich, die strukturelle Überakkumulation des weltweiten Kapitalismus bekräftigt eindrücklich die These vom ›Abschmelzen der Arbeitssubstanz‹, die man wahrscheinlich noch drastischer formulieren müsste.[1] Die Probleme, die dieser säkulare Trend der relativen Ersetzung lebendiger Arbeit für die bürgerliche Gesellschaft in ökonomischer Hinsicht evoziert, sind derart evident, dass sie beharrlich ignoriert und umgedeutet werden müssen. Ein hinreichendes Verständnis der Krise und ihrer Bewältigungsstrategien erfordert die Reflexion darüber, was das Abschmelzen der Wertsubstanz ›Arbeit‹ für die Arbeit als Medium gesellschaftlicher Integration und Kontrolle bedeutet.

Um dies besser zu verstehen, sollte man sich vergegenwärtigen, wie in der bürgerlichen Gesellschaft idealiter Herrschaft und Ungleichheit begründet werden, die es offiziell ihrem Selbstverständnis nach ja gar nicht geben darf, die aber der aberwitzigen Form der Reichtumsproduktion inhärent sind und deshalb einer Rechtfertigung bedürfen. Status und Einkommen sind demnach unmittelbarer Ausdruck der individuellen (Arbeits-)Leistung und nicht dem Zufall der Geburt oder Gottes Gnaden geschuldet. Diese antifeudalistische, sich revolutionär gebärdende Vorstellung, die angesichts der Bedeutung der (Aus-)Bildung als meritokratisches Prinzip bezeichnet werden kann, war frei-

---

1 In Rechnung zu stellen sind hierbei das Ausmaß künstlich blockierter Rationalisierung sowie die Subventionierung betriebswirtschaftlich unrentabler Produktion. Ganz zu schweigen von der Senkung der durchschnittlichen Arbeitsproduktivität in Kombination mit niedrigen Löhnen, wodurch das Ersetzen lebendiger durch tote Arbeit weniger reizvoll erscheint, wie am Beispiel der nordamerikanischen Volkswirtschaft teilweise beobachtet werden kann und was auch hiesige Experten zu inspirieren scheint (vgl. Gerster, 2003, S. 49).

lich von Anfang an Ideologie: Von Marx und Polanyi wissen wir, dass die neuerdings wieder salonfähige Parole ›Gleichheit am Start – Freiheit im Ergebnis‹ von je her mehr verschleiert als erhellt. Der historiographische Blick auf die ›ursprüngliche Akkumulation‹ legt die Gewalt jener ›Leistungsgerechtigkeit‹ frei, die nicht erst am ›Ziel‹, sondern bereits am ›Start‹ den (Einkommens-)Status des Individuums als von dessen (Arbeits-)Leistung abgekoppelten ausweist:

> »Gleiches Recht und gleiche Chance der Konkurrierenden ist weithin fiktiv. Ihr Erfolg hängt ab von der – außerhalb des Konkurrenzmechanismus gebildeten – Kapitalkraft, mit der sie in die Konkurrenz eintreten, von der politischen und gesellschaftlichen Macht, die sie repräsentieren, von altem und neuen Conquistadorenraub, von der Affiliation mit dem feudalen Besitz, den die Konkurrenzwirtschaft nie ernstlich liquidiert hat, vom Verhältnis zum unmittelbaren Herrschaftsapparat des Militärs« (Adorno 1942).

Trotz all dieser Widersprüche, die im Übrigen vor allem anhand der Vermögensvererbung durchaus im klassischen Liberalismus thematisiert wurden[2], konnte das meritokratische Prinzip seinen Status als hegemoniales, weil letztlich auch Klassen übergreifend wirksames Leitbild bewahren bzw. immer wieder erneuern. Zum einen wirkt der beständige Abgleich von Anspruch und Wirklichkeit – seitens einer immanenten (Sozial-)Kritik im Idealfall als Jungbrunnen des Glaubens an das Leistungsprinzip, dessen sich die bürgerliche Gesellschaft über alle vordergründigen Differenzen hinweg als geteiltes Ideal versichert. Zum anderen sind es die Verkehrungen und Mystifikationen der kapitalistischen Produktionsweise selbst, die als ›Tatsachen‹ dem Leistungsprinzip zu seiner Plausibilität verhelfen. So verschaffte die fordistische Boomphase dieser Basisideologie der bürgerlichen Gesellschaft einen gewissermaßen sinnlich erfahrbaren Unterbau: Angesichts eines relativ breiten Zugangs zum Bildungssektor und einer gewissen sozialen Durchlässigkeit schien sich individuelle (Arbeits-)Leistung

---

2 Es scheint, als ob in der Diskussion um die Erbschafts- und Vermögenssteuer diese alte Selbstreflexion des Liberalismus zurückkehren könnte, die übrigens an diesem Punkt im nordamerikanischen Kontext traditionell weniger verdrängt wurde als im deutschen (vgl. Beckert 2003).

nahezu unvermittelt im Ergebnis niederzuschlagen. Sozialer Aufstieg konnte als allein der individuellen Anstrengung geschuldet interpretiert werden.

Demgegenüber ist die nunmehr seit drei Jahrzehnten sich entwickelnde Krise der Arbeit von einer zunehmenden *objektiven* Untergrabung des meritokratischen Prinzips und des mit ihm korrespondierenden Arbeitsethos bestimmt, und zwar in mehrfacher Hinsicht: Es ist eine Zunahme von Einkommen, die nicht aus Arbeit, sondern geerbtem Vermögen, Zinsen oder Profiten stammen, zu beobachten. Zum anderen hat sich in den 70er, 80er und 90er Jahren eine bisweilen durch subkulturelle Phänomene flankierte Kultur der Arbeitslosigkeit entwickelt, die das Nicht-Arbeiten nicht zwingend als Skandal betrachtet. Schließlich und vor allem aber kann die Allgegenwart des Überflusses, der Überkapazitäten und der Überakkumulation bei und trotz hoher Arbeitslosigkeit als Hinweis auf die potentielle Möglichkeit von Leben mit immer weniger (Lohn-)Arbeit gewertet werden. Auf die darin zum Ausdruck kommende relative Entkoppelung von Reichtum und Arbeit soll im Folgenden reflektiert werden.

Der Zusammenhang von individueller Arbeitsleistung und Ergebnis wird, entgegen der neosozialdarwinistischen Ideologie, immer zufälliger, und dies nicht nur in der alltäglichen Erfahrung, sondern auch hinsichtlich des ausweisbaren Anteils der unmittelbaren Lohnarbeit an der Warenproduktion, der im Verhältnis zur vergangenen Arbeit, zum Wissen, zu Kooperation etc. weiter abnimmt. Bereits Marx ahnte, dass mit fortschreitender Produktivkraftentwicklung »die Schöpfung des wirklichen Reichtums« immer weniger abhängt von dem »Quantum angewandter Arbeit«, sondern zunehmend von »der Anwendung der Wissenschaft auf die Produktion«:

> »Sobald die Arbeit in unmittelbarer Form aufgehört hat, die große Quelle des Reichtums zu sein, hört und muß aufhören die Arbeitszeit sein Maß zu sein und daher der Tauschwert [das Maß] des Gebrauchswerts. Die Surplusarbeit der Masse hat aufgehört Bedingung für die Entwicklung des allgemeinen Reichtums zu sein, ebenso wie die Nichtarbeit der Wenigen für die Entwicklung der allgemeinen Mächte des menschlichen Kopfes« (Marx, 1953, S. 593).

Wir wissen heute leider, dass deshalb die kapitalistische Produktion nicht so ohne weiteres zusammenbricht, wie Marx in seinen weiteren Ausführungen anmerkte, um möglicherweise auch nur die emanzipativen Möglichkeiten dieser Entwicklung provokant anzudeuten. Auch kann diese Tendenz nicht im Sinne einer absoluten Unabhängigkeit des Reichtums von der auf sie angewandten Arbeitszeit interpretiert werden. Festzuhalten bleibt die Erkenntnis, dass *Mehr*wert tatsächlich nur durch Vernutzung lebendiger Arbeit zu erzielen ist. Die Arbeitswertlehre ist also im Wesentlichen immer noch gültig. Sie sollte aber nicht als eine Theorie zur mathematischen Berechnung des Werts aufgrund der verwandten Arbeitszeit missverstanden werden. Arbeit als Potential im Sinne schöpferisch zerstörender Problemlösungskompetenz wird – und hier ist den Annahmen von einem obsolet Werden der Arbeit zu widersprechen – gerade in den high-tech basierten Bereichen mit hoher Arbeitsproduktivität immer wichtiger, obgleich freilich die quantitative Abnahme der Arbeitssubstanz auch vor diesen Bereichen nicht Halt macht. Aber der stetig wachsende Eingang der Produktivkraftentwicklung, der Arbeit früherer Generationen, des ›general intellects‹ und der Effekte der Arbeitsteilung verändern tatsächlich das Verhältnis von Arbeitsleistung und Sozialprodukt derart, dass dieses immer weniger als Ergebnis jener betrachtet werden kann. Diese Entwicklung und die zuvor angesprochenen Tendenzen einer objektiven Demoralisierung des meritokratischen Prinzips – und nicht primär monetäre Sachzwänge – bilden meines Erachtens die Grundlage der »aktivierenden Arbeitsmarktpolitik« (vgl. Schatz 2002) und des aktuellen Krisen- und Reformdiskurses.

Die Rückkehr der Ideologie der Knappheit als Rekonstruktion des meritokratischen Prinzips

Auf den ersten Blick erscheinen die aktuellen Maßnahmen, mit denen die Arbeitslosigkeit abgebaut werden soll, durchaus einer unmittelbaren ökonomischen Rationalität zu folgen. Entsprechend wird denn auch die Notwendigkeit zu so genannten Reformen täglich rauf und runter gebetet: Die Kassen der Sozialversicherungen seien leer, weil Arbeitslose zum einen nicht in sie einzahlten, zum anderen aus ihnen ›alimentiert‹ werden müssten. Nicht zu vergessen der Hinweis auf die so genannte ›demographische Zeitbombe‹, die das mehr und länger

Arbeiten zur nationalen Schicksalsfrage erhebt. Es ist nicht falsch, demgegenüber darauf hinzuweisen, dass einige dieser Sachzwänge, auf die sich die ›Reform‹ideologie unaufhörlich berufen kann, politisch geschaffen wurden.[3] Zu denken ist etwa an die steuerliche Umverteilung von den Lohneinkommen zu den Einkommen aus Gewinnen, Profiten, Vermögen oder Zinsen, die tatsächlich in den vergangenen zwei Jahrzehnten ein Einnahmeproblem der öffentlichen Kassen bewirkt hat, oder etwa an die letztlich willkürliche direkte Bindung und damit Abhängigkeit der Sozialversicherungen an und von Erwerbsarbeit.[4] Ebenso wichtig ist es natürlich, auf die potentielle Funktionalität der Arbeitslosigkeit hinzuweisen, denn vom Standpunkt des Kapitals (hier ist von einer Affinität der Interessen der Einzelkapitalien auszugehen) aus betrachtet, stellt Arbeitslosigkeit an sich kein Problem, sondern unter bestimmten Voraussetzungen einen Vorteil dar. Man denke nur an den Druck, den die Arbeitslosen als »Reservearmee« (Marx) auf die Löhne und Arbeitsbedingungen der Noch-Beschäftigten ausüben. Man kann dieses Spiel der immanenten Kritik weitertreiben und wird so einige Widersprüche in den hegemonialen neoliberalen ›Reform‹empfehlungen sozialdemokratischer, konservativer oder sonstiger Provenienz aufzeigen; erfassen wird man die dahinter stehende Rationalität dadurch alleine nicht. Ob und ab wann Arbeitslosigkeit funktional für den Gesamtproduktions- und -reproduktionsprozess des Kapitals und der bürgerlichen Gesellschaft wird oder nicht, hängt von vielen Faktoren ab. So gab Kalecki bereits 1943 einen Hinweis darauf, dass sich der Druck der Reservearmee auf die Löhne nicht unbedingt ›rechnen‹, also in einer größeren Profitrate niederschlagen muss, dass aber »von den Mächtigen der Wirtschaft ›Arbeitsdisziplin‹ und ›politische Stabilität‹ höher bewertet werden als Profite« und deshalb Vollbeschäftigung unerwünscht ist (Kalecki 1987, S. 238).
Wenn man unterstellt, dass es gar nicht wirklich um die Schaffung neuer Arbeitsplätze geht, die es, abgesehen von ökonomisch nutzlo-

---

3 Vgl. etwa Kühn (2003), Christen; Michel; Rätz (2003), Schratzenstaller (2002)
4 Vgl. Kaufmann (2003). Diese Verknüpfung lässt nicht nur die Ausweitung von Erwerbsarbeit als Gebot der Stunde erscheinen, auch bezieht daraus jene Verteilungskampfhysterie ihre Plausibilität, die die ursprüngliche Umverteilung von Kapital und Arbeit in die zwischen Erwerbstätigen und Arbeitslosen, Erwerbstätigen und Rentnern etc. umdeutet.

sen Billigjobs, ohnehin nicht gibt[5], dann rückt nolens volens die Neujustierung des herrschaftsstabilisierenden Angstverhältnisses von Arbeit und Arbeitslosigkeit in den Blick, welches der Tendenz nach auf beiden Seiten zu bröckeln droht.

Auf der einen Seite könnte angesichts der objektiven Möglichkeit, mit immer weniger Arbeit Wohlstand für alle zu schaffen, aber auch aufgrund der nicht intendierten Folgen jahrzehntelanger transferzentrierter Arbeitslosigkeitsverwaltung im Verein mit einer faktischen Arbeitsabstinenz sich die Arbeitslosigkeit von der Arbeit, vom Leistungsprinzip und damit von Angst und Schuld emanzipieren.[6] Man kann sich diesen Zusammenhang auch psychoanalytisch erklären: In einer Kultur, in der Arbeit derart positiv besetzt ist wie in der unseren, lassen sich die Folgen eines Arbeitsplatzverlusts etwa mit denen einer Auflösung einer Liebesbeziehung vergleichen. Arbeit wie Beziehungspartner waren vor der Trennung Objekte libidinöser Besetzung. Im Falle der Liebesbeziehung ist das Subjekt nun bestrebt, das Objekt aufzugeben, um Selbstbewusstsein wiederzuerlangen und sich auf sein Leben konzentrieren zu können.[7] »In der Situation der Arbeitslosigkeit würde dies bedeuten«, schreibt die Psychoanalytikerin Christine Morgenroth, »sich endgültig mit dem Zustand der Nicht-Arbeit abzufinden oder bewußt auszusteigen« (1990, S. 95). Gerade dies entspricht aber weder den Interessen der meisten Arbeitslosen noch der gesellschaftlichen Erwartungshaltung. Deshalb bleibt der Arbeitslose auch in der Regel negativ auf Arbeit bezogen und ist mit all den Konsequenzen konfrontiert, die eine misslungene Trauer- und Loslösungs-

---

5 Wohlgemerkt bezieht sich diese Perspektive auf den Kontext der kapitalistischen Zentren. Global betrachtet muss aufgrund der vielfach existierenden Möglichkeiten, Methoden der absoluten Mehrwertproduktion auf Basis niedrigster Löhne anzuwenden, der Zusammenhang von Arbeit und Herrschaft entsprechend anders reflektiert werden.

6 Damit ist lediglich behauptet, dass die Rekonstruktion des meritokratischen Prinzips als Reaktion auf eine *potentielle* Emanzipation der Arbeitslosigkeit von der Arbeit und nicht auf eine bereits erfolgte reagiert. Der Hinweis auf die Verinnerlichung der Leistungs- und Arbeitsethik seitens vieler Arbeitsloser widerspricht somit der hier vertretenen These ebenso wenig wie die Annahme, das aktuelle Krisenmanagement laufe angesichts der Unmöglichkeit ins Leere, den moralisch auf Arbeit verpflichteten Menschen auch die entsprechenden ›Bewährungsmöglichkeiten‹, sprich Jobs, zukommen zu lassen.

7 In der Regel wird das persönliche Umfeld nun diese Emanzipation mit Rat und Tat unterstützen. Zwar bleibt auch hier die Norm der Paarbeziehung (in der Regel) unangetastet, doch sich sofort in eine neue Liebesbeziehung zu stürzen, würde wohl kaum jemand anraten.

arbeit nach sich ziehen: Ich-Schwäche, Depression, Unterwürfigkeit, gesellschaftliche (Selbst-) Isolation. Auch wenn man nicht beweisen kann, dass es gesellschaftliche Interessen gibt, die genau diesen Zusammenhang von Angst und Arbeitslosigkeit konserviert wissen wollen, so laufen doch alle Maßnahmen der Arbeitslosigkeitsverwaltung faktisch darauf hinaus. Der Arbeitslose hat sich latent schuldig zu fühlen dafür, auf ›Kosten der Allgemeinheit‹ ›alimentiert‹ zu werden. Es wird erwartet, dass es ihm schlecht geht. Das Vertrackte an diesem Funktionsmechanismus besteht nun darin, dass die fatalen psychologischen Folgen der Arbeitslosigkeit in aller Regel jenem Zwangssystem zu Gute kommen, das für sie verantwortlich zeichnet. So verewigen selbst noch diejenigen diesen Zwangszusammenhang, die es subjektiv ganz ehrlich ›gut meinen‹ mit den Arbeitslosen und daher Arbeitsplätze für sie fordern.

Auf der anderen Seite aber zielt die Neujustierung des Angst-Schuld-Verhältnisses keineswegs nur auf die Arbeitslosen. Denn deren Zurichtung ist nicht Selbstzweck, sondern hat natürlich erhebliche Auswirkungen auf die psychosoziale Verfassung der Noch-Beschäftigten. Die disziplinierende und letztlich Lohn drückende Drohfunktion von Arbeitslosigkeit ist so allgegenwärtig, dass man nahezu jede soziale Interaktion im Arbeitsleben mühelos mit ihr in Verbindung bringen kann. In der sich verschärfenden Akkumulations- und Verwertungskrise des Kapitals muss sich nun das Angst-Schuld-Verhältnis von Arbeit und Nichtarbeit an der Verschärfung der Arbeitsbedingungen der Noch-Beschäftigten ausrichten. Je erbärmlicher diese sich darstellen und damit den apologetischen ›Chancen‹-Diskurs blamieren, an dem Linke so gerne mitbasteln, umso härter muss gegen die Arbeitslosen vorgegangen werden. Der vorwiegend anzunehmende Sozialcharakter, der autoritäre, wird die eigene Demütigung in der Arbeit entsprechend zu schätzen wissen, wenn doch bloß die Demütigung der anderen in der Arbeitslosigkeit sichergestellt ist.

Dieses Angst-Schuldverhältnis zwischen Arbeit und Arbeitslosigkeit ist nun aber wiederum mit der realökonomischen Krise und deren Verarbeitung im aktuellen Krisen- und Reformdiskurs vermittelt, wodurch es weiter dynamisiert wird. Denn die sich gegenwärtig als Ergebnis einer jahrzehntelangen diskursiven ›Reformoffensive‹ vollziehende Retotalisierung der Arbeit ist als umfassende Rekonstruktion eines anachronistisch gewordenen Prinzips zu deuten: Jeder kriegt, was er verdient, was er also (er)arbeitet. Im Grunde handelt es sich dabei um nichts anderes als um die geschichtlich immer wieder in unterschiedlicher Gestalt auftauchende Schizophrenie, die im Grundwiderspruch der kapitalistischen Produktion gründet: dass Arbeit als Wertbasis *und* Herrschaftsmittel gesetzt ist und gesetzt werden muss, sie aber dennoch abhängige Variable bleibt. Ob sie in Gang gesetzt, ob sie ›nachgefragt‹ wird, wie es im Reformdeutsch heißt, liegt weitestgehend außerhalb ihres Vermögens, denn »die kapitalistische Verwertung der allgemeinen Ware, des Geldes, ist *zugleich Bedingung und Beschränkung* der Erzeugung besonderer Waren, der unternehmerischen Verwertung der Arbeit« (Helmedag, 1992, S. 321). Schizophren, weil letztlich immer zum Scheitern verurteilt, sind heute allesamt jene Versuche, die objektiven Tendenzen dieses Grundwiderspruchs irgendwie austricksen zu wollen; sei es, indem der Arbeitsbegriff willkürlich ausgedehnt und nicht mehr nur produktive Arbeit, sondern auch tätiger Dienst an der ›Gemeinschaft‹ als Bewährungschance ausgelobt wird, oder sei es, indem zumindest vom Status her alle potentielle Arbeitskraft durch Deregulierung in die Konkurrenz des Marktes geschmissen, also kommodifiziert wird.[8]

Aber wie irreal und unrealistisch auch immer: Auf den Konnex von Arbeit, Leistung und Bildung einerseits und das Ergebnis in Form von Status und Einkommen andererseits zielt der Schuld und Angst erzeugende Krisendiskurs.

Jeder kriegt, was er verdient, was er also (er)arbeitet: Diese Forderung und Behauptung wird ›wahr‹, je mehr sie als (Arte-)Fakt hergestellt wird. Genau darin liegt die Wirkungsmächtigkeit des meritokratischen Prinzips heute. Während wie oben angedeutet zu Zeiten des Booms der Zusammenhang von (Arbeits-)Leistung und Ergebnis sich positiv darstellte, funktioniert die Ideologie heute paradoxerweise genau umgekehrt. Gerade weil der Einzelne faktisch immer mehr arbeiten muss, um immer weniger herauszubekommen, stellt quasi unter der Hand der ›Sachzwang‹ eine von ihm zwar verschmähte aber doch hingenommene Realität her. Dies korreliert mit der kollektiven Umdeutung

---

8 Welch Brutalisierung eine solche Schizophrenie zeitigen kann, zeigt die nazistische ›Empörung‹ über die faktische Einflusslosigkeit der Arbeit auf ihre Nachfrage, deren ›Ehre‹ man als ›deutsche Arbeit‹ wieder herzustellen vorgab. Die Auflösung des Widerspruchs der sich daraus ergab, dass man zugleich die Vorraussetzungen dieser ›Entehrung‹ faktisch stärkte, wurde vor allem in einer Dynamisierung der antisemitischen Barbarei gesucht. Vgl. Schatz; Woeldike (2001)

der Krise, die als Krise des Zuwenig an Arbeit, Kapital und Produktivität und nicht der Verwertung dargestellt wird. Ihre Plausibilität für das Alltagsbewusstsein gewinnt diese Ideologie der Knappheit deshalb, weil sie an die grundsätzliche Paradoxie kapitalistischer Reichtumsproduktion anknüpft, die darin besteht, dass stofflicher Reichtum (Güter- und Zeitwohlstand) immer durch die Form des abstrakten Reichtums von Ware, Geld und Kapitalverwertung hindurchgepresst werden muss, um überhaupt zugänglich zu werden.[9] Dem Alltagsverstand jedoch erscheint in Gestalt des leeren Geldbeutels und der leeren öffentlichen Kassen die Knappheit als Güterknappheit und eben gerade nicht als kapitalistisch produzierter, sich als Geldknappheit ausdrückender Mangel an Verwertungsmöglichkeiten.

Conclusio

Man mag die Diagnose kaum mehr aussprechen, weil sie in ihrer Redundanz zutiefst banal erscheint: ›Hauptsache Arbeit‹, die Rede vom Sachzwang schaut hinter jeder Ecke als Massenideologie hervor. Um den wie auch immer gearteten Diskurs vom Ende der Arbeit, in dem sich immerhin die alte Nüchternheit des Liberalismus noch einmal zu zeigen wagte, ist es bis auf wenige Ausnahmen still geworden: »Arbeit ist das letzte Instrument der sozialen Kontrolle, das geblieben ist, nachdem die Kirche, die Gemeinde und andere Institutionen das nicht mehr leisten können« (Dahrendorf 2003, S.40). Vieles spricht also dafür, den aktuellen Reformdiskurs und die faktische Beschneidung aller ›proletarischen Einkommen‹, ganz gleich ob Lohn, Lohnersatz-

---

9 Die aktuelle Notwendigkeit, aus Disziplinierungsgründen den Mangel zu betonen, bricht sich freilich mit der grundsätzlichen Selbstbeschreibung des kapitalistischen Systems als demjenigen, das einzig Überfluss ermögliche. Wie Ernst Lohoff zeigt, ist diese Spannung bereits der Form kapitalistischer Reichtumsproduktion eingeschrieben: »Die Identität von Mangel und Reichtum mag absonderlich anmuten, genau diese Absurdität liefert aber eine präzise Bestimmung des warengesellschaftlichen Reichtumsbegriffs. Ökonomischer Reichtum hat in der Tat Reichtum an Mangel zum Inhalt und seine Vermehrung ist mit der Vermehrung von Mangel verschränkt« (Lohoff 1998, S. 58). Um das zu zeigen, muss auf die Keimform der kapitalistischen Vergesellschaftung reflektiert werden, die Ware. Eine Produkt kann nur dann zur Ware werden, wenn es zum einen für den Besitzer keinen Gebrauchswert besitzt, zum andern aber – und das ist die entscheidende Bestimmung – wenn »das Überflußgut des Produzenten als Mangelgut für andere gesetzt ist« (ebd.).

oder Transferleistung, nicht nur als verschärfte Artikulation des basalen ›Arbeitgeber‹interesses zu deuten. Zum Ausdruck kommt eine gesamtgesellschaftliche Paranoia, in der reflexartig die Krisengespenster einer überkommenen Produktionsweise vertrieben und die Einsicht in deren mögliche Überwindung abgewehrt werden sollen. Darin besteht die Funktion der Reartikulation des Prinzips ›Jeder kriegt was er verdient‹ als Forderung, Behauptung und durch ›Reform‹ hergestelltes Artefakt, die notwendig geworden ist, weil es angesichts der zunehmend erfahrbaren Zufälligkeit und Ohnmacht als Ideologie entlarvt zu werden droht. Was Marx nur ahnte, als er angesichts der abzusehenden ›Emanzipation‹ des Wertes vom stofflichem Reichtum und der lebendigen Arbeit vom Zusammenbrechen des Tauschwertes sprach, ist heute aufgrund der wachsenden Vergesellschaftung und Verwissenschaftlichung der Reichtumsproduktion vollends Realität geworden, ohne dass sich freilich die Wirklichkeit darum allzu sehr scherte. Wo Marx die Aufhebung einer – geschichtsphilosophisch betrachtet – überflüssig gewordenen privaten Aneignung prophezeite, feiert die Individualisierung der partikularen Zurechnungsethik fröhliche Urstände: Auf der einen Seite in Gestalt des wachsenden privaten Vermögensbesitzes und auf der anderen Seite in Form zunehmend individualisierter Zuschreibung der Ursachen und Folgen von Armut, Arbeitslosigkeit und Krankheit. Eine radikale Arbeitskritik hätte die Verschränkung von Arbeit, Arbeitslosigkeit und Herrschaft ins Visier zu nehmen, indem sie die Ideologie der Knappheit und den menschenfeindlichen Konnex zwischen Arbeit und Leistung und dem Zugang zum gesellschaftlichen Reichtum als »zusätzliche Unterdrückung« im Sinne Marcuses denunziert.

Allerdings droht eine Kritik, die über keine gesellschaftliche Basis und Perspektive verfügt, zur bloßen Attitüde von gelangweilten ›Aussteigern‹ zu mutieren, die sie sich im wahrsten Sinne des Wortes leisten können. Der Erfolg von Ratgeber- und Lifestyleliteratur á la »Die Kunst, weniger zu arbeiten« zeigt, wie bequem eine missverstandene Kritik der Arbeit sein kann. Und dennoch wäre viel gewonnen, wenn das Unbehagen an der Arbeit sich einen anderen Ausdruck verschaffen würde als den, der gerade hierzulande allzu oft zu gegenwärtigen ist: Im zunächst vielleicht harmlos anmutenden Neid auf diejenigen, denen man unterstellt, sie würden nicht arbeiten, der sich aber schnell zu erkennen gibt als Hass auf jene, denen man zugleich nachsagt, sie lebten auf Kosten anderer. In historischer Perspektive betrachtet wa-

ren es in Deutschland vor allen Dingen die Juden, die zur Projektions-
fläche derartiger Verdrängungsleistungen wurden. Sie galten ›den
Deutschen‹, die sich in besonderem Maße mit der Arbeit identifizierten bzw. vorgaben, dies zu tun, als faul und parasitär. Etwas davon
lebt fort, nicht nur im Antisemitismus, sondern auch im beliebten Diskurs von der Bekämpfung der Arbeitslosigkeit.

Literatur

Adorno, Theodor W. (1995): Reflexionen zur Klassentheorie (1942), in: Ders.: Sozio-
logische Schriften I, Frankfurt/M.

Beckert, Jens (2003): »Wer niemals strebend sich bemüht hat, den können wir
besteuern«, in: *FAZ* 10.6.2003

Christen, Christian/Michel, Tobias/Rätz, Werner (2003): Sozialstaat. Wie die Sicherungssysteme funktionieren und wer von den ›Reformen‹ profitiert, Hamburg

Dahrendorf, Ralf (2003), Interview in: *Mitbestimmung* 7/2003

Feist, Holger (2000): Arbeit statt Sozialhilfe. Zur Reform der Grundsicherung in
Deutschland, Tübingen

Dröge, Kai/Neckel, Sighard (2002): Die Leistung und ihr Preis: Leistung in der
Marktgesellschaft, in: Honneth, Axel (Hg.): Befreiung aus der Mündigkeit. Paradoxien
des gegenwärtigen Kapitalismus, Frankfurt/M., S. 93-116

Helemdag, Fritz (1992): Warenproduktion mittels Arbeit. Zur Rehabilitation des
Wertgesetzes, Marburg

Ifo Schnelldienst (2002): Aktivierende Sozialhilfe. Ein Weg zu mehr Beschäftigung
und Wachstum, 55. Jhrg. 9/2002

Kalecki, Michael (1987): Politische Aspekte der Vollbeschäftigung, in: Ders.: Krise
und Prosperität im Kapitalismus. Ausgewählte Essays 1922-1971, Marburg

Kaufmann, Franz-Xaver: Varianten des Wohlfahrtsstaats. Der deutsche Sozialstaat im
internationalen Vergleich, Frankfurt/M.

Krais, Beate (2001): Die Spitzen der Gesellschaft. Theoretische Überlegungen, in: Dies.
(Hg.): An der Spitze. Von Eliten und herrschenden Klassen, Konstanz, S. 7-62

Kühn, Hagen (2003): »Leere Kassen? Argumente gegen einen vermeintlichen Sachzwang«,
in: *Blätter für deutsche und internationale Politik*, Nr.6, 2003

Lohoff, Ernst (1998): »Zur Dialektik von Mangel und Überfluss«, in: *Krisis* 21/22, S. 52-81

Marcuse, Herbert (1977): Triebstruktur und Gesellschaft (1955), Frankfurt/M.

Marx, Karl (1953): Grundrisse der Kritik der politischen Ökonomie (Rohentwurf) (1857-
1858), Berlin

Morgenroth, Christine (1990): Sprachloser Widerstand. Zur Sozialphatologie der
Lebenswelt von Arbeitslosen, Frankfurt/M.

Oevermann, Ulrich (1983): Kann Arbeitsleistung weiterhin als basales Kriterium der
Verteilungsgerechtigkeit dienen? MS. Veröffentlicht unter: *www.rz.uni-frankfurt.de/
~hermeneu/Arbeitsleistung.PDF*

Offe, Claus (1970): Leistungsprinzip und industrielle Arbeit, Frankfurt/M.

Opielka, Michael (2002): Sozialpolitik für eine Wissensgesellschaft. Weitere Begründungen für soziale Bürgerrechte, in: Heinrich-Böll-Stiftung (Hg.): Gut zu Wissen. Links zur Wissensgesellschaft, Münster

Schatz, Holger; Woeldike, Andrea (2001): Freiheit und Wahn deutscher Arbeit, Hamburg/Münster

Schatz, Holger (2002): »Manche muss man halt zu ihrem Glück zwingen«. Arbeitszwang im aktivierenden Staat, in: Eicker-Wolf, Kai/Kindler, Holger/Schäfer, Ingo/Werheim, Melanie/Wolf, Dorothee (Hg.): Deutschland auf den Weg gebracht. Rot-grüne Wirtschaftspolitik zwischen Anspruch und Wirklichkeit, Marburg, S. 157-186

Schratzenstaller, Margit (2002): Steuergerechtigkeit für niemanden. Rot-grüne Steuerpolitik 1998-2002, in: Eicker-Wolf et. al., a.a.O., S. 47-85

Franz Schandl

Arbeitspack!

»An 90 Arbeitstagen wird nur gebummelt!«, schlagzeilt die Wiener Gratisgazette *U-Bahn-Express* an einem dieser tristen Novembertage. Die Botschaft an die LeserInnen, hauptsächlich Vormittagsmenschen, die gerade auf dem Weg zu irgendeiner Arbeit sind, könnte deutlicher nicht ausfallen. Ganze 40 Prozent der Arbeit werden da angeblich sinnlos vergeudet. Durch verbessertes Management könnten an die 60 Tage eingespielt werden.

Wenn es freilich welche gibt, die in 17 Arbeitseinheiten das erledigen, wozu sie vorher 21 brauchten, dann wird es jene, die nach wie vor 21 brauchen am Markt bald nicht mehr geben. Das ›Bummeln‹ dient ja auch dem gemeinsamen Schutz, nicht immer, aber oft ist es eine solidarische Größe, wo ArbeiterInnen im Interesse ihrer selbst die Herrschaft des Kapitals über ihre Arbeitskraft mildern. Was als sinnlose Vergeudung angeprangert wird, ist vielfach Regeneration, Restrukturierung und Reproduktion; notwendig, nicht nur um sich überhaupt zu spüren, sondern auch um zu funktionieren.

So deformiert und deformierend die Arbeit an und für sich schon ist, hier geht es darum, die letzten Refugien platt zu machen. Das Ziel solcher Kampagnen ist die Entsolidarisierung: Alle sollen auf alle gehetzt werden. Die Konkurrentenhetze ist die Zwillingsschwester der Arbeitshetze. So befehlen Betrieb und Standort. Geschaffen wird ein Klima des Neids und der Vernaderung; jeder ist sich selbst und der anderen Blockwart. Wer nicht ›produktiv‹ ist, wird angespuckt und ausgespuckt. Menschen haben nur eine Würde, wenn sie einen Wert haben. Nicht der Arbeitsdruck ist zu viel, lautet die Botschaft, sondern der Arbeitsdruck ist zu wenig. Wenn gearbeitet werden darf, dann hat gefälligst gearbeitet zu werden. Gefordert wird ein bewusster Schritt in die Bewusstlosigkeit. Innehalten ist nicht. Arbeiten ist keine Hetz nicht, sondern sie soll sein

Hetze pur. Eine Totlaufmaschine, an die Menschen angeschlossen werden. Der Arbeitswahn überfällt alles und jedes. Kein Platz soll sein, der nicht dem betriebswirtschaftlichen Kalkül und seiner Kontrolle unterstellt wird. Kein Moment, der nicht erfasst sein soll. Von der Bewegung des Ringfingers bis zur Länge des Stuhlgangs. Alles wird notiert und berechnet. So entstehen autistische Arbeitssubjekte, die vor lauter Konzentration und Stress nicht mehr wissen, wo ihnen der Kopf steht, die unfähig werden, abzuschalten und auszurasten. Doch wer nicht ausrastet – auch und gerade im Arbeitsprozess! – der rastet oft ganz anders aus.

Was sich da ankündigt, hat insofern eine neue Qualität, weil es den Übergang von der offenen Minderheitenfeindlichkeit zur Bekämpfung von Mehrheiten, den so genannten ›braven Hacklern‹ oder ›kleinen Leuten‹ andeutet. Auch ihnen soll auf die Pelle gerückt werden. Keine Schonzeit ist. Wer nicht spurt, wird abgeschossen. Für bürgerliche Gemüter ist es nämlich eine ungeheuerliche Zumutung, dass da jemand existiert, ohne zu arbeiten, was meint: *genug* zu arbeiten. Denn entweder arbeitet eins oder es lässt arbeiten. Diskriminiert wird also nicht die Arbeit – was sinnvoll wäre –, diskreditiert werden die ArbeiterInnen – was eine Frechheit sondergleichen darstellt. Gerade auch, weil es niemandem mehr auffällt.

Maria Wölflingseder

»Je mehr Magenschmerzen, desto süßer lächeln sie«
Positives Denken – vom Esoterik-Ideologem zum selbstverordneten Gleitmittel

In seinem Roman »Herrn Kukas Empfehlungen« schildert Radek Knapp höchst treffend die anstandslose Unterordnung unter den Guru Verwertbarkeit. Sein junger polnischer Held, zum ersten Mal nach Wien gereist, ist bass erstaunt über die Sitten im goldenen Westen.

Die Menschen »sitzen vierzehn Stunden am Tag über ihren Computern. Ihre ganze Abwechslung liegt darin, dreimal am Tag auf die Toilette zu gehen, und das Essen holen sie aus einem Automaten, der auf dem Flur steht. Sie verzehren es über ihren Computertastaturen. Die Hälfte davon landet zwischen den Tasten, und sie merken nicht mal was davon. In ihren Armani-Sakkos tragen sie eine ganze Apotheke gegen Kopfschmerzen und Gastritis. Nach Büroschluss sehen sie wie Zombies aus. Aber glauben Sie, dass sich jemals einer deswegen beschwert hätte? Im Gegenteil. Je mehr Magenschmerzen, desto süßer lächeln sie.«

War Positives Denken einst Esoterik-Ideologem, ist es nunmehr zum selbstverordneten Gleitmittel für die bedingungslose Anpassung an die herrschenden sinnlosen, wahnsinnigen Verhältnisse geworden.

Volkshochschulen – gespenstische Stätten der Stählung der ›automatischen Subjekte‹

Volkshochschulen (VHS), einst gesellschaftskritischer Hort, sind im Laufe der vergangenen beiden Jahrzehnte immer mehr zu einer wahrlich gespenstischen Stätte der Stählung der ›automatischen Subjekte‹ mutiert.

153

Aus dem Kursprogramm zweier Wiener Volkshochschulen vor ein paar Jahren:

»Kraft und Wirkung von Gedanken: Unsere Gewohnheiten kreieren unsere eigene Welt. Es gibt kaum eine größere Kraft als die Kraft unserer Gedanken, und körperliche sowie seelische Gesundheit hängen davon ab. Erst wenn wir anfangen, die Verknüpfung von Gedanken, Gefühlen und Handlungen zu verstehen, können wir Eigenverantwortung übernehmen und die Qualität unseres Lebens bestimmen. Unser Schicksal liegt in unserer Hand.«

Die Esoterik predigt seit Jahrzehnten: Das Bewusstsein schafft die Realität, durch dein Bewusstsein schaffst du dir deine eigene Realität. Jeder ist seines Glückes Schmied. Alles, was dir passiert, ist notwendig und gut, weil es dein Karma ist.

Im VHS-Programm klingt's fast genauso, aber nicht etwa in Ankündigungen esoteriknaher Kurse, sondern in jenen der unzähligen Selbstmanagement-Kurse.

»Stressbewältigung: Der Stresspegel ist rapide angewachsen. Das Leben befindet sich auf der Überholspur, um den beiden Verfolgern, nämlich dem chronischen Erschöpfungssyndrom und dem Erleben eigener Unfähigkeit, zu entkommen. Bauen Sie sich wieder auf und werden Sie belastbarer!«

»›Krieg‹ am Arbeitsplatz – Den Kampf gewinnen: Die Luft am Arbeitsmarkt ist dünn, das Raumklima dementsprechend: Ungerechtes Gehalt, aufreibende Arbeitszeiten, schlechte Stimmung unter den Kollegen, Arbeitsdruck, Konkurrenz, Neid, Mobbing, despotische Chefs und schlechte Aufstiegschancen machen vielen Menschen den Berufsalltag zur Hölle. Harmonie ist nicht immer erreichbar, einen Kampf zu gewinnen aber allemal besser als ihn verlieren.«

»Ohne Wollen geht nichts! Key Mind – der neue Weg zur Selbstmotivation: Können Sie nur das tun, was Sie wollen? Schön wär's! Wir haben tagtäglich auch jede Menge Aufgaben zu erledigen, die wir uns nicht ausgesucht haben und die uns keinen Spaß machen. Damit verdeckte Widerstände nicht zu heimlichen ›Energiefressern‹ werden und wie Sie mit inneren Widerständen konstruktiv umgehen.«

Neben all den unzähligen ›Durchhalte‹-Kursen gibt es keinen einzigen, der den menschenverachtenden Alptraum kritisch hinterfragt, keinen einzigen, der die Mechanismen durchleuchtet, warum alle, ohne mit der Wimper zu zucken, blindlings ihr eigenes Grab buddeln und sich dabei einreden, ein Haus zu bauen. Das Gegenteil von Positivem Denken ist keineswegs Negatives Denken, sondern schlicht Kritik und Veränderung in Richtung Emanzipation. Legionen von ArbeitslosentrainerInnen, Legionen von Arbeitslosen, Legionen von Arbeitslosenverwaltern, Legionen von Angestellten in Sozialinstitutionen – darunter zahlreiche frühere lautstarke GesellschaftskritikerInnen – beten heute jedoch inbrünstig die makabren Litaneien des Marktes. Nirgendwo ist die Rede von all den Arbeitslosen, die sich das Leben nehmen, weil ihre ›Wert‹losigkeit unerträglich ist – sie werden höchstens als Kranke abgehakt. Kein Aufschrei ob der sozialen und gesundheitlichen Folgen des täglichen Kampfes: von der Ausdünnung der zwischenmenschlichen Beziehungen bis hin zu Herzinfarkt und Gehirnschlag bei 30- und 40-Jährigen. Dazu hat die Esoterik unermüdlich ihr Scherflein beigetragen, indem sie seit zwei Jahrzehnten die Flucht in Scheinwelten übt und damit dem Zugang zu grundsätzlicher Kritik im Wege steht.

Jeder ist sein eigener Sklaventreiber

In der gesamten Arbeitswelt und noch stärker in der Arbeitslosenwelt ist jede/r vom (inneren) Zwang zum Positiven Denken beherrscht. Wer seinen Arbeitsplatz erhalten und noch mehr, wer wieder einen ergattern will, hat nur so vor Optimismus und Charme zu strahlen. Frappant: Business-Adepten ist dasselbe entrückte Lächeln, besser gesagt Grinsen, ins Gesicht gemeißelt, wie es einst nur esoterisch Entrückten und Sektengurus eigen war.

Von Arbeitslosen wird behauptet, sie hätten den Dreh noch nicht raus. Sie werden vom Arbeitsamt mit Kursen zwangsbeglückt, in denen sie in die Geheimnisse des Positiven Denkens eingeweiht werden: Ihnen wird eingebläut, sie müssten alle Ängste, Zweifel und schlechten Erfahrungen einfach beiseite schieben, stattdessen bräuchten sie nur vor Optimismus und Überzeugung zu jubilieren wie ein Sieger, sie bräuchten nur vollkommen überzeugt zu sein, einen Job zu finden, dann bekämen sie auch einen.

In einer Welt, die immer mehr an ihren Widersprüchen zugrunde geht, in der der Schein längst mehr zählt als alles andere, ist Positives Denken das wirksamste Mittel zur Anpassung. Früher wurden Sklaven brachial zur Arbeit gezwungen, heute ist jeder sein eigener Sklaventreiber – ganz positiv eingepeitscht.

Früher, als es noch etwas nützte, machten Arbeitslose eine Ausbildung oder eine Umschulung. Heute geht es nicht mehr darum, dass die Arbeitskraft reale Vernutzungsfähigkeiten anzubieten hat, sondern um Selbstvermarktungstechniken und Autosuggestion. Heute gibt's von den Arbeitslosenverwaltern statt Jobs Durchhalteparolen. Durchhalteparolen wie in einem Krieg, der längst verloren ist. Wer glaubt denn wirklich, dass die Arbeitslosen wegzuphantasieren seien? Wer glaubt denn wirklich, dass die Arbeit noch zu retten ist?

Rationale Irrationalität und irrationale Rationalität – eine mörderische Co-Produktion

Positives Denken, Visualisierung – oder wie immer es genannt werden will – mag durchaus seine Berechtigung haben; zum Beispiel, um seine Gesundheit zu verbessern oder sie wiederzuerlangen. Wer denkt schon immerzu negativ? Wer beschwört schon permanent eine Selffulfilling Prophecy herauf? In der Arbeitswelt und im Umgang mit Arbeitslosigkeit haben solche Psychotechniken aber nur die Funktion, selbst die offensichtlichsten gesellschaftlichen Verrücktheiten zum Privatproblem umzufunktionieren und für deren Bewältigung jeden Einzelnen verantwortlich zu machen. Im Lichte des Positiven Denkens erscheint nie der Zwang, das Leben vollständig auf die Kriterien betriebswirtschaftlicher Rationalität auszurichten, als aberwitzig. Als irrational werden immer nur die psychischen und biologischen Barrieren gegen diese Zumutungen bezeichnet. Das Positive Denken spart nicht an Tipps zum Wegretuschieren nachteiliger lebensgeschichtlicher Details. Diese Techniken des Selbstmarketings helfen jedoch selten, schließlich ist jeder Personalchef mit den standardisierten Tricks längst vertraut. Wer nicht das richtige Alter, die nötige Erfahrung oder gar Kinder hat, bleibt trotzdem ohne Chance. Wer durch die Schule des Positiven Denkens gegangen ist, lernt höchstens, dass alles Unverwertbare an der eigenen Biographie den Status einer Behinderung hat und dass die Kriterien der Arbeitskraftkäufer die einzig verbindlichen sind. Die esoterisch unterlegte Rückbesinnung auf die ›inneren Kräfte‹ und den ›eigenen Weg‹ versprach einmal einen gewissen Abstand zu den äußeren Zwängen des Daseins und Erlösung von falschen Schuldgefühlen. Heute erfüllt sie genau die umgekehrte Funktion. Das Positive Denken hilft nicht nur bei der Durchsetzung totaler Anpassungsbereitschaft, es macht Menschen permanent für Umstände verantwortlich, für die sie nicht das Geringste können. Dass auf dem Arbeitsmarkt die gesellschaftlichen Verhältnisse nichts seien und der reine Wille alles, wird offiziell als Ermutigung verkauft; diese Botschaft hat aber eine Vorverurteilung zum eigentlichen Kern: Misserfolg beweist, der Erfolglose war des Erfolgs nicht wert. So spiegelt sich im Positiven Denken eine ins Diesseits verlegte Wiederkehr der calvinistischen Prädestinationslehre. Die aus der Rationalität der Gesellschaft erwachsene Irrationalität der Esoterik geht immer wieder in der Rationalität der Gesellschaft auf.

Infantile Omnipotenzphantasien

Traditionell verbindet man mit dem Prozess des Erwachsenwerdens so etwas wie zunehmende Einsicht in die eigenen Möglichkeiten. Als erwachsen gilt, wer eine realistische Vorstellung jener Schranken entwickelt hat, die seiner eigenen Person durch Biographie, Charakter und soziale Umstände gesetzt sind. Infantiles Verhalten ist demgegenüber von Omnipotenzphantasien geprägt und schwebt (noch) traumtänzerisch über solche Grenzen hinweg. Das Positive Denken stellt diese Ordnung auf den Kopf, aber nicht in einem emanzipatorischen, sondern in einem durch und durch repressiven Sinn. Positives Denken steht nicht für den Traum, die eigenen Grenzen überschreiten zu können, sondern für den Zwang, permanent den Eindruck erwecken zu müssen, dazu jederzeit in der Lage zu sein. Allmachtsträume sind nichts mehr, was Menschen besser verstecken, wenn sie von ihrer Umgebung als zurechnungsfähig anerkannt werden wollen. Sie sind als Vermarktungsargument zu präsentieren. Psychologisch betrachtet ist Positives Denken somit als kontrollierte Einübung in Regression und infantilen Größenwahn zu charakterisieren. Es führt Menschen zurück in die Entwicklungsstufe des magischen Denkens. Ein klinisches Symptom ist zum Sozialisationsziel aufgestiegen.

Die Arbeits›kirche‹ nimmt immer sektenhaftere Züge an

Heute ist nicht mehr allein die Arbeitskraft gefragt, sondern der ›ganze Mensch‹ hat sich einzubringen – nach dem Vorbild des Künstlers oder des Sportlers. Ein pseudomenschliches Management, das anstatt auf klassische Hierarchien auf Soft Skills und Selbstverantwortung setzt, verhilft zur Vollauspressung bis an die physischen und psychischen Grenzen. Seine klassische Ausprägung hat diese Tendenz in der New Economy gefunden. In diesem Sinne werden heute alle trainiert – vom Arbeitslosen bis zum Manager –, um für den Konkurrenzkampf gestählt zu sein: von Autosuggestion bis zum berüchtigten Survival-Kurs wird so manches mit ihnen angestellt. Solche Inszenierungen und Methoden sind jenen von Sekten nicht unähnlich. Etwa der in Wien lange Zeit für alle Arbeitslosen gleich zu Beginn ihrer Arbeitslosigkeit zwingende ›Bewerbungs-Impulstag‹ ähnelte frappant einer ›Gehirnwäsche‹. Wie ein Fernsehprediger besprengte der Trainer die versammelten 500 Arbeitslosen mit Wortgeklingel: »Der Arbeitsmarkt ist zwar schwierig, aber man braucht nur von der Schattenseite in die Lichtseite treten.«

Eine weitere Gemeinsamkeit zwischen Sekten und der Zurichtung von Humankapital für den Arbeitsmarkt ist eine Regression bis zur Infantilisierung: immerzu lächeln, immer super-gut drauf sein, das Leben ist ein Hit! Selbstindoktrination jenseits jeglicher Realität. Früher wurde Realitätsverlust als psychische Krankheit betrachtet, heute wird er kollektiv verordnet.

Schließlich sorgt sowohl bei Sekten als auch in der Arbeitswelt oftmals eine Uniformierung der Kleidung – Stichwort Corporate Identity – einerseits für eine Beschränkung der Individualität und bietet andererseits eine Identifikationsmöglichkeit.

Das kommt hier wie dort einer negativen Aufhebung der Trennung von Arbeit und Privatheit gleich. Sowohl Sektenmitglieder als auch immer mehr jede Arbeits›monade‹, und jeder Arbeitslose erst recht, stehen rund um die Uhr im Einsatz.

Job und Weiterbildung als Pyramidenspiel

Die negative Aufhebung der Trennung von Arbeit und Privatheit betrifft nicht nur das rund um die Uhr Arbeiten der Ich-AGs oder Angestellten, sondern in variierter Form das Jobben im so genannten Strukturvertrieb, im Schneeballsystem. Arbeitslose stoßen bei der Arbeitssuche unweigerlich immer wieder auf Organisationen, die solcherlei anbieten. Was sich einst als klassische Tupperware-Party präsentierte, ist heute zum finanziellen Überlebenskampf für viele geworden. Bei dieser Verkaufsmethode geht es nur bedingt darum, viel zu verkaufen, sondern darum, neue VerkäuferInnen zu finden, an deren Umsatz man mitverdient. Das Ganze ist hierarchisch, wie ein Pyramidenspiel, aufgebaut. Die ganz oben sind, können womöglich tatsächlich gut verdienen, aber je weiter unten man steht, desto aussichtsloser ist das Unterfangen. Wer rechnen kann, wird merken, dass bald die halbe Erdbevölkerung zu MitverkäuferInnen werden müsste, damit es sich auszahlt. Die meisten, die sich auf solche Machenschaften einlassen, kommen nicht ohne riesigen Schuldenberg davon. Über einen exemplarischen Fall berichtete der WDR am 29. März 2001. Ein junger Mann nahm einen Kredit von 70.000 DM auf, um den Vertrag, die Waren und das nötige Outfit zu finanzieren. Er schaffte es nicht, seinen Irrtum den Angehörigen gegenüber einzugestehen und nahm sich das Leben.

In Deutschland gibt es zwar ein Gesetz, das Strukturvertrieb (›progressive Kundenwerbung‹) verbietet; weil dieser aber oft schwer nachweisbar und das Strafausmaß gering ist, kommt es selten zu Verurteilungen. Mit kultähnlich inszenierten (Werbe-)Abenden werden sowohl potentielle KäuferInnen als auch (potentielle) VerkäuferInnen bei der Stange gehalten. Geworben wird immerzu mit Selbständigkeit, Unabhängigkeit, Glück und Reichtum, und bei der legendären Firma Herbalife natürlich auch mit Gesundheit. Überdies können bei dieser Verkaufsform private Kontakte leicht getrübt oder zerstört werden, wenn man Freunden etwas andreht, das sie von einem Fremden nicht kaufen würden.

Zur Zeit grassiert ein wahrer Weiterbildungs- und Coachingwahn. Wenn sonst schon nichts mehr verkauft werden kann, versucht man eben, den Arbeitslosen die vor Arbeitslosigkeit rettende Idee anzudrehen. Bewerbungsratgeber, in Buchform als auch in Person, gibt es wie Sand am Meer. So verwundert es nicht, dass es bereits auch Persönlichkeitsbildungsseminare im Strukturvertrieb gibt – äußerst kostspielige, mit nur vage angedeuteten Inhalten, aber garantiert mit sektenartiger Indoktrination.

Seriöse oder dubiose Weiterbildungen?

Verbraucherschutz-Organisationen und Sektenberatungsstellen der evangelischen und katholischen Kirche warnen immer öfter vor Aus- und Weiterbildungen, für die Unsummen hinzublättern sind und deren Brauchbarkeit meist gering ist. Neuerdings suchen immer mehr Menschen Sektenberatungsstellen auf, die sich Sorgen um Angehörige machen, die durch berufliche Weiterbildungen oder Seminare zur Persönlichkeitsentwicklung ein völlig verändertes Verhalten und Bewusstsein an den Tag legen. Es zählt nur mehr der berufliche Erfolg; alles andere – ihre Familie, ihr Privatleben – nehmen sie kaum mehr wahr, sie haben weder Zeit noch Energie dafür. Die Zahl der Menschen, die sich in Unkosten stürzen, die ihre ganze Freizeit opfern, weil sie den Erfolgsversprechungen erliegen, nimmt immer epidemischere Ausmaße an. Der Trend geht zur Zeit in Richtung lang dauernde und teuere Seminare, die die TeilnehmerInnen meist selbst finanzieren. Zur Zeit der absolute Renner in Deutschland: »Fasten, Schweigen, Meditieren«. Dieses Seminar dauert neun Tage, in denen den Leuten das Essen, das Reden und jeder Kontakt zum anderen verboten wird. (*Der Standard*, 20./21. Dezember 2003, Von der Wiege bis zur Bahre gibt es nicht nur Seminare)
Die Sektenberater versuchen, eine Unterscheidung zwischen seriösen und dubiosen Weiterbildungen aufzuzeigen. Sie meinen, wenn dabei der Mensch, der Partner, Familie und Freunde auf der Strecke bleiben, wenn das Selbstbestimmungsrecht beschnitten wird, sei äußerste Vorsicht geboten. (*Süddeutsche Zeitung*, 7. Juni 2003, Interview von Otto Fritscher mit Axel Seegers und Rudi Forstmeier, zwei Münchner Beratern in Sachen Sekten und Weltanschauungsfragen)
Es scheint jedoch mehr als fragwürdig, ob eine Trennung in gute und schlechte Seminare möglich ist. Was ist mit all den zwangsweise verordneten, oft unnützen Weiterbildungen für Arbeitslose? Was ist mit all den Aus- und Fortbildungen, die den TeilnehmerInnen weder Job noch berufliches Weiterkommen bringen?
Noch abstruser wird es, wenn bezüglich Weiterbildungen gefragt werden soll, ob der Mensch, der Partner, Familie und Freunde auf der Strecke bleiben oder ob das Selbstbestimmungsrecht beschnitten wird. Diese Frage sollte allen voran hinsichtlich der Arbeit selbst gestellt werden! Als ob es heute noch Jobs gäbe, die das Selbstbestimmungsrecht nicht beschneiden würden, Jobs, bei denen der Mensch, der Part-

ner, Familie und Freunde nicht auf der Strecke blieben, ganz zu schweigen vom Raubbau an der Gesundheit! Ist all das für die Herrn und Damen Sektenberater seriös? Die simple dualistische Einteilung in Seriös und Dubios, in Gut und Böse greift nicht und lenkt davon ab, dass ›Auswüchse‹ nur eine Fortsetzung der Normalität sind. Das Dubiose ist lediglich eine logische Weiterentwicklung des Seriösen. Niemand will wahrhaben, dass die Grenze zwischen Seriös und Dubios immer mehr verschwimmt. In Zukunft werden sich die Grenzen zwischen Arbeit, Weiterbildung, Glücksspiel und Sekte wohl noch viel mehr auflösen.

Karl-Heinz Lewed

Ausschluss und Zwang
Migration, Rassismus und prekäre Arbeitsverhältnisse

Transnationalisierung und Ausschluss

Seit Arbeit und Wert in einem gewaltvollen Prozess von zweihundert Jahren zur Grundlage der modernen Gesellschaft geworden sind, lassen sich auch Wanderungsbewegungen von Menschen nicht unabhängig davon interpretieren. Mehr noch, die individuellen Gründe für Migration sind eng verkoppelt mit den (unhaltbaren) Zuständen, die die Entwicklung der Warengesellschaft hervorbringt, sowohl im Binnenraum von Nationalstaaten als auch zwischen diesen. Gegenwärtig bestimmt die Krise der Arbeitsverwertung sowohl in den Zentren wie an der sog. Peripherie die Entwicklung: Immer weniger Arbeitskräfte werden in den produktiven Sektoren des Weltmarktes benötigt; die offene und verdeckte Arbeitslosigkeit steigt stetig und ein immer größer werdender Teil der Menschheit wird von den Waren- und Geldkreisläufen der globalen Ökonomie abgekoppelt. Schon ein oberflächlicher Blick auf die weltweiten Verwertungsketten macht den fundamentalen Ausschluss ganzer Weltregionen deutlich. Als ein Indikator kann beispielsweise der Anteil am Welthandel dienen. Dieser beträgt für den gesamten afrikanischen Kontinent gerade einmal zwei Prozent (*Spiegel* 42/2003).

Auch die Transnationalisierung des Kapitals hat nicht zu einer regulären Integration von Arbeitskraft in den peripheren Regionen geführt. Im Gegenteil. Die ›Globalisierung‹ steht nur für den Versuch der Einzelbetriebe im kapitalistischen Konkurrenzkampf, die abnehmende Anwendung von Arbeitskraft durch die Nutzung weltweiter Kostengefälle auszugleichen. Auch wenn Teile der Linken das Gegenteil annehmen. Nicht die zusätzliche und expansive Verwertung von Arbeitskraft bildet den Hintergrund für die Globalisierung. Vielmehr geht der Transnationalisierungsprozess mit einem säkularen Trend zum Ausschluss immer größerer Teile der Bevölkerung von der Wertverwertung einher.

Insgesamt ist global eine Desintegration der auf Arbeit basierenden postfordistischen Gesellschaften zu verzeichnen, einschließlich eines Zerfalls von nationalstaatlichen Räumen. Als Schlusspunkt einer weltweiten Entwicklung beginnt auch in den kapitalistischen Zentren die Integration über die Arbeit und das Geld prekär und immer weniger beherrschbar zu werden. In den Ländern der sog. Peripherie ist dieser Verlauf des sozial-ökonomischen Ausschlusses allerdings schon wesentlich weiter fortgeschritten, mit den bekannten Begleiterscheinungen des Zerfalls der Rechtsform in Gestalt von allgegenwärtiger Korruption und Mafiawirtschaft bis hin zu der Auflösung der Nationalstaatlichkeit in Form von Bandenkriegen und Plünderungsökonomie. Die Herrschaft der warenförmigen Totalität besteht für alle aus dem Zusammenhang von Arbeit und Geld herausfallenden Regionen allerdings weiter, nur eben als negative. Nach der Zerstörung von nahezu allen traditionellen Strukturen der (materiellen) Reproduktion lässt das global geltende Diktat der Warengesellschaft keine Alternative für die vom Ausschluss Betroffenen zu, außer auf einem absoluten Elendsniveau.

Die Verbindung von Transnationalisierung des Kapitals mit dem Ausschluss aus den Verwertungsketten ist gegenwärtig im Wesentlichen der Hintergrund für Migration. Materielle Verelendung und rechtsförmige wie nationalstaatliche Verfallserscheinungen bilden den zentralen Rahmen für sowohl binnenstaatliche Wanderungsbewegungen als auch für Auswanderung in die Regionen mit noch funktionierender Wertverwertung.

Prozente, ›push‹ und ›pull‹

Die offizielle akademische Migrationsforschung will selbstverständlich von diesem einheitlichen negativen Hintergrund nichts wissen und zählt gut positivistisch fünf bis sechs Gründe für Migration auf: Krieg und politische Tyrannei, wirtschaftliche Not, Überbevölkerung und Erwerbslosigkeit, ökologische Zerstörung (Tetzlaff, 143). Jeweilige Anlässe für Wanderungsbewegungen sollen also immer nur mehr oder weniger zufällige sein, wie der bloße Herrscherwille eines durchgeknallten Schurken und Despoten oder gar – ›kapitalismuskritisch‹ gewendet – das Profitinteresse eines multinationalen Konzerns und dessen ökologische Rücksichtslosigkeit. Auf alle Fälle gilt das Denkverbot, die Wanderungsbewegung auf die widersprüchliche Totalität der globalen Wert- und Arbeitsgesellschaft zu beziehen, und so werden die einzelnen Phänomene quantitativ aneinander geheftet, während ihr innerer Zusammenhang im Dunkeln bleibt. Solcher Sachverstand verfügt über keinerlei Sensorium für die tief greifenden, mit der Krise der Wertverwertung verbundenen Veränderungen. Stattdessen kann er nur ein mengenmäßiges Anschwellen erkennen, für das eine Vielzahl voneinander unabhängiger Faktoren verantwortlich seien. So rechneten Ökonomen beispielsweise über die vom Lohn in einem anderen Land abhängige Wanderungsbewegung Folgendes aus:

»Eine Differenz der Löhne von zehn Prozent setzt im Land mit den niedrigeren Löhnen jährlich 0,05 bis 0,15 Prozent der Bevölkerung in Bewegung. Bei 20 Prozent Lohnunterschied sind es 0,1 bis 0,3 Prozent der Bevölkerung. Bei noch größeren Unterschieden entsprechend mehr« (*Zeit* 46/2000).

Nun könnte man über solch mechanischen Hochrechnungen hinaus allgemein feststellen, dass sozial-ökonomische Unterschiede in der Geschichte der Warengesellschaft immer schon Wanderungsbewegungen ausgelöst haben. Die individuelle Entscheidung zur Migration ergäbe sich dann, wie dies ein erweitertes Modell der Forschung darstellt, aus dem rationalen Abwägen von ›push‹- und ›pull‹-Faktoren, also der Situation am Aufenthaltsort im Vergleich zum Zielort (siehe Körner, 16). Auch diesem Ansatz entgeht das Basisverhältnis moderner Gesellschaft im Allgemeinen und die entscheidenden Veränderungen, die diesem in der Krise der Arbeit widerfährt, im Besonderen. Denn die individuelle Praxis ist in einen gesellschaftlichen Rahmen gespannt, der wesentlich durch die Verwertung der Arbeitskraft bestimmt ist.

Das Ende der Expansion

Während seiner Aufstiegsgeschichte entwickelte das System der Verwertung abstrakter Arbeit – mit gewissen krisenhaften Unterbrechungen – einen stetig wachsenden Bedarf an Arbeitskraft. Im Fordismus, der Hochzeit der Liaison von Kapital und Arbeit, kam es geradezu zu einer Art Generalmobilmachung der Arbeit. Ursprünglich bezieht sich der Terminus Mobilmachung auf militärische Operationen; v.a. in den beiden Weltkriegen kam es zur Ausrichtung der kompletten Nationalökonomie auf Kriegszwecke und damit zu einer die gesamte Gesellschaft erfassenden Mobilisierung von Arbeitskräften, die auch für die Friedenszeiten weiterhin prägend blieb. Die militärische war so nur ein beförderndes, wenn auch notwendiges Moment der allgemeinen Mobilmachung der Arbeitskraft als übergreifendes Phänomen. Ihr Ideal fand diese Arbeitskraftmobilisierung – ihrer Herkunft aus dem nationalstaatlichen Krieg entsprechend – in der fordistischen, auf ein nationalökonomisches Territorium bezogenen Produktion. In der Regel wurde denn auch der Mangel an Arbeitskraft an einem Ort durch Binnenbewegung ausgeglichen. Bei übergroßem Bedarf saugte man aber auch aus dem Ausland entsprechend freie oder auch weniger freie Arbeitskräfte an. So wanderten beispielsweise Anfang des 20. Jahrhunderts in größerem Umfang sog. ›Ruhrpolen‹ in den Westen Deutschlands, wo sie in der aufstrebenden Montanindustrie Beschäftigung fanden (Windschuh, 57). Nicht immer war Wirtschaftsmigration durch die individuelle Hoffnung der Arbeitskräfte auf eine Verbesserung der Lebenssituation geleitet. Gerade die totalitären Modernisierungsdiktaturen erzwangen die Massenmobilmachung von Arbeit auch mit brutaler Gewalt. Zur Durchsetzungsgeschichte der unpersönlichen Diktatur der Arbeit, in der die Arbeitskraftbesitzer so selbstverständlich über ihre Ware selber ›frei‹ verfügen dürfen, gehört auch staatlich organisierte Zwangsarbeit. Der Nationalsozialismus beschäftigte z.B. während des Krieges 8,5 Millionen ausländische Kriegsgefangene, ZwangsarbeiterInnen und KZ-Häftlinge (*Zeit* 46/2000). Aber auch in der Sowjetunion mit ihrem Gulag-System spielte ›unfreie Arbeit‹ eine zentrale Rolle bei der Etablierung des Arbeitsregimes. Für die innere Mobilmachung der Arbeit sorgte notfalls der Staat, der »ideelle Gesamtkapitalist« (Marx), mit Gewalt. Wie sehr sich im Laufe der warengesellschaftlichen Entwicklung die Zugriffsmöglichkeiten des Staates auf die Einzelnen verdichteten und wie wenig ausgestaltet diese vor zwei- bis dreihundert Jahren noch waren, macht folgende Schilderung deutlich:

> »Eng mit der merkantilistischen Gewerbeförderung verbunden, … ist die Tatsache, dass sich die europäischen Staaten eher auswanderungsfeindlich verhielten, v.a. was die Emigration von fachlich geübten Handwerkern (mit ihrem Gerät) betraf: In Belgien, Österreich, Preußen und den übrigen deutschen Staaten, Venedig, aber auch England herrschten *Auswanderungsverbote* für diese Bevölkerungsgruppen, die sich allerdings in

vielen Fällen als wenig effektiv erwiesen. So vollzog sich die
›gewerbliche Völkerwanderung‹ im Europa des 18. Jahrhunderts ... weitgehend *illegal*« (Körner, 12).

In der Expansionsphase der Warengesellschaft implizierte die vom
Staat mit induzierte Mobilmachung der Arbeit einen stetigen Bedarf
an Arbeitskraft für die jeweilig nationalstaatlich abgegrenzten Territorien. Die Krise der Wertverwertung kehrt diesen Sachverhalt um.
Durch den rapide sinkenden Bedarf an variablem Kapital seit Anfang
der 70er Jahre in der industriellen Massengüterproduktion hat sich eine
stetig steigende Massenarbeitslosigkeit auch in den Industrieländern
entwickelt. Der Mangel an Arbeitskraft wich einem Mangel an Arbeit. Noch in den 50er und 60er Jahren konnte bekanntlich eine massenhafte Migration von Süd- nach Nordeuropa verzeichnet werden,
um den Bedarf an Arbeitskräften in Zeiten des ›Wirtschaftswunders‹
in der industriellen Massenproduktion zu befriedigen (Körner, 96ff.).
Doch nach dem ›kurzen Sommer des Fordismus‹ kam es beispielsweise in Deutschland schon 1973 zum sog. Anwerbestopp. Verbunden
mit dem ›Ausbrennen der Arbeitssubstanz‹ vollzieht sich damit auch
in den Zentren ein stetig wachsender Prozess des ökonomischen Ausschlusses. Viel stärker sind freilich die vom Modernisierungsprozess
erst verzögert erfassten Regionen betroffen, v.a. die ehemaligen, von
den konkurrierenden Nationalstaaten besetzten Kolonien. Dort hat sich
die ganze Zerstörungspotenz der warenförmigen globalen Totalität
entfaltet, ohne, wie im Westen, noch eine gewisse stoffliche Reichtumsproduktion in Gang zu setzen, an der dann breitere Schichten partizipieren konnten. Oftmals kam der Modernisierungsprozess in diesen
für die globale Wertverwertung peripheren Regionen über die Herausbildung ebenso korrupter wie gewalttätiger Modernisierungsdiktaturen
nicht hinaus, mit den entsprechenden verheerenden Folgen für die dortige Bevölkerung. Diese Gebiete, die einen Großteil der Erdoberfläche ausmachen, sind bekanntlich von den kapitalistischen Zentren
mittlerweile völlig abgeschrieben worden. Angesichts des materiellen
Elends, das oft mit rechtlich und politisch anomischen Zuständen einhergeht, und einer mangelnden Perspektive auf Besserung würden die
Entwicklungstheoretiker wohl von einem Anwachsen der ›push‹- als
auch der ›pull‹-Faktoren sprechen: Getrieben von den unzumutbaren
Verhältnissen in den ›verbrannten‹ Regionen der Weltwirtschaft und
angezogen von den Ländern, die dank der Integration in die globale

Verwertung noch eine bessere Arbeits- und Lebenssituation versprechen.

Die Migrantin als Wirtschaftsfaktor

Durch die Migration ergibt sich oftmals für die dort verbliebenen Verwandten und für die Herkunftsländer insgesamt eine entscheidende
Verbesserung ihrer prekären monetären Möglichkeiten. Die Rücküber-
weisungen aus den Zentren ist für viele aus dem regulären Verwer-
tungszusammenhang der Weltökonomie ausgeschlossene Regionen
mittlerweile sogar zu einem wesentlichen Wirtschaftsfaktor geworden.

»Aus Asien emigrieren jährlich bis zu 750.000 in die Golf-
region. Ein Drittel davon sind Frauen, die hauptsächlich als
Krankenschwestern und Hausmädchen, vielfach aber auch als
Prostituierte arbeiten. Ihre Überweisungen in die Heimatländer
werden auf 12 Milliarden US-Dollar geschätzt. Sie leisten damit einen entscheidenden Beitrag für die Subsistenz der Angehörigen in ihren Heimatländern« (Eid, 82f.).

Der positive Effekt durch die Migration für die armen Länder in der
Peripherie des Weltmarktes führt schließlich dazu, dass gerade bei
schnell wachsender Bevölkerungszahl die Auswanderung staatlich
gefördert wird:

»In Korea sorgte der Staat mit Informationskampagnen und För-
derprogrammen bis Ende der achtziger Jahre für einen stetigen
Fluss von Auswanderern, in den Philippinen, die bereits mehr als
vier Millionen ihrer Bürger ins Ausland geschickt haben, tut er es
noch heute. Für viele Entwicklungsländer sind ihre Auswanderer
längst ›zu einer Bank geworden, die man im Bedarfsfall anzapfen
kann‹, wie es der frühere indische Premierminister Rajiv Ghandi
formulierte: Ihre Geldüberweisungen an die alte Heimat sind zur
zweitwichtigsten Devisenquelle des armen Südens geworden und
liegen mit 105 Milliarden Dollar im Jahr fast doppelt so hoch wie
die gesamte Entwicklungshilfe. El Salvador verdient an seinen
Emigranten mehr Geld als mit dem Export« (*Zeit*, 13/2002).

Die Zuwanderer stammen dabei nicht aus den total verarmten Bevölkerungsteilen der Herkunftsländern, sondern rekrutieren sich in der

Regel aus der jüngeren und gut ausgebildeten Schicht. Mit dieser Tatsache versuchen liberal gestimmte MigrationsexpertInnen, die in den Zentren grassierenden ›Überfremdungsängste‹ zu beruhigen. In diesem Sinne äußerte sich etwa die Bundestagsabgeordnete der Grünen und Parlamentarische Geschäftsführerin im Bundesministerium für wirtschaftliche Zusammenarbeit, Eid:

> »Schon aus diesem Grund (dass nur junge und gut ausgebildete Menschen migrieren; K.L.) sind die zum Teil prognostizierten Horrorszenarien von Hunderten von Millionen Armutsflüchtlingen, die in die reichen Industrieländer abwandern werden, falsch. Die meisten der absolut Armen sind schon rein physisch gar nicht in der Lage, eine Flucht oder Migration durchzustehen« (Eid, 71).

Da kann der metropole Spießbürger und/oder grün-liberale Sozialdarwinist der Neuen Mitte sich entspannt zurücklehnen und auf den ausgelesenen Zuzug aus den Elendsregionen warten:

> »Dabei verkörpern die Eliten aus dem Süden am deutlichsten, was Einwanderer aus allen Schichten seit jeher zu den Motoren wirtschaftlicher Entwicklung macht: ›Wenn man sie lässt‹, sagt Migrationsforscher Klaus Bade, ›kommen nicht die Schwachen und Desorientierten, sondern die Mutigen, Innovativen und Unternehmenslustigen‹« (*Zeit*, 13/2002).

Da zeigt sich die Weltoffenheit des bildungsbürgerlichen Mittelstandes: Die gut gelaunte Elite aus den verbrannten Regionen könnte hier die allzu miesepetrige Stimmung heben und endlich mit für einen wirtschaftlichen Aufschwung sorgen, solange man von den anderen, den absolut Marginalisierten in Ruhe gelassen wird. Von Grün bis Schwarz formiert sich in der politischen Mitte über alle Lager hinweg eine Haltung von Ausgrenzung, Kontrolle und Sozialdarwinismus der vermeintlich ›Starken‹: »Wir brauchen Leute, die uns nützen und nicht ausnützen.«

Festung Europa und Rassismus

Die restriktiven und sozialdarwinistischen Einlassbeschränkungen nicht nur in Europa, sondern auch in den USA verweisen auf eine grundlegende Veränderung im Phänomen der Arbeitsmigration. Wie erwähnt, hat die stetig anwachsende Massenarbeitslosigkeit, d.h. der abnehmende Bedarf an produktiver Arbeitskraft, in den Zentren die Bedingungen für die Zuwanderung verändert. Die Entwicklungssoziologie hat sich dafür die schöne Wendung ausgedacht, dass »nationalstaatliche Prosperitätsspiralen ausbleiben, ins Stocken geraten oder gar zu ›Pauperitätsspiralen‹ umschlagen« (Pries, 41). Andererseits erhöht sich durch das Herausfallen immer weiterer Gebiete des Globus aus der Verwertung der Druck zur Migration. 1989 ist eine populäre Region hinzugekommen, als gleich der gesamte Verwertungsraum der vormals so apostrophierten ›Zweiten Welt‹ in sich zusammenbrach, ohne dass eine Integration in die globale Konkurrenz für einen größeren Teil noch möglich wäre, was offensichtlich zu einer weiteren ›Spirale der Pauperität‹ führt. Dies erhöht natürlich insgesamt die sog. ›push‹-Faktoren für die Abwanderung Richtung Westen. Nicht zufällig hat sich mit dem Ende des Hochfordismus in Europa, aber auch weltweit eine politische Restriktion von Zuwanderung immer mehr durchgesetzt: Die Bewohner ganzer Weltteile sind qua politischer Festschreibung von der legalen Zuwanderung ausgeschlossen.

In den 80er Jahren ging man in den europäischen Zentren dazu über, ein Abwehr- und Kontrollsystem auszubauen, das mittels des Schengener-Abkommens im Aufbau der ›Festung Europa‹ seinen vorläufigen Höhepunkt fand. Das Anwachsen von überflüssiger in- wie ausländischer Arbeitskraft wurde so staatlicherseits mit einer Abwehr von (Arbeits-) Migration flankiert und ein System der Institutionalisierung des Ausschlusses geschaffen. Dies schien angesichts des Zusammenbruchs des Realsozialismus und der zu erwartenden Migrationswelle umso dringlicher. In stetigen Verschärfungen versucht sich seitdem Europa, aber auch die anderen Zentren der noch intakten Verwertung, vom Zuzug aus den Krisenregionen der Weltökonomie abzuschotten. Angesichts der Nähe von Zerfallsregionen, wie beispielsweise der in Jugoslawien, überschreitet die staatliche Barbarei immer neue Grenzen, wie etwa die Änderung des Asylrechts 1993 in Deutschland zeigt.

Die staatliche Strategie der Abwehr und der Kontrolle kann dabei mit einem nicht zu unterschätzenden rassistischen Ressentiment kooperieren, welches gerade unter dem verschärften Druck der allseitigen Konkurrenz zwischen den Individuen aufbricht. Die Pogrome gegen marokkanische Landarbeiter im südspanischem Almeria oder das Vorgehen des bürgerwehrähnlich organisierten ostdeutschen Mobs gegen

Flüchtlinge haben dies leider hinlänglich gezeigt (Dietrich, 13ff.). Dieser Rassismus der Ausgrenzung ist keine nur spontane oder zufällige Erscheinung oder gar ein von den Medien und der herrschenden Klasse bloß manipulativ erzeugtes Problem Irregeleiter, sondern tief verwurzelt im System von Ware und Geld.

Als im Grunde irrationale Bewegung, in der es um die bloße Anwendung von Arbeitskraft geht, bezieht sich letztendlich die gesellschaftliche Anerkennung in der Warengesellschaft immer nur auf diejenigen, die in den Verwertungsraum integriert sind oder als integrierbar gelten. Und alle, die diese Kriterien nicht erfüllen, werden mit einer zunehmend offen agierenden rassistischen wie sozialdarwinistischen Legitimation von einer Teilnahme an dem Waren- und Arbeitsuniversum ausgeschlossen. Angesichts des von der bürgerlichen Basisideologie, der Aufklärung, verkündeten Universalismus stellt die Exklusion eines Großteils der Menschheit von ihrem ›Glücksversprechen‹ ohnehin einen legitimatorischen Widerspruch dar. Zumal nach dem großmundig und schwellbrüstig verkündeten ›Ende der Geschichte‹ und der ›Freiheit des Marktes‹ rund um den Globus. Doch die Pforte, die in das Reich anerkannter gesellschaftlicher Geltung führte, stand in der Geschichte der modernen Warengesellschaft schon von je her nur für einen bestimmten Personenkreis offen. In der Regel waren Frauen und Nicht-Weiße aus dem Anerkennungs-Universum von ›Freiheit und Gleichheit‹ ausgeschlossen. Entgegen der Annahme, dass dieser Ausschluss noch auf vormodernen Momenten basiert und sich in der Entwicklung der bürgerlichen Gesellschaft als obsolet erweisen würde, ist die Exklusion konstitutives Merkmal der Warenform. Den zentralen psychosozialen Mechanismus bildet die Projektion der eigenen unbegriffenen gesellschaftlichen Vermittlung auf einen ›Anderen‹; dieser ›Andere‹ existiert dabei nicht schon vorab, sondern wird in der Projektionsbewegung erst formiert bzw. hergestellt. Ressentiments, die Herrschaft, Ausschluss, Verfolgung und Unterdrückung legitimieren, sind Resultate der modernen Vernunft. Diese irrationale Logik äußert sich nicht nur in der Abwertung von Frauen, sondern auch in antisemitischen und rassistischen Zuschreibungen. Antisemitismus, Rassismus aber auch Sexismus, die sich in der zuspitzenden sozial-ökonomischen Situation zeigen, sind deswegen auch kein neues Phänomen. Schon die Zuwanderungen in den ›Wirtschaftswunder‹-Zeiten waren von rassistischen und geschlechtlich motivierten Ausschluss- und Hierarchisierungsbestrebungen begleitet.

Hautfarbe, Geschlecht und Arbeit

Im Zuge der abnehmenden Integration in das System der Arbeit verbinden sich allerdings die materiellen Interessen in den Zerfallsprozessen mit der Irrationalität des immanenten Rassismus in unterschiedlichsten Ausformungen.

Zunächst kann man feststellen, dass staatliches Handeln in den Zentren der Wertverwertung den Imperativen der Krise der Arbeitsvernutzung grundsätzlich insofern folgt, als es nicht mehr die Integration in das System der Arbeit zu verwalten und zu organisieren hat, sondern den Ausschluss. In Zeiten des Fordismus und der expandierenden Verwertung menschlicher Arbeitsenergie musste es der Politik um Rekrutierung von lebendiger Arbeit in den entsprechenden Quantitäten und Qualitäten, d.h. auf den adäquaten Niveaus der Produktivität gehen. So zielten z.B. der Ausbau des Bildungswesens in den 60er Jahren hierzulande u.a. auf die gestiegenen Ansprüche an die beruflichen Qualifikationen. Dagegen resultierte die Anwerbung südeuropäischer Arbeitskräfte in den 50er und 60er Jahren aus der ebenfalls gestiegenen Nachfrage nach einfachen Produktionstätigkeiten in den Massengüterindustrien. In der Arbeitswirklichkeit des (Hoch-)Fordismus entwickelte sich entlang dieser Trennung eine rassistisch unterlegte Hierarchie sozialer Stellungen vor dem Hintergrund von höher bzw. niedriger qualifizierten Tätigkeiten, die noch durch eine geschlechtliche Hierarchisierung überlagert war. Trotz dieses rassistisch und geschlechtlich motivierten Ausschlusses aus bestimmten Berufsfeldern mit der damit einhergehenden sozialen Schichtung gab es allerdings eine grundsätzliche Gemeinsamkeit: den Einschluss in das Gebäude der Arbeitsvernutzung. Finden die Exklusionen nur innerhalb einer arbeitsförmigen Normalität statt, so entsteht mit abnehmender Integrationsfähigkeit der Verwertung ein Apartheidsystem der Arbeit, das den zunehmenden Ausschluss aus dem Arbeitsuniversum umsetzt. In dem Maße wie die ›Welt der Arbeit‹ zur ›Closed Shop Gesellschaft‹ mutiert, ordnen sich die Mechanismen rassistischer und geschlechtlicher Hierarchisierung neu. Die Abwertung aufgrund von Herkunft oder Geschlecht geht eine Verbindung mit dem Ausschluss aus dem System (regulärer) Arbeit überhaupt ein und gewinnt damit eine neue Qualität. Nicht nur die Frage der Hautfarbe oder männlicher Attribute motiviert eine Anerkennung im System der kapitalistischen Krisenverwaltung, sondern immer wichtiger wird für den Einschluss der Aspekt der Beschäftigung bzw. der allgegenwärtigen Bereitschaft dazu. Dem Staat kommt dabei die Aufgabe zu, der Repression einen rechtlichen Rahmen zu geben und sie durch die Verwaltung umzusetzen. Die Strategie staatlicher Sozial- und Arbeitspolitik ist dabei zunehmend auf Kontrolle und Aussortieren der noch arbeits- und damit integrationsfähigen ArbeitskraftbesitzerInnen ausgerichtet. Diese werden einem immer strengeren Überwachungsregime unterworfen. Das Bleiberecht wird immer enger an den Nachweis von Arbeit gekoppelt. Die Zugangschancen zu regulären Beschäftigungsverhältnissen sinken, und die Migranten werden immer mehr in den sog. informellen Sektor abgedrängt. Die Kombination aus staatlichen Repressionsmaßnahmen und fehlender Arbeitskraftnachfrage in den kapitalistischen Kernsektoren zwingt den gesellschaftlich Ausgeschlossenen hochgradig prekäre Beschäftigungsformen und durch blanke materielle Not gekennzeichnete Lebensumstände auf.

›Papierlose‹ als heimliche Avantgarde der Elendsarbeit

Unglückliche Vorbilder in den prekarisierten Arbeitsfeldern der Zentren, die zumeist in den ›modernen Dienstleistungssektoren‹ wie Reinigung und Gaststättengewerbe oder Prostitution eine Beschäftigung finden, sind oftmals die nahezu zu jeder Arbeit gezwungenen ›Papierlosen‹: Menschen ohne Aufenthaltsstatus, die eine in jeder Hinsicht menschenunwürdige Existenz im Westen den immer noch schlimmeren Zuständen in den Herkunftsländern vorziehen. Mit den sog. Illegalen, wie sie typisch abwertend in Deutschland genannt werden, reichen die Verhältnisse der ökonomischen Peripherie in die Zentren herein.

Aufgrund der prinzipiellen Rechtlosigkeit werden diese in Arbeiten auf Elendsniveau und im Extremfall bis zur physischen Grenze gezwungen. Kennzeichnend für diese informellen Bereiche ist ein ausgeprägter Rassismus und Ethnizismus quer durch alle gesellschaftliche Schichten. Untergeordnete Arbeiten werden dabei wie selbstverständlich nach nationaler Herkunft geordnet, und das individualisierte Konkurrenzsubjekt zieht, wo immer es geht, seinen spießigen und bornierten Profit heraus. Die Arbeitsbereiche in den informalisierten Elendssektoren sortieren sich nach der geschlechtlichen Zuordnung in Bau- und Landwirtschaft einerseits und Reinigungswesen, Gastronomie, Hausarbeit, Kinder- und Altenbetreuung andererseits. Die unglaublichen Verhältnisse in den auf der Ausbeutung illegaler weiblicher Arbeitskraft beruhenden Beschäftigungssektoren kritisiert sogar die liberale und ansonsten für nahezu jede soziale Verwahrlosung eintretende »Zeit«:

»Diese Frauen, die als ›Ich-AG‹ ohne jegliche soziale Absicherung arbeiten, bringen es oft zu einem anstrengenden Vollzeitjob, indem sie mehrere Haushalte pro Tag versorgen. Für die Arbeitergeberseite zahlt sich die Informalität in barer Münze aus: keine Sozialabgaben, kein Krankengeld, kein Urlaubsgeld … In Deutschland wird die Zahl der Personen, die auf diese Weise außerhalb des Geltungsbereichs des Arbeitsschutzrechts leben, auf bis zu 1,5 Mio. geschätzt … Der Arbeitsplatz Haushalt, der vom Blick der Öffentlichkeit weitgehend abgeschirmt ist, wird so zur Nische und Notlösung für undokumentierte Einwanderer. Die Liste der Missstände ist lang: niedrige Einkommen, oft unter dem Existenzminimum, lange Arbeitstage, nicht ausbezahlte Überstunden bis hin zur Verweigerung des Lohns … oft wird gar von Gewalt und sexuellen Übergriffen berichtet« (*Zeit*, 51/2002).

Den Gipfel des rechtlosen Zustands und der sexistischen Reduktion stellt die Zwangsprostitution dar. In vielen Zerfallsregionen, beispielsweise auf dem Balkan, ist dieser Sektor zu einem wesentlichen Teil der materiellen Reproduktion – gerade im Zusammenhang mit den Transfers des humanitär-industriellen Komplexes von NGOs und UNO – aufgestiegen. Aber auch in den Zentren dringt diese Form der illegalen ›Beschäftigung‹ immer weiter vor.

Das Verhältnis von entrechteter Beschäftigung von ›Papierlosen‹ und ›normaler‹ Verausgabung von Arbeitskraft fügt sich dabei in den allgemeinen Trend, soziale Standards herabzudrücken. Diese im weltweiten Zusammenhang über die Standortkonkurrenz des global agierenden Kapitals vermittelte Logik reproduziert sich gewissermaßen im Mikrokosmos illegaler Beschäftigungsverhältnisse. Unter dem allgegenwärtigen Konkurrenzdruck des Marktes versuchen sowohl multinationale Konzerne als auch mittlere bis kleine Unternehmen, soziale und arbeitsrechtliche Errungenschaften abzubauen, was zur stetigen Zunahme von Elends- und Niedriglohnbeschäftigung führt. Ein Beispiel dafür ist der Bereich der industriellen Landwirtschaft. Die landwirt-

schaftlichen Betriebe werden von den europaweit operierenden Super-
marktketten unter immer größeren finanziellen Druck gesetzt. Dies geschieht freilich nicht aufgrund eines ungezügelten Profitstrebens und
eines böswilligen Kapitalisteninteresses. Der Preisdruck ist vielmehr selber bereits Resultat eines gnadenlosen Wettbewerbs um die abnehmende
Kaufkraft der Verbraucher, induziert durch die steigende Arbeitslosigkeit und das damit einhergehende abnehmende Erwerbseinkom-
men. Die konkurrierenden Supermärkte geben den Druck auf die
Preise an die Landwirte weiter, die wiederum im Wesentlichen an zwei
›Stellschrauben‹ zur Senkung ihrer Kosten drehen können. Einerseits
an den ökologischen Standards; rücksichtsloser Schadstoffeinsatz ver-
seucht dabei ganze Landstriche. Andererseits an der Lohnhöhe und
den Arbeitsbedingungen. Der Spielraum für letztere scheint bei illegal
Beschäftigten nahezu grenzenlos zu sein. Der mehr oder weniger laten-
te Rassismus spielt bei der Herstellung und Durchsetzung unzumutba-
rer Lebensverhältnisse eine nicht zu unterschätzende legitimatorische
Rolle. Er beseitigt alle Skrupel, den Marginalisierten ein absolut un-
würdiges Leben zuzumuten.

Das European Civic Forum berichtet von den Zuständen in El Ejido, dem
Ort der rassistischen Pogrome in der Region Almeria in Südspanien, wo
Zehntausende legale, aber auch illegale Zuwanderer aus Nordafrika – und
zunehmend auch aus Osteuropa – im Gemüseanbau beschäftigt sind:

> »Die meisten von ihnen leben in alten Hütten, die von der ländli-
> chen Bevölkerung aufgegeben wurden, 55 Prozent von ihnen verfü-
> gen über kein Trinkwasser, 57 Prozent haben keine Wasch- und
> Toilettenanlagen und 31 Prozent keine Elektrizität. Hunderte von
> Menschen nehmen alte Holz- und Plastikhütten in Besitz. Die Ver-
> antwortlichen der Region beziffern die Anzahl von Migranten, die
> unter unzureichenden Bedingungen leben, auf über 17.000. Diese
> Migranten haben sich mit unakzeptablen Arbeitsbedingungen, wie
> etwa mehr als 50°C Hitze in den Gewächshäusern und dem Kon-
> takt mit riesigen Mengen von Pestiziden, abzufinden. Überflüssig
> zu sagen, sie werden armselig bezahlt. Die Unternehmer wiederum
> um geraten durch Bankkredite, Versorgungsindustrien und Han-
> delsfirmen unter Druck; so versuchen sie durch Einsparungen im
> einzigen Bereich, den sie selbst kontrollieren – dem der Beschäf-
> tigungskosten – zu überleben. Es ist uns natürlich klar, dass die-
> ses Phänomen nicht nur Spanien betrifft. Die Situation in

Almeria ist zweifelsfrei schockierend, aber überall im europäischen Obst- und Gemüseanbau gibt es Missbrauch« (Bell).

Der Druck der Konkurrenz trifft zuerst diejenigen, die sich aus Gründen ihrer rechtlosen Stellung als ›Papierlose‹ nicht direkt gegen die Zumutungen wehren können. Die Senkung der Löhne und der Arbeitsrechte strahlt aber auch auf die anderen, noch legal Beschäftigten aus. In der nordamerikanischen Fleischproduktion beispielsweise haben die Mechanismen der verschärften Konkurrenz und der illegalen Beschäftigung, v.a. durch die Dynamik in der Fast-Food-Industrie, zur allgemeinen Senkung von sozialen Standards geführt:

»Als die Gewerkschaften noch Einfluss hatten, konnten sich die Arbeiter über übermäßige Geschwindigkeiten des Fließbands und Verletzungsraten beschweren, ohne eine Entlassung fürchten zu müssen. (Die Zahl der Unfälle steigt mit erhöhter Geschwindigkeit stark an; K.L.) Heute gehört nur ein Drittel der IBP-Arbeiter (einer der großen Fleischproduzenten in den USA; K.L.) einer Gewerkschaft an. Bei den gewerkschaftlich nicht organisierten Arbeitern handelt es sich meist um Immigranten, die erst seit kurzem im Land sind; viele sind illegal und ›nach Belieben‹ beschäftigt. Das bedeutet, dass sie aus fast jedem Grund ohne Vorwarnung fristlos entlassen werden können. Derartige Arrangements ermutigen natürlich nicht dazu, sich zu beschweren. Arbeiter, die für diese Stelle weit gereist sind, Familien ernähren müssen und in der Fleischfabrik im Vergleich zum Heimatland das Zehnfache verdienen, hüten sich davor, ihre Meinung zu äußern und alles zu verlieren. Die Geschwindigkeit der Produktion und die Personalkosten in den nicht gewerkschaftlich organisierten Fabriken von IBP setzen heute den Standard für die übrige Branche. Jedes andere Unternehmen muss Rindfleisch so schnell und billig wie IBP produzieren; wer das Tempo zum Schutz der Arbeiter drosselt, ist im Wettbewerb benachteiligt ... Die Vorarbeiter in der Produktion sind meist Männer Ende zwanzig und Anfang dreißig ... In vielen ländlichen Gebieten ist die Position des Aufsehers in einer Fleischfabrik eine der besten Positionen, die man erringen kann. Natürlich steht ein Vorarbeiter unter einem gewissen Druck: Er muss die Produktionsvorgaben erreichen, die Zahl der registrierten Verletzungen niedrig halten, und vor allem muss er dafür sorgen, dass das Fleisch ununterbrochen vom Fließband läuft. Der Job bringt auch enorme Macht mit sich. Jeder Aufseher ist in seinem Bereich ein kleiner Diktator, der größtenteils freie Hand hat, die Arbeiter zu schikanieren, zu entlassen, zu schelten oder ihnen neue Aufgaben zuzuteilen. Diese Form der Macht kann zu allem möglichen Missbrauch genutzt werden, vor allem, wenn es sich bei dem beaufsichtigten Personal um Frauen handelt. Viele Frauen erzählten mir, dass sie am Fließband befummelt und begrabscht wurden. Das Verhalten des Aufsehers gibt den Ton vor für die anderen männlichen Kollegen ... Größtenteils sind die sexuellen Beziehungen zwischen Aufsehern und ›Stundenlöhnern‹ jedoch einvernehmlich. Viele Arbeiterinnen sehen im Sex mit dem Vorgesetzten eine Möglichkeit, sich einen sicheren Platz in der amerikanischen Gesellschaft zu verschaffen, eine Green Card, einen Ehemann – oder zumindest die Versetzung auf einen besseren Posten in der Fabrik. Einige Aufseher werden zu Casanovas der Fleischfabriken und haben zahlreiche Affären. Sex, Drogen und Schlachthöfe erscheinen vielleicht als eine unwahrscheinliche Kombination, doch ein ehemaliger Mitarbeiter von Monfort (ebenfalls ein großer US-Fleischfabrikant; K.L.) meinte zu mir: ›Hinter diesen Mauern ist man in einer anderen Welt mit ihren eigenen Gesetzen‹« (Schlosser, 248ff.).

Durch den Komplex von Migration und Ausschluss zieht sich die rassistisch und geschlechtlich besetzte Hierarchisierung, wie in den USA so auch in der BRD: ob indische Green-Card-Besitzerinnen von ihren deutschen Vorgesetzen sexistisch belästigt werden, ob migrantische Männer in den noch einträglicheren Jobs, wie am Bau, Beschäftigung finden, ob Bedienungen in den Fast Food Restaurants nur weiblich und weiß sein dürfen oder Frauen zur Prostitution gezwungen werden. Die ›Papierlosen‹, die gegenwärtig oftmals nur unter weitgehender Entrechtung Beschäftigung finden und damit neben der strukturellen Gewalt oft auch der rassistisch und sexistisch motivierten persönlichen Willkür ausgesetzt sind, bilden eine heimliche Avantgarde. Heimlich, weil sie offiziell gar nicht existieren, aber auch, weil man nicht zugeben will, dass diese prekären und entrechteten Beschäftigungsverhältnisse eigentlich Ziel- und Orientierungspunkt für alle sein sollen, die nicht mehr zu regulären Konditionen in den Arbeitsmarkt integrierbar sind. Mal hinter vorgehaltener Hand, zunehmend aber auch offen dekretiert die politische Zwangsverwaltung die erzwungene Integration in die informelle Elendsarbeit. Die mit heimischem Pass ausgestatteten Herausgefallenen sollen sich mit ihren Ansprüchen an dem orientieren, was den Illegalisierten in den entrechteten Arbeitsfeldern der modernen Dienstleistungssektoren heute schon zugemutet wird. Und wenn eine Arbeitsstelle zum Auskommen nicht ausreicht, so muss man eben noch eine zusätzliche Halbtagsstelle, notfalls auch zwei Stellen annehmen. Barbara Ehrenreich hat in ihren Reportagen über den Dienstleistungssektor in den USA diesen durch materielle Not vermittelten fortwährenden Zwang zur Ausdehnung der Arbeitszeit eindringlich beschrieben.

Den Ausschluss aus der regulären Verwertung von Arbeitskraft versucht das Apartheidregime der Arbeit also durch eine Zwangsintegration in die weitgehend entrechteten Elendssektoren zu ergänzen. Die Situation gegenüber den Zeiten von ökonomischer Expansion und damit einhergehendem Arbeitskräftebedarf hat sich für MigrantInnen damit grundlegend gewandelt:

»Die ökonomischen und politischen Rahmenbedingungen in den Zielländern lassen sich nicht mehr mit denen in der ersten Hälfte dieses Jahrhunderts vergleichen. Dies gilt vor allem für transozeanische Migranten, aber auch für viele Mexikaner und andere *hispanics* in den USA. Sie finden nur noch in Ausnahmefällen reguläre und dauerhafte Arbeitsplätze, die über Steuern, gewerkschaftliche Organisation und andere soziale Mechanismen einen ›formellen‹ Einstieg in die Aufnahmegesellschaft gestatten. Statt dessen müssen sie im ›informellen Sektor‹ unterkommen bzw. sich ihren Arbeitsplatz selber schaffen. In diesem neuen Arbeitsmarkt stehen insbesondere persönliche Dienstleistungen im Zentrum: in Restaurants, in Liefer- und Bringdiensten, in der Reinigung von Büros und Läden, in der häuslichen oder institutionellen Pflege von Kindern und alten Menschen oder bei der Hilfe im Haushalt … Die Tendenz zur Informalisierung wird begleitet und verstärkt durch eine staatliche Politik der Einwanderungsbeschränkungen sowohl in den USA wie auch in Europa, die den Status der ›illegalen‹ Immigranten geschaffen hat. Die Situation permanenter Rechtlosigkeit und Gefährdung führt nicht nur zu ganz besonderer Abhängigkeit bei der Arbeit und

Arbeitssuche, sondern wirkt sich auch auf die Formen der sozialen Organisation und Netzwerkbildung aus« (von Oertzen, 10f.).

Die Reaktion der Linken

Die Krise der Arbeit erscheint ökonomisch als Transnationalisierungsprozess. Das Kapital sucht einerseits weltweit nach Anlagemöglichkeiten für die Kapitalverwertung, und zum anderen nutzt es konsequent über alle nationalen Grenzen hinweg betriebswirtschaftliche Kostengefälle. Wie oben schon erwähnt, stellt dies die Fähigkeit der einzelnen Nationalstaaten zu politischer Regulierung in Frage. Die Krise nationalstaatlicher Politik in der Sphäre der Ökonomie und der Arbeit korreliert dabei mit einem erhöhten Sicherheits- und Ausgrenzungsinteresse. Je mehr sich die politischen Handlungsspielräume im Prozess der globalen (Standort-)Konkurrenz verengen und je mehr Menschen für die Wertverwertung überflüssig werden, desto größer der Hang staatlicher Institutionen, die Integration zwangsweise herzustellen bzw. den Ausschluss zu exekutieren. Eine adäquate und kritische Reflexion gesellschaftlicher Verhältnisse muss den inneren Zusammenhang und die Gegenläufigkeit von kapitalistischem Basisprozess und den politischen Verarbeitungsformen in den Blick nehmen. Der Übergang zu einem rassistisch unterfütterten und durch staatliche Maßnahmen abgesicherten Apartheidsystem der Arbeit ist nicht Ausfluss eines autonom und souverän entscheidenden politischen Willens, sondern erst Folge der Krise von Arbeit und staatlicher Souveränität. Dies kann freilich nicht heißen, bloß objektivistisch den Krisenprozess zu konstatieren. Im Gegenteil. Erst durch die kritische Klärung, auf welcher Ebene eine soziale Bewegung gegen die Zumutungen und Ausschlüsse ansetzen müsste, kann diese überhaupt die nötige Ausstrahlungs- und Durchsetzungskraft gewinnen. Es gilt, den Widerstand gegen die repressive Krisenverwaltung der Warengesellschaft auf der Ebene ihrer Grundkonstitution von Wert und Arbeit zu formulieren. Das Gros der Linken übersieht diesen widersprüchlichen Zusammenhang zwischen der Krise von Ökonomie und Politik einerseits und zunehmender staatlicher Repression andererseits. Vornehmlich auf zwei Wegen wird das Kernproblem, die basale Doppelkrise von Arbeit und Staat, umgangen.

Zivilgesellschaft und ›nacktes Leben‹

Zum einen zog man in linken Kreisen aus dem prekären Schwinden der Möglichkeiten nationalstaatlicher Politik in Folge der Globalisierung gerade nicht die angemessene Konsequenz der grundsätzlichen Problematisierung der abstrakten wie blinden gesellschaftlichen Vermittlung im Kapitalismus. Dieser Teil der Linken reflektierte zwar die Krise der (nationalen) Politik, meinte aber kurzschlüssigerweise aus der Not eine Tugend machen zu können: Mit dem Mainstream der bürgerlichen Mitte versuchte man, das zunehmende Prekärwerden staatlichen Handelns infolge der Transnationalisierung des Kapitals auf eine internationale Ebene zu transformieren. Nicht länger, so die irrige Annahme, kann dem global agierenden Kapital in überkommenen Strukturen nationaler politischer Praxis entgegnet werden, sondern es bedürfe der Etablierung neuer, internationaler ›Akteure‹. Bekanntermaßen schlug sich diese Illusion in den Vorstellungen von Zivil- oder Bürgergesellschaft, von Global Governance und von neuer gesellschaftlicher Vermittlung mittels NGOs nieder. Die Krise der Politik sollte durch die Neu-Erfindung der Politik überwunden werden, wie sich dies beispielsweise Ulrich Beck und Anthony Giddens mit ihrem Projekt einer ›zweiten Moderne‹ zusammenphantasierten. Als theoretischer Bezugspunkt für diese zusammengedachte Transformation von Politik diente einerseits Hannah Arendt mit ihrer Vorstellung vom Leben in der Polis und andererseits Jürgen Habermas' Theorie kommunikativen Handelns (siehe Hierlmeier, 134ff.). Arendt fasst die Sphäre der Politik und der (bürgerlichen) Öffentlichkeit als den zentralen Bezugspunkt für eine fortschrittliche und emanzipative Perspektive. Jenseits dessen drohe der ›Welt‹ oder besser Nicht-Welt ein Zustand tierähnlicher Heteronomie. Nach der ersten Geburt in das »nackte Dasein« der naturhaften Existenz ist die menschliche Befreiung, so Arendt, an eine zweite, »politische Geburt« gebunden. Erst durch diesen von jedem Einzelnen zu vollziehenden existentiellen Akt gelange man in die Sphäre des »homo politicus«, jenseits des heteronomen Bereiches der Ökonomie und des Sozialen. Dass Arendt hier nur die übliche Illusion vom souveränen Status der Politik gegenüber der verselbständigten Objektivierung (der Ökonomie) ausdrückt, verhinderte selbstverständlich nicht, dass sie einer politikgläubigen Linken als theoretische Referenz diente. Denn es ging im Gegenteil ja gerade darum, an der politischen Form als unhintergehbarer Bedingung festhalten zu wollen. Auf das

Prekärwerden nationalstaatlicher Politik, der einzig denkbaren Form
moderner Politik überhaupt, folgte schließlich nicht deren grundlegende Kritik und der Ansatz einer Neufundierung sozialer Vermittlung
jenseits dieser abstrakten Form, sondern der Versuch, diese über ihren
Zerfall hinaus zu verlängern und eine nochmalige, nicht mehr auf einen nationalen Raum beschränkte ›Geburt der Politik‹ einzuleiten. Was
aber aus dem Kreißsaal globalisierter ökonomischer Heteronomie entlassen wird, ist freilich nicht eine neue Gestalt des »homo politicus«,
sondern, wie sich immer deutlicher zeigt, die Figur des ›nackten Lebens‹ oder des »homo sacer« (Agamben). Je weniger Menschen noch
einen Platz im offiziellen Universum von Arbeit und Nationalstaat finden, desto mehr füllen sich die abgedunkelten Räume dieser »Nacktheit
des bloßen Menschseins« (Arendt): die Regionen der betriebswirtschaftlich verbrannten Erde mit ihrer Plünderungsökonomie, mit Bandenkriegen, Elendsarbeit und Elendsmigration mit Flüchtlingslagern oder
Zwangsprostitution. Mit der Sprengung des Bezugsrahmens nationale
Souveränität entsteht keineswegs eine neue Polis der Zivilgesellschaft,
in der NGOs und transnationale Institutionen im freien und herrschafts-
losen Austausch von Argumenten zu neuen Perspektiven der Partizipa-
tion finden können. Stattdessen finden sich die Individuen nach wie vor
gebannt in die negative Totalität der Warengesellschaft.
Dass eine Windbeutelei wie die Vorstellung einer ›Neuerfindung des
Politischen‹ überhaupt in dieser Breite im gesellschaftlichen Diskurs
fruchten konnte, liegt in der Münchhausiade der anderen zentralen
Sphäre moderner Verhältnisse, der Ökonomie. Die Fiktion der Rückkehr der Politik korrespondierte mit einer Fiktionalisierung des Kapitals in der kurzen Periode des Kasino-Kapitalismus und der New
Economy. Wenn schon die Ökonomie virtuell weiterläuft, d.h. die
Arbeitsgesellschaft nur noch durch den Zufluss von nicht rückzahlba-
ren Krediten funktioniert, wieso dann nicht auch fröhlich die Zukunft
der internationalen Bürgergesellschaft ausrufen? Doch der Aufschub,
den die Virtualisierung des Werts in den 90er Jahren für die unaufge-
arbeiteten Bezüge der Linken und ihren Antagonismus noch gewähr-
te, ist bereits obsolet. Von den zivilgesellschaftlichen Phrasen bleibt
nichts übrig als die Einpassung der NGOs als humanitär-industrieller
Komplex in die imperiale Krisenverwaltung unter der Hegemonie der
USA. Jenseits einer Arendtschen zweiten Geburt in einen als autonom imaginierten Raum der Politik finden sich die Protagonisten

der zweiten Moderne als Helfershelfer des kapitalistischen Krisenmanagements wieder, betraut mit der Aufgabe, bei der Herstellung und Verwaltung der ›nackten Existenz‹ mit anzupacken. Sie sollen das Dahinvegetieren, die Existenzweise, die der Selbstwiderspruch des Kapitalverhältnisses für immer größere Teile der Menschen noch als einzig mögliche zulässt, mitorganisieren. Auf der von der Warengesellschaft verbrannten Erde, in den Flüchtlings- und Gefangenenlagern oder den Elendsvierteln der stetig wachsenden Peripherie, kommt die Bürgergesellschaft ohne Bürger, das ›nackte Leben‹, tatsächlich zu sich. Aus den ›neuen Akteuren‹ der herbeigedachten autonomen Sphäre der Politik und der internationalen Zusammenarbeit sind angestellte Pflegekräfte für die erste Geburt des ›nackten Lebens‹ geworden.

Klassenillusion

Um der Notwendigkeit einer grundlegenden Reformulierung einer kritisch emanzipativen Perspektive auszuweichen, hat sich innerhalb der Linken neben der zivilgesellschaftlichen Illusion eine zweite Ausweichstrategie entwickelt. Sie schließt unmittelbar an traditionelle marxistische Begriffe wie Klasse und Klassenherrschaft an. Neooperaistische (Hardt/Negri) und staatsmaterialistische (Poulantzas) Theorien mit ihren verschwommenen Weiterungen des Klassenbegriffs bildeten zentrale theoretische Bezugspunkte für diesen Diskurs. Anstatt die Kritik auf die versachlichte gesellschaftliche Herrschaft durch Arbeit und Staat zu beziehen, wiederholte man letztlich die traditionelle Orientierung des Klassenantagonismus, nur dass der Gegenpol zum Kapital völlig unscharf konturiert wurde. Die gute alte Arbeiterklasse und der Glaube an ihre antikapitalistische Mission kehrt im nebulösen Konstrukt etwa der ›Multitude‹ wieder.

> »Die Arbeitsmigration (der 50er und 60er Jahre in Deutschland; K.L.) stellte eine neue, hochorganisierte und regulierte Form des internationalen Arbeitsmarktes dar. Seine partielle Ausweitung über die Grenzen des Nationalstaates hinaus begreifen wir als Produkt einer Kompromissstruktur, in der die gesellschaftlichen Kräfteverhältnisse artikuliert werden« (Karakayali/Tsianos, 247).

Ideologischer Hintergrund dieser Vorstellung einer »Kompromissstruktur« ist letztlich eine traditionelle Auffassung von Klassenverhältnissen mit entsprechenden sozialen und politischen Auseinandersetzungen und Kämpfen. Sie ist schon insofern traditionell, als dass die Kämpfe überhaupt, samt der damit verbundenen Klasse, als das Erste und Zugrundeliegende angenommen werden, während die gemeinsame Form des gesellschaftlichen Verhältnisses außer Sichtweite bleibt. Der Standpunkt der Arbeit und damit der Klasse war immer ein Standpunkt innerhalb der unbewusst hergestellten Form, und die Willens- und Interessensäußerungen der Klasse blieben letztlich immer auf diese Form bezogen. Die grundlegende Ausblendung der gesellschaftlichen Verkehrsform (Arbeit und Politik) und die Fixierung auf die je subjektiven Willen, die sich innerhalb dieser Form äußern, macht die linke Kritik ihrem Gegenstand so unangemessen. Anstatt in Anschluss an die Arbeitskritik von Marx die Klasse als rein immanente Kategorie zu kritisieren, wird mit Bezug auf die transnationale Migration und der daraus folgenden »permanenten Neuzusammensetzung der Klassen« (ebd., 262) die Krise der Arbeit nur mystifiziert. Von diesem Ansatz aus ist es unmöglich, eine Perspektive für eine »Neuzusammensetzung« gesellschaftlicher Kräfte zu formulieren, da das Zwangssystem von Arbeit und Staat auf einer grundlegenden Ebene gar nicht wahrgenommen wird.

Bereits die Interpretation der sozialen Beziehungsgeflechte unter den MigrantInnen zeigt dies. Angesichts zunehmender staatlicher Kontrolle und Repression haben sich diese Netzwerke als individuelle Voraussetzung von Migrationen herausgebildet. Persönliche Verbindungen und Hilfestellungen sind unumgänglich beim (illegalen) Aufenthalt in den Zielländern. Nun muss ein emanzipativer Standpunkt aber danach fragen, welche Rolle solche informellen Strukturen für den Widerstand gegen die kapitalistischen Zumutungen spielen können, statt ihre Existenz als solche schon mit Widerstand und Antikapitalismus zu verwechseln. Nur so lässt sich das positive Moment der Entstehung von Netzwerken gegenseitiger Solidarität gegen das System der Warengesellschaft wenden. Mit dem unvermittelten Bezug auf migrantische Netzwerke samt der dort wirkenden ›Widerständigkeit‹ wird die radikale Abwehr von Unterdrückung nicht mobilisiert, sondern im schlechtesten Falle nur die Banalität des kapitalistischen (Elends-)Alltags stilisiert. Sicherlich ist jede in Netzwerken organisierte Umgehung von staatlicher Repression und auch jede individuelle Taktik zur Verbesserung der konkreten Lebensverhältnisse im kapitalistischen Zwangssystem zu begrüßen.

Aber eine adäquate Kritik muss die Orientierung der Theorie wie der Praxis über die jeweiligen Alltagsbezüge hinaustreiben, wenngleich mit der Struktur von Netzwerken eine Bedingung direkter gesellschaftlicher Vermittlung sicherlich gegeben ist. Keinesfalls können die Zusammenhänge per se als positive »Neuzusammensetzung« gesellschaftlich »fortschrittlicher« Kräfte interpretiert werden. Eine emanzipative Bewegung müsste sich einer Selbstkritik ihrer Praxisformen unterziehen, ohne die Spannung zwischen konkreter (Selbst-)Hilfe und der Orientierung auf die Überwindung der verselbständigten modernen Form kurzschlüssig einem mystifizierten Klassensurrogat zuzuweisen.

Es ist weder theoretisch noch praktisch hinreichend, den Rassismus vor dem Hintergrund dieses verschwommenen Klassenbegriffs abzubilden. Wenn man die »Ethnisierung ... als ein konstitutives Element der Klassenbildung und ... zwar in Bezug auf das kapitalistische (Staats-)Regime, das in der strukturellen Desorganisation der Beherrschten besteht« (ebd., 263), kennzeichnet, so reicht die Analyse nicht über den subjektivierten (Willens-)Horizont der Herrschaftsbeziehung zwischen Herrschenden und Beherrschten hinaus. Nicht die Herrschaft der abstrakten verselbständigten Form des gesellschaftlichen Verhältnisses mit den immanenten Irrationalismen wie Rassismus, Sexismus und Antisemitismus wird kritisiert, sondern diese Form wird heruntergebrochen auf das ›divide et impera‹ der herrschenden bourgeoisen Klasse. Der Rassismus figuriert im Extremfall dann nur noch als ein funktionalistischer Mechanismus ethnizistischer Teilung im Bezugsfeld von Willenssubjekten innerhalb der Form.

Wenn man immer wieder mit Poulantzas den Staat als die »materielle Verdichtung von Klassenkräfteverhältnissen« kennzeichnet und mit Balibar die Regulierung dieser Kämpfe durch die Desorganisierungspolitik eines »national-sozialen Staates« oder gar die MigrantInnen und ihre angebliche Autonomie als neues ›Multitude‹-Subjekt der Geschichte mit eigener theoretischer Avantgarde-Funktion, kommt man über einen traditionellen Standpunkt auf der immanenten Ebene der Willenssubjekte nicht hinaus. Damit wird nicht nur die notwendige theoretische Klärung der zugrunde liegenden gesellschaftlichen Form verfehlt, sondern auch die notwendige radikale Orientierung kritischer Praxis.

Jenseits der Arbeit

Will man Möglichkeiten, Ansatzpunkte und Konflikt- bzw. Kampflinien für eine emanzipative Perspektive bestimmen, kommt man nicht umhin, globale Ungleichheit und Migration auf die Warengesellschaft insgesamt und die gegenwärtigen Krisenprozesse zu beziehen. Den Vorstellungen der Neugründung von Politik durch internationale Akteure oder den Annahmen über die stetige Neubildung von Klassen liegt aber ironischerweise gerade die Krise der allen Warensubjekten gemeinsamen Form zugrunde, die beide Sichtweisen nicht wahrhaben wollen.

Die alte Arbeiterbewegung fußte auf der gemeinsamen abstrakten Form der Verausgabung von Arbeitskraft. Durch die unbewusst sich herstellende Krise dieser Form der Arbeit schwand auch die gesellschaftliche Ausstrahlung und der Einfluss des ›Arbeiterstandpunkts‹. Versuche, diesen Standpunkt durch diverse Surrogate wie etwa die ›Multitude‹ zu ersetzen und zu verlängern und das Interesse der Arbeit gegen ein ontologisiertes Interesse der Armen und Unterdrückten auszutauschen, verfehlen gerade das Wesentliche, was den Charakter des Kampfes gegen die Diktatur von Arbeit und Staat ausmacht.

Für eine Kritik, die über die herrschenden Verhältnisse hinauszugreifen sucht und auf deren Überwindung zielt, gilt es, die grundsätzliche Krise der Arbeit und ihrer Repräsentanz in den Gewerkschaften zu reflektieren. Der Niedergang der Gewerkschaften als institutionalisiertes Interesse des Arbeiterstandpunkts verweist auf die Krise der Arbeitsvernutzung und ist nicht mit einer anderen krisenhaften Erscheinung der Arbeit, der informellen und illegalisierten, irgendwie noch zu heilen. Es gilt, die Vernetzung und den Widerstand der aus dem kapitalistischen System Ausgeschlossenen zusammenzuführen. Das geht aber nicht mehr als quasi-gewerkschaftliche Organisierung von Interessen innerhalb dieser gesellschaftlichen Form.

Auf der Tagesordnung steht die Formulierung eines Standpunktes, der den bewussten Zugriff auf den gesellschaftlichen Zusammenhang und die gesellschaftlichen Ressourcen propagiert. Dieser grundlegende Aspekt muss allen Widerstand verbinden, so verschieden die einzelnen Ansätze auch inhaltlich sind und sein müssen. Die Kohärenz einer Bewegung gegen die einheitliche Totalität von Ware und Geld hat keinen positiven Sinn innerhalb der Form mehr zu transportieren, wie noch die alte Arbeiterbewegung mit ihrem affirmativen Bezug zur Arbeit. Die Verknüpfung ergibt sich vielmehr durch den gemeinsamen Konflikt, der auf eine Abschaffung der abstrakten und verselbständigten Vermittlung im Kapitalismus zielt. Diese nötige Kohärenz einer Bewegung lässt sich nur noch negativ über die Kritik und Abwehr der krisenhaft obsolet werdenden gesellschaftlichen Verhältnisse der Warenform herstellen, aber keinesfalls über den gemeinsamen Horizont einer Anerkennung in den zerfallenden Strukturen der Arbeit oder des Rechts. Diese grundsätzliche Ebene der Konfliktformulierung muss auch in der Kritik und Skandalisierung von prekären Arbeitsverhältnissen herausgestellt werden, deren entrechtete ›Avantgarde‹ die Illegalisierten sind. Es hilft nicht weiter, der unzumutbaren Prekarisierung weiter Teile der Bevölkerung durch die repressive Krisenverwaltung die illusionäre Forderung nach einer Reintegration in das Universum regulärer Arbeit (und des Rechts) entgegenzusetzen. Widerstand und Kampf sind zunächst darauf zu richten, die politische Klasse daran zu hindern, der Systemlogik bis zur letzten menschenverachtenden Konsequenz zu folgen. Damit öffnen sich Spielräume für eine emanzipative soziale Praxis. Natürlich geht es nicht darum, sich auf der Ebene konkreter Forderungen puristisch zu verhalten und auf jeden immanenten Anspruch zu verzichten. Im Gegenteil. Aber erst die Verknüpfung von Forderungen innerhalb des kapitalistischen Systems mit dem bewussten Bruch seiner Voraussetzungen hat Aussicht auf Erfolg. Reflektiert der Widerstand gegen Entrechtung und Ausschluss nicht die einzig adäquate Ebene der Konfliktformulierung und beschränkt sich darauf, nur Ansprüche und Forderungen innerhalb der vorausgesetzten Form geltend zu machen, besteht vielmehr die Gefahr, sich selber in dem herrschenden Diskurs der Ausschlusslogik zu verfangen: »›Wir sind Arbeiterinnen und deswegen haben wird das Recht auf Rechte. Wir wollen nicht mehr bei der Arbeit sexuell missbraucht werden, wir wollen einen höheren Lohn und endlich in Würde arbeiten wie ihr alle auch!‹ Das kommt an und erhält jede Menge Beifall« (*Jungle World*, 49/2003), so die ›Gesellschafterinnen für Legalisierung‹ auf dem verdi-Gewerkschaftstag 2003, die dort innerhalb einer Legalisierungskampagne auftraten. Die Empörung über Niedriglohn und sexuelle Diskriminierung und deren Zurückweisung wird problematischerweise kurzgeschlossen mit dem Standpunkt der Arbeit und der rechtlichen Entsprechung. Denn einerseits impliziert das Einklagen und die Fortschreibung des ›Rechts auf Rechte‹, welches sich a priori immer nur auf einen geschlossenen nationalen Raum und den diese Rechte gewährenden Souverän beziehen kann, immer schon den Ausschluss nicht national identifizierbarer Individuen. Andererseits wird die systemische Ausschlusslogik auf der Ebene der Arbeitsverwertung durch die kausale Verknüpfung des ArbeiterInnenstandpunkts mit den Formen rechtlicher Anerkennung reproduziert. Denn die Logik des Umkehrschlusses, ohne Arbeit keine Rechte und keine Würde, ist gerade Grundlage für den staatlich organisierten Ausschlussprozess entlang der Zwangsintegration über prekarisierte Arbeit. Weil der Krisenprozess eine Transformation informeller wie illegalisierter Arbeit in die kapitalistische Normalform unmöglich macht, fällt der Standpunkt der Arbeit heute – konsequent formuliert – unmittelbar mit einem Standpunkt rassistischer Ausgrenzung und sozialer Apartheid zusammen. Eine Emanzipationsbewegung kann sich schon alleine deswegen nur jenseits dieses Standpunktes formieren, und dies gilt eben auch für das Problem der Migration. Nur in bewusster Frontstellung zu den Basis-›Qualitäten‹ der kapitalistischen Anerkennungsformen ist auch eine Perspektive für eine allseits freie Migration zu gewinnen: jenseits der Zwänge des Verkaufs von Arbeitskraft und des Ausschlusses aus einem nationalstaatlichen Universum. Die ›Autonomie der Migration‹ meint als aufklärerischer Topos des pseudo-autonomen Handelns der isolierten Einzelnen immer schon die selbst gewählte Unterwerfung unter die vorausgesetzten Formen von Arbeits- und Rechtssubjektivität. In der Moderne kann von einer selbstbestimmten Wahl des Aufenthalts und der Lebensbezüge nicht wirklich die Rede sein. Die Vermittlungsform der Arbeit und die nationalstaatliche Einhegung – verbunden mit einer vorher ungeahnten Zugriffsmacht auf die Einzelnen – haben die Wanderungsbewegung kanalisiert und aus ihnen eine Funktion von nationalstaatlicher und nationalökonomischer Formierung gemacht. Im krisenhaften Verfall dieser Formen kann eine wirkliche Selbstbestimmung der Migration nur in Konfrontation mit der zunehmend gewaltförmigen Totalität des Systems von Arbeit und Staat erkämpft werden.

Literatur

Bell, Nicholas (2003): 3D-Perspektiven, in: *express*, Zeitschrift für sozialistische Betriebs- und Gewerkschaftsarbeit, 3/03.
Dietrich, Helmut (2001): Der Raum des humanitären Engagements; in: Wie wird man fremd; jour fixe initiative berlin (Hg.); Münster.

Ehrenreich, Barbara (2003): Arbeit poor. Unterwegs in der Dienstleistungsgesellschaft; Hamburg.

Eid, Uschi (1999): Armut, Hunger, Überbevölkerung; in: Hutter, Franz-Josef/ Mihr, Anja/Tessmer, Carsten (Hrsg.): Menschen auf der Flucht; Opladen.

Hierlmeier, Josef (2002): Internationalismus. Eine Einführung in die Ideengeschichte des Internationalismus; von Vietnam bis Genua; Stuttgart.

Karakayali, Serhat/Tsianos, Vassilis (2002): Migrationsregimes in der Bundesrepublik Deutschland. Zum Verhältnis von Staatlichkeit und Rassismus; in: Demirovic, Alex/ Bojadzijev, Manuela: Konjunkturen des Rassismus; Münster.

Körner, Heiko (1990): Internationale Mobilität der Arbeit. Eine empirische und theoretische Analyse der internationalen Wirtschaftsmigration im 19. und 20. Jahrhundert; Darmstadt.

Priess, Ludger (1999): Transnationale soziale Räume zwischen Nord und Süd. Ein neuer Forschungsansatz für die Entwicklungssoziologie; in: Lateinamerika, Analysen und Berichte 23: Migrationen; Bad Honnef.

Schlosser, Eric (2002): Die Fast-Food-Gesellschaft. Fette Gewinne, faules System; München.

Tetzlaff, Rainer (1999): Fluchtbewegungen in Schwarzafrika; in: Hutter, Franz-Josef/ Mihr, Anja/Tessmer, Carsten (Hrsg.): Menschen auf der Flucht; Opladen.

von Oertzen, Eleonore (1999): Migrationen; in: *Lateinamerika, Analysen und Berichte* 23: Migrationen; Bad Honnef.

Windschuh, Thomas (1999): Die Nachfrageseite der Migration. Die USA als Arbeitsmarkt, in: *Lateinamerika, Analysen und Berichte* 23: Migrationen; Bad Honnef.

Maria Wölflingseder

Von der Zurichtung zur Hinrichtung IV
Das große Drängen
auf die Schlachtbänke
der Schönheitschirurgie

Dass ›Push-up-Höschen‹ und ›Control-BH‹ alleine nicht mehr reichen, ist bekannt. Die Deutschen – vor allem vertreten durch die Frankfurter Business Schickeria – pilgern schon seit ein paar Jahren nach Tschechien, Ungarn und in die Slowakei, um ihr Fett absaugen, ihre Brüste ausstopfen, ihr Eigenhaar transplantieren und ihre überzähligen Hautlappen herausschnipseln zu lassen. Nun hat der Boom auch Österreich erreicht. Vergangene Weihnachten lagen unzählige Gutscheine unterm Christbaum. Auch Hausfrauen und Schülerinnen gingen dabei nicht leer aus. In der Beilage *Freizeit* des *Kurier* vom 13. Dezember 2003 wird großzügig geworben: »50 km von Wien, … in westlicher Qualität zu Ostblockpreisen – auch für EU-Bürger.«
Mir fallen unweigerlich Erich Kästners »So genannte Klassefrauen« ein, die unser zum Makabren neigender Deutsch-Lehrer am Gymnasium vorzulesen pflegte: »Wenn es gelte, Volapük zu lernen // und die Nasenlöcher zuzunähn // und die Schädeldecke zu entfernen // und das Bein zu heben an Laternen – morgen könnten wir's bei ihnen sehn«, lautet eine der sechs Strophen. Wer den Normen nicht entspricht, hat's schwer. »Kahlköpfigkeit bei Männern ist ein Karrierekiller.« (Wie funktionieren eigentlich Eigenhaartransplantationen, die besonders begehrt zu sein scheinen? Werden da die Haare von den Beinen auf den Kopf verpflanzt oder vom Popo, falls sie dort zuhauf sprießen? Oder gar die Schamhaare? Infantile, puppenhafte Härchenlosigkeit am ganzen Körper ist ja groß in Mode.) Die Chancen, einen Job zu ergattern, wurden vielfach erhoben und berechnet. Überall gelten andere Erfolgs-

kriterien. In Island verdienen blonde Menschen zirka 10 Prozent weniger als der Durchschnitt. Große mit hellbraunem Haar verdienen am meisten. In Deutschland sind lockige Haare und blaue Augen gefragt. Männer ab einer Größe von 1,89 Meter haben mehr Glück. Sie bekommen durchschnittlich um 12,4 Prozent mehr Gehalt als ihre Geschlechtsgenossen unter 1,80 Meter. Bewerber beiderlei Geschlechts haben mehr Chancen, wenn sie hoch gewachsen, schlank und mit tiefer Stimme ausgestattet sind. (Welche Rezepte gibt es dafür? Kreide fressen, hilft das noch? Ach, beim Bewerbungs-Impulstag hieß es, einen Sektkorken in den Mund zu nehmen – wogegen sollte der helfen? Und das Streckbett, ist das heute noch im Einsatz für die zu kurz Geratenen?) Auch der Geruch muss stimmen: Männer wie Frauen benötigen einen männlichen, um den Personalchefs Kompetenz, Führungsqualität und Durchsetzungskraft zu signalisieren. (Frank-Rainer Schurich: Der perfekte Jobkandidat, in: *Neues Deutschland*, 11./12. Mai 2002)

PS: Eine Woche nach dem Verfassen dieser Zeilen, bleibt mir fast die Luft im Halse stecken, als ich im *Standard* auf Seite zwei die drei Beiträge zum Thema Schönheitschirurgie lese. Das Streckbett, über das ich in dichterischer Freiheit phantasierte, ist wohl wie ein sanftes Ruhekissen verglichen mit der qualvollen Realität chinesischer Frauen. Kaum von der traditionellen Fußverkrüppelung befreit, lassen sie sich die Ober- und Unterschenkelknochen brechen und in Metallgehäuse vernageln. Während die Beine in die Länge gezogen werden, wächst neue Knochenmasse nach. Wollen die kleinen Chinesinnen um zehn Zentimeter größer sein, dauert das mindestens fünf schmerzvolle Monate. Für die Verzweifelten ist dies Martyrium oft die letzte Chance, einen Job oder einen Mann zu bekommen.
Hao Lulu, ein ehemaliges hässliches »Pekinger Entlein«, ist das große Vorbild für die jungen Frauen Chinas. Sie hat sich, von einer Werbeagentur gesponsert, einem Marathon von 16 Operationen unterzogen, die aus ihr »Chinas erste künstliche Schönheit« fabriziert haben. Jährlich misslingen in China allerdings 20.000 Operationen, die von Befähigteren dann kor-

189

rigiert werden müssen. Militärhospitäler gelten als die besten Adressen. Sie haben auch Geschlechtsumwandlungen, Penisverlängerungen und Rückverwandlungen in Jungfrauen im Programm.

In Österreich empfehlen so genannte Praxisberater Ärztlnnen, deren Praxen nicht den erwünschten Gewinn abwerfen, Schönheitsoperationen anzubieten. Diese, von der Idee begeistert, bitten dann mitunter Chirurgen-Kollegen, ihnen »auf die Schnelle Fettabsaugen beizubringen«. (*Der Standard*, 31. Jänner/1. Feber 2004)

Marco Fernandes

Wind des Südens
Funken eines nicht-entfremdeten Bewusstseins
inmitten des argentinischen Zusammenbruchs

Der argentinische Kapitalismus liegt am Boden. Beinahe zehn Jahre
lang hatte sich Carlos Menem, der ehemalige Präsident Argentiniens,
als Musterschüler des Internationalen Währungsfonds gebärdet: Er
koppelte den argentinischen Peso an den US-Dollar, privatisierte in
großem Stil staatliche Betriebe, baute Einfuhrbeschränkungen ab,
strich die Zahl der Staatsbediensteten radikal zusammen und dergleichen mehr. Dank der künstlichen Parität von Peso und Dollar hatte die
Kaufkraft der Mittelschicht quasi über Nacht zugenommen. Nach dem
Motto ›Was kostet die Welt?‹ konnte sie sich nun endlich lang gehegte
Konsumträume erfüllen und dankte dies ihrem Präsidenten mit politischer Unterstützung. Und während Michel Camdessus, der damalige
Direktor des IWF, der Regierung ein Loblied sang und Argentinien
dem Rest der Welt als Modell eines modernen Staats empfahl, wähnte
die herrschende Klasse sich bereits auf dem Weg in den exklusiven
Club der Länder der Ersten Welt.
Als Menem dann abtrat, überließ er es seinem Nachfolger Fernando
de la Rúa, die Kohlen aus dem Feuer zu holen. Gewählt, um das Land
aus der Rezession zu führen, die die argentinische Wirtschaft seit 1998
lähmte, wird de la Rúa stattdessen als der Präsident, der von der Bevölkerung aus dem Amt gejagt wurde, in die Geschichte eingehen.
Seine letzte Amtshandlung sollte sich als politischer Selbstmord erweisen. Eine Abwertung des Peso hatte zu einem Ansturm auf die
Banken geführt. Um den endgültigen Kollaps des Finanzsystems zu
verhindern, verfügte er, die Konten der Mittel- und Oberschicht zu
sperren. Das war der Tropfen, der das Fass zum Überlaufen brachte.
Die aufgebrachte Mittelschicht schloss sich den wütenden Protesten
der Arbeitslosen an, die am 19. und 20. Dezember 2001 die Straßen
beherrschten. Das Bild, das von de la Rúa bleiben wird, ist das seiner
Flucht. Per Hubschrauber musste er die Casa Rosada, den Sitz des ar-

gentinischen Präsidenten, verlassen, um dem Zorn der Massen zu entkommen. Der Konsumrausch, der beinahe ein Jahrzehnt angehalten hatte, endete in einer gewaltigen Katerstimmung und einer gesellschaftlichen Krise, wie es sie in der Geschichte der argentinischen Republik noch nicht gegeben hat. Auf geradezu idealtypische Weise versinnbildlicht das Land die Krise der Arbeitsgesellschaft. Von den 14 Millionen, die den wirtschaftlich aktiven Teil der Bevölkerung ausmachen, sind heute 2,4 Millionen arbeitslos, weitere zwei Millionen beziehen Arbeitslosengeld und fast drei Millionen sind im öffentlichen Dienst angestellt. Von den sieben Millionen in der Privatwirtschaft Beschäftigten gelten ca. 20% als ›unterbeschäftigt‹. Der Realwert der Einkommen ist auf das Niveau der 1940er Jahre abgesunken. Die Arbeitslosigkeit ist nur deswegen nicht noch höher, weil seit dem Jahr 2000 mehr als 260.000 Argentinier ausgewandert sind. Um eine Vorstellung von der Größenordnung dieser Migrationsbewegung zu bekommen, muss man sich vergegenwärtigen, dass in den Jahren der blutigen Militärdiktatur (1976-83) nicht einmal 40.000 Menschen das Land verlassen haben.

Selbst nach den offiziellen Angaben der Regierung leben heute von 37 Millionen Argentiniern 21 Millionen unterhalb der Armutsgrenze. Das Ausmaß der Tragödie ist nur deshalb nicht noch größer, weil die Regierung, eine Bedrohung für die öffentliche Ordnung fürchtend, das Staatssäckel ein wenig aufgeschnürt hat, um den Prozess der absoluten Verelendung zu bremsen. Mehr als zwei Millionen Familien beziehen 150 Pesos aus einem Hilfsprogramm für ›Haushaltsvorstände‹. Kaum mehr als ein Almosen, das nicht einmal ausreicht, um die Grundbedürfnisse einer einzigen Person zu decken. Noch vor einigen Jahren war ein solches Szenario völlig unvorstellbar. In den 70er Jahren war Argentinien ein Land, in dem 75% der Bevölkerung zur so genannten Mittelschicht zählten. Die wirtschaftliche Katastrophe der letzten Jahre hat diesen Anteil auf 30% schrumpfen lassen.

Auf den Straßen von Buenos Aires sind die Zeichen der Krise allgegenwärtig. In der U-Bahn versuchen Kinder, manchmal gerade 4 Jahre alt, und arbeitslose Erwachsene alles zu verkaufen, was sich irgendwie zu Geld machen lässt. Schier endlose Schlangen bilden sich dort, wo man eine Mahlzeit umsonst bekommen kann. Die vom Markt Ausgeschlossenen im Kampf um die letzten Brosamen, die die Wirtschaft für sie bereit hält. Nachts durchstöbern Zehntausende, ein Heer von

Cartoneros, den Müll nach Pappe und Papier. An den Recycling-Stationen kauft man ihnen den Wertstoff für ein besseres Trinkgeld ab. Noch vor wenigen Jahren machten das nur einige der Jüngeren unter den Arbeitslosen, doch heute streifen ganze Familien durch die Straßen der Hauptstadt, um nicht Hungers zu sterben.

Nur an wenigen Orten der Stadt lassen sich die Folgen der Wirtschaftspolitik der 90er Jahre so gut beobachten wie in Puerto Madero. Früher ein heruntergekommenes Hafenviertel, sollte es nach dem Vorbild der Hafenregion von San Francisco in Kalifornien saniert werden. Zig Millionen Dollar wurden in architektonisch gewagte Bürobauten investiert, um vor allem große Unternehmen anzusiedeln. Daneben waren Hotels, Restaurants und Geschäfte der gehobenen Preisklasse für wohlhabende Touristen vorgesehen. Yachten, für die in einem kleinen Fluss Ankerplätze geschaffen wurden, sollten dem Ort eine extravagante Atmosphäre verleihen und das Bild der Symbiose von Geschäft und Freizeit abrunden.

Da jedoch die Entwicklung der argentinischen Wirtschaft nicht so ruhig verlief, wie die dunklen Wasser des Rio de la Plata dahinfließen, blieb das Projekt unvollendet. Dem Betrachter bietet sich nunmehr ein bizarres Bild: Neben hypermodernen Gebäuden und millionenschweren Yachten stehen die noch nicht abgerissenen Überreste ehemaliger Fabriken, halbfertige Rohbauten und vor sich hin rostende Kräne. Ein Bild mit Symbolkraft für das Schicksal der peripheren Länder des kapitalistischen Systems. Die herrschende Klasse versucht, jeden wirtschaftlichen Aufschwung für eine Modernisierung zu nutzen. Da sich in diesem Teil der Welt der Geldhahn der internationalen Kredite jedoch ebenso schnell wieder schließt, wie er sich öffnete, werden ihre Pläne regelmäßig zu Makulatur und sie ist gezwungen, weiterhin mit jenen Ruinen zu leben, von denen sie sich befreien wollte.

In einigen dieser Ruinen sammeln sich heute Zehntausende Argentinier, um sich gemeinsam ein neues Leben aufzubauen. Die Institutionen eines gescheiterten Systems haben sich als unfähig erwiesen, die grundlegenden Bedürfnisse der Bevölkerung zu befriedigen. Als Antwort darauf haben sich in den letzten Jahren unzählige Organisationen gebildet, die dies in die eigene Hand nehmen wollen. In der Peripherie der großen Städte haben sich Tausende von Arbeitslosen zu einer Bewegung der so genannten *Piketeros* zusammengeschlossen, die dem Staat die Stirn bietet und das Leben in den Stadtvierteln mehr und mehr in eigener Regie organisiert. Ähnliches gilt für die Stadtteilversammlungen vor allem in den Vierteln der Mittelschicht. In den letzten vier Jahren ist die Wirtschaftsleistung um 20% geschrumpft, mehr als 4.000 Fabriken haben ihre Tore geschlossen. Tausende von Arbeitern wollten jedoch die drohende Arbeitslosigkeit nicht einfach hinnehmen. Anstatt die Reihen der industriellen Reservearmee aufzufüllen, haben sie sich entschlossen, mit dem Tabu des Privateigentums zu brechen und die Produktion in den von ihren Besitzern aufgegebenen Fabriken selbständig wieder aufzunehmen. ›Besetzen, um zu produzieren‹, lautet eine ihrer Parolen.

Die Produktionsmittel kontrollieren

Es ist momentan noch sehr schwer, ein genaues Bild der Umwälzungen, die sich in den letzten Jahren in den besetzten Fabriken ereignet haben, zu zeichnen. Es handelt sich um ein neues Phänomen, dessen Folgen noch nicht abzuschätzen sind. Bislang hat sich erst eine wissenschaftliche Studie genauer mit der Situation in den Fabriken auseinander gesetzt. Diese Studie wurde von Gabriel Fajn, der an der Universität von Buenos Aires ein Team von Wissenschaftlern um sich sammelte, durchgeführt. Allerdings konnten in der Studie nur die ersten 87 besetzten Fabriken berücksichtigt werden. Schätzungen gehen davon aus, dass sich heute ca. 180 Fabriken im ganzen Land in der Hand der Arbeiter und Arbeiterinnen befinden. Das bedeutet, dass mehr als 10.000 Arbeiter und Arbeiterinnen heute in selbstverwalteten Betrieben arbeiten. (In Brasilien wird die Zahl der Arbeiter und Arbeiterinnen, die in selbstverwalteten Betrieben arbeiten, auf 30.000 geschätzt. Immer mehr von ihnen organisieren sich in der Associação Nacional dos Trabalhadores de Empresas de Autogestão ANTEAG – Nationale Vereinigung der Arbeiter aus selbstverwalteten Fabriken. Aber das ist eine andere Geschichte…)
Fajn zufolge sind 80% der 87 von ihnen untersuchten Fabriken als klein zu bezeichnen. Sie weisen im Schnitt eine Belegschaft von 38 Arbeitern auf. Lediglich in einem Fünftel der Fabriken arbeiten durchschnittlich mehr als 100 Arbeiter. Es handelt sich dabei um Fabriken, die in ihrer Mehrheit noch nach dem fordistisch-tayloristischen Schema arbeiten. Nur in wenigen sind ›fortgeschrittene‹, so genannte toyotistische Produktionsmethoden anzutreffen. Schaut man auf die

Produktionskapazitäten, lässt sich feststellen, dass die besetzten Betriebe ihre Kapazität im Schnitt zu 52% ausschöpfen. Beim größeren Teil der Betriebe lag dieser Wert um die 40%. Andererseits haben sieben von zehn Betrieben das Produktionsniveau aus der Zeit vor der Besetzung erreicht oder sogar übertroffen. In Bezug auf die Gehälter ergab die Untersuchung, dass sie in 16% der Fälle auf demselben Niveau geblieben sind. Bei 31% der Unternehmen sind sie gestiegen und bei 52% gefallen. Um diese Zahlen einordnen zu können, muss man berücksichtigen, dass in vielen Fabriken auch leitende Angestellte und Mitglieder der Geschäftsleitung weiterhin arbeiten. Deren Bezüge sind in der Regel stark gefallen, während die der einfachen Arbeiter in der gleichen Fabrik tendenziell gestiegen sind. Es gibt auch Ausnahmen wie z.B. die Stahlhütte Union y Fuerza. Dort hat man es in einem Zeitraum von zwei Jahren geschafft, sämtliche Schulden zu begleichen, einen Hochofen für 90.000 Pesos zu kaufen und einen Kupfervorrat von 140 Tonnen anzulegen. Die Gehälter haben sich im gleichen Zeitraum beinahe vervierfacht.

An den Arbeitszeiten hat sich nicht viel geändert. In der Regel hat man an einem Arbeitstag von acht Stunden festgehalten, in einigen Fällen blieb man auch darunter, etwa bei Brukman in Buenos Aires, wo die Arbeitszeit durchschnittlich um zwei Stunden pro Tag reduziert wurde. Insbesondere interessierten sich die Forscher für die Gefahr der Selbstausbeutung als Folge der Selbstverwaltung. Der Großteil der Fabriken hat jedoch die Produktion zurückgefahren. Aber auch in den Betrieben, wo sie erhöht wurde, konnte keine Zunahme der Ausbeutung der Arbeitskraft festgestellt werden. Dies mag daran liegen, dass in 90% der Fälle die innerbetrieblichen Hierarchien abgebaut wurden. Alles wird auf Betriebsversammlungen entschieden und alle, von der Putzkraft bis zum Vorstand oder dem obersten Koordinator, verdienen das gleiche. Das dürfte das interessanteste Ergebnis der Untersuchung sein, denn es zeigt, dass sich der Fabrikalltag in dem Moment entscheidend ändert, in dem man mit den Versammlungen einen Raum für Diskussionen schafft, eine Möglichkeit für den Austausch von Erfahrungen, für gemeinsame Entscheidungen im Hinblick auf die Produktion sowie für die politische Kommunikation mit anderen Teilen der Gesellschaft.

Fajn kam ferner zu dem Ergebnis, dass in nur einem von vier Fällen eine Übereinkunft zwischen den ehemaligen Chefs und den Beschäftigten erzielt wurde. In den restlichen 75% der Fälle kam es zu Besetzungen, Straßenprotesten und Konfrontationen mit der Polizei und den ehemaligen Eigentümern. Aus diesem Grund sind auch die Besitzverhältnisse in vielen Fabriken rechtlich noch ungeklärt. In den meisten Fällen hat der Staat zwar einer auf zwei Jahre befristeten Enteignung der Gebäude und der Maschinen zugestimmt, aber es ist völlig offen, was nach Ablauf dieser Frist geschehen wird. Die Arbeiter kämpfen darum, als Eigentümer der Fabriken anerkannt zu werden. Die immensen Schulden, die von den alten Besitzern angehäuft wurden und die sich auf Hunderte Millionen von Pesos belaufen, stärken dabei ihre Position. Der größere Teil dieser Schulden setzt sich aus ausstehenden Gehältern und nicht geleisteten Sozialabgaben zusammen, aber auch Steuern und nicht bezahlte Strom-, Wasser- und Gasrechnungen schlagen zu Buche. Es ist jedoch klar, dass der von der peronistischen Bande beherrschte Staat nicht bereit sein wird, gegenüber den Arbeitern die gleiche Großzügigkeit walten zu lassen, die er immer dann zeigt, wenn es gilt, Unternehmern Millionenkredite zu bewilligen oder Steuerschulden zu erlassen. Zudem hatten zahlreiche Unternehmer, als sie merkten, dass es wegen der Wirtschaftskrise immer schwieriger wurde, die gewünschten Profitraten zu erzielen, eine Strategie verfolgt, die darin bestand, die Fabriken ›auszuschlachten‹. Um ihr privates Vermögen zu retten, wurden Gehälter und Sozialabgaben sowie Gelder für neue Investitionen in spekulative Geschäfte auf den Finanzmärkten umgeleitet. Darin zeigt sich die neue Realität der kapitalistischen Akkumulation: Waren zu verkaufen ist kein gutes Geschäft mehr.

Funken eines nicht-entfremdeten Bewusstseins

Volkswirtschaftlich gesehen sind die besetzten Fabriken (*Okupas*) noch immer praktisch unbedeutend. Und trotz der beträchtlichen Bandbreite von Produktionssektoren, die an dieser Erfahrung der Selbstverwaltung beteiligt sind, verläuft der Aufbau von Tauschnetzen zwischen diesen Fabriken, von denen alle wirtschaftlich wie politisch profitieren würden, noch immer sehr schleppend. Dennoch zeitigt dieses in der argentinischen Geschichte einmalige Phänomen Folgen, die bedeutsamer sind als die bloße Sicherung von Arbeitsplätzen in den bankrotten Unternehmen. Zugleich wirft es auch viele Fragen auf: Welche Veränderungen sind möglich, wenn die Kontrolle über die Produktionsmittel in die Hände der Arbeiter übergeht? Was bedeutet es für die Arbeiter, sich nicht mehr den Hierarchien am Arbeitsplatz unterwerfen zu müssen, nicht mehr der Willkür eines Chefs ausgesetzt zu sein, sondern selbst die Verantwortung über die Produktion und über die Kriterien der Verteilung des produzierten Reichtums zu übernehmen? Ist es möglich, selbst wenn die Zwänge der Marktgesetze weiterhin bestehen und objektive Grenzen setzen, einen ›autonomen Raum‹ für die Arbeiter in diesen Fabriken ohne Chef zu denken? Wie wirkt sich schließlich all dies auf die Subjektivität eines Arbeiters aus, der an diesem Erfahrungsprozess beteiligt ist?

Bedenkt man die erschreckenden Ausmaße, die der Stress wegen der zunehmenden Prekarisierung der Arbeitsbeziehungen in den letzten Jahren angenommen hat (Erhöhung der Arbeitszeit, Lohnkürzung, Angst vor Verlust des Arbeitsplatzes etc.), dann kommt einigen der Erfahrungen, die im Rahmen der Selbstverwaltung gemacht werden, in politischer Hinsicht eine noch größere Bedeutung zu. Denn hier zeigt sich in der Praxis, dass die materielle Produktion der Gesellschaft anders organisiert werden kann. Gespräche, die ich zu Beginn des Jahre 2003 mit Arbeitern in einigen der besetzten Betriebe führen konnte, machen das deutlich.

Wozu einen Chef?

Als ich Ana Maria, die am Empfang der Clínica Junín in Cordoba arbeitet, bitte, ihren Alltag vor der Besetzung der Klinik zu beschreiben, kommt die Antwort wie aus der Pistole geschossen:

»Ich kann dir sagen: Früher kam ich hier an, setzte mich hier auf diesen Stuhl«, ihre Worte untermalt sie mit ausdrucksstarken Gesten, »und machte meine Arbeit, den ganzen Tag. Ich hatte kaum Zeit, mal zur Seite zu blicken. Ich habe mich gefühlt, als ob ich in eine Tupperware-Dose eingesperrt sei.« Mit ihren Händen deutet sie ein Plastikbehältnis an, während ihr Kopf unentwegt nach unten gerichtet ist, so, als würde sie arbeiten. »Nach Feierabend«, fährt sie fort, »bin ich dann nach Hause gegangen. Todmüde bin ich in einen Sessel gesunken und habe den Fernseher angemacht. Unfähig, noch einen klaren Gedanken zu fassen, konnte ich bloß noch vor der Glotze hängen. Und als ob das nicht schon gereicht hätte, mussten wir auch noch das ewige Genörgel des Chefs ertragen. In letzter

197

Zeit haben wir nicht mal mehr unser Gehalt ausgezahlt bekommen.«

In wenigen Worten bringt Ana Maria den Alltag, wie er von der großen Mehrheit der Lohnarbeitenden erfahren wird, auf den Punkt. Einer Arbeitsroutine unterworfen, die in diesen Zeiten der Krise des Kapitals immer aufreibender wird, erleben sie die nicht enden wollenden Stunden am Arbeitsplatz wie einen täglichen Gefängnisaufenthalt. Und die Rückkehr in die eigenen vier Wände, nach langen Stunden der Enteignung von Körper und Geist, bietet nur eine kurze Verschnaufpause, bis der Wecker am nächsten Morgen schmerzhaft an die Gefahr erinnert, vom Arbeitsmarkt ausgeschlossen zu werden. Selbst mit der ›Freizeit‹ kann man kaum etwas anfangen: Nach acht Stunden Arbeit sowie der in den öffentlichen Verkehrsmitteln verbrachten Zeit – in Städten wie São Paulo oder Buenos Aires können das leicht vier bis fünf Stunden sein – bleibt nicht mehr viel übrig, um zu leben. Der während des ganzen Tages ausgelaugte Körper weiß nicht, wo er noch Energie hernehmen soll. Deshalb ist ›vor der Glotze zu hängen‹ oft das Einzige, was einem zu Hause noch bleibt – und in Lateinamerika sind es nicht wenige, die nicht einmal ein Zuhause haben. Jedoch scheint sich für Ana Maria einiges geändert zu haben, seit sie und ihre Kollegen die Klinik besetzt und die Kontrolle über sie übernommen haben.

Zwar sind die finanziellen Probleme noch immer gewaltig. Die Rechtslage erlaubt noch keine stationären Behandlungen. Außerdem hat sich die Belegschaft der Klinik entschlossen, nur 5 Pesos (1,50 Euro) pro Sprechstunde zu berechnen, um die Behandlungen für mehr Menschen zugänglich zu machen. Jeder der Beschäftigten der Klinik erhält deshalb ein monatliches Gehalt von ungefähr 200 Pesos, nur wenig mehr als das miserable Arbeitslosengeld und in keiner Weise ausreichend, um die monatlichen Ausgaben eines Menschen zu decken. Nachdem sie dies in sehr ernstem Ton erzählt hat, hält Ana Maria für einige Momente inne, wie jemand, der kühl die eigenen Worte abwägt. Dann diese Einsicht:

> »Weißt du was? Es ist alles sehr, sehr schwierig hier. Das ist
> wahr. Manchmal möchte man einfach alles hinschmeißen…
> Aber eins ist sicher: Kein Geld der Welt kann die Tatsache aufwiegen, dass wir hier keinen Chef mehr haben!«

Das ansteckende Lachen, in das sie gleich darauf ausbricht, lässt niemanden unberührt, der gezwungen ist, seine Arbeitskraft zu verkaufen und sich der Willkür eines Chefs auszusetzen, der in Zeiten, in denen es an Arbeitsstellen mangelt, immer mächtiger wird. Allgemein erschien die Tatsache, in einem Betrieb ohne Chef zu arbeiten, in den Aussagen als eine unschätzbare Errungenschaft, etwas, auf das man stolz ist und das einen qualitativen Unterschied im so schwierigen Alltag ausmacht. In der Figur des Chefs verdichten sich zweifellos die Zwänge der kapitalistischen Produktion: von der Aneignung des Mehrwerts bis zum Kontrollregime in der Fabrik, von der zwangsweisen Unterordnung unter die Produktionshierarchie bis hinein in die tagtäglich reproduzierten Herrschaftsverhältnisse in den persönlichen Beziehungen. Mit dem Verschwinden dieser Figur durch die Besetzung des Betriebs und seine Neuorganisation unter den Bedingungen der Selbstverwaltung gewinnen die Subjekte einen gewissen Grad an Autonomie zurück, die die Unterordnung unter einen Chef und die aufgezwungenen Arbeitsbedingungen ihnen genommen hatte. Dadurch gewinnt ihre alltägliche Tätigkeit eine neue, bisher unbekannte Dimension.

Wiederaneignung von Zeit und Raum und Reorganisation der Arbeitsteilung

Die Kontrolle über Zeit und Raum in einer Fabrik gehört zu den grundlegenden Mechanismen der kapitalistischen Profitproduktion. Ersteres bedeutet, dass die Arbeiter zu den vom Chef festgelegten Zeiten am Arbeitsplatz anwesend sind und während der Arbeit den vom Unternehmen vorgegebenen Produktionsrhythmus einhalten. Letzteres verlangt, dass jeder in der Fabrik sich nur in dem Raum bewegt, der ihm von der Arbeitsteilung zugewiesen wurde, und, wichtiger noch, dass niemand Zugang zu allen Bereichen der Produktion hat, so dass die Arbeiter den Produktionsprozess, in den sie eingebunden sind, in seiner Gesamtheit nicht überschauen können. Um dies sicherzustellen, üben Vorgesetzte und Abteilungsleiter auf dem Fabrikgelände eine Polizeifunktion aus, womit sie den Stress, dem die Arbeiter ausgesetzt sind, noch erheblich steigern.

»Früher musste ich die ganze Zeit hier am Hochofen bleiben. Ich konnte nicht mal in die Nachbarabteilung gehen, um mich mit einem Kollegen zu unterhalten. Sofort kam jemand, um mich zurückzuschicken«, erzählt Angel, ein Arbeiter der Keramikfabrik Zanon. Keine zehn Meter liegen zwischen seinem Arbeitsplatz und der Nachbarabteilung.»Weißt du, hier gab es für alles Vorgesetzte. Ich habe noch nie so viele Vorgesetzte auf einem Haufen gesehen! Und das Schlimmste war, dass sie den ganzen Tag überall herumschnüffelten. Jede Kleinigkeit war ihnen willkommen, um uns zusammenzustauchen. Du kannst dir vorstellen, wie hier die Stimmung war!«

Mit der Selbstverwaltung der Fabriken löste sich auch die rigide Arbeitsteilung des Fordismus auf. In erster Linie lag das daran, dass ein Großteil der leitenden Angestellten und des Verwaltungspersonals nicht bereit war, zu Bedingungen zu arbeiten, die ihnen ihre Privilegien nahmen. Deshalb war eine Neuverteilung der Aufgaben in der Fabrik unumgänglich. Die Tatsache, dass nunmehr die Belegschaftsversammlungen über alle internen Fragen entscheiden können, bedeutet außerdem, dass auch ein Wechsel zwischen verschiedenen Funktionen möglich ist, wenn die Versammlung zustimmt. Darüber berichtet Sérgio, ein Arbeiter der Textilfabrik Brukman[1]:

»Seit wir die Fabrik besetzt haben, haben sich die Dinge in dieser Beziehung ein wenig geändert. Wir haben jetzt mehr Mitsprache bei der Entscheidung, wo wir arbeiten. Ich z.B. arbeite beim Zuschnitt, aber auch in der Verwaltung und manchmal, so wie jetzt, helfe ich im Verkauf aus. Das heißt, wenn jemand etwas anderes machen will, muss er seinen Wunsch nur auf der Betriebsversammlung äußern. Dort wird man dann schauen, ob sich das realisieren lässt. Das läuft hervorragend. Wenn jemand in eine andere Tätigkeit eingearbeitet werden möchte, dann haben wir hier in der Fabrik die Möglichkeit, ihm dies zu ermöglichen. Ist das nicht toll? Die ganze Zeit das gleiche zu machen, kann einem gehörig auf die Nerven gehen. Irgendwann hält man das nicht mehr aus!«

---

1 Die Keramikfabrik Zanon (in der südlichen Provinz Neuquén) und die Textilfabrik Brukman (in Buenos Aires) gehörten zu den größten der besetzten Fabriken. Brukman wurde im April 2003 trotz heftiger Gegenwehr geräumt, Zanon befindet sich zum gegenwärtigen Zeitpunkt (Januar 2004) immer noch in den Händen der Belegschaft. (Anmerkung der Übersetzer)

Auch bei der Arbeitszeit gab es ein paar wesentliche Änderungen. Weil in vielen Fällen die Produktion zurückgefahren wurde, konnte auch die Arbeitszeit gekürzt werden. Aber auch dort, wo die Arbeitszeit offiziell nicht verringert wurde, läuft alles etwas geruhsamer ab. Außerdem kommen in einer Fabrik, in der alles gemeinsam entschieden wird, neue Aufgaben hinzu.

»Früher haben wir die acht Stunden am Tag wirklich gearbeitet. Wir hatten kaum Zeit, mal durchzuatmen, weil immer jemand da war, um uns zu beaufsichtigen«, berichtet Rosa, die bei Zanon arbeitet. »Heute ist das anders. Normalerweise arbeiten wir eine Zeit lang. Dann machen wir eine kleine Pause, trinken einen Mate und gehen dann zurück zur Arbeit. So läuft das heute. Ich denke, dass wir so vier bis fünf Stunden pro Tag arbeiten. Da hinten, da ist unser Koordinator«, sie zeigt auf einen älteren Herren, der mit einer der Maschinen beschäftigt ist, »und wir sitzen hier, trinken Tee und unterhalten uns. Außerdem haben wir mit den Betriebs- und Abteilungsversammlungen jetzt noch andere Aufgaben, die auch ziemlich viel Zeit kosten. Aber das ist nicht so anstrengend wie die Arbeit am Fließband.«

Abgesehen davon, dass aufgrund all dieser Veränderungen der permanente und Angst einflößende Druck verschwunden ist, den die Vorgesetzten auf die Arbeiter ausübten (was allein schon eine deutliche Erleichterung der harten Wirklichkeit am Fließband bedeutet), hat auch das Fabrikgelände selbst ganz neue Funktionen der Soziabilität für die Beschäftigten erlangt. Sie haben eine völlig veränderte Beziehung zu einem Raum entwickelt, der früher nicht der ihre war. Auf die Frage nach seinen Eindrücken vom ersten Arbeitstag unter den neuen Bedingungen antwortet Angel:

»Ah, das war ganz eigenartig. Erstmal gab es niemanden, der einen kontrollierte. Ab und zu schaute ich von der Arbeit auf, blickte mich um und sah, dass die Kollegen teils konzentriert arbeiteten, teils sich unterhielten. Aber es gab niemanden, der sie oder mich zur Rechenschaft gezogen hätte. Gleichzeitig war mir klar, dass es nun schwieriger werden würde. Es reichte nicht mehr aus, jeden Tag seine Arbeit zu machen und am Ende des Monats den Lohn ausgezahlt zu bekommen – obwohl wir den ja auch nicht mehr bekommen haben. Wir sind jetzt für alles verantwortlich, und auf den Versammlungen müssen alle gemeinsam darüber entscheiden, was gemacht werden soll. Und das ist nicht so leicht. Aber du kannst dir sicher vorstellen, dass sich vieles geändert hat. Wir können uns hier jetzt frei bewegen und nicht nur mit dem Kollegen reden, sondern auch lernen, was er eigentlich macht. Jetzt weiß ich, wie alles hier funktioniert, ich kenne den gesamten Produktionsprozess und ich denke, dass wir vielleicht deshalb jetzt mehr Stolz haben. Wir haben das Gefühl, dass es irgendwie unsere Keramikfabrik ist…«

Es sind nicht wenige hier bei Zanon, die in den letzten Monaten gelernt haben, wie die einzelnen Abteilungen der Fabrik funktionieren. Mit der schrittweisen Sozialisierung des Produktionswissens wird es immer schwieriger, es als Herrschaftsinstrument in den Händen einiger ›Eingeweihter‹ zu konzentrieren. Viele der Beschäftigten sind stolz, den zahlreichen Besuchern jeden Schritt im Produktionsprozess erklären zu können, von der Anlieferung des Tons bis zur Verpackung der Kacheln. Sie versichern, dass die Qualität der Produkte sich verbessert hat. Jetzt, wo ihnen der Betrieb gehört, können sich die Beschäftigten auch neue Formen der Nutzung des Raumes vorstellen, die ihre Beziehung zu ihm verändern.

»Möchtest du etwas sehen, was sich ziemlich verändert hat?«, fragt Sérgio von der Firma Brukman. »Siehst du, wie viele Leute hier noch arbeiten?« Er zeigt in die Fabrik, wo ein Kommen und Gehen herrscht. »Und wie spät ist es?« Ein Blick auf die Uhr. »Es ist fast vier! Um drei ist hier offiziell Feierabend, und noch immer sind hier ein Haufen Leute. Früher war hier um zehn nach drei keine Menschenseele mehr anzutreffen. Außer dem Chef natürlich. Niemand ist auch nur eine Minute länger als nötig geblieben. Heute hat es keiner mehr so eilig. Einige machen noch fertig, womit sie angefangen haben, andere plaudern, trinken Mate oder warten auf einen Kollegen oder eine Kollegin, um zusammen wegzugehen… Es ist, als ob das hier ein zweites Zuhause wäre. Wir fühlen uns wohl hier. Es gibt sogar Kolleginnen, die ihre Kinder mitbringen, wenn sie niemanden finden, bei dem sie sie lassen können. Das ist kein Problem. Wir wechseln uns ab, und den Kindern gefällt es.«

Nach und nach gewinnt der Raum der Fabrik neue Konturen und hört auf, einem Gefängnis zu gleichen. Die strikte Trennung zwischen der Arbeits- und Privatsphäre beginnt sich aufzulösen, aber nicht in dem Sinne, dass die Arbeitsroutine das Wohnzimmer erobert; vielmehr handelt es sich umgekehrt, wie Sérgio es beschreibt, um die Aneignung eines vormals privaten Raumes, der, indem er einen kollektiven Charakter annimmt, neue Dimensionen im Alltag der Arbeiter und Arbeiterinnen gewinnt. In einigen Fabriken etwa betreiben die Beschäftigten zusammen mit Studenten ›Kulturzentren‹, wo bei freiem Eintritt Filme und Theaterstücke gezeigt und verschiedene Workshops (Theater, Musik, Kunsthandwerk etc.) durchgeführt werden. So entstehen mit der Zeit neue Beziehungen zur Nachbarschaft der Fabrik und zu den Stadtteilversammlungen, was es zugleich auch erleichtert, Unterstützung zu mobilisieren, um der Polizei Widerstand zu leisten oder um die Monate zu überbrücken, in der die Produktion noch stillsteht.

Politisierung und Identität der Unterdrückten

Die Geschichten der Fabrikbesetzungen in Argentinien gleichen einander mehr oder weniger, und sie alle haben etwas Heroisches: Monatelang keinen Lohn bekommen und auf die Unterstützung der Familie und der Nachbarn angewiesen sein, rund um die Uhr die Fabrik bewachen, um nicht durch eine Räumungsaktion der Polizei überrascht zu werden, gleichzeitig gegen den Staat und gegen den Chef kämpfen, kollektiv die Wiederaufnahme der Produktion organisieren, um schließlich am eigenen Leib zu erfahren, welche Möglichkeiten sich eröffnen, wenn die Beschäftigten die Kontrolle über die Produktionsmittel übernehmen. Sämtliche Aussagen in den Gesprächen zerfallen in ein ›Vorher‹ und ein ›Nachher‹. Körperhaltung, Gesichtsausdruck und Stimme ändern sich während der Erzählungen oft, je nachdem über welche Erfahrungen berichtet wird.

Dieselbe Ana Maria, die geschildert hat, wie sie zerschlagen von der Mühsal der Arbeit nach Hause kam und nur noch fähig war, vor der Glotze zu hängen, beschreibt die Änderungen, die sich in ihrem Alltag ergeben haben, mit folgenden Worten:

>»Heute ist es anders. Ich komme hier an und arbeite. Wie gesagt: es ist nicht leicht, aber ich bin hier, nehme an den Versammlungen mit den Kollegen teil, gehe zu den Versammlungen bei

mir im Viertel, mache bei den Protesten auf der Straße mit. Ich weiß, was im Land vor sich geht. Ich kann mit jedem darüber diskutieren. Ich fühle mich als Teil von etwas Größerem, einem Kollektiv, einem Ganzen.«

So gut wie niemand in den Fabriken hatte vorher mit Politik etwas zu schaffen. Die allgemeine Schwächung der Arbeiterklasse in den letzten Jahrzehnten wurde in Argentinien noch durch die buchstäbliche Auslöschung der Linken während der massenmörderischen Militärdiktatur verschärft. 30.000 Menschen sind zwischen 1976 und 1983 ermordet worden. Genau aus diesem Grund bedeutet die mit den aktuellen Erfahrungen einhergehende Politisierung einen radikalen Einschnitt. Dies zeigt sich etwa, wenn Angel darüber spricht, was er früher beim Anblick der *Piketeros*, der Arbeitslosenbewegung, dachte, die auf der Straße demonstrierten, den Verkehr zum Erliegen brachten und in der Stadt ein ›Chaos‹ anrichteten:

»Das hat mich einfach nur angewidert!« »Aber warum?«, fragte ich vorsichtig. »Weiß nicht. Ich glaube, ich hatte keine Ahnung, was die damit erreichen wollten. Ich dachte: ›Was soll das hier? Warum halten die einen auf, richten ein solches Durcheinander an und stehlen den Leuten ihre Zeit?‹ Ich kannte niemanden, der in der Bewegung aktiv war, und wusste nicht, was da auf dem Spiel stand.« So ernst war Angel während des ganzen Gesprächs nicht gewesen. Er war sich bewusst, dass er einen heiklen Punkt berührte und sich vor einem Fremden eine Blöße geben könnte. Aber er versuchte in keiner Weise, seine Vergangenheit zu kaschieren. »Und wie siehst du das heute?«, fragte ich. »Heute? Heute bin ich es, der *piquetes* macht und auf der Straße protestiert. Wie gesagt, uns ist klar, dass wir früher oder später einpacken können, wenn wir hier in der Fabrik bleiben. Unser Kampf muss hier in der Fabrik und draußen in der Stadt stattfinden. Und die *piquetes* gehören zu den besten Formen der Mobilisierung, über die wir verfügen.«

Die Erfahrung, die Welt aus der Perspektive eines Arbeitslosen zu erleben, der gezwungen ist, sich zu organisieren und gemeinsam mit anderen für sein Überleben zu kämpfen, hat dazu geführt, dass Angel sich heute mit jenen ›Ruhestörern‹ identifiziert, die er vor ein paar Monaten noch beschimpft hat, als er sich blind auf den Standpunkt des herrschenden Bewusstseins stellte. Er musste auf die Straße gehen und demonstrieren, die Produktion in der Fabrik neu organisieren, Prügel von der Polizei einstecken und die verächtlichen Blicke der Passanten spüren, die wie er früher von alldem genervt sind, um zu verstehen, ›was auf dem Spiel steht‹. Für Angel ist sein Kampf in der Fabrik antikapitalistisch. Deshalb geht er davon aus, dass die Zukunft nicht einfach sein wird.

Auch innerhalb der Betriebe mangelt es in der Regel an Solidarität und Identifikation zwischen den Beschäftigten und den Arbeitslosen. Nicht selten ist das Streben nach sozialem Aufstieg und Distinktion stärker als das Bewusstsein der gleichen sozialen Herkunft und verhindert die Entstehung einer gemeinsamen Identität. Auch das hat sich durch die Erfahrung der Besetzungen geändert, wenigstens im Fall von Gladys, Arbeiterin bei Brukman. Anderthalb Monate vor dem Bankrott war sie entlassen worden, doch nach der Besetzung des Werks durch ihre Kolleginnen und Kollegen holten diese sie zurück. Auch bei ihr verweist das ›Vorher‹ und das ›Nachher‹ auf eine grundlegende Veränderung, die stattgefunden hat:

»Oh je, Marco, so vieles hat sich geändert… Zuerst war es schwierig, mich hier wieder hineinzufinden, denn schließlich müssen wir uns jetzt selbst organisieren, d.h. wir müssen viel mehr miteinander reden, der Dialog ist sehr wichtig. Es reicht nicht mehr aus, hier anzukommen, die Anweisungen entgegenzunehmen, die Arbeit zu erledigen und wieder nach Hause zu gehen. Erst mal gibt es keine Anweisungen mehr, wir entscheiden alles gemeinsam auf den Versammlungen. Früher hatte ich nicht viel zu tun mit den anderen hier. Weißt du?…« »Hattest du keine Freunde hier in der Fabrik?« Ihre Miene verriet mir, dass ich einen wunden Punkt angesprochen hatte. »Ach, ganz wenige. Es ist so…, dass ich mich nicht allzu sehr mit den anderen hier identifiziert habe… Weißt du, ich komme auch aus einfachen Verhältnissen, aber ich hatte die Möglichkeit zu studieren, Kommunikationswissenschaften an der UBA. Meine Freundschaften hatte ich woanders. Die Leute hier, das war eine andere Schicht, wir sprachen nicht die gleiche Sprache, diese Dinge halt… Wir haben uns nie viel miteinander unterhalten. Außerdem hatte ich ein furchtbar hektisches Leben. Den ganzen Tag habe ich hier gearbeitet, und nach Feierabend bin ich so schnell wie möglich raus, um rechtzeitig zu den Vorlesungen an der Uni zu kommen. Für andere Sachen blieb da keine Zeit.« »Aber jetzt, nach alldem, was passiert ist, haben sich die Dinge geändert?«, hakte ich nach. »Auf jeden Fall. Es hat sich viel geändert. Jetzt kenne ich jeden hier und mit vielen bin ich auch befreundet. Sie haben auch mehr Vertrauen zu mir. Ich glaube, für mich war das die wichtigste Veränderung, dass die Beziehung zu den Leuten hier jetzt eine ganz andere ist. Ich fühle mich den anderen mehr verbunden, identifiziere mich mit ihnen. Ich denke, das ist es.«

Die Erfahrung der Fabrikbesetzung hat offensichtlich Menschen, deren Weltsicht in gewisser Hinsicht ›konservativ‹ war, nachhaltig verändert. Sie sind jetzt in der Lage, bestimmte ideologische Beschränkungen von einst zu erkennen und zu reflektieren und sich mit den Beherrschten, zu denen ja schließlich auch sie selbst zählen, zu identifizieren. Das verweist auf das Ausmaß der individuellen wie kollektiven Politisierung, die mit dem Prozess der Besetzung einhergeht. Die Art, wie die daran beteiligten Personen die Welt um sich herum wahrnehmen und wie sie ihre objektive Position in den Produktionsbeziehungen und ihren Konflikt mit dem Kapital erleben, hat sich geändert. Wie Célia von Brukman sich ausdrückt: »Bis vor ein paar Monaten war ich eine einfache Hausfrau. Heute möchte ich die Welt verändern. Das heißt, für den Aufbau des Sozialismus kämpfen!«

Zanon und die Demerkantilisierung der Produktion

Politisch gesehen stellt die Keramikfabrik Zanon unter allen besetzten Betrieben vielleicht die fortgeschrittenste Erfahrung dar. In seinen goldenen Zeiten kontrollierte Zanon, einst ein riesiger Betrieb, 20% des argentinischen Keramikmarktes und exportierte in mehr als 30 Länder. Der Umsatz betrug ungefähr 100 Millionen US-Dollar. Man konnte sich immer auf das Wohlwollen des Staates verlassen, wenn es darum ging, Kredite oder Zuschüsse zu bewilligen. In letzter Zeit war Luigi Zanon unzufrieden mit den Gewinnen, die seine Firma abwarf, und tat, was der Großteil der Unternehmer tut: Er fing an, das Unternehmen auszuschlachten, zahlte keine Löhne und Steuern mehr, und transferierte das Geld des Unternehmens in irgendein Steuerparadies, um im Kasino der Finanzmärkte sein Vermögen zu vermehren.

Fast ein Jahr dauerte der Kampf der Keramikarbeiter bereits an, als ich die Fabrik zu Beginn des Jahres 2003 besuchte. Es begann mit Forderungen nach mehr Sicherheit am Arbeitsplatz, nachdem ein junger Arbeiter tödlich verunglückt war. Danach kämpfte man für die Zahlung der noch ausstehenden Löhne und Gehälter und eroberte die Führung der Gewerkschaft, die vorher den Chefs hörig gewesen war. Schließlich kam es zur Fabrikbesetzung. Die neuen Forderungen, die jetzt erhoben werden, zeugen von dem beeindruckenden Niveau der Organisation und des politischen Bewusstseins, das sich im Lauf der Auseinandersetzungen entwickelt hat. Manotas, der von der Betriebsversammlung gewählte Generalkoordinator der Fabrik, erläutert:

»Wir wollen kein kapitalistisches Unternehmen sein wie all die anderen. Wir wollen nicht einfach Keramikprodukte herstellen, diese dann auf dem Markt an zahlungsfähige Kunden verkaufen und die Gewinne daraus einstreichen. Wenn es so wäre, könnten wir hier schon mehr als 800 Pesos verdienen. Aber das ist nicht unser Ziel. Denn uns ist klar, dass wir alleine keine Chance haben. Deshalb fordern wir die Verstaatlichung. Zunächst, weil wir verlangen, dass der Staat die notwendigen Investitionen tätigt, um die Produktion auszubauen und neue Arbeitsplätze zu schaffen. Hauptsächlich aber, weil wir produzieren wollen, um die konkreten Bedürfnisse der Gesellschaft zu befriedigen. D.h. wir möchten unsere Keramikprodukte für öffentliche Schulen und Krankenhäuser, für Sozialwohnungen und Ähnliches herstellen. Wir sehen das im Zusammenhang mit einem Plan für öffentliche Bauvorhaben, der viele Menschen beschäftigen und die Bedürfnisse der Bevölkerung befriedigen könnte. Auf diese Weise würden die Gewinne der Fabrik dem gesamten Land zugute kommen.«

Die Keramikarbeiter kämpfen für eine ›Verstaatlichung unter Arbeiterkontrolle‹. Sie machen sich keine Illusionen über eine mögliche Lösung der kapitalistischen Krise durch staatlichen Eingriff; schon deshalb nicht, weil sie im Staat eine Bande von Dieben und Mördern sehen. Neben den noch frischen Erinnerungen an die Militärdiktatur wurde den Arbeiterinnen und Arbeitern im Laufe der Fabrikbesetzung schnell klar, in wessen Interesse der Staat handelt. Die Forderung ist strategisch gemeint. Einerseits soll der Staat für Investitionen sorgen, um die Produktion und die Zahl der Arbeitsplätze zu erhöhen, anderseits, und noch wichtiger, wird es als Schritt in Richtung einer Demerkantilisierung der Produktion verstanden. Anstatt einfach nur Keramikprodukte herzustellen und in der Warenwelt gegen Geld zu tauschen, kämpfen die Arbeiter von Zanon dafür, dass ihre Fabrik den Charakter einer öffentlichen Einrichtung erhält und für öffentliche Gebäude und bedürftige Familien produziert.

Im gegenwärtigen Argentinien ist es schwer vorstellbar, dass der Staat einem solchen Projekt zustimmt. In der Zwischenzeit aber tun die Keramikarbeiterinnen und -arbeiter alles, was in ihrer Kraft steht, um ihrem Ziel näher zu kommen, und reinvestieren ihre Gewinne und die offenen Staatsschulden zugunsten der Allgemeinheit. Vor ein paar Monaten etwa setzte die Provinzregierung von Neuquen den Betrieb unter Druck, die Schulden des ehemaligen Besitzers zu begleichen. Die Besetzer akzeptierten die Forderung, allerdings unter einer Bedingung: Die Tilgung müsse in Keramikprodukten und nicht in Geld erfolgen, und sie selbst würden bestimmen, an wen die Produkte gehen. Auf diese Weise konnten einige Schulen, Krankenhäuser und soziale Einrichtungen von der Zahlung profitieren. Andernfalls wäre sie sicherlich in dem Fass ohne Boden der öffentlichen Haushalte verschwunden. Ein weiteres Projekt wird gemeinsam mit dem MTD (Bewegung der arbeitslosen Arbeiter) von Neuquen in Angriff genommen. Die Keramikarbeiter sammeln Geld, um die Errichtung einer Fabrik für Verpackungsmaterial für ihre Produkte zu finanzieren. Es versteht sich, dass die Fabrik von den Arbeitslosen aus der Bewegung selbst geführt werden soll. Auch wenn Zanon die Belegschaft ausbaut, werden bevorzugt die organisierten Arbeitslosen berücksichtigt. Seit Beginn des Jahres 2003 sind 30 Arbeiter neu eingestellt worden. Auf die Hälfte der Stellen haben Mitglieder des MTD Anspruch, die andere Hälfte wird von anderen Organisationen besetzt. Außerdem fließt ein Teil des Gewinns in einen nationalen Streikfonds, damit andere Fabriken die Zeit von der Besetzung bis zur Aufnahme der Produktion überbrücken können.

Ein wichtiger Aspekt der Kämpfe ist schließlich, dass die im Betrieb vollzogenen Veränderungen auch eine Außenwirkung entfalten. Die Beschäftigten von Zanon haben Kontakte zu anderen Bewegungen, Gewerkschaften und Parteien der Linken aufgenommen. Sie waren an der Gründung der »Coordinadora del Alto Valle«, einer Art unabhängigen Koordinationsstelle für die politischen Kämpfe in der Region, beteiligt und werden nach und nach zu einem Referenzpunkt in den sozialen Bewegungen.

Laboratorium für den Sozialismus?

Es wäre gewagt, ein allzu weitreichendes Urteil über die Bedeutung der Veränderungen, die sich im Alltag und in der Subjektivität der Besetzerinnen und Besetzer ergeben haben, zu treffen. Die Gespräche, die ich im Januar und Februar 2003 führen konnte, beschränken sich auf die Beschäftigten von drei Fabriken (Zanon, Brukman und Grissinopolis) sowie die Mitarbeiter der Clínica Junin. Es ist jedoch bezeichnend, dass sie alle die stattgefundenen Veränderungen auf sehr ähnliche Weise beschrieben und erlebt haben. (Aus Platzmangel habe ich mich auf Aussagen beschränkt, in denen zentrale Fragen auf den Punkt gebracht werden. Ich konnte aber mit mehr Personen sprechen, als hier zitiert wurden.) Zweifelsohne muss noch mehr empirisches Material gesammelt werden, jedoch überrascht es nicht, dass die Erfahrung der Selbstverwaltung starke subjektive Veränderungen in all jenen bewirkt, die tagtäglich unter der Arbeit (oder deren Fehlen) zu leiden haben.

Richten wir unseren Blick abschließend auf einen Grundpfeiler des Historischen Materialismus: die Theorie der Entfremdung oder der Verdinglichung – ein zentrales Thema bei Lukács, Adorno, Horkheimer, Marcuse, Debord und anderen Autoren –, welche die perversen Konsequenzen der täglichen Arbeit im Kapitalismus für die Subjektivität der Arbeitenden aufzeigt. Was aber geschieht mit diesen Individuen, wenn die empirischen Bedingungen der Produktion sich verändern, obwohl die Gesellschaft kapitalistisch bleibt? Legt man die zitierten Aussagen zugrunde, könnte man meinen, dass die Theorie der Entfremdung hier eine negative empirische Bestätigung erfährt. Anders ausgedrückt: Einigen grundlegenden Veränderungen im Funktionieren einer Produktionseinheit entsprechen die ›Funken eines nicht-entfremdeten Bewusstseins‹ der Subjekte. Offenbar kann eine schwerwiegende Krise in der Reproduktion des Kapitals – abgesehen davon, dass sie Elend und Ausgrenzung hervorbringt – bestimmte Elemente des gesellschaftlichen Fetischismus erkennbar machen, die sonst durch die Gravitationsgesetze des Marktes oder durch die schlichte gesellschaftliche Macht des Privateigentums an Produktionsmitteln verdeckt sind.

Diese ›Bewusstseinsfunken‹ scheinen politische Konsequenzen zu zeitigen, die man nicht gering schätzen sollte, wenn man die Überwindung des ›warenproduzierenden Systems‹ anstrebt. Emanzipatorische Bewegungen bedürfen ›antikapitalistischer Subjektivitäten‹, die sie organisieren. Genau diese scheinen in Erfahrungen wie den *Okupas* zu entstehen. In der Regel fragte ich die Arbeiterinnen und Arbeiter am Ende unserer Unterhaltung, ob es ihnen früher je in den Sinn gekommen wäre, dass man die Produktion in der Fabrik auch ohne Hierarchien und ohne Chefs am Laufen halten könne. Wie zu erwarten, sahen die meisten Antworten wie die von Angel aus:

»Niemals! Nie habe ich gedacht, dass so etwas möglich sein könnte. Ich glaube, niemand hat das für möglich gehalten. Wir haben bei der Planung in unserer Abteilung mitgeholfen und das war's dann. Sie haben uns eingeredet, dass wir nicht dazu in der Lage wären. Aber hier beweisen wir jeden Tag, dass wir die Produktion kontrollieren können, dass alle Arbeiter dazu in der Lage sind.«

Neben den objektiven Herrschaftsmechanismen wie dem ökonomischen Zwang oder den Waffen der Polizei verfügt der Kapitalismus auch über subjektive Mechanismen, um die herrschende Ordnung aufrechtzuerhalten. Die Unterwerfung unter die Gesetze des Marktes und die hierarchische Ordnung der täglichen Arbeit, gestützt durch die Zwänge der kapitalistischen Produktion, tragen dazu bei, dass die Subjekte sich für unfähig und ohnmächtig halten, und berauben sie der Fähigkeit, im Namen von Interessen zu sprechen und zu handeln, die denen des Waren produzierenden Systems entgegengesetzt sind. In diesem Sinne kann die Kontrolle über die Mittel der eigenen Subsistenz (auch wenn die Gesetze der Warenproduktion nicht außer Kraft gesetzt sind) eine Art ›Stärkung des Selbstbewusstseins‹ bedeuten, was unabdingbar für die Entstehung von gegengesellschaftlichen ›Keimformen‹ ist, die über die Welt von Ware und Kapital hinausweisen. Stößt das Kapital an die Grenzen seiner Reproduktion und demonstriert tagtäglich seine Unfähigkeit, die materiellen (und geistigen) Probleme eines immer größeren Teils der Bevölkerung zu lösen, so liefern einige Erfahrungen in den argentinischen Betrieben den praktischen Beweis dafür, dass Fragen wie die nach dem ›Was‹, ›Wie‹ und ›Für wen‹ der Produktion von frei organisierten Individuen beantwortet werden müssen und nicht von den blinden und unkontrollierbaren Gesetzen der Verwertung des Werts. In einem Land, in dem einer Studie der WHO zufolge heute Nahrung für 300 Millionen Menschen produziert wird, ist es ein Verbrechen, dass für über 20% der Bevölkerung (sieben Millionen) nicht einmal der Zugang zu einer ausreichenden Grundversorgung mit Lebensmitteln garantiert ist. Aber ist der Kapitalismus nicht eine einzige Anhäufung von Verbrechen?

Als zentrale Erkenntnis bleibt schließlich: Die kollektive Aneignung des gesellschaftlichen Reichtums, im Bruch mit den Formen der Ware, des Staats und des Privateigentums, sowie die Revolutionierung der Art und Weise, wie die Gesellschaft ihre materielle Produktion organisiert, ist unsere einzige Chance, der zerstörerischen Barbarei zu entkommen, die der Kapitalismus Tag für Tag hervorbringt.

Nichts anderes hat Manotas im Sinne, wenn er aus seiner reichen Erfahrung heraus sagt: »Guck dir die Größe dieser Fabrik an. Sie ist riesig, automatisiert, mit Computern und allem. Wir zeigen hier, dass die Arbeiter die Produktion organisieren und kontrollieren können. Ich frage dich: Wenn wir das hier schaffen, warum können wir das nicht im ganzen Land, auf dem ganzen Kontinent machen?«

Warum eigentlich nicht?

São Paulo, im Oktober 2003
~

Übersetzung aus dem brasilianischen Portugiesisch von Sigurd Jennerjahn und Norbert Trenkle

Maria Wölflingseder

Von der Zurichtung zur Hinrichtung V
›Kinderfleisch-Ausschank‹ durchs Autofenster

Ein typischer deutscher oder österreichischer Familienausflug ins nahe Tschechien: Die Frau lässt sich eine Dauerwelle machen, der Mann konsumiert Kinderfleisch (sexuell, nicht kannibalisch); dinieren geht das Paar hernach gemeinsam. Im Spätherbst 2003 ging er durch alle Medien, der UNICEF-Bericht über die tschechischen Kleinkinder, die Österreichern und Deutschen durch das Autofenster zum sexuellen Amüsement gereicht werden – von bitterer Armut gedrängt. So pervers wie voraussehbar!

Der Frankfurter Sexualwissenschaftler Volkmar Sigusch schreibt in seinem hervorragenden Artikel »Die Trümmer der sexuellen Revolution« in der *Zeit* vom 4. Oktober 1996:

»Alle alten Perversionen sind inzwischen elektronisch zerstreut und partiell entdämonisiert worden – mit Ausnahme der nach wie vor tabuisierten Pädosexualität. Doch auch die Pädosexualität pluralisiert sich nach marktwirtschaftlicher Logik. Immer mehr sexuelle Fragmente und Nöte werden in die Warenförmigkeit gepresst. Flirtschulen, Partnervermittlungen oder Hersteller von Sadomasochisten-Möbeln bieten ihre Dienste an. Embryonen, Tiere oder Jungfrauen werden auf dem Markt angeboten. Warum nicht auch Kinderfleisch, wenn alles käuflich ist? Neben dem alten, vereinzelten Pädophilen, der ein Kind ernster nahm, als es ein Fernsehapparat zustande bringt, ist massenhaft der Biedermann getreten. Er macht damit einen Verdacht wahr, den die Sexualwissenschaft seit ihren Anfängen hegt, dass er nur dann ›potent‹ ist, wenn er das Sexualobjekt erniedrigt und beherrscht.« (Der gesamte Artikel von Sigusch auf *www.streifzuege.org*)

Als pervers sind nicht nur die Kindersexkonsumenten zu bezeichnen, sondern alle, die den Grund dieses Treibens nicht ursächlich in den wahnsinnigen gesellschaftlichen Verhältnissen verorten und stattdessen scheinheilig von neuer Weltethik und vom ›Zurück zur Politik‹ quasseln.

Martin Dornis

Unsinnliche Produktion im verhältnislosen Verhältnis
Eine Abfuhr an die Illusion der Versöhnung von ›Ökonomie‹ und ›Ökologie‹

Je handfester sich die der Arbeitsgesellschaft gesetzte Naturschranke bemerkbar macht, desto entschiedener leugnet ein auf Standortpolitik vereidigtes Bewusstsein deren Existenz, desto selbstverständlicher unterstellt es die Vereinbarkeit von kapitalistischer ›Ökonomie‹ und ›Ökologie‹. Gesellschaftskritik hingegen muss sich entschieden gegen die Entsorgung der ökologischen Frage wenden und auf deren Brisanz beharren. Ihre Perspektive kann dabei nicht in Forderungen nach einem wie auch immer gearteten Verzicht bestehen, sondern nur in der Überwindung der abstrakten Arbeit und der Befreiung des *sinnlichen* Reichtums vom Verwertungsdiktat.

Die Entsorgung der ökologischen Frage und deren ungebrochene Brisanz

In den 70er Jahren wurde allenthalben über die schon sprichwörtlichen ›Grenzen des Wachstums‹ diskutiert, in den 80ern wollten und mussten alle ein bisschen ›grün‹ sein. Mit dem Beginn der 90er Jahre wurde es dagegen zunehmend still um die ökologische Problematik. In unseren Tagen ist stattdessen die ›internationale Wettbewerbsfähigkeit‹ zum Leitthema aufgestiegen – und diese kann durch Umweltauflagen nur geschmälert werden. Beuge man sich nicht dem TINA-Motiv (There Is No Alternative) des Wirtschafts- und Neoliberalismus, dann gehe es ohnehin den Bach runter mit Kommunal-, Landes- oder Staatshaushalt. Es bestehe gar keine Wahl, so der allgemeine Tenor. Wir müssten angeblich alles tun, damit die Investoren kommen und uns mit Arbeit wie Kapital segnen.

Von der ökologischen Bewegung sind nur armselige Reste geblieben. Sie ist aber nicht nur quantitativ eingebrochen, sie hat vor allem auch inhaltlich abgerüstet. Gab es in den 80er Jahren noch eine breite Strömung, die Kapitalismus und Umweltschutz für letztlich unvereinbar erklärte und die sogar bis in die Parlamente vordrang, so schwadronieren heute angepasste Umweltverbände von der ›Versöhnung von Ökologie und Ökonomie‹. Leerformeln wie ›qualitatives Wachstum‹ oder ›nachhaltige Marktwirtschaft‹ dokumentieren, dass von der ökologischen Frage überhaupt nur noch die Rede sein darf, soweit der arbeitsgesellschaftliche Wachstumszwang als blinde Voraussetzung bereits akzeptiert ist. Andere wollen die Menschen auf Wohlstand verzichten lassen, damit nur Markt und Arbeit weiter wüten dürfen. Der Leipziger Bund für Umwelt und Naturschutz unterstützt sogar die Bewerbung um die olympischen Spiele 2012. Peinlich.

Die Wirklichkeit indes will der Entsorgungsideologie nicht folgen. Im Gegenteil, die ökologische Frage gewinnt durch die im Zuge der Globalisierung angerichteten Zerstörungen im Großmaßstab höchste Brisanz. Was vor zwanzig Jahren noch Prognose war – man denke nur an die Klimakatastrophe – ist längst im Begriff, Diagnose zu werden. Die Arbeitsgesellschaft gerät nicht nur an ihre immanente, durch die Ausdünnung der Arbeitssubstanz gekennzeichnete Schranke, zeitgleich nimmt auch die äußere Naturschranke handgreifliche Konturen an. Dahinschwindende Ressourcen, die voranschreitende Vergiftung von Luft, Wasser, Lebensmittel und Böden und der immense Landschaftsverbrauch geben zu verstehen, wie es um die Vereinbarkeit von Ökologie und Ökonomie im Zeichen der Standortpolitik bestellt ist.

Gegen solche Illusionen gilt es, eine grundlegende Kritik am kapitalistischen System neu zu formulieren. Sie muss die herrschende Arbeitsideologie samt Wachstumsidiotie radikal in Frage stellen und das darauf basierende kapitalistisch geformte Mensch-Natur-Verhältnis kritisieren. Nur so lässt sich aufzeigen, wie wenig eine Neubestimmung des Verhältnisses des Menschen zur Natur mit Verzicht zu tun hat, und dass die ganze Verzichtsethik, ob nun in ökologischem oder anderem Gewande nur als die Kehrseite des herrschenden dummdreisten Wachstumsidiotismus zu verstehen ist.

Arbeit, Reichtum und Wachstum

Das herrschende gesellschaftliche Bewusstsein verwechselt notorisch die spezifisch kapitalistische Reichtumsproduktion mit Reichtumsproduktion überhaupt. Damit blendet sie die grundlegenden System-eigenschaften der kapitalistischen Gesellschaft aus, die eine ›Versöh-nung von Ökologie und Ökonomie‹ unmöglich machen. Ein Blick auf jene Systemeigenschaften verdeutlicht die Notwendigkeit eines gene-rellen *Bruchs mit der ökonomischen Zeitlogik*. Kapitalistische Produk-tion bedeutet einerseits: Produktion, die sich nicht um die Bedürfnisse der Menschen schert, und andererseits: einen entfesselten Zwang, un-entwegt und ohne Rücksicht auf Verluste zu wachsen.

Un-sinnliche Produktion als Konsequenz der abstrakten Arbeit

Jede Gesellschaft formt zur Herstellung von Gütern die Natur um. Die kapitalistische Produktionsweise ist jedoch dadurch gekennzeichnet, dass sie sich zu ihrem eigenen stofflichen Inhalt gleichgültig verhält. Die Produktion von Gütern ist von vornherein auf ihre mögliche Dar-stellung in Geld hin zugerichtet und zugeschnitten. Die Versorgung der Menschen mit Nahrungs- und Genussmitteln, Kleidung und Kulturgü-tern geschieht in dieser Gesellschaft genau dann und nur soweit sie sich in den Prozess der Verwertung einfügen kann. Stofflich-sinnlicher Reichtum existiert nur als Darstellungsform vernutzter Arbeit – also abstrakter Arbeit. Dies wirkt sich auch auf die Einzelgüter aus, aus de-nen sich dieser Reichtum zusammensetzt. Sie werden nicht so herge-stellt, dass sie ihren Verbrauchern größtmöglichen Nutzen bringen, die Nahrungsmittel beispielsweise möglichst gehaltvoll und schmackhaft, die Medizin möglichst heilsam ist. Die Produktionsverfahren werden vielmehr am Gebot der Profitmaximierung ausgerichtet.

Entfesselte Wachstumsdynamik als Ergebnis der abstrakten Arbeit

Die *Wertform des Reichtums* ist bedingt durch die Verausgabung menschlicher Arbeitszeit. Das zwingt zu einem stetigen Weitertreiben dieses Prozesses. »Dieser Tretmühleneffekt ist der Zeitbestimmung des Werts immanent« (Barbara Brick/Moishe Postone; in Bonß/Honneth, S. 206). Da der Reichtum auf dieser Verausgabung gründet, wäre er nicht mehr vorhanden, würde keine zusätzliche Arbeitszeit ausgebeutet.
Die zeitliche Bestimmung des Reichtums erfordert eine besondere Logik: Je höher das Produktivitätsniveau steigt, desto mehr muss auch

die Produktivität gesteigert werden. *Je mehr erzeugt werden kann, desto mehr muss dies auch unter allen Umständen geschehen.* Die Steigerungsraten der Produktion müssen sich immer mehr erhöhen. Damit wächst die Masse der Güter und der Verbrauch von Rohstoffen. Da das Produkt aber die Form des Werts und nicht die stoffliche Form materiellen Reichtums hat, wird die Wachstumsrate allem Anschein entgegen immer *kleiner*. Die riesige Masse *stofflichen* Reichtums repräsentiert keinen *gesellschaftlichen* mehr.

Dass Verhältnis zwischen stofflichem Inhalt und seiner gesellschaftlich-zeitlichen Form führt dazu, *dass immer größere Rohstoffmengen für eine stetig abnehmende Wachstumsrate ausgebeutet werden müssen* (zumindest solange weiter kapitalistisch produziert wird). »Das Verhältnis zwischen Mensch und Natur ist kein Kreislauf mehr, sondern eine Einbahnstraße, auf der Rohstoffe immer schneller in *vergegenständlichte Zeiteinheiten* verwandelt werden« (ebenda, S. 207).

Aus dieser Wachstumslogik resultiert ein völlig überdimensionierter Ressourcenverbrauch und eine ebensolche Verschmutzung und Vernutzung von Landschaften. Der ökonomische Zwang drängt dazu, immer mehr Stoff in Bewegung zu versetzen, um den gleichen Wert zu produzieren. Daraus resultiert ein Wachstums- und Fortschrittszwang, der keinen Stein auf dem anderen belassen kann. Diese Art von Wachstum resultiert direkt aus der Zeit-Ökonomie der Arbeitsgesellschaft. *Gerade weil mit der Arbeitszeit derart rationell umgegangen und die in die einzelnen Waren einfließende Arbeitszeit beständig minimiert werden muss, kann die Arbeitsgesellschaft nur existieren, wenn sie an allen Ressourcen eine gnadenlose Verschwendung betreibt.*

Die kapitalistische Produktion nimmt also einerseits keinerlei Rücksicht auf menschliche Bedürfnisse und die Eingebundenheit menschlicher Reproduktion in die Natur und treibt andererseits eine unentwegte, zerstörerische Wachstumsdynamik voran. Beide Momente sind zwei Seiten derselben Medaille. Diese beiden Seiten machen einen ›nachhaltigen‹, ›ökologischen‹ oder ›qualitativen‹ Charakter dieser Gesellschaft unmöglich. Nur durch einen Bruch mit der ökonomischen Logik ist eine Produktion und Reproduktion der Gesellschaft möglich, die ihre natürlichen Grundlagen nicht selbst zerstört und menschliche Verwirklichung wie umfassende Bedürfnisbefriedigung ermöglicht.

Die Arbeit als verhältnisloses Verhältnis zur Natur

Das Problem der Gleichgültigkeit der kapitalistischen Produktion steht in engem Zusammenhang mit dem Verhältnis des Menschen zur Natur in dieser Gesellschaft.

Damit Menschen leben können, müssen sie Natur umformen und ihre Lebensverhältnisse gestalten. Darüber, nicht etwa durch die Arbeit, hat sich die menschliche Gattung aus dem Tierreich gelöst. Die These vom Menschen als Teil der Natur ist also in dem Sinne zu verstehen, dass er sich ihr *als solcher* gegenüberstellt. Das Verhältnis von Natur und Mensch ist demnach als ein Verhältnis dieser zu sich selbst zu verstehen, als ein Verhältnis eines bestimmten Teils von ihr zu allen anderen Teilen.

Im Kapitalismus nahm der Stoffwechselprozess mit der Natur eine bestimmte, nur für diese Gesellschaftsepoche charakteristische Gestalt an: Naturstoff wird nicht mehr umgeformt, weil ein bestimmtes Produkt benötigt würde, sondern eines anderen Zwecks wegen. Der notwendige Bezug der Gesellschaft auf ihre natürlichen Grundlagen ist somit im Kapitalismus gebrochen. Er wird nur noch durch Arbeit als spezifisch kapitalistische Form realisiert: Damit wird die Beziehung zur Natur aber nicht nur indirekt, sondern auch instrumentell. Sie dient nur noch der abstrakten Anhäufung von Reichtum.

Im Kapitalismus besteht ein *fetischistisches Verhältnis* zur Umwelt. Die Art des Bezugs bestimmt ein Drittes, nämlich der Wert. Materielle Vermittlung gibt es nur noch, wenn sie sich gleichzeitig in dieser Form darstellen lässt. Menschen gestalten nicht mehr ihre Umgebung, um sie ihren Bedürfnissen adäquat zu machen. Statt auf nutzbare Gegenstände beziehen sie sich allseitig auf die allgemeine Darstellungsform vergegenständlichter menschlicher Arbeit: das Geld. Brot oder Computer werden nicht hergestellt, weil sie benötigt würden, sondern in der Hoffnung, dass sie verkäuflich sind und man über diesen Umweg Geld oder Profit macht. Die Menschen leiten also nicht, in gemeinsamer Absprache entsprechende materielle Tätigkeiten ein, die zur Erzeugung jener Gegenstände dienen könnten, sondern sie streben nach Geld, um über diesen Umweg schließlich doch noch in den Genuss der begehrten Güter zu gelangen. Daher der prinzipiell unsinnliche Charakter des kapitalistischen Produktionsprozesses, in dem nicht nach sinnlichen Kriterien und aufgrund von Überlegungen bezüglich der stofflichen Konsequenzen produziert wird.

Das kapitalistische Verhältnis zur Ökosphäre ist somit eines zu etwas, wozu man streng genommen keinen Kontakt hat. *Die Mensch-Natur-Beziehung verwandelt sich in eine beziehungslose Relation, in ein verhältnisloses Verhältnis in einer bewusst-bewusstlosen Gesellschaft.* Weil die Menschen bei aller Trennung dennoch Natur bzw. ein Teil von ihr sind und daher materiell auf sie beständig verwiesen bleiben, ist es faktisch nicht möglich, die Beziehung zur Natur abzubrechen. Gerade das macht sie aber unter dem gesellschaftlichen Zwang, sie indirekt und auf Umwegen herzustellen, zu einer Angst besetzten Beziehung.

Die Vordenker und Vorkämpfer der bürgerlichen Gesellschaft waren sich des problematischen Verhältnisses zu ihren Lebensgrundlagen durchaus bewusst. Immanuel Kant begriff den Menschen als einen »Bürger zweier Welten«. Einerseits streng determiniert von einer nach den Gesetzen der Newtonschen Mechanik konzeptionierten empirischen Welt kann er sich doch als freier Bürger kraft seiner akribisch von ihr getrennten Vernunft über jene hinwegsetzen. ›Freiheit‹ wird hier gedacht als eine mögliche Erhebung des Menschen über die Grenzen der Natur, gerade nicht als sinnvolle Verbindung mit ihr (G. Böhme: Kants Erkenntnistheorie als Theorie entfremdeter Erkenntnis). Kant erklärt bürgerliche Freiheit zum Resultat des Bruchs mit der Natur, der in Form der kapitalistischen Produktion dann auch tatsächlich Wirklichkeit wurde. Nur nicht ›frei‹, sondern genau so, wie die bürgerliche Naturwissenschaft ihren Gegenstand bloß halluziniert: streng determiniert, nach den Prinzipien der Auslese und der Durchsetzung des Stärkeren funktionierend (vgl. auch Karl-Heinz Wedel: Die Höllenfahrt des Selbst).

Kants persönliches Leben war von panischer Angst gekennzeichnet. Während er in seiner ›Anthropologie‹ seinen Wohnort zum einzigen erklärte, an dem sich sinnvoll Philosophie betreiben ließe und an dem er massenhaft Reisebeschreibungen verschlang, konzipierte er sein Leben gemäß einem strengen Regelwerk, das er jeden Morgen 4.32 Uhr mit den Worten »Es ist nun die Zeit« seines Dieners Lampe begann. Alle Unregelmäßigkeit sollte ausgemerzt werden. Die Königsberger Stadtbürger konnten die Uhren nach Kants Spaziergang stellen (vgl. W. Lepenies, S. 50f. und H. Böhme/G. Böhme, S. 459).

Das heutige bürgerliche Subjekt kann sich eine solche panische Angst, den Aufenthaltsort zu wechseln, weltmännisch verkneifen. Es hat seine Umwelt zwischenzeitlich derart umgestaltet, dass es sich überall ganz vertraulich bei sich fühlen kann. Über die Pedanterie des Königsberger Aufklärers können daher die »postmodernen Flexi-Identitäten« (Roswitha Scholz) nur noch lachen. In dem Maße aber, wie die bürgerlichen Verhältnisse an ihren widersprüchlichen Konstitutionsbedingungen zerbrechen, erweist sich dieses Gelächter als Galgenhumor.

Bereits in der vorkantischen Philosophie brachte Leibniz das beziehungslose Verhältnis des bürgerlichen Subjekts in seiner »Monadologie« auf den Punkt. Jeder Mensch galt ihm als eine »fensterlose Monade«. Als eine solche betrachtete Leibniz alle Dinge, alle Entitäten, aus denen sich die Welt zusammensetzt. Sie sind deshalb fensterlos, weil sie sich prinzipiell in keinem Kontakt zueinander befinden. Das gilt auch für alle Menschen. Jeder fristet sein Dasein als ein derartiges, nach außen hin völlig isoliertes Element, steht daher weder zu seinen Mitmenschen noch zu den Dingen, ja nicht einmal zu sich, seinem eigenen Körper, der ebenfalls als solch ein abgedichtetes Gebilde gedacht wird, in einem wirklichen Verhältnis. Dennoch können Menschen gemeinsam handeln und auf Dinge ihrer Umwelt einwirken. Leibniz' Erklärung dieses Sachverhalts mutet auf den ersten Blick recht bizarr an: Das Leben jeder dieser fensterlosen Monaden wäre vorher von Gott auf den Bruchteil von Sekunden genauestens abgestimmt worden. Wenn Leibniz meint, wir lebten in der »besten aller möglichen Welten«, so denkt er, dass Gott seine Monaden so genau minutiös im Vorfeld per Vorhersehung miteinander koordiniert hat, dass es so aussieht, *als ob* sie zu sich selbst, miteinander und zu den Dingen in Kontakt treten könnten (vgl. H. Breger).

Es wäre völlig verfehlt, Leibniz' skurrile »beste aller möglichen Welten« als absurde Vision eines intellektuellen Wahnsinnigen abzutun. Tatsächlich bestimmt Leibniz das fetischistische Verhältnis des Menschen zu sich selbst, zu anderen Menschen und zur Natur mit geradezu schockierender Offenheit. Nur, dass nicht Gott die allseitige Abstimmung garantiert, sondern der Wert. Er setzt die beziehungslose Beziehung der Menschen zu sich, zum Mitmenschen und zur Natur durch. Daher handelt es sich auch nicht um die beste aller möglichen Welten eines allsinnigen und allpfiffigen Weltenschöpfers, sondern um *ein äußerst prekäres, zerstörerisches Gesellschaftsverhältnis. Das System beziehungsloser Beziehungen wirkt nicht nur auf das Verhältnis des Menschen zu sich selber, zu seinen sozialen Beziehungen und zur natürlichen Umgebung verheerend, sondern – systematisch blind für seine eigenen Konsequenzen –, treibt es die Menschheit samt Umwelt in die Katastrophe.*

Sinnliche Befreiung statt ethischer Verzicht

Im Folgenden nochmals ein Blick auf die gesellschaftliche Debatte um die Ökologie. Das Augenmerk richtet sich dabei besonders auf die in der Ökodebatte virulente Verzichtsethik. Kritisch betrachtet erweist sie sich als purer spiegelbildlicher Reflex auf den kapitalistischen Wachstumswahn.

Indem sich die Menschen der Arbeit unterwerfen, geraten sie in existentielle Abhängigkeit von der Zerstörung ihrer natürlichen Basis. Der Kapitalismus macht die Unterminierung der natürlichen Voraussetzung menschlicher Existenz zur Grundlage der sozialen Existenz. Naturzerstörung und die Verbindung mit ihr fallen in eins. *Naturdestruktion wird zur Bedingung ihrer Umformung. Wer die Identität des spezifisch kapitalistischen Naturbezugs mit Naturbezug überhaupt stillschweigend akzeptiert, dem bleibt nur ein Weg, auf dem die Abkehr von der Naturzerstörung möglich scheint: Jegliche Nutzung von Pflanzen, Tieren oder Böden sei zerstörerisch. Und nicht wenige ziehen tatsächlich die absurde Konsequenz, jegliches Eingreifen sei abzulehnen, ›der Mensch an sich‹ sei ein Fremdkörper in seiner Umgebung.* Jegliches Agieren des Menschen in der Ökosphäre erscheint als Zerstörung.

Eine wert- und arbeitskritische Reformulierung der ökologischen Kritik muss sich grundsätzlich von derartigen Verzichtsideologien absetzen. Die Verzichtsethik ist überhaupt nur als systemimmanente Kehrseite des idiotischen Wachstumswahns zu betrachten. Beide sehen die Natur als etwas vom Menschen hermetisch Abgetrenntes, als etwas nicht zur menschlichen Gesellschaft Gehöriges an. Die einen wollen sie als das ganz Andere vor der Spezies Mensch schützen und bewahren, die anderen wollen sie als beliebig verfügbares Rohmaterial und Abraumhalde vernutzen.

Die ökologisch inspirierte Verzichtsdebatte verkennt zudem, wie sehr Verzicht wesentlicher Bestandteil der kapitalistischen Wachstumsdynamik ist – und das heute mehr denn je. Heute wird gerade deshalb zum Verzicht aufgerufen, um die Wachstumsmaschinerie wieder anzuwerfen. Der ganze Kapitalismus beruht auf dem Verzicht auf ein selbstbestimmtes Leben und auf der verinnerlichten Entsagungsideologie des ständigen Arbeitens und Schaffens. Verzicht, Wachstum und Naturzerstörung gehören also wesentlich zusammen. Verzicht führte zum Wachstum und dieses Wachstum brachte eine Gesellschaft hervor, in der Menschen die Befriedigung ihrer Bedürfnisse hintanstellen mussten. Verzicht taugt somit niemals als ein emanzipatorisch besetzbarer Gegenpol zur zerstörerischen kapitalistischen Produktion. Es kann weder darum gehen, Naturaneignung aufzugeben, noch darum, die menschliche und außermenschliche Natur instrumentell zu vernutzen. Mit dem Zwang, dass sich jede Herstellung von Gütern als Ansammlung abstrakter Arbeit darstellen muss, ist vielmehr zu brechen. Anstelle einer Verzichtsethik ist *die Frage nach der sinnlichen Qualität des hergestellten Reichtums zu stellen.* Unter kapitalistischen Bedingungen wurde allenfalls ein quantitatives Wachstum bestimmter Bedürfnisse gefördert: Immer mehr Autos, immer mehr Produkte, ohne Rücksicht darauf, ob sie tatsächlich notwendig sind. Zu fragen ist, warum die durchschnittliche Schlafdauer permanent sinkt; inwieweit mit dem Triumph der Autogesellschaft menschliche Entfaltung buchstäblich unter die Räder kam; ob es nötig ist, unsere Tage mit völlig entfremdeten Tätigkeiten zu verbringen, um dann in einer nicht minder entfremdeten Freizeit nichts zu tun, als uns von dieser Plackerei zu erholen. Zu fragen ist, wie es dazu kommen konnte, dass Menschen Arbeit für den einzig legitimen Lebenszweck halten; warum uns die Vorstellung eines selbstbestimmten Müßiggangs, also das Verrichten von zweckfreien Tätigkeiten, die einfach nur Freude bereiten, völlig abhanden gekommen ist, oder warum viele Menschen Ruhe und Stille heute als eine Bedrohung empfinden bzw. es kaum noch Orte gibt, an denen es wirklich still ist (vgl. hierzu: Galow-Bergemann). Zu fragen ist, warum Landschaften zubetoniert und ausgeräumt werden, warum Menschen die Wahl haben, entweder als Mieter nicht über ihr Wohnen bestimmen zu können oder mit öden Wüstenrot- und LBS-Siedlungen Landschaften zu zerstören; warum sie vor der sie verfolgenden Industriegesellschaft via Tourismus in ›unberührte Landschaften‹ fliehen müssen und damit auch *deren* Zerstörung in Gang setzen. Thematisiert werden muss, warum viele Menschen von einem Termin zum nächsten hasten und überfüllte Terminkalender mit einem erfüllten Leben verwechseln, warum sie Zeit sparen, um sie dann totzuschlagen bzw. zu ›vertreiben‹ und sich schließlich fragen, warum sie denn ›alles versäumt‹ haben. Zu klären ist, warum Menschen schließlich in blödsinnigen Esoterikkursen den Weg zu einem angeblichen ›inneren Selbst‹ suchen, sich ›positives Denken‹ einprügeln bzw. sich ›neurolinguistisch programmieren‹ lassen wollen. Gefragt werden muss, warum sich viele Menschen gegenseitig als Geschäfts- und Sexual-›partner‹ oder auch -objekte bzw. mehr oder minder wechselseitig als

Deponien für seelischen Müll verwenden. Gefragt werden muss schließlich: Warum in einer Welt, in der eine übervolle Menge an Gütern produziert wird, mehr und mehr Menschen ohne Gesundheitsversorgung und unterhalb der Armutsgrenze leben müssen. Fazit: Zu fragen ist, *warum abstrakter Reichtum sinnliches Elend produziert.*

Eine derartige Gesellschaftskritik muss die neo-cartesische Trennung von Mensch und Natur (Körper und Geist) überwinden. Die Natur ist stattdessen als der »anorganische Leib des Menschen« (Marx, Pariser Manuskripte) zu denken. Natur sollte nicht als das ganz Andere des Menschen begriffen werden, sondern der Mensch selbst als Natur und Teil der Natur. Als solcher kann er sich nicht, wie die Vorstellungen bürgerlicher ›Freiheit‹ es suggerieren, über die Natur erheben – *vielmehr besteht die Möglichkeit zur menschlichen Entfaltung gerade darin, dass er sich mit der Natur und mit anderen Menschen verbunden weiß und seine Beziehung zur Natur und zu anderen Menschen im Sinne einer zunehmenden sinnlich-rationalen Verwirklichung zu steigern vermag.*

Dazu muss allerdings die Arbeit als die Menschen beherrschende reale Abstraktion verschwinden. Die Umweltzerstörung ist kein Nebenprodukt der Arbeit. Das Problem liegt im Vollzug der Arbeit selbst. Vorher werden alle Debatten über ›Qualität‹, ›Versöhnung‹ und eine nicht-zerstörerische Produktion ins Leere laufen. In einer vom Fetischzwang der abstrakten Arbeit befreiten Gesellschaft hingegen wird es möglich sein, »die Vorstellung vom fessellosen Tun« fallen zu lassen. »Vielleicht wird die wahre Gesellschaft der Entfaltung überdrüssig und lässt aus Freiheit Möglichkeiten ungenützt, anstatt unter irrem Zwang auf fremde Sterne einzustürmen« (Adorno, Sur l'eau, in: Minima Moralia 296f.).

Literatur

Theodor W. Adorno: Sur l'eau, in: Minima Moralia. Reflexionen aus dem beschädigten Leben, Frankfurt 2001

Gernot Böhme: Kants Erkenntnistheorie als Theorie der entfremdeten Erkenntnis; in: ders. Philosophieren mit Kant; FfM 1986

Hartmut Böhme/Gernot Böhme: Das Andere der Vernunft. Zur Entwicklung von Rationalitätsstrukturen am Beispiel Kants; FfM 1985

Herbert Breger: Leibniz; in: Gernot Böhme (Hg.): Klassiker der Naturphilosophie. Von den Vorsokratikern bis zur Kopenhagener Schule; München 1989

Barbara Brick/Moishe Postone: Der kritische Pessimismus und die Grenzen des traditionellen Marxismus; in: Wolfgang Bonß/Axel Honneth (Hg.): Sozialforschung als Kritik. Zum sozialwissenschaftlichen Potential der kritischen Theorie; FfM, 1982

Lothar Galow-Bergemann: Selbst-Bewegung statt Auto-Mobilismus. Zur Perspektive einer Bewegung gegen den Mobilis-Muss als emanzipatorischer Praxis, in: *Streifzüge* 2/ 2002

Wolfgang Lepenies: Angst und Wissenschaft; in: ders.: Gefährliche Wahlverwandtschaften. Essays zur Wissenschaftsgeschichte, Stuttgart 1989

Immanuel Kant: Anthropologie in pragmatischer Hinsicht, Stuttgart 1983

Robert Kurz: Negative Ontologie. Die Dunkelmänner der Aufklärung und die Geschichtsmetaphysik der Moderne, in: *Krisis* 26, Bad Honnef 2003

Karl Marx: Grundrisse zur Kritik der politischen Ökonomie, Berlin 1953

Ders.: Das Kapital. Zur Kritik der politischen Ökonomie. Dritter Band: Der Gesamtprozeß der kapitalistischen Produktion (MEW 25)

Ders.: Theorien über den Mehrwert. Erster Teil (MEW 26.1)

Ders.: Pariser Manuskripte (MEW Ergänzungsband 1)

Roswitha Scholz: Die Metamorphosen des teutonischen Yuppies. Wohlstandschauvinismus, 90er-Jahre-Linke und kasinokapitalistischer Antisemitismus, in: *Krisis* 16/17, Bad Honnef 1995

Karl-Heinz Wedel: Die Höllenfahrt des Selbst. Von Kants Todesform des sinnlosen Willens, in: *Krisis* 26, Bad Honnef 2003

Gaston Valdivia

Zeitverschwendung Marktwirtschaft
Über die absurdeste Reproduktionsweise seit Menschengedenken

Sie kennen das: Auf der Suche nach den begehrten Dingen des täglichen Bedarfs schieben Sie Ihren Einkaufswagen durch den Supermarkt. Haben sie eine Dose Tomaten, eine Selleriestaude, eine Flasche Bier, oder was Herz und Magen sonst noch begehren mögen, identifiziert, suchen Sie zuallererst auf Regal oder Verpackung nach absonderlichen Zahlen und Symbolen, die in irgendeiner seltsamen Beziehung zu den jeweiligen Gütern stehen. Anschließend verstauen Sie ihren Fund im Einkaufswagen oder stellen ihn merklich enttäuscht zurück. Ist alles mehr oder weniger beisammen, geht es zielstrebig zu einer schmalen, virtuellen Gasse, in der sich vermutlich schon eine Menge Leute stauen. Irgendwann sind Sie dran. Sie stehen seitlich neben einem kleinen Fließband. Obwohl vor Ihnen die Bahn frei wäre, bleiben Sie stehen, als wäre da das unsichtbare Schutzschild des Raumschiffs Enterprise hochgefahren. Sie fangen an, alle zuvor sorgsam in den Wagen gestapelten Waren eine nach der anderen wieder herauszunehmen und auf das Fließband zu legen. Auf halber Fließbandlänge scheint sich die unsichtbare Barriere fortzusetzen und alle Waren aufzuhalten. Eine Hand streckt sich nach den Leckereien, nimmt sie hoch, scannt seltsame Zeichen ein und legt die Waren hinter der unsichtbaren Barriere wieder auf das Band, damit sie am Ende in eine Art Auffangbehälter hinabgleiten.
Für Sie ist das Schutzschild immer noch hochgefahren. Jetzt kramen Sie ein Ledertäschchen heraus, entnehmen ein paar bedruckte Papierzettel, reichen Sie dem Händchen und hören gleich eine Stimme fragen, ob Sie's denn nicht kleiner hätten, und bekommen dann selber ein Zettelchen mit lauter Zahlen und vielleicht noch einige kleine Metallscheiben in die Hand gedrückt. Das ist das Zeichen, dass auch für Sie die Barriere heruntergefahren ist. Jetzt schieben Sie sich und den leeren Wagen weiter bis zu dem Auffangbehälter. Dort holen Sie

sämtliche Beutestücke wieder heraus und packen Sie erneut in den Gitterwagen. Anschließend rollen Sie ihn zu einer Tischplatte, heben alle Waren wieder aus dem Wagen heraus und verstauen sie nacheinander in Tüten oder Taschen. Dann bugsieren Sie ihr leeres Gefährt in einen Stapel anderer säuberlich aufgereihter, leerer Gefährte, stecken ein Kettchen in einen Plastikverschluss, ziehen ein kleines Fach heraus, entfernen daraus eine Metallscheibe, die sie in der Tasche verstauen, und tapern samt Einkaufstaschen zu einem anderen Wagen, dieses Mal zu einem mit Motor. Vermutlich sinken Sie nach dem Einladen etwas erschöpft in den Sitz und beißen erst einmal kräftig in einen frisch erworbenen Schokoriegel. Geht's noch? Haben Sie sich eigentlich schon einmal gefragt, was Sie da jedes Mal tun? Kommen Sie sich nicht bescheuert vor? Preise anschauen, einräumen, ausräumen, Zettel tauschen, einräumen, ausräumen, einpacken und das alles nur, um ein paar Lebensmittel verzehren zu dürfen?

...aber Sie müssen es tun

Doch diese absurden und zeitraubenden Tätigkeiten im Supermarkt sind nur Kleinigkeiten. Damit die unsichtbare Barriere, wo immer Sie auf Waren zugreifen möchten, wie geschmiert hoch- und herunterfährt, wird ein Monstrum am Leben erhalten, das sich nicht mit ein paar Prinzessinnen zufrieden gibt, sondern alle in der freien Markwirtschaft lebenden Menschen zu seiner zeitaufwendigen Lebenserhaltung mit Haut und Haar verspeist. Verfolgen wir seine Spur: Damit Sie Händchen an der Kasse ein Kärtchen oder einen Papierzettel überreichen können, muss es einen Ort geben, an dem ihr Anspruch darauf erfasst ist, richtig zugeordnet, geändert und hier und dort gemeldet wird. Der Ort ist ein aufwendig errichtetes und gut ausgestattetes Gebäude, in dem Menschen, die das in langen Jahren gelernt haben, den ganzen Tag mit Material hantieren und Geräte bedienen, die wiederum eigens für diese Zwecke her- und bereitgestellt werden müssen. Damit die Zahlen, nichts anderes als Geld, nicht in falsche Hände geraten, wird viel Material und Personal in diesem Gebäude und unzähligen anderen eingesetzt, die für diese Zwecke auch erst einmal gebaut und gepflegt sein wollen. Gepanzerte Fahrzeuge, gehärtete Stahlkästen, Alarmanlagen, Kameras, Computer und viele andere Geräte sind nur ein Teil dessen, was hierzu vonnöten ist. Die entstehenden Geldüberschüsse sollen wiederum so verteilt werden, wie es die hierarchischen Gepflogenheiten und das Gesetz vorsehen. Die angemessene Einhaltung überprüfen Menschen, die im Auftrag des Staates arbeiten und in noch größeren Gebäuden sitzen und die selber wiederum durch andere Menschen kontrolliert werden, die auch in Gebäuden sitzen. Nur so glauben sie sich vor unerwünschten Subtraktionen im komplexen Zahlenwerk sicher.

Wie aber gelangen die numerischen Repräsentanten des Geldes an den geweihten Ort, an dem man Ihnen dafür Geldscheine und Kärtchen – die Schlüssel zur Bedienung der Schutzschilde – aushändigt? Dazu müssen Sie in der Regel ihre Arbeitskraft für viele Stunden am Tag an jemanden verkaufen, der ihnen im Tausch dafür ihr Zahlendepot auffüllt und en passant sein eigenes gleich mit. Und wahrscheinlich gehören Sie zu den schätzungsweise 80% aller Menschen, deren Arbeit wiederum zu nichts anderem dient, als den Schutzschildmechanismus in Gang zu halten. Vielleicht arbeiten Sie ja in der Bank, in der auch ihre Ziffern gespeichert werden, oder Sie produzieren die Geräte, die ziemlich laut Piepsen, wenn jemand die Barriere ohne entsprechendes Äquivalent überwinden möchte. Vielleicht kleben Sie Preisschilder an oder arbeiten in einer Fabrik für Überwachungskameras? Womöglich in einem Supermarkt als Händchen oder als Architekt für die Büroetagen einer Versicherung oder Sie verhaften von Berufs wegen PrivatbesitzverächterInnen?

Was immer Sie da jeweils tun – um es tun zu können, müssen Sie Entfernungen überbrücken. Sie wollen zur Arbeitsstätte gelangen und verwenden dazu wahrscheinlich ein privates oder geschäftliches Fahrzeug oder nutzen ein öffentliches Verkehrsmittel. Die Strecken, die Sie zurücklegen müssen, könnten recht lang und stauträchtig sein. Vielleicht arbeiten Sie gar als VertreterIn und Ihre Zeit geht hauptsächlich für nervende Fahrten drauf? Derweil haben Sie noch lange nicht eingekauft und noch nichts für Ihr Outfit und Ihr körperliches Wohlbefinden getan. Auch hier benötigen Sie Verkehrsmittel, und viel Zeit vergeht auf dem Weg zu den Tempeln des schönen Scheins, die Sie frequentieren, um für die Arbeit am nächsten Tag wieder fit und makellos zu sein.

Egal worin Ihre Arbeiten auch bestehen mögen, Sie führen sie selten glücklich noch in gemächlichem Rhythmus aus. In der Regel sind Sie einem Zeitmanagement unterworfen, das Ihnen in immer kürzerer Zeit immer mehr und intensivere Tätigkeiten abverlangt. Der geforderte Zeitrhythmus verfolgt Sie bis in die Küche und ins Schlafzimmer und beschleunigt auch noch Ihren freizeitlichen Wanderschritt in einem Maße, als müssten Sie den Schwarzwald in einem Tag durchqueren. Möglicherweise gehören Sie aber auch der zunehmenden Population an, die keinen Beitrag mehr zur Aufrechterhaltung dieser Absurdität leisten darf, aber ebenso gehetzt tagtäglich auf Arbeitssuche geht oder gestresst in den deprimierenden Räumen eines Sozialamts zahllose Stunden der Lebenszeit an sich vorüberziehen lassen muss. Derweil befassen sich andere im selben Gebäude in eben solch mieser Stimmung mit der Prüfung und Berechnung Ihrer Ansprüche, damit Sie am Ende einen armseligen Warenkorb Ihr Eigen nennen dürfen.

Im Labyrinth

Diesen hier erst im Ansatz angedeuteten Zustand feiern die Ideologen der Marktwirtschaft als die beste und wirtschaftlichste Existenzweise aller Zeiten. BetriebswirtInnen, VolkswirtInnen, PolitikerInnen und akademische BerufsideologInnen werden nicht müde, die Leistungskraft und unübertroffene Fähigkeit der Marktwirtschaft zur ›optimalen Allokation aller Ressourcen‹ zu lobpreisen. Damit begründen sie die Überlegenheit der Marktwirtschaft gegenüber allen anderen vergangenen und allen überhaupt denkbaren künftigen Gesellschaftsformationen prophylaktisch gleich mit. Hochnäsig weisen sie darauf hin, dass noch niemals in der menschlichen Geschichte mit so geringem Zeitaufwand so viele Güter in solcher Qualität produziert worden seien und blicken hämisch auf den ›realen Sozialismus‹ ob dessen Fehlallokationen zurück.

In der Tat, in noch keiner menschlichen Gemeinschaft ist die Produktivkraftentwicklung derart schnell vorangetrieben worden wie in der freien Marktwirtschaft – allerdings auch ohne Rücksicht auf das menschliche Wohlbefinden. Die Effizienz der einzelnen Arbeitsabläufe, von der Planung über die Herstellung von Waren, deren Transport, Lagerung und Verkauf bis hin zu den Abrechnungssystemen, hat für sich genommen tatsächlich einmalige Standards erreicht. Einen derart ökonomischen Umgang mit Zeit gab es in der Hinsicht noch nie. Aber wie so häufig richtet sich der begeisterte Blick der IdeologInnen nur auf das Detail. Beim Anblick einer automatischen Fertigungsstraße verfallen sie in die gleiche romantischen Verklärung wie einstmals Anette von Droste-Hülshoff beim Anblick der kräuselnden Wellen am Bodensee. Verzückt schauen sie auf Automessen unter glänzende Motorhauben bulliger Edelkarossen, in denen die gesamte geistige und körperliche Potenz in Kraftmaschinen von höchstem Wirkungsgrad zusammengeballt ist, um am Ende doch nur einen gestressten Herren oder eine gestresste Dame vielleicht noch 5 Minuten schneller zu einem Geschäftstermin zu befördern. Ganz wie sich der betriebswirtschaftliche Blick auf die Rentabilität eines einzelnen Betriebes reduziert, zentriert sich der technokratisch-ideologische Blick der MarktwirtschaftsapologetInnen auf den einzelnen Arbeitsablauf, die Funktionalität der Arbeitskraft und ihres Produkts. Aber wie sieht es mit dem Ganzen aus? Ich behaupte, dass es niemals zuvor eine derart zeitaufwendige gesellschaftliche Reproduktion wie die der modernen Marktwirtschaft gegeben hat. Sie hält Menschen in einem für jede andere Gesellschaft völlig unvorstellbaren Maß auf Trab und zwar nicht nur in der Arbeitswelt, sondern auch in der Freizeit. Ihnen ist es bestenfalls erlaubt, nebenbei noch von den Früchten ihrer Anstrengungen zu kosten. In keiner anderen Gesellschaft hatten Produktion und Konsum derart verheerende Auswirkungen auf die ProduzentInnen und die Natur. Die Marktwirtschaft gleicht einem monströsen Zeit, Raum und Lebensenergie verschlingenden Labyrinth, das ausschließlich zu dem Zweck existiert, lebendige menschliche Arbeit unablässig in Geld und Kapital umzuwandeln. Was für ein Mechanismus die Marktwirtschaft antreibt, lässt sich am besten mit folgender Methapher beschreiben: Wie umherirrende Ameisen bilden die Menschen mit ihren Leibern unablässig neue Labyrinthmuster, jagen wechselweise durch die Gänge hindurch, picken rasch einige Krümel auf, die wiederum andere verstreut haben, um darauf sofort wieder Teil des unruhig wabernden Labyrinths zu werden. Wem die Luft ausgeht, der bricht zusammen, um sogleich von anderen überrannt zu werden. Wer mehr Krümel als die anderen ergattern möchte, beschleunigt seinen Gang und setzt die Ellenbogen ein. Aus ihrer Bodenperspektive können die fleißigen IrrläuferInnen das Labyrinth allerdings nicht als solches erkennen. Die zahllosen Gassen erscheinen ihnen als der direkteste und einzig mögliche Weg zu den Krümeln, die ihre Existenz sichern. Obwohl sie alle ununterbrochen handeln, sind sie wiederum nur Getriebene des Labyrinths, das sie selbst unter Überwindung gigantischer Dimensionen von Zeit (und Raum) Tag für Tag erneuern. Um die Metapher zu verlassen: Die notwendig verausgabte Zeit zur Herstellung der Gassen des Labyrinths, manifestiert sich im Geld, das sich als Barriere sowohl zwischen die Individuen als auch zwischen die Individuen und deren Erzeugnisse schiebt. So reproduziert sich ein verrücktes und historisch einmaliges Verhältnis: Nicht für ihre Reproduktion als Menschen verausgaben die Individuen primär ihre Zeit, sondern zur Herstellung der Barriere, die ihnen den Zugang zu ihren gesellschaftlich erzeugten Produkten verwehrt. Diese so verrückte wie bewusstlose und historisch einmalige Beziehung der Individuen zu ihrer Gesellschaftlichkeit, also das kapitalistische Labyrinth, lässt sich mit dem Begriff des »automatischen Subjekts«, den Karl Marx im Kontext der Analyse der Warenform eingeführt hat, auf den Punkt bringen. Das Ganze funktioniert als reiner Selbstzweck: Erhaltung der Produktion von Mehrwert durch die Produktion von Mehrwert oder schlicht, Selbstverwertung des Werts.

Die Konstitution des »automatischen Subjekts« soll jetzt nicht weiter ausgeführt werden. Auch die hier ständig benutzten Begriffe Arbeit und Zeit, will ich nicht näher durchleuchten. Was die Zeit angeht, sind an dieser Stelle allerdings doch einige kurze Bemerkungen nötig, um meine Prämissen bei der Verwendung dieses Worts zu verdeutlichen. Der im Text in vielfältigsten Kombinationen vorkommende Begriff der Zeit, so z.B. ›Zeitverschwendung‹, ›Zeitaufwand‹, ›Zeitverausgabung‹, ›Zeitbeschleunigung‹, ›Zeitverdichtung‹ (Ähnliches gilt für ›Leistung‹) wird absichtlich im üblichen Sinn des bürgerlichen Alltagsverstands verwendet, um die richtigen Assoziationen zu ermöglichen. Tatsächlich lässt sich Zeit aber weder ›verschwenden‹ noch ›aufwenden‹ noch ›verausgaben‹ oder gar ›verdichten‹. Den bürgerlichen Zeitvorstellungen liegt die Einteilung von Ereignissen in exakte Einheiten – in ›Zeitquanta‹ – zugrunde, womit die Zeit als quantifizierbare Größe ›erfunden‹ ist und dem Alltagsverstand auch als eine dinghafte Menge erscheinen kann, über die man so oder so verfügen könnte. Daher die vielen Attribute, die ansonsten nur Dingen zugewiesen würden. Sie stellen moralische Urteile in Hinblick auf die ›Verwendung‹ oder Wirkung der Zeit dar. Wer meint, er würde gerade seine Zeit ›verschwenden‹, hat eine andere Verausgabung im Sinn, die ihm/ ihr nützlicher oder sinnvoller erscheint, wobei den Begriffen ›Nutzen‹ und ›Sinn‹ wiederum spezifisch kapitalistische Bedeutungen zu Grunde liegen. ›Zeitbeschleunigung‹ oder ›Zeitverdichtung‹ meinen schlicht, dass schneller gearbeitet, gehandelt und gedacht wird als zuvor. Dass im modernen Kapitalismus immer mehr und dies immer schneller erledigt werden muss, drücken die entsprechenden Attribute aus. »Ich habe keine Zeit« dürfte wohl die am häufigsten in diesem Kontext verwendete Phrase sein. Das kann so weit gehen, dass ›die Zeit‹ selber als eine dingliche Last empfunden wird, die tonnenschwer auf das Gemüt drückt. Nicht wenige Menschen wünschen sich, die Zeit verschwände, damit sie endlich einmal ›ihre Ruhe‹ haben. Zum Thema Zeit verweise ich auf das spannende Buch von Whitrow »Die Erfindung der Zeit« und auf Norbert Elias Essay »Über die Zeit«.[1]

Am Beginn meines Beitrags steht die These, der Kapitalismus sei eine unwirtschaftliche Wirtschaftsweise. Wirtschaftlichkeit ist identisch mit Rentabilität, bedeutet also nichts anderes, als dass kapitalistische Einzelbetriebe unter Einsatz möglichst geringer monetärer Mittel in kurzer Zeit möglichst hohe Warenberge ausstoßen und möglichst viel Gewinn erzielen. Was dabei mit den ProduzentInnen geschieht und unter welchen Bedingungen sie arbeiten, geht in diese Bestimmung nicht mit ein. Der Kapitalismus wird nur nach seiner einzelbetrieblichen Effizienz, dem Wirkungsgrad seiner Maschinen und der Prozessoren beurteilt. Die gesamtgesellschaftlichen Implikationen bleiben einfach ausgeklammert. In den folgenden Abschnitten werde ich zeigen, dass, was vom Standpunkt des Einzelbetriebs und des isolierten Wirtschaftssubjekts rationell erscheint, sich im gesellschaftlichen Gesamtkontext als aberwitzig und vom Standpunkt eines ›schönen

---

1 G. J. Whitrow, Die Erfindung der Zeit, Hamburg 1991, S. 20/21. Whitrow beschreibt detailliert die historisch unterschiedlichen Arten des Zeitsinns. Er spricht indes unterschiedslos von Reflexion, ohne zwischen verschiedenen Denkformen zu unterscheiden. Eine warenformkritische Position sich damit aber nicht begnügen. Sie muss die vornehmlich von Psychologen und Ethnologen angestoßene Debatte über Denkformen mit aufgreifen und die Genesis des abstrakt-logischen und theoretischen Denkens mit zum Gegenstand machen. Eine anschauliche Zusammenfassung des derzeitigen Forschungsstandes auf diesem Gebiet bietet Isolde Demele in »Abstraktes Denken und Entwicklung – Der unvermeidliche Bruch mit der Tradition«, Frankfurt 1988.
Elias, Norbert, Über die Zeit, Frankfurt 1984. Norbert Elias scheint die Thesen seines Zeitgenossen Sohn-Rethel über den Zusammenhang von Warenform und Denkform entweder nicht gekannt oder verworfen zu haben, was insofern nicht verwunderlich wäre, als er sich in seinen Werken immer schon vorwiegend auf der phänomenologischen und weniger der analytischen Ebene bewegt hat.

Lebens‹ aus gesehen als pure Zeitverschwendung erweist. Dazu folge ich nun all den für das Leben im Kapitalismus unerlässlichen Arbeiten, die ausschließlich der Aufrechterhaltung des verrückten Labyrinths dienen. Der größte Teil der heute verrichteten gesellschaftlichen Arbeit hat keinen anderen Zweck als den abstrusen, allen Gesellschaftsmitgliedern den direkten Zugang zum stofflichen Reichtum zu versperren.

Zeitverschwendung Warenzirkulation

Marktwirtschaft heißt, für den Markt wirtschaften, also fürs Kaufen und Verkaufen. Vorderhand springt denn auch die Existenz eines umfänglichen Bereichs ins Auge, der die täglich sich wiederholenden milliardenfachen Transaktionen ermöglicht: die Sphäre des Handels. Ganze Heerscharen von Menschen beschäftigen sich den ganzen Tag lang mit nichts anderem als dem Verkauf von Produkten und Dienstleistungen. Sie fahren oder laufen durch die Gegend, um anderen Kosmetika, Staubsauger und Computer anzudrehen; sie stehen in Läden, Markthallen und Kaufhäusern vor und hinter aufgetürmten Warenbergen oder kauern vor auf verpesteten Gehsteigen ausgebreiteten Tüchern; sie hängen in schicken Büros an Telefon, Fax und PC, akquirieren und schließen Verträge ab; sie sitzen an Fließbandkassen oder quetschen sich durch verqualmte Kneipen, um eine Rose loszuwerden. Verkäufer verkaufen an Wiederverkäufer, die zum Wiederverkauf an andere Wiederverkäufer weiterverkaufen etc. pp. Wo verkauft wird, wird gekauft. Wiederum Abermillionen Menschen sitzen in speziellen Abteilungen und kaufen für ihre Produktions- und Dienstleistungsbetriebe Rohstoffe, Halbfabrikate, Maschinen, Waren und Arbeitskräfte ein. Und damit die KonsumentInnen endlich an die benötigten Waren kommen und ihre geliebten Schnäppchen machen können, vergehen zahllose Stunden im Stau, in Kaufhäusern und beim Schlangestehen vor Kassen und Bankschaltern.

Das die Tauschakte vermittelnde Geld muss in seinen unterschiedliche Existenzweisen stets aufs Neue geschaffen, verwaltet, weitergeleitet und abgesichert werden. Ob Bargeld, Schecks, Kreditkarten, schriftliche oder elektronische Überweisungen, alle monetären Transaktionen ziehen einen gewaltigen Rattenschwanz an Aktivitäten nach sich und erfordern einen Zeitaufwand, der ohne weiteres mit dem der Verkaufssphäre konkurrieren kann. Da ist zunächst die materielle Herstellung von Bargeld, Schecks, Überweisungsformularen und Wertpapieren; der weitaus größte Zeitaufwand fällt mit der Buchgeldschöpfung und der Abwicklung des Geldverkehrs an. Unzähliges Personal fristet zu diesem Zweck an Schaltern, Computern und Schreibtischen in den zahlreichen Banken und Kreditinstituten sein Dasein. Geld ist Eigentum und steht daher niemandem per se und schon gar nicht in beliebiger Menge zu. Es muss daher vor unbefugtem Zugriff geschützt werden. Von den Bankangestellten und den NachtwächterInnen, den PolizeibeamtInnen und dem ComputerspezialistInnen bis zu den finster dreinblickenden schwarzen Sheriffs widmen sich zahllose Beschäftigte tagein tagaus einzig und allein dem Schutz des monetären Eigentums. Eigentum und Habgier, Armut und Reichtum fordern zu Streit und Diebstahl heraus. Richter und Anwälte schlichten, richten und lassen in Gefängnissen sühnen, deren Erhaltung ebenfalls mit großem personellen Aufwand verbunden ist. Aufbewahrtes Geld kann sich auf wundersame Weise vermehren: Hunderttausende BankerInnen, BrokerInnen, SpekulantInnen, Groß- und KleinanlegerInnen und unzählige andere GlücksritterInnen widmen sich weltweit dieser heiligen Mission. Wo sich BankerInnen tummeln, da sind auch Versicherungshaie nicht weit. Ihre Existenz verdanken sie der speziellen Manie der bürgerlichen Gesellschaft, jeden Schaden, sei er ideeller, sach- oder personenbezogener Art, in Geldquanta auszudrücken. Gefühle, Gedanken und Körper bilden ein Puzzle aus addierbaren Wertgrößen, die sich u. a. durch die Höhe des zu leistenden Tributs und die quantifizierten Auswirkungen eventueller Schadensfälle bestimmen. Raquel Welchs Busen macht 10 Mio. Dollar, mein Daumen vermutlich 5.000 Euro und der Kopf eines obdachlosen Menschen null Komma nix. Versicherungen verwalten nicht nur Geld, sie senden auch tausendfach HausiererInnen in die Lande, um die Leute nachdrücklich auf ihre bedrohlichen Lebensumstände aufmerksam zu machen. Die allgemeine Absicherung und Kontrolle des in Geldeinheiten abstrahierten und quantifizierten Eigentums der Bürger erfordert eine ununterbrochene Zählung, Abrechnung, Kontrolle und Buchung in allen ökonomischen Bereichen und Sphären. Heerscharen von Berufstätigen bevölkern Büros, kaufmännische Abteilungen und Controllingfirmen, um sich diesen ehrenwerten Arbeiten partiell oder mit ihrer gesamten Arbeitskraft zu verschreiben. Selbst beim kleinsten Handwerksbetrieb und der Arztpraxis um die Ecke fällt eine stetig wachsende Masse an steuertechnischen und kaufmännischen Tätigkeiten an, die zur eigentlichen Dienstleistung gar nichts beitragen.

Zeitverschwendung Menschenhilfe

Nun sollte man meinen, dass doch zumindest solche Tätigkeiten wie karitative Hilfsleistungen oder Hilfe zur Selbsthilfe für die Ärmsten dieser Welt von den Implikationen der Zeit-Wert-Logik verschont blieben. Leider lässt sich auch das nicht bejahen. Der weitaus größte Teil gezielter Hilfe wird durch Organisationen geplant und durchgeführt, die selber einem rigiden Abrechnungs- und Kontrollsystem unterliegen, damit, so fordern es die Finanziers, die Gelder nicht in die falschen Hände geraten. Je größer die Hilfsorganisation, desto größer der Verwaltungsapparat, der sie in Gang hält. Doch allein die Beantragung von Geldern zur Durchführung von Projekten (ob bei kirchlichen, nationalen oder internationalen Stellen) seitens einer winzigen Nicht-Regierungs-Organisation (NGO) erfordert einen enormen Zeitaufwand für das Studium der Formalien, der sich später auf die akkurate Buchführung, die Berichterstattung, Prüfung und Rechenschaftslegung für den Fiskus usw. ausdehnt. Nicht selten führt das zu dem paradoxen Zustand, dass nur der Einhaltung der gesetzten Normen wegen die eigentlichen Intentionen zurückzutreten haben oder Zahlenwerke manipuliert werden müssen, damit die eigentliche Aufgabe erfüllt werden kann. Nicht selten geraten die Zielgruppen ganz aus den Augen und die Verwaltung wird, ganz analog zum automatischen Subjekt, zum reinen Unterhaltsselbstzweck der VerwalterInnen. Damit ein oder zwei Ingenieure Solarkochanlagen in einem afrikanischen Land aufstellen können, bedarf es sicherlich der drei- bis vierfachen Anzahl an Personen in allen darin verwickelten Institutionen und Behörden, die ihre Zeit der Bereitstellung des nötigen Verwaltungsrahmen widmen – von der Planung und Beurteilung über die Abrechnung bis hin zu allen eingebauten Kontrollen.

Zeitverschwendung Produktion

Um die Zirkulation mit all ihren damit verbundenen Arbeiten überhaupt materiell durchführbar machen zu lassen, bedarf es wiederum einer gigantischen Zeitverausgabung für die Produktion der Waren und einer ebenso überdimensionierten Aufwendung materieller Ressourcen. Die Produktionssphäre, die vielen GesellschaftskritikerInnen traditionell als die gute, bodenständige und erhaltenswerte Seite der Marktwirtschaft erscheint, ist durch und durch in den systemerhaltenden Kreislauf von Verschwendung menschlicher Lebenszeit mit eingebunden. Zur Verteilung der Dienstleistungs- und Warenflut über den Markt wird der größte Teil des vorhandenen Produktions- und Logistikaggregats in Anspruch genommen. Dies beginnt bei den notwendigen Gebäuden, vom Wolkenkratzer über die Kaufhalle bis zur Pommesbude, die erst einmal gebaut sein wollen. Ein Blick auf Innenstädte und Gewerbegebiete lässt ahnen, welche umbauten Flächen ausschließlich diesem Zweck geopfert werden, während Wohnraum beengt und chronisch knapp bleibt. Verkaufs- und Transportfahrzeuge, Geschäftswagen; Regale, Lager, Gefriertruhen, Dekorationen; Registrierkassen und Geldkassetten; Pappe, Papier, Farben und Tinten für Werbeblätter, Verträge, Rechnungen, Kassenbons und Verkaufsverpackungen in gigantischen Mengen; Computer, Handys, Faxgeräte, Möbel, Kopierer, Bleistiftspitzer und Tausende andere Gegenstände mehr. Geschäftemachen verlangt nach Präsentation und Repräsentation. Textil-, Schmuck- und Lederindustrie halten hierfür unerschöpfliche Varianten von Bekleidung und sonstige Accessoires bereit. Die Geldverwahrung, Geldvermehrung, Geld- und Eigentumssicherung erfordert Bankgebäude, Börsenlokale, Büroräume ohne Ende; sie setzt Keller, Bunker, Tresen, Rechner, Safes, Sicherungsanlagen, Kassetten, Überwachungskameras, Riegel, Panzerglas, zahllose kleine und große Türen, Schlösser und Sparschweinchen für die ganz Kleinen voraus, die mit Hilfe Letzterer schnellstmöglichst die Prinzipien der Marktwirtschaft einüben sollen. Auch mittelbar beeinflusst die Geldlogik die materielle Produktion. Unaufhaltsam hat sie alle alten Gemeinschaftsformen gesprengt und eine auf sich selbst zurückgeworfene Geldmonade zurückgelassen. Kleinfamilien- und Singledasein haben die Reproduktion und die Konsumgewohnheiten gründlich verändert. Die Versorgung der Kleinhaushalte mit Individual- oder Familienportionen potenziert die Verpackungsflut und macht besondere Produktionsanlagen zur Abfüllung von Minimalmengen in Flaschen, Dosen, Becher usw. notwendig. Der Rohstoffverbrauch schnellt dabei, trotz Recycling, unablässig in die Höhe. Jeder Haushalt verfügt über eine eigene nicht zu verachtende Mini-Infrastruktur, vom Herd über den Kühlschrank bis zur Wasch- und Geschirrspülmaschine. Individuelles Wohnen erzwingt vielfach individuelle Mobilität und erzeugt zum anderen auch ein Bedürfnis nach einem eigenen Fahrzeug. Es versteht sich, dass es dazu eines riesigen materiellen, zeitlichen und räumlichen Aufwands zur Herstellung dieser in die Abermillionen gehenden Individualkarossen bedarf. Auf Grund der Trennung von Wohnen, Arbeiten und Lernen sind wiederum spezielle Gebäude mit entsprechender Infrastruktur für begrenzte Zwecke nötig, die nur von autorisierten Personen in einem eng beschränkten Zeitrahmen genutzt werden. Trotz massenhaften Mangels an kostenlosen Räumen für Kommunikation und geselligen Zeitvertreib machen die Tore der Schulen und deren Sportplätze pünktlich dicht und können bestenfalls noch mit Sondererlaubnissen und repräsentativen Leumundszeugen partiell genutzt werden. Riesige Flächen und Räume von Firmen, Universitäten und anderen öffentlichen Gebäuden bleiben ungenutzt, obwohl sie locker mit Freizeitgerätschaften ausgestattet und als nette öffentliche Treffpunkte fungieren könnten.

Zeitverschwendung Transport

Der gesamte Produktions- und damit Zeitaufwand wird weiter dadurch potenziert, dass die produzierten Waren, ob nun Produktionsmittel- oder Konsumgüter, ausschließlich nach Kostengesichtspunkten und nicht nach Kriterien der Streckenersparnis an die EmpfängerInnen gebracht werden. Eine Studie von 1992 förderte die Gesamttransportleistung zu Tage, die in einem simplen Früchtejoghurt steckt. Bis alle zur Herstellung notwendigen Ingredienzien und sämtliche Verpackungsbestandteile zusammengefunden und in den Supermarkt gelangt sind, hat er sage und schreibe 7.587 LKW-Kilometer zurückgelegt.[2] Ein weiteres bekannt gewordenes Beispiel beleuchtet drastisch, wie wenig die auf Kostenminimierung bezogene betriebswirtschaftliche Ratio-

---

2 Stefanie Böge: Die Auswirkungen des Straßengüterverkehrs auf den Raum – Die Erfassung und Bewegung von Transportvorgängen in einem Produktlebenszyklus. Diplomarbeit am Fachbereich Raumplanung der Universität Dortmund, Juni 1992. Auszug in: *Psychologie Heute*, Mai 1994, S. 30. In der Zeitschrift *Stern* erschien hierzu ebenfalls eine spektakulär aufgemachte Reportage »Ein Joghurt geht auf Reisen«.

nalität mit einer Minimierung des gesellschaftlichen Aufwands zu tun hat. Es geht um so etwas scheinbar unverdächtiges wie Orangensaft. Davon konsumieren die durstigen Bundesdeutschen ca. 21 Liter pro Jahr, was nicht gerade wenig ist, bedenkt man, dass die geschätzte Orange nicht in mitteleuropäischen Breitengraden gedeiht. 80 Prozent der für die Saftherstellung notwendigen Orangen stammen aus Brasilien. 12.000 km legen sie auf ihrem Weg zum Konsumenten zurück. Hinzu kommt, dass zur Erzeugung eines einzigen Liters O-Saft die 22-fache Menge an Wasser verbraucht wird. Damit liegt der Orangensaft aus brasilianischem Anbau aber im Vergleich zu US-amerikanischen Säften noch sehr günstig. In den Vereinigten Staaten, wo die Orangenplantagen künstlich bewässert werden müssen, entfallen auf einen Liter des begehrten Getränks 1.000 Liter Wasser und 2 Liter Treibstoff.[3] Noch irrwitziger steht es mit der Produktion komplexer industrieller Güter wie z.B. Fahrzeugen. Die Rohstoffe und Bestandteile zur Herstellung von Volkswagen-Automobilen stammen aus allen Kontinenten und legen, zusammengenommen, Millionen von Kilometern zurück. Wie die verzweigten und verzwickten Wege der elektronischen und mechanischen Einzelteile für die 55.000 Produkte des Siemens-Imperiums verlaufen, können nicht einmal mehr die eigenen Manager angeben.[4] Kreuz und quer werden so Millionen Tonnen von Gütern selbst minimalster Preisvorteile wegen über den gesamten Globus bugsiert. Und so rauschen in stickige Laderäume eingepferchte arme Schweine auf langen Asphaltbahnen nicht selten mehrmals aneinander vorbei und legen Tausende Kilometer zurück, um irgendwo auf der Welt ein Konto um ein paar Ziffern zu erhöhen. Dieser Streckenaufwand reduziert sich auch dann nicht, wenn die Schweine, vom irdischen Leid erlöst, als tiefgefrorene Schweinhälften durch die Landschaft schaukeln. All diese Wege und die in diesem

---

3 Sascha Kranendonk, Stefan Bringezu: Major material flows associated with orange juice consumption in Germany. Fresenius Environmental Bulletin, Vol. 2 No. 8, August 1993. Abdruck in Friedrich Schmidt-Bleek »Wie viel Umwelt braucht der Mensch.« MIPS – Das Maß für ökologisches Wirtschaften. Auszug in: *Psychologie Heute*, Mai 1994, S. 25. In den zugrunde liegenden Aufsätzen geht es nicht nur um eine Kritik an den zurückgelegten Strecken, sie enthalten auch eine Bewertung dessen, was nützlich, verträglich oder eben schädlich sei. Ich möchte nicht unbedingt auf Orangensaft verzichten müssen, plädiere aber für eine möglichst ökorationale Produktion und Distribution.
4 Vgl. *Der Spiegel* 2/1993, S. 107

Zusammenhang verschleuderten Ressourcen sagen eigentlich schon alles über den täglichen Wahnsinn der markwirtschaftlichen Kreisläufe. Es handelt sich jedoch nur um einen kleinen Aspekt davon, und leider gehen die in der Regel ökologisch inspirierten KritikerInnen mit ihren Unmutsäußerungen nicht über dieses Teilproblem hinaus. Von der ganzen Dimension scheinen sie keine Ahnung zu haben. Das ist jedoch auch nicht weiter verwunderlich, schließlich haben die politisch etablierten ÖkologInnen längst ihr Faible für die Mechanismen des Marktes entdeckt und konkurrieren kräftig mit den Liberalen in puncto marktwirtschaftlichem Sachverstand und Realismus.

Zeitverschwendung durch Zeitbeschleunigung

Als wäre die Überwindung derart gigantischer räumlicher Dimensionen nicht schon genug, erhöht sich der enorme Materialeinsatz und paradoxerweise auch der Zeitaufwand durch den zwanghaften Beschleunigungsdrang. Das allgemeine Phänomen der Geschwindigkeitserhöhung in nahezu allen Lebensäußerungen plagt die Menschen in Form von Stress, Hektik, Hetze, Genervtheit, Aggressivität oder einfach nur unendlicher Müdigkeit. In der Literatur hat dieser immer schnellere Lebensrhythmus inzwischen viele Namen: ›Zeitverdichtung‹, ›Zeitbeschleunigung‹, ›Zeitkompression‹, ›Zeitdruck‹ usw. Damit die Waren immer schneller produziert, transportiert und an die Frau gebracht werden können, muss in erheblichem Umfang wertvolles Know-how und jede Menge Zeit für irgendwelche Fitzelchen teuer erkaufter Zeitersparnis aufgebracht werden. Nicht irgendein Motor wird benötigt, sondern einer, der eine Blechkiste von 0 auf 100 in 7 Sekunden katapultiert und mit mindestens 200 Stundenkilometern eine Autobahn entlang preschen kann. Um einen immer dichteren und schnelleren Verkehrsfluss zu gewährleisten, muss extra gesicherter Raum auf dem Land und in den Städten geschaffen werden, der in Form von Millionen Straßenkilometern die Siedlungsräume wie rasend pulsierende Adern durchdringt. Die langsamen VerkehrsteilnehmerInnen werden per Gesetz und gerne auch durch rabiate AutofahrerInnen in ihre Schranken verwiesen. Breite Gehwege, Platz für Fahrräder auf den Straßen, Bewegungsraum für Kinder? Fehlanzeige. Aber Autos sind noch nicht schnell und universell genug, um in wenigen Stunden und ohne Stau einen Geschäftstermin in einem entfernteren Ort oder gar in

Übersee wahrzunehmen. In immer größerer Zahl werden Hochge-schwindigkeitszüge und Flugmaschinen benötigt, zu deren Einsatz und Wartung ein riesiges Infrastrukturaggregat bereitgehalten werden muss. Und nicht zuletzt wollen die vom Zeitdruck geplagten, erho-lungsbedürftigen Menschen einen auf die Minute genau getimten Ur-laub verbringen, dessen Zeitraum in Arbeitsverträgen penibel festgehalten ist. Zur Bewältigung der wachsenden Warenströme rei-chen die überdimensionierten Transportmittel längst nicht mehr aus. Auch die Möglichkeit der Überwindung großer terrestrischer und ma-ritimer Distanzen muss gewährleistet sein. Entsprechende Maschinen, Motoren, Turbinen und andere Komponenten müssen dies ermögli-chen. Gigantische Lern-, Forschungs- und Erfahrungszeit fließt als Know-how in die Ausreizung aller physikalischer Möglichkeiten, um noch das letzte Quäntchen Beschleunigung herauszukitzeln. Das Phä-nomen der Beschleunigung hat sich längst verallgemeinert und macht daher auch vor den Sphären der Freizeit und des Privaten nicht Halt. Die Organisation des Haushalts, insbesondere bei den so genannten Alleinerziehenden, erfordert zunehmend ein Zeitmanagement, das lok-ker mit dem der Industrie konkurrieren könnte. Aufgaben wie Haus-haltspflege, Kochen, Behörden-, Banken- und Versicherungskram, Sport, Hobby, Kontakte, Besuche, Einkäufe und andere Erledigungen halten die Personen beständig auf Trab. Ach ja, und da gibt es auch noch die Kinder, einer unter vielen Posten, die im Rahmen der Einhal-tung des rigiden Zeitmanagements abgearbeitet werden müssen. Ru-hig halten und möglichst häufig abschieben, ist die viel praktizierte, oft nicht gewollte Lösung, die, wie könnte es anders sein, eine weitere Arbeitssphäre erforderlich macht, nämlich die der Kinderbetreuung und Freizeitunterhaltung. Und wenn die Zeit nicht einmal mehr aus-reicht, um die Kleinen zu den Orten ihrer Betreuung und schulischen Indoktrination zu bringen, dann hängt man ihnen einen Schlüssel um den Hals, stülpt ihnen den billigsten Fahrradhelm über den Kopf und setzt sie auf ein zu groß geratenes BMX-Bike, damit sie schnell und alleine ihren Zielort erreichen. Angesichts so vieler Plackerei, ziehen viele doch lieber ein pflegeleichtes Haustier vor und sparen sogar noch dabei. So ein Fiffi widerspricht nicht und wedelt noch unterwürfig mit dem Schwanz, auch wenn sein gestresstes Herrchen/Frauchen mal nach ihm tritt. Nicht wenige bezeichnen ihre Tierchen schon als ihre ›Kinder‹. Auf die Dimensionen der Versorgungsindustrie für diese Art vierbeiniger ›Kinder‹ sei nur am Rande verwiesen.[5] Wer keine Zeit mehr für die Kontaktpflege findet, beauftragt eine Partneragentur, wer es nicht mal mehr zum Kochen schafft, bestellt sich eine Pizza. Unzählige Dienstleistungen entstehen, um den permanenten individuellen Zeitmangel auszugleichen. Es versteht sich, dass die dort Arbeitenden selber auch nie genügend Zeit haben. Der schnelle Rhythmus wird derart internalisiert, dass er sich selbst in so unverdächtigen Betätigungen wie dem Musizieren artikuliert. Die Musikforschung hat kürzlich herausgefunden, dass die klassische Musik heutzutage schneller gespielt wird als zu Lebzeiten ihrer Komponisten. Am deutlichsten artikuliert sich der Geschwindigkeitswahn allerdings im Sport. Immer schneller laufen, springen, schwimmen, fahren, fliegen usw.: Das erfordert und befördert immer neue Technologien, Trainingsmethoden, Geräte, legale und illegale Drogen und medizinisches Fachpersonal und Rehabilitationskliniken.

Zeitverschwendung Gesundheit

Die dramatischen gesundheitlichen Folgen der Arbeit an sich und ihrer beständigen Intensivierung fordern, wie der extreme Sport, ihren Tribut. Eine gewaltige Gesundheitsindustrie befasst sich mit den Konsequenzen und stellt Arbeitskräfte, Wissen, Forschung, Anwendung, Betreuung, Pflege, Esoterik, Tantra, Yoga, Naturheilkunde und christlichen Beistand in gewaltigem Umfang und mit einem entsprechenden räumlichen und materiellen Aufwand bereit. Ob das tatsächlich alles der Gesundung dient, sei dahingestellt. KritikerInnen des Gesundheitswesen behaupten, der heute praktizierte medikamentöse und operative Aufwand würde zumindest so viele Kranke wie Geheilte produzieren. Von dem üblichen Standpunkt einer kurzfristigen und schnellen Wiederherstellung der Arbeitskraft aus gesehen, spielt das aber keine Rol-

---

5 Eine kleine Anekdote dazu kann ich mir nicht verkneifen. Als ich mit einem Freund, der gerade aus der Provinz eines südamerikanischen Landes zu Besuch gekommen war, durch die langen Reihen eines Supermarkts schlenderte, kam dieser empört zu mir gerannt und fragte, wieso in Deutschland so viele Katzen und Hunde verspeist würden. Auf meine verdutzte Frage hin, wie er denn auf diese Idee käme, führte er mich zu zwei ellenlangen Regalen mit Dosen, Paketen, Schachteln, Flaschen und Gläsern, die alle mit niedlichen Tiergesichtern geschmückt waren. Ich bin sicher, er glaubt mir bis heute nicht, dass es sich dabei um Futter für die Tiere und nicht um tierische Mahlzeiten gehandelt hat.

le. Um die Langzeitgeschädigten müssen sich die ArbeitgeberInnen jedenfalls nicht kümmern. Es würde mich übrigens nicht wundern, wenn zur Reduzierung der Krankheitsdauer um eine Stunde oder, im umgekehrten Fall, zur medizinisch bedingten Herstellung einer Krankheitsstunde das Fünffache oder mehr an Arbeitszeit innerhalb des Gesundheitskomplexes verausgabt würde.

Zeitverschwendung Lernen

Damit die Menschen überhaupt in der Lage sind, die milliardenfachen Tauschvorgänge und die dazu erforderlichen Arbeiten in all ihren Aspekten adäquat auszuführen, müssen sie erst entsprechend zugerichtet werden. Dazu bedarf es der Eltern und ganzer Legionen von LehrerInnen, DozentInnen, ProfessorInnen, UnterweiserInnen und anderer SpezialistInnen. Der Zeitaufwand zur Vermittlung des Produktions- und Zirkulationswissens an Schulen, Berufsschulen und Universitäten lässt sich, glaube ich, ganz gut vorstellen. Wer meint, nur der Staat verschwende seine Zeit für Bürokratie, der irrt gewaltig. Gerade der private Bildungssektor wirft ein bezeichnendes Licht auf die dort zwingend erforderliche Zeitverschwendung. Allein um eine einzige Schulklasse für eine Umschulung einzurichten, bedarf es, neben den LehrerInnen, mindestens 5 bis 6 Personen, die sich um alle Belange der Verwaltung an den verschiedensten zuständigen Orten kümmern. Weniger auffällig, aber um so wichtiger für die richtige ›Investition in unsere Zukunft‹, sind die ersten Kindheitsjahre, die zumeist im Rahmen der familiären Umgebung und des Kinderhorts verbracht werden. Viele Stunden gehen mit Kampf und Krampf ins Land, und viele Tränen fließen, bis die widerspenstigen Kinder endlich verstehen, dass sie sich begehrte Dinge nicht einfach nehmen dürfen. Jahre vergehen, bis sie verstehen, was ihnen und was anderen gehört, und noch ein wenig länger, bis sie sich dementsprechend untadelig verhalten. Liebe Kinder, versteht es endlich: Eine Puppe ist keine Puppe, sondern eine Ware im Wert von 29,99 Euro – einfach nehmen, ist Diebstahl. Wie viel Erziehungsarbeit muss geleistet werden, bis im Restaurant der Teller leer gegessen wird, selbst wenn der Bauch schon platzt. Schließlich hat man dafür ›geblutet‹, und dem Wirt wird erst recht nichts geschenkt! Welche Zurichtung ist erforderlich, bis ein Mensch vor der gefüllten Schaufensterauslage verhungert, anstatt sich zu nehmen, was er zum Leben braucht? Wie viel Zeit verstreicht, bis man Gefühle investiert und nur gegen entsprechende Äquivalente eintauscht? Man braucht nur einen Augenblick darüber nachzudenken, wie viele Gespräche und Auseinandersetzungen sich um Geld und Preise drehen, um zu wissen, wie lange ein Mensch braucht, bis er endlich in vollem Brustton der Überzeugung herausschreien kann: »GEIZ IST GEIL!« Wie viel Zeit letzten Endes in die Verhaltens- und Wissensproduktion zur Gewährleistung der Warenzirkulation unmittelbar und mittelbar eingeht, lässt sich beim besten Willen nicht auseinander klamüsern und quantifizieren. Es ist jedoch sicherlich nicht übertrieben, mindestens ein Drittel der gesamten Lernzeit dafür zu veranschlagen.

Zeitverschwendung Arbeitssuche

Immer mehr Menschen können im mörderischen Existenzkampf nicht mehr mithalten, und immer mehr Menschen werden für die Profitproduktion nicht mehr benötigt. Lockert die Zeitdiktatur wenigstens für diese ihren Griff? Wohl kaum, zumindest tun Politik und Arbeitslosenverwaltung ihr Möglichstes, um das zu verhindern. Der CDU-Spitzenpolitiker Friedrich Merz macht keinen Hehl daraus, worin das prinzipielle Ziel im Umgang mit Dauerarbeitslosen heute besteht. Ob die Job-Agenturen ihren Anspruch genüge tun und ihren Klienten zu einem Arbeitsplatz verhelfen können, ist nicht das Primäre, erklärte er im August 2003 in einem ZDF-Interview offenherzig. Hauptsache die Arbeitslosen würden auf Trab gehalten und hätten keine Zeit irgendetwas anderes zu tun, als Arbeit zu suchen.

Die Praxis der Arbeitsämter folgt dieser programmatischen Ausrichtung in steigendem Maße. Für die erfolgreiche Arbeitsvermittlung völlig sinnfreie Maßnahmen werden bei Strafe von Sperrzeiten erzwungen: zahlreiche blödsinnige Qualifizierungs- und Weiterbildungskurse, Bewerbungstrainings und insbesondere die beliebten Profilings, nicht selten gleich mehrfach hintereinander, die natürlich jedes Mal andere Ergebnisse zeitigen. Nicht zu vergessen der neueste Trend, Arbeitslose mit Nachdruck in die Selbständigkeit zu komplimentieren, wohl wissend, dass der größte Teil der Ich-AGs wenig später wieder zugrunde geht. Dahinter steckt Methode: Diese Menschen sollen kurzfristig aus der Arbeitslosenstatistik verschwinden und mittelfristig jedweden Leistungsanspruch verlieren. Wer dabei nicht mitmacht, hat permanent seine aktive Arbeitssuche nachzuweisen, das heißt, er beschäftigt sich, seine Kontrolleure bei den Ämtern und die Personalbüros allerorten damit, eine Flut aussichtsloser Bewerbungen zu schreiben, zu sichten und zu beantworten. Zehntausende müssen arbeiten, nur damit Hunderttausende von Arbeitslosen ihre Tage mit irgendwelchen Arbeitsersatzhandlungen zubringen. Ein ganzer Arbeitskomplex ist entstanden, dessen einziger Inhalt im Diebstahl der Lebenszeit und -lust von unverwertbaren Menschen besteht.

Legal, Illegal, Scheißegal

Wo Millionen zeitweilig oder definitiv vom legalen Gelderwerb ausgeschlossen sind, drängen sich unweigerlich Gedanken über neue Geldquellen auf. Nicht wenige fühlen sich durch den Konkurrenzkampf erst recht beflügelt, in die Grauzonen der Illegalität auszuweichen. Gleichzeitig wird das Reich des legalen Gelderwerbs um bisherige Tabubereiche erweitert. Lebensäußerungen und Naturressourcen, die man bis dato für nicht kommerzialisierbar gehalten hat, kommen am nächsten Morgen schon als neueste Waren und Dienstleistungen auf den Markt. Marketingkampagnen werben mit den gesundheitlichen Möglichkeiten der Biotechnologie, um endlich die Patentierung aller menschlichen, tierischen und pflanzlichen Gene durchsetzen zu können, immer das Ziel fest im Auge, auch noch dem kleinsten DNS-Strang einen Preisstempel aufdrücken zu können. Geht es nicht ganz legal, dann eben illegal: Menschen werden vermietet oder als Sklaven verkauft, als Ersatzteillager gehalten und bei Bedarf zur Operation frisch auf den Tisch serviert. Prostitution und Kindervergewaltigung, verharmlosend Missbrauch oder Schändung genannt, sind feste Bestandteile einer weltumspannenden Dienstleistungsbranche geworden, die seltsame Gelüste und Herrschaftsfantasien gestresster Männer aus den Metropolen des Kapitalismus bedient.

Zeitverschwendung Politik und Staat

Zu guter Letzt soll noch die Rede auf den Staat kommen, der großen Klammer, die das ganze Labyrinth mit der nötigen Gewalt zusammenhält. Er kann sich selber nur reproduzieren, indem er sich beständig Finanzmittel verschafft. Er überwacht das Finanz- und Eigentums-

gebaren der BürgerInnen und organisiert die Umverteilung von Geld-
werten. Dazu unterhält er ein Heer von Fachleuten. Tausende von Fi-
nanzbeamten überprüfen Daten, nehmen Rückzahlungen vor, mahnen
Nachzahlungen an und leiten Gelder an die Staatskasse weiter, die
dort von einem enormen Stab an Sachkundigen und weniger Sachkundigen auf allen Ebenen verwaltet, verteilt oder eingesackt werden.
Nicht jeder hat es gern, wenn Big Brother gierig auf seine Geldbörse
schielt. Zum Schutz davor wacht das Heer an SteuerberaterInnen,
SteueranwältInnen, GeldwäscherInnen, FluchtgeldvermittlerInnen,
AnlageberaterInnen und anderen ehrenwerten Gestalten, die stets in
ausreichender Zahl für solche Fälle zur Verfügung stehen. Weltweit
sitzen Tausende PolitikerInnen[6] in riesigen Gebäuden, um Gesetze
vorzubereiten, Gesetze zu beraten und Gesetze zu erlassen.
Wozu so viele Gesetze? Was ist es wert, so aufwendig bedacht zu
werden? Es ist das Eigentum, das die inzwischen eingehend beschriebenen Umwege gehen muss, bis es die einen haben und die anderen
nicht. Zwei Drittel aller Gesetze betreffen das private und öffentliche
Eigentum und die Ahndung seiner Missachtung. Die Sühne und Entschädigung für Beschädigung oder Entwendung von materiellem und
geistigem Eigentum steht an allererster Stelle. Gesetze über die Verur-
sachung, Ahndung und Entschädigung seelischer Schäden sind sekun-
där, in Deutschland wird man sie vergeblich suchen. ›Hart sein, Mann
sein‹, so will es hierzulande seit den Zeiten Friedrichs des Großen das
königlich-preußische Erbe. Was nicht in Geldwert quantifizierbar erscheint, kann im Bewusstsein auch nicht als Schaden existieren. Millionen Menschen sorgen weltweit für die Einhaltung der Gesetze und
die Bestrafungen, und nicht wenige davon lassen gemeinsam mit den
Ertappten in Gebäuden mit vergitterten Fenstern ihre Lebenszeit an
sich vorübergehen.
Während sich PolitikerInnen und deren Beraterstäbe in gleich blei-
bender Zahl mit Ideologieproduktion und Umverteilung nach überaus
kuriosen Kriterien befassen, wächst mit den neuen Technologien auch

---

6 Georg Kreisler fragt in einem seiner berühmten Lieder mit schwarzem Wiener Humor:
»…aber was für Ticker sind die Politiker, woher kommen sie und was woll'n sie von der
Welt?« Deutsche PolitikerInnen sind im allgemeinen Personen, die in der Regel von Berufs
wegen die Ideologie der Marktwirtschaft auf einem geistigen Niveau anpreisen, das sie seit
Pisa den deutschen SchülerInnen unterstellen.

die Schar der in der Juristerei tätigen ExpertInnen und IT-SpezialistInnen beständig an. Die Sicherung des digitalen Eigentums ist in der Tat eine Aufgabe nahezu überirdischen Ausmaßes und garantiert zahlreiche lukrative Jobs. Überwachungsgesetze, die in die privatesten Bereiche der BürgerInnen eingreifen, sekundieren Kanzleien, die auf Überwachung und Feststellung von Datenpiraten und Urheberrechtsverletzern spezialisiert sind, und Abertausende ProgrammiererInnen müssen ununterbrochen Bill Gates offen gelassene Türchen schließen. Und nicht zu vergessen die Hunderttausenden HeldInnen, die das Eigentum ihrer Bürger und ihrer Staaten verteidigen, wenn nötig auch in Afrika oder am Hindukusch.

Wir könn(t)en auch anders

Wie viel Zeit letztlich für alle Umwege der Marktwirtschaft – trotz aller technologischer Errungenschaften – verausgabt wird, würde sich selbst bei intensivster empirischer Forschung kaum ermitteln lassen. Dennoch wäre es sicher sinnvoll, einigen der oben angeführten Beispielen einmal im Detail auf den Grund zu gehen. Um einen Eindruck der Dimension dieser marktwirtschaftlichen Zeitverschwendung zu vermitteln, denke ich, reichen die Beispiele aber völlig aus. Nach meiner zugegebenermaßen groben Schätzung dürften so um die 70 bis 80 Prozent der insgesamt ›verausgabten Zeit‹ in den Zentren des modernen Kapitalismus dem goldenen Kalb des Warentauschs geopfert werden. Mit meiner Kritik an der Zeitverschwendung im modernen Kapitalismus will ich selbstverständlich nicht eine Erhöhung der *technischen* Effizienz dieses aberwitzigen Gesellschaftssystems einklagen. Das ist auch gar nicht nötig. Der Kapitalismus wäre kein Kapitalismus, wenn er nicht auch daran arbeiten würde, bestimmte Umwege des Labyrinths leichter und schneller passierbar zu machen. Die mikroelektronische Revolution lässt auch ohne weiteres etwa die direkte Warenzustellung unter Verzicht auf Barzahlung zu. Ansätze dazu gibt es ja bereits. Nicht anders als in der Produktion, wird auch bei den Dienstleistungen und im Bereich der Kommerzialisierung rationalisiert. Das alles mündet aber keineswegs in einer Selbstaufhebung des Labyrinths, sondern macht seine unausgesetzte Herstellung um so hektischer und aggressiver. Die Logik ist immer dieselbe: Können die Leute nicht mehr zahlen, muss die Produktion auf kaufkräftige Kundschaft umgestellt oder notfalls eingestellt werden. Obwohl die moderne Gesellschaft ein Produktivitätsniveau erreicht hat, das eine materielle Versorgung der gesamten Menschheit und die Beseitigung zahlreicher psychischer Elendserscheinungen ermöglichen würde, drängt sie immer mehr Menschen an der Rand der Reproduktion oder ganz aus dem Leben und macht die Arbeit und den Lebensalltag des weitaus größten Teils der Menschen immer gehetzter, brutaler, autorepressiver und unsicherer.

Es kann daher nur um einen Schlussstrich gehen, was nichts anderes heißt, als dass Arbeit, Tausch und Eigentum überwunden werden. Erst in einer Gesellschaft ohne Tausch und Arbeit könnte sich nach und nach ein anderer Zeitbezug einstellen, und Begriffe wie Effizienz oder Leistung wären vermutlich sinnlos. Welche Bedeutung von Zeit sich unter diesen Bedingungen entwickeln und auf welche Aspekte der Tätigkeiten und Produkte Priorität gelegt würde, könnten die Menschen weitestgehend selber bestimmen. An die Stelle von Arbeit könnte so etwas wie kreativer Müßiggang treten, dessen wesentlicher Inhalt die genüssliche Betätigung und nicht ein aufgezwungenes Zeit-Leistungs-Verhältnis wäre.

Nach welchen Prioritäten ein von der Warenförmigkeit befreites, dennoch aber natürlich hoch entwickeltes Produktionsaggregat eingesetzt würde, wäre eine Frage der Übereinkunft. Was die Abschaffung des »automatischen Subjekts« und seiner Rastlosigkeit für das Wohnen, die menschlichen Beziehungen, die Kommunikation und andere Aspekte des Lebens bedeuten könnte, möchte ich hier nicht weiter ausführen. Es ist aber sowohl legitim wie inspirierend, sich in eine solche Zukunft so weit wie möglich hineinzudenken.

Franz Schandl

Muss sein?! Muss bleiben?!
Lose Skizzen zum Arbeitswahn in der Arbeitsgesellschaft

Als meine 1893 geborene Großmutter sich fast hundert Jahre
später, im Mai 1991, zum Sterben hinlegte, gab sie uns einen
Text, den sie unbedingt auf ihre Parte gedruckt sehen wollte.
Omas Nachruf auf sie (und sie war da beileibe nicht die Einzige) ging so: »Still und einfach war dein Leben/treu und lieb-
voll tätig deine Hand/immer helfen war dein Streben/Ruhe hast
du nie gekannt.« Selbstverständlich erfüllte sich ihr Wunsch.
Auch der Kaplan hielt sich in der Totenmesse ganz an Groß-
mutters Regie: »Arbeit ist ihr das Wichtigste gewesen«, sagte
er. »In der Arbeit fand sie Erfüllung« etc.
Meine Großmutter. Aufgewachsen in armen Kleinhäusler-Ver-
hältnissen, bei Zieheltern, jahrelang gezwungen, sich als Bau-
ersmagd (›Herrendienst‹ nannte sich das) zu verdingen, kannte
die robuste Frau, die als einziges ihrer vielen Geschwister
überlebte, tatsächlich nur eines: *Arbeit.* Selbst der ›richtige‹
Herrgott war ihr nichts gegen den wirklichen. Für die jungen
»Menscher«, d.h. Frauen unter siebzig, hatte sie meist nur Ver-
achtung über, denn »die wissen ja gar nicht, was Arbeit ist«.
Mit fortgeschrittenem Alter war aus der einstmals sehr strengen Frau eine durchaus liebenswürdige Oma geworden. Mein
Vater und vor allem seine ältere Schwester wissen von ihr aber
auch weniger anheimelnde Geschichten zu erzählen.
Ohne Arbeit konnte und wollte sie nie sein. Muss sein. Muss
bleiben. Gab es mal nichts zu tun, ihr fiel stets was ein. Sie
definierte sich über ihre Betriebsamkeit, ja hielt es ohne sie
gar nicht aus. Sie hätte eben ›Ameisen im Arsch‹, meinten
einige Leute. Selbst im fortgeschrittenen Alter, ja in Zeiten,
wo es für sie schon Hilflosenzuschuss gab, drängte sie sich
immer wieder vor, ein letztes Mal, da war sie schon weit über

neunzig, als sie in fürsorglichem Übereifer meinem Vater in die Kreissäge griff. Aber ihre Verletzungen hielten sich in Grenzen, und die Wunden verheilten überraschenderweise schnell.

Den Spruch für ihre Parte, den hatte sie schon Jahre vorher aufgeschrieben, im Pensionistenkalender oder auf losen Zetteln notiert und in ihrer Groschenschachtel hinterlegt. Nicht nur ein Mal, sondern einige Male. Das Motto durfte nicht verloren gehen.

***

Die neuen Hiobsbotschaften der Arbeit sind die alten. Arbeit hat Freude, nicht Leid zu sein. Und sollte sie trotzdem Leid sein, hat man eben dieses als jenes zu halluzinieren. So wendet sich etwa Barbara Prammer, einstmals Frauenministerin, inzwischen nur noch Frauenvorsitzende der SPÖ, in einem Interview eindeutig gegen den im alten Programm der SPÖ (von 1978) verwandten Begriff des ›Arbeitsleids‹. »Ich habe kein gutes Gewissen dabei, wenn man von der Arbeit so herablassend redet und sie so gering schätzt. Ich verwahre mich gegen diesen Begriff Arbeitsleid«, sagt sie (*Die Presse*, 27. Dezember 1997). Man dürfe die Arbeit nicht mies machen, Arbeit schließlich zeichne den Menschen aus: »Es hat sich in der Geschichte nie verändert, dass sich die Menschen über ihre Erwerbstätigkeit definieren.«

Der Mensch ist also das *animal laborans*, er ist kein Individuum, er ist die Charaktermaske seiner Rolle. So war das immer. So hat das zu sein. Muss sein. Muss bleiben. Ob die Arbeit nun mies ist oder nicht, eines darf sie auf jeden Fall nicht: mies gemacht werden. Schließlich kann man sich heute glücklich schätzen, überhaupt eine zu haben.

Arbeiten, das meint Lust am Leiden. Es gilt, das leiden zu können, was einen leiden lässt. Und selbst in Zeiten, wo die Arbeit immer weniger versorgt, aber immer entschiedener sich entsorgt, schreien die Süchtigen nach Stoff. Wir verschicken dutzende Bewerbungsschreiben, wir fahren unzählige Kilometer, wir lassen uns in den unmöglichsten Dingen ausbilden. Hauptsache Arbeit.

Arbeitswahn ist kennzeichnend für ein gesellschaftliches Verhältnis, wo alles *an*, *über* oder *durch* die Arbeit definiert und gemessen wird. Arbeitswahn meint weiters aber auch einen Wahn an den Gestaden einer Endzeit. Alle rasen auf den Abgrund zu und treiben sich gegenseitig mit dem Versprechen an, dass, wer am schnellsten, verschlagensten und flexibelsten ist, als erstes den geheiligten Arbeitsplatz erreicht oder den angebeteten Auftrag bekommt. Das beweisen auch alle einschlägigen Fallstudien. Und so drängt die Herde und wird zur Horde im Konkurrenzkampf, der sich als ewig missversteht und doch nichts anderes ist als der Furz von gestern, der zwar nicht vergehen will, aber sich doch fortwährend verirrt.

Die Jagd nach Arbeit ist die Jagd auf etwas Verschwindendes. Wird sie jedoch weniger und immer weniger können sie erheischen, dann muss die Konkurrenz immer irrer werden und die Konkurrenten sich dementsprechend irrer aufführen. Das tun sie auch. Die kannibalistische Orgie und die entsicherte Kommunikation sind Folgen dieser Entwicklung.

✳✳✳

Nicht ›Allen soll es so gut wie möglich gehen‹ steht an, nein: ›Denen soll's auch nicht besser gehen als uns.‹ Aus den Leidgenossen werden Neidgenossen, die nicht mehr ihr eigenes Unwohlsein beseitigen, sondern den anderen dieses geradezu schmackhaft machen wollen. Ganze Gesellschaften diskutieren nicht die Ausweitung ihrer materiellen und ideellen Möglichkeiten, sie diskutieren ernsthaft, wem sie jetzt wo was wegschneiden müssen. Das ist schon ein richtiger Volkssport geworden. Nicht Gönner sind wir, sondern Missgönner.

Wer seine eigene Haut nicht zu retten versteht, ist sowieso nicht zu retten, auch wenn die eigene Rettung den Untergang noch so vieler ausgeschalteter Konkurrenten nach sich zieht. So ist das Leben. Muss sein. Muss bleiben. Nur die Harten kommen durch. »Die Arbeit bleibt hart!«, ließ der niederösterreichische Landeshauptmann Erwin Pröll vor den letzten Landtagswahlen im Frühjahr 2003 flächendeckend plakatieren. Es ist wirklich Härte, die uns entgegengebracht wird und die wir selbst anwenden sollen. Hart sollen wir sein im Austeilen wie im Einstecken.

Verhärten sollen wir an den Zuständen, die man uns auf-
herrscht und die wir zu reproduzieren haben.

***

Arbeit, die hohe Braut, liegt gleich Schneewittchen im gläser-
nen Sarg. Und alle Zwerge in Gewerkschaften und Parteien,
Wirtschaft und Wissenschaft warten auf den Prinzen, der die
Tote wach küsst. Doch mehr als eine Leichenvergiftung kann
man sich dort nicht mehr holen. Da wird eher aus Großmuttern
Schneewittchen, als dass die erweckte Prinzessin viele kleine
Arbeitskräfte wirft. Aber man muss nur fest dran glauben.
Nicht das fällige Leichenbegängnis findet statt, nein, ein
Leichenverdrängnis der irrsten Sorte beherrscht die Gesell-
schaft. Es stinkt an allen Ecken, doch niemand darf es rie-
chen. Dass die Erlösung nicht *durch* die Arbeit stattfindet,
sondern *von* ihr, das darf nicht in die Köpfe. So schütteln
sich alle im Leichenfieber, befehlen sich Illusionen und Mo-
tivationen, die weder greifen noch begreifen.
Wenn die Realität nicht spurt, muss die Ideologie es halt richten.
»Das Hohelied der Arbeit wird das politische Leitmotiv«,
schrieb der Wiener *Kurier* bereits zur Jahreswende 1997/98.
»Wir wollen Arbeit!«, fordert die Klasse G2 der Polytechnichen
Schule in der Wiener Benedikt Schellinger-Gasse. »Arbeit statt
Profite«, lallt irgendein traditionssozialistisches Blatt.

Muss sein. Muss bleiben. Arbeit wird so verstanden als das
Unhintergehbare, das Unhinterfragbare, das Unvermeidliche.
Die allgemein akzeptierte Blendung meint: *Arbeit kann nicht
nicht gedacht werden.*

***

Muss sein? Muss bleiben? – Aber woher denn. Es ist eines dieser Volksvorurteile, mit denen es im Interesse aller Menschen
aufzuräumen gilt. Emanzipation ist jenseits der Arbeit. Niemand
braucht ›Ameisen im Arsch‹ oder gar welche im Hirn. Lasst uns
also darüber reden, was gutes Leben bedeuten soll: Genuss.
Glück. Liebe. Zufriedenheit. Wohlversorgtheit. Erfüllung. –
Muss werden.

Andreas Exner

Geld ist genug da!
Essen kann man's trotzdem nicht
Attac und die Krise der Arbeitsgesellschaft[1]

Die globalisierungskritische Bewegung ist so vielgestaltig wie sonst
kaum eine andere. Mittlerweile verbinden Medienöffentlichkeit und
linke Szene in vielen europäischen Ländern aber vor allem einen Namen damit: Attac. Seit seiner Gründung im Jahr 1997 hat sich dort das
diffuse Unbehagen an den neuen Zeiten gebündelt und verdichtet.
War das Netzwerk zu Beginn kaum mehr als eine Kampagne für die
›Tobinsteuer‹ auf Devisentransaktionen, so erweiterte sich der The-
menkreis im Lauf der Zeit und nahm immer größere Dimensionen an.
Die in den neoliberalen Einheitsdenk geschlagene Bresche wurde bald
um zusätzliche Ideen einer ›Regulation der Finanzmärkte‹ erweitert.
1999 erschien Jörg Huffschmids »Politische Ökonomie der Finanzmärkte«, die erste deutschsprachige ›Bibel von Attac‹ und so etwas
wie der kleinste gemeinsame Nenner von marxistischer Fossilien-
kunde und keynesianischer Katerstimmung. Gleichzeitig wurde die
Kritik der internationalen Wirtschaftsinstitutionen fortgeführt, die mit
dem Widerstand gegen das Investitionsabkommen MAI begonnen hatte. In Frankreich gewann die Kritik der Agroindustrie an Bedeutung,
vor allem in Österreich kamen zunehmend feministische Aspekte der
Globalisierung in den Blick. Die nächste große thematische Erweiterung betraf die Verteidigung des Sozialstaats. Sie konkretisierte sich
bis jetzt unter anderem im Widerstand gegen das GATS, das Dienst-
leistungsabkommen der WTO, das eine weitere radikale Privatisierung
der öffentlichen Dienste einzuleiten droht. In Deutschland schließlich

---

1 Der Autor ist seit der inoffiziellen Gründung von Attac-Österreich im November
2000 in verschiedenen Attac-Zusammenhängen aktiv. Der Artikel stützt sich auf
persönliche Erfahrungen und Publikationen aus dem Umkreis von Attac (*http://
www.attac-austria.org/, http://www.attac.de/index.php*). Er bezieht sich in erster Linie
auf Österreich und Deutschland.

konnte Attac bei der Mobilisierung gegen den Irak-Krieg 2003 punkten und zuletzt rückte auch die ökologische Frage wieder stärker in den Blick.

Die Angst vor dem Unbekannten

Der überwiegende Teil der Bewegung geht davon aus, dass sich eine Wiederkehr bereits bekannter Probleme ereigne. Wie schon im 19. Jahrhundert habe sich die Ökonomie ›verselbstständigt‹, deshalb müsse man ›den Staat stärken‹, um ›den Kapitalismus wieder zu zähmen‹. Was die Arbeiterbewegung bei uns vor Jahrzehnten erkämpft habe, dafür gelte es nun eben weltweit einzutreten. Der Gedanke, dass sich vor unseren Augen eine qualitativ neue Form von Gesellschaftskrise entfaltet, die daher auch eine gänzlich neue Problemstellung in sich birgt, ist für die meisten Aktivistinnen und Aktivisten im Moment noch völlig abwegig.

Die offizielle Problemdefinition findet ihren Niederschlag in der Ausrichtung am Ziel der Vollbeschäftigung, an einer Wiederherstellung des fordistischen Sozialstaats und einer ›Stärkung der UNO‹. Sie gipfelt schließlich in den Ideen eines ›gerechten Welthandels‹ und ›globalen Keynesianismus‹. Zwar sind diese Ziele angesichts der realen Entwicklung und ihrer Strukturbedingungen offenkundig völlig haltlos, nichtsdestoweniger äußern sich darin aber ein verdrängtes Gefühl der Ohnmacht und eine tief gehende Verunsicherung, die als solche ernst zu nehmen sind. Die ursprünglich klar nostalgische Orientierung am ›Goldenen Zeitalter‹ des Nachkriegsbooms wird mittlerweile zwar ansatzweise problematisiert; schließlich kann sie sich in dieser Form nicht einmal auf die linke Sozialwissenschaft berufen. Emotional und untergründig ist sie aber sicher ungebrochen wirksam. Sie aufzugeben, wäre gleichbedeutend mit dem angstbesetzten Eingeständnis, dass die Aufstiegsgeschichte der Arbeits- und Warengesellschaft an ihr unrühmliches Ende gekommen ist und damit auch die bekannten Emanzipationskonzepte, die ja allesamt auf Arbeit, Geld und Staat beruhen, hinfällig werden.

Wo geht's hier zur Krise?

Die in den achtziger Jahren aufgekeimte Diskussion um die Krise der Arbeitsgesellschaft ist beinahe vollständig von der Globalisierungskritik verdrängt worden. Kaum jemals wird in ihrem Rahmen das Thema Arbeit zum Gegenstand von Diskussionen, Publikationen oder Pressemeldungen, und wenn doch, so geht seine Behandlung selten über die Länge eines Satzes hinaus. Die Rede ist dann allenfalls vom Rationalisierungsfuror des shareholder managements oder von der Erosion des Arbeitsrechts oder allgemein von der Deregulierung der Arbeitsmärkte. Die Krise der globalen Arbeitsmaschine selbst aber wird kaum je wahrgenommen oder gar zur Sprache gebracht. Der Begriff ›Krise‹ bezeichnet im Attac-Diskurs vorrangig den wiederkehrenden Zusammenbruch regionaler Finanzsysteme: Ein bestimmtes Bild der Problematik und ihrer Lösung ist in den stummen Hintergrund der Globalisierungskritik eingegangen, der anscheinend keiner weiteren Erörterung bedarf.

Die herrschende Auffassung spiegelt sich in jener Formulierung aus der Satzung von Attac-Frankreich wider, in der es heißt: »Die Wurzel des Übels liegt in der zunehmenden Ausrichtung der Wirtschaft auf die Finanzmärkte« (Manifest 2002). Seine Zielsetzung sieht das Netzwerk dementsprechend in der »Erstellung und Verbreitung von Informationsmaterial sowie Förderung und Durchführung von Aktionen jeder Art, damit die Bürger die Macht zurückgewinnen, die die Finanzwelt auf alle Aspekte des öffentlichen, wirtschaftlichen, sozialen und kulturellen Lebens in der ganzen Welt ausübt« (ebd.). Ist die Noblesse der Nüchternheit erst einmal abgestreift, so hört sich das dann folgendermaßen an: »Wir leben in einer Welt des Schreckens, gemacht und beherrscht von einer Horde wild wütender Spekulanten« (Ziegler 2002). Das Abheben der Finanzmärkte wird zwar in einen inneren Zusammenhang mit der Krise der Arbeitsgesellschaft gebracht, wie sie sich im Alltag durch Arbeitslosigkeit, sinkende Geldeinkommen, herabgedrückte Sozialstandards und staatliche Finanzierungsnöte zeigt. Statt jedoch die finanzielle Blasenbildung als typisches Symptom einer tief greifenden Krise der kapitalistischen ›Realproduktion‹ und gleichzeitig als Methode eines vorübergehenden Krisenaufschubs zu begreifen, wird sie zur eigentlichen Krisen*ursache* stilisiert und ins Zentrum der Kritik gerückt. Nicht den absurden Zwang zur Arbeit, also den Lebenskraftverschleiß für den abstrakten Selbstzweck des Profits, gilt es in dieser Sicht zu kritisieren. Vielmehr wäre ihm durch eine ›Kontrolle der Finanzmärkte‹ erneut zur vollen Geltung zu verhelfen. Zusammen mit dem allgegenwärtigen ›Vollbeschäftigungsziel‹ impliziert der

Kurzschluss: ›Finanzspekulation verhindert Vollbeschäftigung‹, mehr oder weniger bewusst die Frontstellung der Gemeinschaft ›ehrlich Schaffender‹ gegen die heimatlosen ›wütend Raffenden‹. Dieses strukturelle Grundmuster der »politischen Ökonomie des Antisemitismus« (Robert Kurz) spielt in der globalisierungskritischen Ideologie eine zentrale Rolle. Sympathiebekundungen von offen antisemitischer Seite kann so nur mehr mit hilfloser Entrüstung, nicht aber mit inhaltlich scharfer Abgrenzung begegnet werden. Zwar muss die politische Ökonomie des Antisemitismus nicht unbedingt in offenen Antisemitismus münden, doch lauert dies als gefährliche Möglichkeit stets im Hintergrund. Denn die wahnhafte Projektion der totalitären kapitalistischen ›Sachzwänge‹ von Arbeit, Profit und Konkurrenz in die ›Allmacht‹ eines phantasierten ›Judentums‹ entlastet von der Notwendigkeit, mit der eigenen Existenz als Geld- und Arbeitsmensch, als Käufer und Verkäuferin zu brechen. Diese projektiv-paranoide Form einer kapitalismuskompatiblen Krisenreaktion steht zudem in einer bis heute ungebrochenen Tradition.

Die Menschheit und ihr Anwalt

Neben der programmatisch sedimentierten inhaltlichen Verkehrung von Krisenursache und -symptom sind aber noch zwei andere Faktoren für die ›Arbeitsblindheit‹ von Attac verantwortlich. Zum einen verbietet es das Selbstverständnis der traditionellen NGO-Szenerie, aus der Attac hervorgegangen ist und in deren Rahmen es sich großteils nach wie vor bewegt, das Naheliegende zu thematisieren, nämlich die eigene, zunehmend prekäre Lebenssituation der Aktivistinnen und Aktivisten und ihres persönlichen Umfelds. Während es ansatzweise durchaus das Bemühen gibt, der neoliberalen Durchdringung des eigenen Alltags kritisch nachzuspüren und die persönliche Betroffenheit von der Globalisierung zur Sprache zu bringen, dominiert in der Praxis von Attac, vor allem im Angesicht des Medienapparats, der Habitus vermeintlich neutraler Anwaltschaft für ›Menschheitsinteressen‹, wie ihn die NGO-Transnationals im Zuge der großen UNO-Konferenzen der neunziger und in Abhebung von den sozialen Bewegungen der siebziger und achtziger Jahre entwickelt haben. Das professionalisierte Geschäft menschheitlicher Anwaltschaft bedient sich des Jargons wissenschaftlicher Expertise und sucht durch eine Distanzierung vom Persönlichen die für politische Dialog- wie massenmediale Vermittlungsfähigkeit notwendige ›Seriosität‹ zu signalisieren. Die Verhaltensweisen der Neuen Linken, die immer stellvertretend für ›objektive Interessen‹ der Arbeiterklasse, der Dritten Welt etc. in den Kampf zog und die Ignoranz gegenüber der eigenen Lebenssituation zur Spielregel hatte, erleben in dieser postmodernen Verkleidung auf unerwartete Weise einen letzten Frühling.

Zum anderen begäbe sich Attac im Falle einer verstärkten Thematisierung der Krise und Perspektivlosigkeit der Arbeitsgesellschaft in unmittelbare Konkurrenz zu den Gewerkschaften. Allein schon die für Attac grundlegenden Ziele, nämlich die Bekämpfung des Standortwettbewerbs und eine ›Kontrolle der Finanzmärkte‹, kommen sich immer wieder mit der gewerkschaftlich flankierten Standortsicherung, dem sozialpartnerschaftlichen Umstieg auf die betriebliche Altersvorsorge und Ähnlichem ins Gehege. Bloßes Kopfschütteln ruft im Gewerkschaftsmilieu bereits die rein systemimmanente Forderung nach einer individuellen Lockerung des Arbeitszwangs durch ein bedingungsloses Grundeinkommen hervor. Das durchaus konfliktträchtige Verhältnis zwischen Attac und seinen Mitgliedsorganisationen, zu denen in Deutschland etwa die Dienstleistungsgewerkschaft ver.di und in Österreich die Gewerkschaft der Privatangestellten (GPA) zählen, könnte bei einer thematischen Schwerpunktverlagerung – und erst recht natürlich bei einer Radikalisierung – von Attac auf eine auch finanziell heikle Probe gestellt werden.

Feministische Aufwärmrunden

Systematische Berücksichtigung erfährt die Krise der Arbeit beim deutschen und österreichischen Teil von Attac allein aus feministischer Perspektive, der insgesamt allerdings eher geringe Bedeutung zukommt. Zudem bewegt sich diese Debatte vorerst völlig im Rahmen des traditionellen Linksfeminismus, der selbst noch eine in großem Maßstab funktionstüchtige Arbeitskraftverwertung zur Voraussetzung hat. Dabei vermischen sich Elemente der Subsistenztheorie der ›Bielefelderinnen‹ (Maria Mies, Claudia v. Werlhof u.a.) und anderer marxistisch inspirierter Ansätze mit dem Instrument des ›Gender Mainstreaming‹ und damit verbundenen Analyserastern.

Theorie und Vokabular der ›Bielefelderinnen‹ haben wohl nicht zuletzt aufgrund des frühzeitigen Engagements ihrer Proponentinnen gegen die WTO Eingang in die globalisierungskritische Bewegung gefunden. Die von ihnen als Lösungsansatz vertretene Subsistenzperspektive scheint (jedenfalls in ihrem engeren Sinn einer streng lokalen Selbstversorgerwirtschaft mit limitiertem Technikeinsatz) zwar bei Attac nur auf geringe Resonanz zu stoßen. Mit fortschreitendem Krisenprozess könnte sie jedoch als »Überlebensfeminismus« (Christa Wichterich) an Bedeutung gewinnen. Zur Zeit vermag sie am ehesten an Praxisinitiativen der peripheren Elendsregionen anzuknüpfen, die vom Kapitalverhältnis selbst in seinen ›besten Zeiten‹ vergleichsweise wenig erfasst waren. Aus dieser Sicht stellt sich die Frage nach einer Entwicklung der gesellschaftlichen Möglichkeiten im Sinne einer allseitigen, weltweiten Vernetzung jenseits von Ware, Geld und Staat gar nicht erst, wie sie in den Industriestaaten zwar greifbar ist, in den Formen von Warenproduktion und Geldwirtschaft aber gleichsam blockiert wird. Hierzulande liiert sich der Subsistenzansatz mittlerweile mit der expandierenden Tauschkreis-Ideologie und ihrer regressiven Unterfütterung durch Silvio Gesells Freiwirtschaftslehre vom ›Geld ohne Zins‹, worin sich das Lob ›lokaler Märkte‹ und ›gerechten Tauschs‹ ja bruchlos einfügt.

Zentral ist für den Feminismus bei Attac eine erweiterte Kritik der Ausbeutung, also der Aneignung des Produkts ›unentgoltener Arbeit‹ durch ›das Kapital‹. Insoweit gerade auch die Subsistenztheoretikerinnen die marxistische Kritik der Ausbeutung der Lohnarbeit zwar zugunsten einer Kritik der Ausbeutung von Hausarbeit und Subsistenzproduktion relativiert, aber letztlich nur ergänzt haben, besteht in dieser Frage eine starke inhaltliche Verbindung zu Attac. Neben dieser altbackenen Kritik der Ausbeutung bieten die Bielefelderinnen allerdings auch eine gewisse Kritik der Waren- und Geldförmigkeit der kapitalistischen Gesellschaft. »Die Welt ist keine Ware«, so proklamiert man bekanntlich auch bei Attac, und meint damit: ›Die Welt *soll* keine Ware sein.‹ Diese Formkritik dringt aber nicht bis zu einer grundsätzlichen Kritik des abstrakten ökonomischen *Werts*, der im Geld zum Ausdruck kommt, und seiner Substanz, der abstrakten Arbeit, vor. In altbekannt marxistischer Manier spielen die Subsistenztheoretikerinnen stattdessen immer wieder den Gebrauchswert (qualitativer Nutzen der Ware für die Käuferin) gegen den Tauschwert (quantitativer Wert der Ware, wie er sich im Preis ausdrückt) aus. Diese verkürzte Kritik verkommt dann leicht zu jenem moralisierenden Lamento, wonach der Tauschwert in der kapitalistischen Warenproduktion ›über-bewertet‹ werde und in der Subsistenz-Warenproduktion der Ge-brauchswert wieder ›ins Zentrum‹ rücken solle. Die Warenform der Produkte menschlicher Tätigkeit mit ihrem abstrakten ›Gebrauchs-und Tauschwert‹ wird als naturgegeben hingenommen: Markt muss sein, aber möglichst klein. Auch die Arbeit als abstrakte und spezi-fisch kapitalistische Form der Tätigkeit wird nicht grundsätzlich infrage gestellt. Sie besitzt in der Subsistenztheorie eine ebenso über-historische Gültigkeit wie die davon abgespaltene, weiblich konno-tierte Sphäre der ›Hausarbeit‹. Nicht um die Aufhebung dieser beiden Pole geht es, sondern nur um die Verschiebung des Gewichts und der Bewertung. Im Gegensatz zum traditionellen Marxismus, der stets das Hohe Lied auf die (›männliche‹) Arbeit sang, wird hier die (›weibli-che‹) Subsistenztätigkeit zum ›Eigentlichen‹ erklärt, auf dem die Ge-sellschaft basiert. Die Perspektive der Subsistenz kommt somit über den Horizont der bekannten kapitalistischen Formen nicht hinaus. Letztendlich wird nur die alte bürgerliche Leier abgespielt, wonach zwar Ware, Tausch und Geld erhalten bleiben sollen – aber ohne ihre negativen Folgen.[2]

Abgesehen von dieser theoretisch schiefen und praktisch fragwürdi-gen Art der ›Kapitalismuskritik‹ setzt die feministische Strömung bei Attac aber hauptsächlich auf eine Reform bestehender Strukturen. Zwar wird der globale Prozess einer »postmodernen Verwilderung des Patriarchats« (Roswitha Scholz) als Phänomen allseits konstatiert, doch hindert dies nicht daran, ein Sammelsurium von Konzepten ohne grundsätzliche Alternative zum Bestehenden zu propagieren. Während die zentralen Punkte dieser Reformideen, eine »Neuverteilung von Hausarbeit« und eine »gendergerechte Geldverteilung«, noch in einer Linie mit der arbeiterbewegten Parole »ein gerechter Lohn für ein ge-rechtes Tagwerk« stehen, atmen andere bereits den neoliberalen Zeit-geist. Um die materielle Benachteiligung von Frauen und den ihnen zugeordneten Gesellschaftsbereichen sichtbar zu machen, wird z.B. eine »feministische Budgetanalyse« propagiert. Dieser Ansatz wird in seiner phantasievollsten Ausbildung dann noch ergänzt um »leicht

---

2 Ihre theoretische Grundfigur ist die der ›einfachen Warenproduktion‹, einer ›Marktwirt-schaft ohne Kapitalismus‹. Diese Vorstellung verbindet verschiedene Formen utopischen, bürgerlichen Denkens. Eine ausführliche Kritik findet sich bei Rakowitz (2000).

zugängliche feministische Marktplätze, in denen Kapital und Energie von Frauen (…) angelegt wird«.[3] In Anbetracht des verbreiteten Gewäschs über die Chancen der Globalisierung und des ›männlichen‹ Beschweigens der eigenen Lebensrealität ist es überaus wichtig, die verheerenden Auswirkungen der arbeitsgesellschaftlichen Globalkrise aus Frauensicht darzustellen. Dennoch stellt sich die Frage, warum die patriarchale Grundstruktur der modernen Gesellschaft mitsamt ihrer katastrophalen Verfallsdynamik ausgerechnet in ihren eigenen Formen von Ware, Arbeit, Geld und Recht aufhebbar sein sollte, wie es die feministische Diskussion bei Attac ja impliziert. Zwar scheint gerade in feministischen Kreisen unterschwellig oft ein Bewusstsein des notwendig patriarchalen Charakters einer auf Geld und Arbeit beruhenden Lebensweise zu existieren (Näheres dazu in Scholz 1992, 2000). Trotzdem werden diese gesellschaftlichen Formen nicht grundsätzlich in Frage gestellt, sondern letztlich immer wieder bestärkt – etwa in Forderungen nach einer monetären Abgeltung von ›Hausarbeit‹ –, wobei offen ist, inwieweit dies eher der Stagnation eines akademisierten Feminismus oder einer grundsätzlichen Weigerung feministischer Praxis geschuldet ist, das arbeits- und warenfetischistische Denken hinter sich zu lassen. Festzuhalten bleibt in jedem Fall, dass alle Forderungen nach einer ›monetären Gleichbehandlung‹ an den Erfolg der kapitalistischen Verwertung – vulgo Wirtschaftswachstum – gebunden bleiben. Gerade der lässt aber schon seit längerem zu wünschen übrig. Die unaufgehobenen Strukturen des warenproduzierenden Patriarchats schlagen daher gerade im arbeitsgesellschaftlichen Krisenprozess voll durch; ein Phänomen, für das sich bei Attac der treffende Begriff einer ›Feminisierung der sozialen Verantwortung‹ eingebürgert hat.

Die systemkonforme Selbstbeschränkung der vorherrschenden Form feministischer Kritik zeigt sich unter anderem in ihrer auffällig äußerlichen Beziehung zu den ›eigentlichen‹ Themen von Attac. In der unausgesprochenen Unterscheidung von ›weichen‹ feministischen und ›harten‹ ökonomischen Fragen wird das patriarchale Abspaltungsverhältnis reproduziert (vgl. Scholz 2000). Der feministischen Betrachtung bleibt folglich nicht viel anderes, als sich überall möglichst ›gleichberechtigt‹ hineinzureklamieren. Die ansatzweise Einsicht in

---

3 *http://www.attac-austria.org/gruppen/feministattac/feministattac.php*

die zentrale Bedeutung der patriarchalen Struktur für die von Attac kritisierten Entwicklungen wird so letztlich abgewehrt.

Die Vermutung liegt immerhin nahe, dass es dem Selbstverständnis des patriarchalen Mannes ernsthafte Schwierigkeiten bereitet, sich mit der unausweichlichen Erosion seiner ureigenen Daseinsform als Vollzeitarbeiter, Geldverdiener und Politikmacher zu konfrontieren. Darin mag schlussendlich auch der entscheidende Grund dafür liegen, dass Attac die Frage einer fundamentalen Krise der Arbeitsgesellschaft und möglicher Perspektiven jenseits davon ausklammert. Ein Feminismus, der sich primär als Sache der Frauen versteht, die in den bewusstlos vorausgesetzten kapitalistischen Formen von Geld und Arbeit um ›Gleichberechtigung‹ mit den Männern ringen, erspart letzteren jedenfalls eine ernsthafte und ins ›Persönliche‹ vordringende Auseinandersetzung mit der patriarchalen Abspaltungsstruktur.

Der Grund des Einkommens

Neben der im Moment noch eher marginalen feministischen Strömung scheint der generelle Bedeutungszuwachs radikalerer Strömungen in Attac eine Reflexion der arbeitsgesellschaftlichen Krisenerscheinungen zumindest anzubahnen. Bei den 2003 abgehaltenen Sommerakademien in Österreich und Deutschland kam die Problematik erstmals in größerem Rahmen zur Sprache. Und den Aktivitäten des Netzwerks gegen Schröders Sozialkahlschlag nach zu schließen, zeichnet sich eine Anbindung an bestimmte Ansätze des Widerstands gegen das neoliberale Regime der Krisenverwaltung ab.

Zum Kristallisationskern einer Diskussion um die Krise der Arbeit und den damit einhergehenden Abriss des Sozialstaats könnte die Forderung nach einem bedingungslosen Grundeinkommen bzw. Existenzgeld werden. Wird in den meisten Attac-Publikationen noch die prinzipielle Möglichkeit einer Rückkehr zur Vollbeschäftigung fraglos vorausgesetzt, so stellen die Autoren des in der Reihe »AttacBasisTexte« neu erschienenen Buches »Sozialstaat« bereits trocken fest:

> »Der auf Vollbeschäftigung beruhende Sozialstaat, der seine Leistungen an eben diese Beschäftigung gebunden verteilt, ist realpolitisch passé. (…) politisch kann er kein sinnvolles Ziel sein« (Christen et al. 2003).

259

Unwillkürlich fühlt man sich an das erinnert, was ein Kind dereinst beim Anblick seines nackten Kaisers in die Menge rief. Aber selbst wenn dem Warenmenschen die eine Krücke seiner Existenz, die Arbeit, abhanden kommt, so verlangt er doch noch nach der anderen, dem Geld. Insofern liegt der Schluss, den die Autoren aus ihrer Feststellung ziehen, nahe:

>»Es könnte das Einkommen in einem gewissen Maße von der Erwerbsarbeit gelöst werden, indem jede Person ein Existenzgeld erhielte, das abdeckt, was zum Leben und zur gesellschaftlichen Teilhabe notwendig ist« (ebd.).

Gerade so, als wäre es nur ein blöder Zufall gewesen, dass Geldeinkommen bisher immer noch auf profitable Arbeitskraftverwertung angewiesen waren, wird hier des Pudels Kern in der falschen Verteilung der finanziellen Mittel gesehen.

>»Tatsächlich ist es ein Grundrecht aller Menschen, wo auch immer auf der Welt, am gesellschaftlichen Reichtum angemessen teilzuhaben« (ebd.).

Dass es die spezifisch kapitalistische Form des gesellschaftlichen Reichtums ist, der eben als »ungeheure Warensammlung« (Karl Marx) erscheint und diese allgemeine Teilhabe prinzipiell verhindert, deuten die Autoren nicht einmal an. Diese Form soll offenkundig unangetastet bleiben und ihre Auswirkung bloß äußerlich politisch ›gerechter‹ gemacht werden. So wird die Ursache der Misere kurzerhand zu ihrem eigenen Heilmittel erklärt. Eine in dieser Weise argumentierende Grundeinkommensforderung ist der Ausdruck eines Bewusstseins, das einen anderen als ›Geld- und Warenreichtum‹ nicht zu denken wagt. Damit bleibt sie aber auf Gedeih und Verderb an die Gesetze der kapitalistischen Produktionsweise, also der Ökonomie von Arbeit, Wert und Geldgewinn gefesselt und teilt so das klägliche Schicksal der Forderung nach Arbeitsplätzen, dem sie doch gerade zu entkommen sucht.
In einer strategischen Sicht, die sich der Grenzen des Konzepts bewusst bleibt und diese auch thematisiert, ist die Forderung nach einem Grundeinkommen jedoch überlegenswert. In einem Diskurs, in dem sich eine mumifizierte Arbeitstümelei mit den delirierenden Überresten der Sozialstaatsideologie des vergangenen Jahrhunderts

paart, könnte es die Idee des Grundeinkommens durchaus erlauben, neue Horizonte zu eröffnen, ohne völlig vor den Kopf zu stoßen. So ist etwa die Feststellung, dass – stofflich betrachtet – genug für alle da sein könnte, ja völlig richtig. Das ist auch die einzig mögliche Antwort auf das hysterische Notstandsgetue der Krisenverwaltung. Wird sie aber auf die Formel gebracht: ›Geld ist genug da!‹, verliert sie ihren kritischen Gehalt. Die vorherrschende Auffassung, dass Reichtum nur in der abstrakten Form von Ware und Geld existieren kann, wird so nämlich nicht etwa infrage gestellt, sondern noch bestätigt. Letztlich muss dann die Grundeinkommensforderung sogar mit der (illusionären) Hoffnung auf einen neuen Schub von Realakkumulation und Arbeitskraftverwertung mit allen seinen Konsequenzen (wie z.B. einer weiteren Zerstörung der natürlichen Lebensgrundlagen) verknüpft werden; denn nur ein neuer Wachstumsschub könnte die notwendigen finanziellen Mittel bereitstellen. Andererseits bleibt es in einer solchen Perspektive ganz unerklärlich, woraus der dauernde Mangelzustand in der kapitalistischen Gesellschaft resultiert: nämlich doch gerade aus den ›Sachzwängen‹, die eben das Wesen der Waren- und Geldform ausmachen.

Denn innerhalb dieser Form dient die Produktion nicht der Befriedigung menschlicher Bedürfnisse, ihr Zweck ist vielmehr die Verwertung des Werts, wie sie in der Vermehrung des Kapitals zum Ausdruck kommt. Aus Geld muss mehr Geld werden. Wo dieser ökonomische Selbstlauf unterbrochen wird oder ins Stocken gerät, wie im gegenwärtigen Krisenprozess, wird die Produktion heruntergefahren, auch dann, wenn massenhaft Bedürfnisse unbefriedigt bleiben. Kaum etwas führt die Absurdität der Warenproduktion deutlicher vor Augen als das wiederkehrende Szenario der so genannten Wirtschaftskrise: Während sich an den konkreten, stofflichen Bedingungen der Produktion kein Deut zum Schlechteren verändert, alle menschlichen Fähigkeiten und materiellen Voraussetzungen der Bedürfnisbefriedigung die gleichen sind wie zuvor, stehen doch wie durch Geisterhand auf einmal ›alle Räder still‹. Im Extremfall verhungern Menschen neben funktionstüchtigen Produktionsanlagen. Zwischen den Menschen und ihren Lebensmitteln stehen wie eine unsichtbare Wand die Gesetze der Waren- und der Geldform. Dann wird offensichtlich, wie die Gesellschaft unter dem Bann ihres selbstgeschaffenen »Warenfetischs« (Karl Marx) steht, der gleich einem Gott den Menschen seinen Willen aufzwingt.

Die neoliberalen ›Sachzwänge‹ zu kritisieren, ist bei Attac zwar so etwas wie das kleine Einmaleins. Aber der ›Sachzwang Weltmarkt‹ und der globale Standortwettbewerb werden oft als bewusste neoliberale Lüge missverstanden und nicht als Ausdruck der ›ökonomischen Gesetze‹ kritisiert. Grundsätzlich stößt man sich nicht an den als selbstverständlich hingenommenen kapitalistischen ›Sachzwängen‹ als solchen: Unternehmenskonkurrenz, Rentabilität, Finanzierbarkeit, Arbeit, Wirtschaftswachstum usw. Sie sollen lediglich ›gebändigt‹ werden. Aus dieser bestenfalls halbherzigen Kritik der realen kapitalistischen Zwänge entspringt zum einen die moralisierende Kritik an der ›Profitgier‹ der Konzerne, die den wirklichen Zweck der kapitalistischen Produktion – nämlich Profit – und den Zwang zur Konkurrenzfähigkeit verschleiert. Zum anderen teilt sie damit unwillkürlich auch das neoliberale Glaubensdogma, dass der Markt an sich zum Wohle aller funktionieren würde. Bloß dass man im Unterschied zum Neoliberalismus meint, angebliche ›Fehlfunktionen‹ des sakrosankten Marktes politisch korrigieren zu können (z.B. durch eine Kontrolle der Finanzmärkte und/oder verstärkte Eingriffe des Staates in die Ökonomie).

Ähnlich widersprüchlich ist die mit dem Grundeinkommen verbundene Kritik der Arbeit. So richtet sich die angestrebte Entkopplung von Arbeit und Einkommen zwar zum einen gegen die herrschende Arbeitsmoral, wonach nur essen dürfe, wer auch arbeite. Das ist zweifellos eine wichtige Botschaft im Kampf gegen die neoliberale Arbeitshetze, die eine zunehmende Zahl an Menschen trifft, welche im Hamsterrad von Arbeit, Geldverdienen und Konsum keinen Platz zum Treten mehr finden. Doch auch hier wird die Kritik um ein entscheidendes Stück zurückgenommen, wenn die Geldform selbstverständliche Voraussetzung bleibt. Denn das Geld setzt nun einmal so oder so die profitable Vernutzung von abstrakter ›Arbeitskraft‹ voraus. Anders gesagt: Geld ist lediglich ›tote Arbeit‹, ein anderer ›Aggregatzustand‹ abstrakter Arbeit. Arbeitskritik ohne Geldkritik ist daher ein Widerspruch in sich.

Wird das Grundeinkommen schließlich in weltweiter Dimension gedacht – und das muss es, wenn es nicht schon dem Anspruch nach ein exklusives Projekt für die Staatsbürger der kapitalistischen Zentren sein will – wirft dies zusätzliche Probleme auf. Auch Christen et al. lehnen eine nationale Beschränkung des Grundeinkommens ab: »Wer auf ein rein nationales Sozialsystem ausgerichtet ist, wird immer zu (rassistischen) Ausgrenzungen neigen« (ebd.). Das ist zwar richtig, doch lässt sich der notwendig nationale Charakter von Sozialsystemen (und damit auch eines möglichen Grundeinkommens) nicht durch gut gemeinte Beteuerungen aus der Welt schaffen. Denn sie stellen nie etwas anderes dar als Formen organisierter Umverteilung nationalstaatlich abgeschöpften Werts; deshalb müsste im Übrigen, um das Grundeinkommen finanzieren zu können, in jedem Fall die nationale Wettbewerbsfähigkeit garantiert sein. Und was daraus folgt, weiß schließlich auch der Mainstream bei Attac: Kein Gewinner ohne Verlierer.

Darüber hinaus stellt sich die Frage, wie ein universelles Grundeinkommen mit dem offensichtlichen Scheitern der Projekte nachholender Modernisierung zusammengehen soll. Die Ansätze einer Industrieproduktion in den Ländern der kapitalistischen Peripherie sind ja gerade deshalb größtenteils zusammengebrochen, *weil* sie am Weltmarkt nicht konkurrenzfähig waren. Gerade die ›Sachzwänge‹ der Waren- und Geldform haben sie für unrentabel erklärt und ihre Stilllegung erzwungen. Die Potenziale der Reichtumsproduktion (und dies betrifft nicht nur die Industrieproduktion, sondern alle gesellschaftlichen Aktivitäten) sind gerade in den peripheren Weltregionen, stärker noch als in den Metropolen, überhaupt nur *gegen* die Geldform und ihre Zwänge zu verwirklichen. Daher erscheint es auch als höchst zweifelhaft, dass ein derart an den realen Bedingungen kapitalistischer Produktion vorbeizielendes Konzept wie das Grundeinkommen eine ähnliche Anziehungskraft »wie (…) einst die Idee des Sozialismus« (ebd.) entwickeln könnte. Die Ideologie des Sozialismus war immerhin in der Lage, eine nachholende kapitalistische Entwicklung in einer bestimmten historischen Periode handfest ein- und theoretisch anzuleiten. Die Idee des Grundeinkommens ist nicht einmal hierzu mehr fähig.

»Wer eine andere Welt für möglich hält, sollte auch anfangen, eine wirklich andere Welt zu denken« (ebd.). Das ist nur zu unterstreichen. Allerdings stellt sich die Frage, ob diese »andere Welt« nicht etwas anderes sein müsste als das in ein utopisches Schlaraffenland hinein verlängerte Bild der Gegenwart. Schließlich schreiben ja auch Christen et al.: »Damit entfallen diejenigen, die die Welt nur als umfassende Warenbeziehung denken« (ebd.). Obwohl es den umfassenden Warencharakter der kapitalistischen Welt nicht in Frage zu stellen vermag, sondern für sich genommen sogar verfestigt, ist das Grundeinkommen aber vielleicht ein Mittel, neue Wege der Gesellschaftsveränderung anzudenken. Ein solcher Diskussionsprozess könnte perspektivisch über das System von Geld und Arbeit hinausweisen; schließlich war auch die ansonsten fragwürdige Forderung nach einer Tobinsteuer ein erfolgreiches Instrument, um den Widerstand gegen den Neoliberalismus auf eine breitere Basis zu stellen. So könnte die Grundeinkommensforderung zu einer Waffe im Kampf gegen den sich verschärfenden Arbeitszwang werden. Voraussetzung dafür ist aber eine offene Diskussion der skizzierten Widersprüche. Ansonsten ist sie nicht mehr als ein weiteres linkes Luftschloss und blockiert nur die Einsicht in die notwendige Entkoppelung von den verrückten Formen von Ware, Geld und Arbeit.

Die Grenzen der Globalisierungskritik

Die linke Globalisierungskritik verweist ihrer Form nach auf einen Begriff radikaler Kritik, den ausgelöscht zu haben sicherlich der größte kulturelle Erfolg des Neoliberalismus ist. Nicht nur antwortet ihr transnationaler Charakter auf die Transnationalisierung des Kapitalverhältnisses. Die Vernetzung so unterschiedlicher Anliegen wie der von Menschenrechtsinitiativen, landwirtschaftlichen und gewerkschaftlichen Interessengruppen, Widerstandsbewegungen aus Ländern der Dritten wie der Ersten Welt sowie von NGOs aus den Bereichen Entwicklungspolitik, Ökologie und Feminismus beinhaltet trotz aller Widersprüche auch die Möglichkeit einer gemeinsamen Gegnerschaft gegen die grundlegenden Formen der kapitalistischen Gesellschaft.

Für die zur Zeit noch überwiegend auf Reformen orientierte globalisierungskritische Bewegung sind allerdings bereits einige Frustrationserfahrungen absehbar. Das momentan so wichtige Element des ›Gipfel-Hopping‹ als Mittel zur Fokussierung von Widerstandsenergie wird sich wohl ebenso abnutzen wie das gesittete Unterbreiten von ›Regulationsvorschlägen‹. Mit der voraussichtlichen Weiterführung der staatlich gesteuerten Privatisierungsprozesse könnte sich die Frage von Sinn und Ziel globalisierungskritischer Bewegung bald mit stärkerer Vehemenz stellen. Schon jetzt gelingt es den Kampagnensegmenten von Attac nur schwer, den andauernden Offensiven der Liberalisierung und des Sozialkahlschlags etwas entgegenzusetzen. Sie scheitern spätestens an den Gesetzen des Medienbetriebs. Ihre ›materielle‹ Erfolglosigkeit wird sich auf Dauer kaum mit dem tausendsten Aufguss der Forderung nach mehr Demokratie, mehr Arbeitsplätzen und mehr Geld überdecken lassen.

Im Unterschied zu früheren Widerstandsbewegungen könnten sich im Fall der Globalisierungskritik die staatlichen Kooptionsmöglichkeiten als sehr beschränkt erweisen. Mochte sich etwa die Parteiwerdung der Ökobewegung noch emanzipatorisch gerieren, sind vergleichbare Entwicklungen unter den Bedingungen der Globalisierung und der fundamentalen Krise nur schwer denkbar. Mit abnehmendem Regulationsspielraum schwindet auch der Integrationsspielraum staatlicher Macht: Die Staatstätigkeit engt sich sukzessive auf die unmittelbare Profitsicherung und die Aufrechterhaltung der kapitalistischen Ordnung, also auf die repressiven Kernfunktionen von Polizei, Justiz und Militär, ein. Für Widerstandsimpulse, die nicht mehr auf konventionellem Wege unschädlich zu machen sind, weil effektiv die Möglichkeiten für materielle Zugeständnisse und auch eine reale Perspektive der politischen Einbindung fehlen, könnten auch andere Methoden der Ruhigstellung zum Einsatz kommen. Wohl aus diesem Grund nimmt sich die vorauseilende Schaffung rechtlicher Instrumentarien zur Kontrolle von gesellschaftlichem Widerstand im Rahmen der EU so aus, als wäre sie schon gegen offen systemgefährdende Gruppierungen gerichtet, wo es sich – im Moment – doch bloß um staatsbrave und demokratietreue Globalisierungskritik handelt. Damit stehen Attac und andere Teile der globalisierungskritischen Bewegung über kurz oder lang vor der Entscheidung zwischen moralischem Kollaps oder gesellschaftskritischer Radikalisierung.

Einen Gegenschwerpunkt setzen

Um überhaupt etwas zum Besseren verändern zu können, so meinen viele bei Attac, müsse man sich dem herrschenden Diskurs weitestgehend anpassen. Nur so sei eine mediale Öffentlichkeit für ihre Anliegen gewährleistet. Nur mit angeblich ›realistischen‹ und ›konkreten‹ Lösungsvorschlägen ›für die Politik‹ lasse sich ›die Bevölkerung‹ mobilisieren und könnten die momentan ›noch ungünstigen Machtverhältnisse‹ verschoben werden. Diese Sicht verkennt zweierlei: Zum einen kann es am Ende der kapitalistischen Durchsetzungsgeschichte objektiv nicht mehr um eine Entwicklung *in* den kapitalistischen Formen von Arbeit und Geld gehen. Es ist schon rein ökonomisch nicht mehr möglich, einen neuen innerkapitalistischen Ausdehnungs- und Wachstumsschub ›links‹ zu besetzen oder ›emanzipatorisch‹ voranzutreiben, wie das in früheren Epochen der Fall war. Dabei ist noch gar nicht einmal an ökologische und soziale ›Wachstumsgrenzen‹ gedacht, die in vielerlei Hinsicht längst überschritten sind. Zum anderen widerspricht es aller Erfahrung, mit Anpassung irgendeine wesentliche Änderung des Bestehenden erreichen zu wollen. Der Abschied von vermeintlich ›radikalen‹ Ansprüchen der Vergangenheit ist selbst Zeichen eines Niedergangs, nämlich der traditionellen Linken als innerkapitalistischer Modernisierungsbewegung, und kein ›Fortschritt‹ hin zu einem angeblichen ›Pragmatismus‹, der nun endlich ›realistische Politik‹ machen wolle und könne. Sogar die Erfolgsstory des neoliberalen Gegners widerlegt eine solche Sicht; wurde der Neoliberalismus doch zuvorderst einmal ganz gegen den Strich der Zeit entwickelt. Um wie viel mehr muss sich an den historischen Grenzen des warenproduzierenden Systems eine gesellschaftliche Alternative jenseits von und quer zu allem, was heute als ›normal‹ gilt, entwickeln!

Wie kommen wir da raus?

Will die globalisierungskritische Bewegung über sich selbst hinauswachsen, muss sie zunächst einmal viel stärker als bisher an den Alltagserfahrungen im System der krisenhaften Verwertung unseres Lebens anknüpfen. Es gilt, sich dem kapitalistischen Verwilderungsprozess in jeder Hinsicht entgegenzustellen. Radikalität verhindert praktische Gegenwehr nicht; sie ist vielmehr zu ihrer Voraussetzung geworden. Das bedeutet ebenso, sich beispielsweise der staatlichen Repression gegen Herausfallende zu widersetzen als auch die isolierten Leiden der ›vereinzelten Einzelnen‹ in einen Zusammenhang wechselseitiger Unterstützung zu bringen. Notwendig ist aber auch die Entwicklung von Perspektiven eines gesellschaftlichen Lebens ohne Geld, Warentausch und Arbeit. Letztlich geht es dabei um eine zentrale Frage: Wie können wir uns Ressourcen für die bewusste gesellschaftliche Organisation jenseits der herrschenden Fetischformen aneignen?
Es gilt somit, das Potenzial der Kooperation für uns zu entdecken und das Prinzip des Tausches zu überschreiten, abzustreifen. Die Warenform ist abzuschmelzen. Es muss zur gesellschaftlichen Einsicht reifen, dass eine Lösung der so genannten ›Menschheitsprobleme‹, von der sozialen bis hin zur ökologischen Krise, nicht im Rahmen von

Kaufen und Verkaufen zu finden ist. Der Staat ist in dieser Situation kein Retter in der Not, weit eher schon ein unerbittlicher Wächter vor dem Ausgang. Nur eines muss eine soziale Emanzipationsbewegung ihm noch abringen: Die Befreiung der Gesellschaft aus ihrer verwesenden Arbeitshülle möglichst wenig zu behindern.

Danksagung

Der Autor dankt Stephanie Grohmann, Franz Schandl und Norbert Trenkle in alphabetischer Reihenfolge für kritische Durchsicht und Verbesserung des Manuskripts.

Literatur

Christen, Christian/Michel, Tobias/Rätz, Werner (2003): Sozialstaat. Wie die Sicherungssysteme funktionieren und wer von den ›Reformen‹ profitiert, AttacBasisTexte 6, VSA-Verlag Hamburg.

Manifest 2002 (2002): Mit Attac die Zukunft zurückerobern, in: Attac Deutschland (Hg.): Cassen, Bernard/George, Susan/Richter, Horst-Eberhard/Ziegler, Jean u.a. – Eine andere Welt ist möglich! Dokumentation des Attac-Kongresses vom 19.-21.10.2001 in Berlin, VSA-Verlag Hamburg.

Rakowitz, Nadja (2000): Einfache Warenproduktion. Ideal und Ideologie, Verlag ça ira.

Scholz, Roswitha (1992): Der Wert ist der Mann. Thesen zu Wertvergesellschaftung und Geschlechterverhältnis, in: *Krisis* 12.

Scholz, Roswitha (2000): Das Geschlecht des Kapitalismus. Feministische Theorien und die postmoderne Metamorphose des Patriarchats, Horlemann-Verlag.

Ziegler, Jean (2002): Der Raubtierkapitalismus und seine Folgen – wo ist die Hoffnung? in: Attac Deutschland (Hg.): Cassen, Bernard / George, Susan / Richter, Horst-Eberhard / Ziegler, Jean u.a. – Eine andere Welt ist möglich! Dokumentation des Attac-Kongresses vom 19.-21.10.2001 in Berlin, VSA-Verlag Hamburg.

Christian Höner

Ausbruchsversuchungen
Normales und Seltsames über eine Anti-Arbeitsaktion in Thüringen im Frühjahr 2003

Was passiert, wenn sich Arbeitskritiker mit Leuten konfrontieren, die über beide Ohren im herrschenden arbeitsreligiösen Diskurs stecken? Eine interessante Frage, zumal das Terrain so gut wie unberührt ist. Als wir uns zu einer arbeitskritischen Aktion entschieden, war uns durchaus klar, dass vor uns ein unbekannter Kontinent lag. Leicht hätte Forscherfreude aufkommen können, wäre sie nicht von vornherein durch die leider ziemlich traurigen gesellschaftlichen Umstände getrübt worden, unter denen unser Experiment stattfand. Wer kann sich schon in aller Gemütsruhe an der abstrusen Schönheit pathologischer Bewusstseinsformen erfreuen, wenn diese Verrücktheiten dazu führen, dass bei den überflüssigen Arbeitskraftbesitzern widerstandslos die Daumenschrauben immer weiter angezogen werden? Neugier und Kontemplation spielten für unsere arbeitskritische Aktion denn auch nur eine sekundäre Rolle. In erster Linie verstehen wir Arbeitskritik als Akt der sozialen Notwehr.

Ausbruchsversuche stehen an, auch wenn sie im Angesicht der Größe und Schwierigkeit des Unterfangens immer etwas bizarre und unbeholfene Formen annehmen werden. Das heißt zunächst, dass allerhand probiert werden kann und niemand sich schämen muss.

Dass wir mit unserer Arbeitskritik nicht gerade Eulen nach Athen tragen würden, das hatten wir uns auch ohne prophetische Gabe bereits im Vorfeld gedacht. Denn kaum ein Begriff erfreut sich solcher ideologischer Blasen- und Tentakelbildung wie der Begriff der ›Arbeit‹. Das verschleierte *abstrakte Wesen der Arbeit* erscheint als unhintergehbare Tatsache der menschlichen Existenz und die Kritik der Arbeit als ebenso unsinnig wie die Kritik der Sonnenaufgänge oder des Stuhlgangs. Ob die Freunde der Arbeit sie von vermeintlich äußeren Zwängen befreien wollen, um sie ›zu sich zu bringen‹, oder ob die Realofraktion mit Falschheit lamentiert, es ginge nun einmal nicht ohne Arbeit – ihnen allen ist eine enorme Resistenz gegenüber analytischen Argumentationen gemein. Da Licht ins Dunkel zu bringen, scheint wie das Durchdringen der Dornenhecke bei Dornröschen. Ständig reißt man sich die Klamotten auf und zu guter Letzt bleibt man hängen. Wenn dieser Fakt von vornherein klar ist, kann man sich darauf einstellen und getrost ins Gestrüpp stürzen.

Der Plan

Das erste und wichtigste, was für eine arbeitskritische Kampagne benötigt wird, sind natürlich arbeitsunwillige Menschen. Exemplare dieser Gattung zu finden, ist nicht immer einfach. In unserem Fall kamen immerhin 10 Leute zusammen. Das macht bei einer Einwohnerzahl von 250.000 – so viele Menschen sollen angeblich in Erfurt leben – doch einen recht passablen Schnitt. Mittels einer gewagten statistischen Operation könnte man hochrechnen, dass bei 500.000 EinwohnerInnen schon eine Gruppe von 20 Leuten zusammenkäme (Tipp: In diesem Fall könnten unerhebliche Differenzen genutzt werden, um die Gruppen in zwei kleinere zu teilen). In Städten unter 25.000 EinwohnerInnen macht die Durchführung einer arbeitskritischen Kampagne vorerst wahrscheinlich keinen großen Sinn.

Wem keine fantasievolleren Ideen kommen, dem sei zweitens die Produktion von historischen Dokumenten anempfohlen, z.B. in Form eines Aufrufes (siehe historisches Dokument 1).

Die historischen Dokumente: 1. Der Aufruf

Gegen die Arbeit – für das Leben
Aufruf zur Demonstration am 6. Mai 2003
In jeder Gesellschaft werden Menschen Häuser bauen, Nahrungs- und Lebensmittel produzieren. Dagegen zu protestieren, ist natürlich sinnlos. Doch wir meinen, dass Arbeit nur eine spezielle historische *Form* ist, wie Menschen ihre Bedürfnisse befriedigen:

1. Arbeit ist eine Tätigkeit, die gegen Geld verrichtet wird.
2. Arbeit ist eine vom restlichen Lebenszusammenhang abgespaltene Sphäre betriebswirtschaftlicher Funktionalität.
3. Arbeit ist ein untergeordneter Bestandteil des Kapitals.
Ziel des Kapitals – und demnach auch der Arbeit – ist nicht in die Befriedigung irgendwelcher konkreten Bedürfnisse, sondern die ständige Anhäufung von Geld. Wir kennen den Spruch zur Genüge: ›Es muss sich rechnen.‹ So werden z.B. trotz Bedarf keine Häuser gebaut, wenn kein Geld da ist, obwohl es Menschen gibt, die das notwendige Wissen und Zeit haben, und obwohl reichlich stoffliche Ressourcen zur Verfügung stehen. Arbeit hat also objektiv den Erwerb von Geld zum Ziel und nicht die Befriedigung konkreter Bedürfnisse. Arbeit und konkrete Bedürfnisse sind dem Diktat der Finanzierbarkeit unterworfen. Ein Skandal: Die menschliche Existenz muss sich rechnen! Nur wer seine Ware Arbeitskraft verkaufen kann, darf existieren. Was aber im Umkehrschluss auch heißt, dass, wer seine Arbeitskraft nicht verkauft, auch nicht existieren kann.

Mit den Rationalisierungsprozessen im Rahmen der mikroelektronischen Revolution wird der Verkauf der Ware Arbeitskraft aber zunehmend unmöglich. Das System der Arbeit gerät in die Krise. Doch je handgreiflicher diese Krise wird, umso hartnäckiger wird der bedingungslose Glaube an die Arbeit eingefordert. Jedes Kind weiß, dass es nie wieder Vollbeschäftigung geben wird, trotzdem wird diese Tatsache nicht offen ausgesprochen. Öffentlich werden tolle Konzepte zur Bekämpfung der Arbeitslosigkeit geheckt. Doch diese politischen Konzepte messen sich von vornherein am Kriterium des Mediums, in dem sich Arbeit darstellt: im Geld. Jedes noch so gut gewollte Konzept muss vor dem Richterstuhl der Finanzierbarkeit in Demut versinken. Als wenn dies nicht schon Zumutung genug wäre, kann im Fall einer Nichtfinanzierbarkeit jede Schweinerei durchgesetzt werden. Hinter vorgehaltener Hand geben selbst die Vertreter zu, dass sie nicht an den Erfolg ihrer eigenen traurigen Konzepte glauben. Zu dem System der Heuchelei gesellt sich das System der Repression: Beide vereinen sich in den Institutionen

Arbeitsamt, Sozialamt und Maßnahmen wie PSA, Arbeits-leihfirmen, Billiglohn, Ich-AG, sinnlosen Fort- und Ausbildungsmaßnahmen. Alles, um die Lüge und den Zwang der Arbeit aufrechterhalten zu können. Die Schweinerei des Hartz-Konzeptes ist nur ein weiterer Schritt in Richtung sozialer Apartheid. Dumpfe und unterschwellig angsterfüllte Ressentiments machen sich unter denen breit, die ihre Ware Arbeitskraft noch verkaufen können. Sozialdarwinistisch wird den Herausgefallenen Schmarotzertum vorgeworfen und zynisch empfohlen zu arbeiten. Irgendwie wird nur zu deutlich gespürt, dass die Arbeitsgaleere am absaufen ist und die Arbeitssklaven überflüssig werden.

Uns geht es aber nicht darum, einseitig für diejenigen Partei zu ergreifen, die keine Arbeit mehr haben. Das System der Arbeit ist nicht nur für die Ausgeschlossenen eine Zumutung, sondern auch für die Eingeschlossenen. Unter dem Diktat des Sich-Rechnen-Müssens sind die meisten Tätigkeiten eine einzige Zumutung. 8 und mehr Stunden täglich dieselben stupiden und nervtötenden Handlungen wiederholen, das ist die Realität der meisten arbeitenden Menschen. Und selbst die Wenigen, denen ihr Beruf Spaß macht, werden zugestehen, dass ohne den Zwang der finanziellen Rentabilität die Tätigkeit vollkommen anders aussehen würde.

Was ansteht, ist ein Bündnis gegen die Arbeit, ein Bündnis von Arbeitenden und Nichtarbeitenden. Es muss gebrochen werden mit dem Finanzierbarkeitskriterium, mit dem Prinzip betriebswirtschaftlicher Effektivität, das zunehmend Menschen von ihrer Bedürfnisbefriedigung abschneidet, ihre Existenz gefährdet und viele Menschen zu sinnlosen Tätigkeiten zwingt. Ein erster Schritt für ein Bündnis gegen Arbeit wäre eine öffentliche Diskussion über die Unhaltbarkeit des System der Arbeit.

Wenn es das Prinzip der Arbeit ist, das die menschliche Existenz in Frage stellt, dann ist es höchste Zeit, das Prinzip der Arbeit in Frage zu stellen.

Gegen die Arbeit – für die Menschen

Ich unterstütze den Aufruf: .....

Ich unterstütze nicht den Aufruf: .....

In unserem Fall sollte der Aufruf mehrere Zwecke erfüllen: Bekanntmachung und Diskussionskatalysator. Um möglichst viele Menschen hinter dem Aufruf zu versammeln, boten wir die Möglichkeit der Unterstützung und Nicht-Unterstützung an. Es ist offensichtlich, dass wir damit so gut wie alle Menschen angesprochen hatten. Und tatsächlich sollte sich der Aufruf als ein äußerst effektives Trojanisches Pferd erweisen. Er öffnete uns Türen, die ansonsten verschlossen geblieben wären, und war Anlass für die unmöglichsten Diskussionen. Wir bewegten uns einerseits mit dem ›Aufruf‹ zu einer ›Demonstration‹ auf klassischen politischen Aktionsfeldern und redeten somit in der Sprache der politisch Aktiven, andererseits waren wir mit höchst irritierenden Inhalten unterwegs. Aufrufe und Demonstrationen sind klassische *politische Aktionsformen*, bei denen halt irgendwelche zumeist staatlichen Institutionen an- und aufgerufen werden, etwas zu tun oder zu lassen. Lohnfortzahlung im Krankheitsfall, mehr Geld, egal für was, das wären sinnvolle Inhalte für Demonstrationen, schließlich wären da Sender und Empfänger klar. Davon konnte aber bei einer Demonstration ›Gegen die Arbeit – und für das Leben‹ keine Rede sein. So schien unsere Aktion – formal betrachtet – eine normale Mobilisierungskampagne mit dem Ziel einer ›machtvollen‹ Demonstration zu sein, andererseits ging es uns eigentlich ›nur‹ um (un)mögliche Diskussionen im Vorfeld der Demonstration. Wir betrachteten diesen Anachronismus als interessante Experimentieranordnung.

Reaktion und Diskussion

Vor Wut kochende Funktionäre mit nahendem Bluthochdruckkollaps – Attac-Bewegungskommandeure – wegapplaudierende Gewerkschafter – ewig grinsende Paternalisten in PDS-Versammlungen – arbeitsmilitante Rentnerpärchen – aufgeräumte Pragmatiker – nette Menschen – überraschend Offenherziges – viel Unverbindliches: Wir hatten jede Menge Gespräche, bei denen wir – gelinde gesagt – keine offene Türen einrannten. Alles wiederzugeben, würde natürlich nicht nur den Rahmen sprengen, sondern wäre auch einfach uninteressant. Deshalb sind an dieser Stelle zwei besonders schillernde Stellungnahmen dokumentiert. Beide Verfasser stellten sich als Nicht-Unterstützer hinter unseren Aufruf. Eines unserer ersten ›Opfer‹ war der Rektor der Erfurter Fachhochschule, der Soziologie-Professor Dr. rer. pol. habil. Wolf Wagner, ein ehemaliger (?) Vertreter des akademischen Marxismus. Wer, wenn nicht er, wäre zu einem kompetenten Statement zum Thema berufen gewesen? Die Erwartungshaltung unsererseits war also hoch und sollte noch übertroffen werden. Zwei schnoddrige E-Mails sandte uns der gute Mann zu, die wir aus Gründen der Pietät nicht in Gänze publizieren wollen. Dass uns keine Zustimmung von einem Fossil des Arbeiterbewegungsmarxismus zuteil werden würde, hatten wir zwar schon befürchtet, die Eloquenz beeindruckte uns dann aber schon: »Ich halte das Ding für ziemlich schwachsinnig.« In gebührender paternalistischer Manier wurden wir auf die eklatanten inhaltlichen Schwächen des Aufruf-Textes hingewiesen. So würden wir mit der Marxschen Verelendungstheorie hantieren, die doch hinfällig sei. Dazu habe Wagner in den 70er Jahren eine bahnbrechende Arbeit mit dem Titel »Verelendungstheorie – die hilflose Kapitalismuskritik« veröffentlicht, mit deren Lektüre er uns offenbar quälen wollte. Nach der Verelendungstheorie sollen sich die Lebensbedingungen des Proletariats durch den kapitalistischen Ausbeutungsprozess derart verschlechtern, dass es sich zu einem revolutionären Subjekt formiert – ein Umstand, an den zu denken auch ohne die Arbeiten von Herrn Wagner ernsthaft niemand mehr wagt. Nun waren wir unsererseits irritiert, denn auch nach nochmaliger Lektüre des Aufrufes fand sich keinerlei Hinweis auf ein revolutionäres oder sonstwie geartetes Subjekt. Sollte Herr Wagner seine eigene verelendungstheoretische Gedankenwelt in unsere – sicher diskutierbaren – krisentheoretischen Andeutungen hineinprojiziert haben? Wir werden es wohl nie erfahren. Sehr wohl erfahren mussten wir hingegen, dass Wagner noch ganz andere Vögel abschießen kann und damit als Vertreter der akademischen Zunft vom substanziellen Verfall des Denkens Kunde gibt: »Auch unter sozialistischen Bedingungen müsste ein Mehrprodukt erwirtschaftet werden (siehe Kritik des Gothaer Programms).« Hier haut der Akademiker gleich zweimal daneben: Entweder meint er den real-existierenden Sozialismus, dann ginge es in diesem nicht um ein Mehrprodukt, sondern um Mehrwert – was doch ein wesentlicher Unterschied ist – und auf Letzteren bezog sich unsere Kritik im Aufruf. Oder Wagner meint einen nicht Waren produzierenden Sozialismus, dann wäre der Begriff eines Mehrproduktes bezogen auf getrennt-produzierende Privateinheiten sinnlos, weil diese Form der Produktion nicht mehr existieren würde. Oder man bezieht den Begriff auf die allgemeingesellschaftliche Ebene, dann macht der Mehrprodukt-Begriff keinen Sinn, weil die sozialistische Gesellschaft nur das produzieren wird, was sie auch verbraucht. Wie dem auch sei. Wagner demonstriert jedenfalls hier nur exemplarisch die Verwechselung von gesellschaftlicher Form und deren Inhalt. Das Ergebnis ist immer das gleiche. Die Verewigung der Kategorien der Waren produzierenden Arbeitsgesellschaft zu unhistorischen Größen. Wagner schreibt:»Selbst bei Marx ist das Kapital nur ein Ausdruck für das Gesetz der Zeit: Jede Gesellschaft muss Ökonomie betreiben, in dem Sinne, dass die aufgewendete Zeit sich rechnen muss, sonst sterben die Menschen, weil ihre Lebensbedürfnisse nicht erfüllt werden.« Was sagt dieser Satz anderes aus, als dass das Kapital schon immer existiert hat, demnach die gesamte Geschichte des Menschen Binnengeschichte des Kapitalismus ist? Dagegen heben sich sogar die Ausführungen eines Referenten der CDU-Landtagsfraktion wohltuend ab, dem wir in einem anregenden Telefonat ausdrücklich die Ernsthaftigkeit unseres Aufrufs versichern mussten. So waren nicht nur er, sondern auch wir amüsiert. Dass die Apologeten der Arbeit durchaus einen Sinn für Humor haben können, beweist auch folgender Brief, den uns Herr Wozniak zukommen ließ.

Die historischen Dokumente: 2. Der Brief

Erfurt, den 10. April 2003
Sehr geehrter Herr Maier,
gerne komme ich Ihrer Bitte nach, zu dem Aufruf ›Gegen die Arbeit – für das Leben‹ Stellung zu nehmen.
Sie haben eine Arbeit verrichtet, für die Sie voraussichtlich kein Geld erhalten haben, die wahrscheinlich nicht völlig losgelöst von Ihrem restlichen Lebenszusammenhang ist und die auch nicht in erster Linie dazu dient, ›den Kapitalismus am Laufen zu halten‹.
Das heißt, Sie kommen nach meiner Ansicht zu falschen Ergebnissen, weil Sie den Begriff Arbeit zu eng definieren. Sie selbst minimieren Arbeit auf den Teil bezahlte Arbeit und im dritten Absatz noch weiter auf körperliche bezahlte Arbeit. Nicht das System der Arbeit gerät in die Krise, son-

dern Arbeit wandelt sich und dies übrigens seit Beginn der Menschheit. Der Unterschied zu früher besteht nur darin, dass der Wandel sich immer schneller vollzieht.

Ich möchte nicht auf jeden einzelnen Trugschluss in Ihrem Aufruf eingehen, Sie aber auf einen wesentlichen Fehler aufmerksam machen. Wir wollen, dass bestimmte Bevölkerungsgruppen nicht arbeiten. In unserer Gesellschaft ist das so selbstverständlich, dass es Ihnen vielleicht gar nicht aufgefallen ist. Dies ist bei Weitem nicht in allen Ländern der Fall. Hierzu zählen z. B. Kinder, Rentner, Kranke oder Eltern, die die Erziehungszeit nehmen. Damit dies möglich ist, ist die Solidarität derjenigen, die arbeiten und mit Versicherungsbeiträgen oder Steuergeldern dafür sorgen, dass das System so funktioniert, erforderlich. Auch die meisten Arbeitslosen wollen wieder arbeiten und erhalten in der Zeit ihrer Arbeitslosigkeit ein Arbeitslosengeld, für das sie schließlich Versicherungsbeiträge eingezahlt haben, oder später eine Arbeitslosenhilfe.

Wenn es Enttäuschung ist, die Sie in diese nicht nachvollziehbare Argumentation treibt, dann möchte ich Sie dazu ermuntern, nicht aufzugeben. Wenn auch Sie wollen, dass es in Deutschland keine Kinderarbeit gibt und dass alte Menschen nicht bis zum Umfallen arbeiten müssen, möchte ich Sie daran erinnern, dass auch Ihre Hilfe hierfür gebraucht wird.

Wenn es aber nur darum geht, aus Prinzip nicht zu arbeiten, muss ich Ihnen sagen, dass dafür die Sozialsysteme nicht ausgelegt sind. Leistungen zu beziehen, ohne dem Arbeitsmarkt zur Verfügung zu stehen, obwohl es dafür keine gesundheitlichen oder ähnliche Hinderungsgründe gibt, ist Leistungsmissbrauch. Es ist richtig, dass dann Leistungen entzogen werden und kein Bonus dafür gezahlt wird, wenn derjenige völlig selbstlos auf Arbeit verzichtet.

Ich möchte Sie ermuntern, Ihren Aufruf noch einmal zu überdenken.

Mit freundlichen Grüßen
Thomas Wozniak
Referent für Bundes- und Europaangelegenheiten, Arbeitsmarkt, Gleichstellung

Wahrlich ein Dokument des gesunden Menschenverstandes, in dem die Alltagsvernunft ungeniert ausplaudert, was Sache ist. Auch hübsch: der unverblümte Schulterschluss mit dem alt- oder ex-marxistischen Prof. Wagner durch die Paraphrasierung der Engelschen Sentenz von der Menschwerdung des Affen durch die Arbeit. (»…Seit Anbeginn der Menschheit…«) In schlaumeierischer Manier wird denn auch eingangs die Standardabwehr gegen die Arbeitskritik in Stellung gebracht: Alles sei doch irgendwie Arbeit und unser Begriff demnach viel zu eng gefasst. Auch wenn wir es geschmacklos finden, von Stellungs*arbeit* beim Liebesakt zu sprechen, so wollen wir uns doch einen Moment auf die Argumentations›linie‹ einlassen. Nehmen wir also spaßeshalber an, alles wäre irgendwie Arbeit. Die Trennung in bezahlte und unbezahlte Arbeit würde Sinn machen. Dann käme natürlich nicht das System der Arbeit in die Krise. Vielmehr hätten wir es bloß mit einer Verschiebung innerhalb dieses Systems zu tun. Die bezahlte Arbeit verschwände zunehmend, während die unbezahlte übrig bliebe. Würde es bei der Arbeit nur um ihre stoffliche Dimension gehen, dann wäre die Verwandlung von bezahlter in unbezahlte Arbeit gar kein Problem.

Im Unterschied zu früheren Gesellschaften, die durchaus weitgehend auf bezahlte Arbeit verzichten konnten, führt deren Verschwinden in der Waren produzierenden Arbeitsgesellschaft aber notwendig zu deren Zusammenbruch. Die Implikationen dieser Argumentation weiterzuverfolgen, war also nicht ratsam. Deshalb brach sie denn auch folgerichtig an dieser Stelle ab.

Sicher lag keine böse Absicht zugrunde, als Herr Wozniak unsere prinzipiellen theoretischen Postulate, dass nur der existieren darf, der seine Ware Arbeitskraft verkaufen könne, als unmittelbare empirische Tatsache las. Das steht ihm natürlich frei. Daher hier nochmal zum Verständnis: Dass der moderne Mensch durch den Verkauf der Ware Arbeitskraft seine Existenz bestreiten muss, ist der prinzipielle Modus, ein alle umfassendes Prinzip im Waren produzierenden System. Gelingt der Verkauf der Ware Arbeitskraft nicht, so steht die Existenz des modernen Menschen auf dem Spiel. Dass dieser Modus schon immer prekär war und deshalb in den Gewinnerregionen des globalen Verwertungszusammenhanges im Gefolge von sozialen Kämpfen Sicherungssysteme etabliert wurden, ändert am grundlegenden Prinzip gar nichts. Auch das Kind, der Rentner usw. sind indirekt abhängig vom gelingenden Verkauf der Ware Arbeitskraft. Ihre finanzielle Versorgung steht und fällt damit, dass ihre Eltern bzw. potentielle Beitragszahler ihre Arbeitskraft verhökern können. Gelingt das nicht, wird's eng. Das Misslingen des Verkaufes der Ware Arbeitskraft hängt aber nicht von der Willigkeit der Verkäufer ab, sondern vom allen gesellschaftlichen Interessen übergeordneten Verwertungsgesetz: aus Geld mehr Geld zu machen. Für die Einzelkapitale ist damit die Steigerung der Produktivität ehernes Gesetz. Dadurch wird die Ware Arbeitskraft zunehmend überflüssig. Nur wenn die gesellschaftliche Maschine der selbstzweckhaften Geldvermehrung genügend Ware Arbeitskraft in sich einsaugt und verwertet, dann können – nach entsprechenden sozialen Kämpfen – Kinder, Kranke und Rentner finanzierungsfähig erscheinen. Das System der Arbeit hat diesen Zustand nur für eine kurze historische Phase zugelassen und das auch nur für einen kleinen Teil der globalen Bevölkerung. Heute bricht auch diese priviligierte Stellung weg.

Schon die Existenz der Sicherungssysteme verweist darauf, dass die Herrschaft des Verwertungszwangs prinzipiell den Verlust der Verwertbarkeit zu einer Existenzbedrohung macht. Aber darauf scheinen die menschenverwaltenden Demokraten nicht zu kommen. Die Sisyphusarbeit unseres Experten für Bundes- und Europaangelegenheiten, Arbeitsmarkt, Gleichstellung besteht doch großenteils darin, den bedrohlichen Modus der Arbeit einzudämmen. Wer sieht den Wald vor lauter Bäumen nicht mehr, er oder wir?

Kinder, Kranke, Arbeitslose und Rentner müssen durchgefüttert werden. Das sollte selbstverständlich sein. Und dies wäre – rein stofflich betrachtet – auch gar kein Problem, denn dass hohe Niveau der Produktivität könnte genug für alle abwerfen. Aber unser Experte redet nicht von einem Standpunkt der Lebensmittelversorgung im weitesten Sinn, sondern von Versicherungsbeiträgen und Steuergeldern, die in irgendwelche Kassen zu entrichten seien. Das permanente Durcheinanderwerfen der *stofflichen* Reproduktionsfrage mit dem *abstrakten, metaphysischen* Verwertungsprinzip stellt denn auch eines der größten Vermittlungsprobleme der Arbeitskritik dar. Auf Schritt und Tritt wird das Pathos der stofflichen Notwendigkeit der Arbeit bemüht – ›woher sollen die Brötchen kommen, wenn keiner mehr arbeitet?‹ – wo doch der allein der gesellschaftlichen Form geschuldete Wert-Verwertungszwang zu kritisieren wäre. Dieses Problem der Arbeitskritik hat natürlich einen einfachen Grund: Im Waren produzierenden System ist die Arbeit als *eine* mögliche Reproduktions*form* mit dem »Stoffwechselprozess des Menschen mit der Natur« (Marx) gewaltsam synchronisiert. Diese Tatsache wird vom gesunden Menschenverstand dahingehend interpretiert, dass die Arbeit ewige Seins-Bestimmung des Menschen sei. Diese Täuschung ermöglicht erst die dumpfe Rede von der stofflichen Notwendigkeit der Arbeit und ein Pathos, das die Nichtarbeitenden zu Opfern eines leicht vergrätzbaren, immer schon mit der Vernichtungsoption liebäugelnden Paternalismus macht. Wird die Arbeit aber ihrer aufgeblasenen Legitimation entkleidet, die sich auf die stoffliche Notwendigkeit beruft, so tritt uns nur das nackte Geldwesen der Arbeit entgegen.

Die Mogeleien unseres CDU-Referenten machen aber auch nicht vor Fakten halt. So ist die Behauptung, Kranke würden ›bei uns‹ nicht arbeiten, schlicht falsch. Die Zahl derjenigen, die sich trotz Erkrankung in Büros und Fabriken schleppen, ist in den letzten Jahren erheblich gestiegen. Die Statistiken, die unser Experte eigentlich besser kennen müsste als wir, belegen das. Manchmal hilft auch die Lektüre einer Zeitung. »Die Welt« scheint in unserem Fall als Referenz geeignet. In ihrer Ausgabe vom 15. August 2003 meldete sie: »Krankenstand bleibt niedrig.« So waren 2002 in Hamburg »von 100 Arbeitnehmern drei bis vier krankgeschrieben«. »Mehr als die Hälfte habe jedoch nicht einen einzigen Tag wegen Krankheit am Arbeitsplatz gefehlt.« Aber vielleicht trifft doch der Satz meiner Ex-Psychologin zu, dass Arbeit gesund mache. So wird wieder ein Schuh daraus.

Wie wenig Herr Wozniak in Sachen Realismus beim Thema Rentner up to date ist, zeigt ein Blick auf seine ›Schwesterpartei‹: Die Grünen. Dort macht sich die Turbo-Realistin, Bundestagsabgeordnete und Chefin der Thüringer Grünen, Karin Göring-Eckhardt, gerade bei den Menschen zwischen 60 und 70 Jahren mit Vorschlägen zur Verlängerung des Arbeitslebens beliebt. Selbstredend löst die Umsetzung solcher Pläne keine Probleme, sondern die Menschen werden nur länger gequält. Für die Realismus-Fraktion spielen aber die Realo-Quälereien ohnehin keine Rolle. Hier heißt es also für unseren Experten von der CDU: Nachsitzen. Natürlich sei an dieser Stelle die Möglichkeit nicht ungenutzt, Herrn Wozniak zu ermuntern: Also, wenn Sie wirklich daran interessiert sind, dass Kinder nicht arbeiten müssen, Menschen gut leben und ihre kulinarischen und gesundheitlichen Bedürfnisse auch in Zukunft entfalten und verwirklichen können, wenn Sie nicht wollen, dass ein Großteil der Menschen zu debilem Nichtstun verdonnert ist, während ein immer kleinerer Teil immer intensiver Arbeit verausgaben muss, wenn auch Sie mal etwas Sinnvolles mit Ihrem Leben anfangen wollen, statt Menschen zu verwalten, dann steht es Ihnen offen, sich Ihrer Arbeitsidentität kritisch bewusst zu werden und gegen die Zurichtungen des Systems der Arbeit Notwehr- und Ausbruchsversuche zu starten.

Davon wollen aber unsere aufgeräumten Realos natürlich nichts wissen. Werden sie durch Arbeitskritik mit den nackten Tatsachen einer unzumutbaren Realität konfrontiert, flüchten sie sich argumentativ in die metaphysische Welt des Geldes. Das ganze Herumreiten auf dem Tatsachenargument hat primär nichts mit sinnlich-konkreten Fragestellungen zu tun. Auf jedes konkrete Bedürfnis weiß der Realo abstrakt zu antworten. Werden Menschen krank, rufen die Realos nicht nach dem Arzt, sondern nach der Krankenkasse. Alte Menschen sollen nicht deswegen länger arbeiten, weil es immer mehr zu tun gäbe, sondern wegen der Rentenkasse. Fragt man, warum alle Menschen arbeiten müssen, dann lautet die Antwort des Realos nicht: ›Weil alle für konkrete Projekte gebraucht werden‹, sondern: ›Weil es sich rechnen muss‹. Fragt man nach guter Gesundheitsversorgung, so lautet die Antwort der irren Realos: ›nicht finanzierbar‹. Danach haben wir aber gar nicht gefragt. Ob Arbeitskritiker oder Realos weltfremde Spinner sind, dies ist nur noch eine rhetorische Frage.

Die Demonstration

Der Demonstration selber haben wir – wie bereits angedeutet – nie eine besondere Bedeutung beigemessen. Trotzdem war es eine Genugtuung, bei strahlendem Sonnenschein das Erfurter Sozialamt verbal zu beschmutzen (siehe Redebeitrag) und mit annähernd 100 Menschen durch die Flaniermeile der Erfurter Innenstadt zu ziehen, während aus den Lautsprechern des Demonstrationswagens Udo Jürgens jung und alt mit »Wer, wenn nicht wir« begeisterte. Obwohl viele Passanten sichtlich Probleme hatten, Bild und Ton in Einklang zu bringen, öffnete uns dieses Lied doch deren Herzen und Hände. Die überraschend vielen positiven Reaktionen verweisen sicher nicht unbedingt auf ein fundiertes arbeitskritisches Theoriegebäude, aber sehr wohl auf ein gewisses Maß an Offenheit. Wer aber ansprechbar ist, dem kann auch vermittelt werden. Quod erat demonstrandum. Nach solch schlagenden Beweisen bleibt der Arbeitskritik ein zwar skeptischer, wiewohl nicht verzweifelter Blick in die Zukunft.

Die historischen Dokumente: 3. Der Redebeitrag

Redebeitrag zum 6. Mai
Herzlich willkommen, liebe Arbeitende und Nicht-Arbeitende! Wir demonstrieren hier und heute ›Gegen die Arbeit und für das Leben‹. Wir demonstrieren gegen das System der Arbeit, das ein System der Heuchelei ist. Denn obwohl das System der Arbeit die Menschen längst nicht mehr integrieren kann, müssen alle ihm zu Kreuze kriechen. Es wird behauptet, es sei kein Geld da. Wir sind nicht dumm. Wir wissen, dass kein Geld da ist. Wir behaupten nicht – wie die Nostalgiker des Wohlfahrtsstaates –, dass Geld genug da sei. Das ist uns aber schlicht egal!
Wenn das System von Arbeit und Geld unser Leben in Frage stellt, dann ist es höchste Zeit, das System von Arbeit und Geld in Frage zu stellen. Von der Politik erwarten wir nichts mehr, zumindest nichts Gutes. Politik wird im ›besten Falle‹ das Elend verwalten. Wahrscheinlicher jedoch ist, dass die Politik zur sozialen Treibjagd auf die Ausgeschlossenen ansetzen wird. Die Hartz- und Agenda-2010-Scheiße ist nur ein weiterer Schritt in diese Richtung. Ob dagegen eine Demonstration das geeignete Mittel ist, wissen wir nicht. Was wir heute machen können, ist mit Leuten reden. Wir können in Gesprächen versuchen, die Menschen zur Gotteslästerung gegen ihre eigene Arbeits-Identität zu ermuntern und öffentliche Orte der Erniedrigung als solche zu brandmarken.
Solche Orte der Erniedrigung sind unter anderem Arbeits- und Sozialämter. Tagtäglich werden dort Menschen in das Licht staatlicher Verhörlampen gezerrt. Dienstbeflissene Amtsdamen schnüffeln bis in die Kühlschränke und Intim-

sphären ihrer Delinquenten und überprüfen, ob die Bettwä-
sche dem normierten Elendsstandard auch tatsächlich entspricht. Wer ohne Arbeit ist, der hat sich gefälligst bis auf die
Knochen zu entblößen. Bis auf die Knochen geht aber nicht
nur die soziale, sondern auch die materielle Erniedrigung.
Einzig die biologische Existenz wird noch in gönnerhafter
Manier gewährt. Leben wird auf Überleben reduziert. Das
System der Arbeit zeigt hier verräterisch, was ein Mensch
ohne Arbeit sein soll: nacktes Leben – pures Fleisch.
Und wie schmachvoll sind die traurigen Jobs derer, die hier
– um existieren zu können – jahrein, jahraus Menschen
verwalten und die Unterwäsche ihrer Mitmenschen durch-
wühlen. Nicht nur sie erniedrigen also, auch sie werden
erniedrigt. Die besten Jahre ihres Lebens vergeuden sie
für den Arbeitsgötzen, der ihnen einredet, ihr Tun wäre
mildtätig. Tagtäglich hocken sie hinter Bildschirmen und
Aktenbergen. Sie reden sich ein, mit Menschen zu tun zu
haben, doch sie sehen nur Masken und Zahlen. Nicht nur
sie richten erfolgreich ihr Menschenmaterial zu, das den
Untertanengeist und die Zwangslogik des Arbeitssystem
längst verinnerlicht hat. Auch sie werden von Vorgesetzten,
konkurrierenden Mitarbeiterinnen, Vorschriften, Motiva-
tionstrainings und Kontrollen zugerichtet, bis sie mit den
Strukturen identisch geworden sind und ›Leid als Chance‹
sich selbst und anderen verkaufen. Sie meinen, sie täten
nur ihre Pflicht. Sie meinen, sie würden nur auf Anweisung
von Oben hin die neuen Richtlinien der sozialen Drang-
salierungen an ihren Opfern exekutieren. Nur noch ›Dienst
nach Vorschrift‹ tun, wäre das absolute Minimum, was wir
von ihnen erwarten. Doch anstatt kunstvoll die Dienstvor-
schriften zu sabotieren und sich auf diese Art mit ihren
Opfern zu solidarisieren, entwickeln nur allzuviele einen
widerwärtigen Eifer. Wie oft haben sie sich schon reden
hören: »Ich tue hier nur meinen Job«, so als ob das tatsächlich eine Entschuldigung wäre.
Als Vollstrecker des Zwangssystems der Arbeit – als Charaktermasken und Funktionsträger – müssen wir Sie ver-
achten. Als Menschen, die genauso wie wir den Zwängen

des Systems der Arbeit unterworfen sind, fühlen wir mit Ihnen. Als Opfer des Zwangssystems der Arbeit gebührt Ihnen unsere Solidarität. Punktueller Widerstand gegen die unzumutbaren Zumutungen ist von jeder und jedem an jeder Stelle des Zwangssystems von Arbeit und Geld möglich. Beenden wir die Loblieder auf Arbeit und Arbeitsplatz, brechen wir mit der allgemeinen Heuchelei im Namen der Arbeit. Nennen wir es beim Namen, wenn wir Arbeit sagen und unnötiges Leid meinen.

Für ein Leben im produktiven Müßiggang – Nieder mit dem System der Arbeit.

Maria Wölflingseder

Von der Zurichtung zur Hinrichtung VI
Selbstliquidation als japanische familiäre Überlebensstrategie

In Japan ticken die Uhren anders. Vor allem die Lebensuhren. In Japan, dem Land des traditionellen Harakiri, im Land von Karoshi (dem plötzlichen Herztod durch Überarbeitung) und im Land von zahllosen Schülerselbsttötungen. Gegen diese lassen sich nun immer mehr Schulen versichern. Versichern gegen die Kosten der Prozesse, die Eltern gegen die Schulleitung anstrengen. Zwischen März 1999 und März 2000 sind 163 Jugendliche wegen brutaler Quälereien (Ljime) durch ihre Mitschüler in den Freitod gegangen. Diese Grausamkeiten reichen von Herumstoßen über Erpressung von Geld bis hin zu gefährlichen Misshandlungen mit Messern. Opfer sind zumeist schwache, sensible oder schüchterne Schüler, die in der japanischen Leistungsgesellschaft als Sonderlinge gelten. *(www.people.freenet.de/nipponsm/)*
Da verwundert es nicht, wenn auch die Folgen von Arbeitslosigkeit in Japan immer öfter durch Selbstliquidation zu lösen versucht werden.

»Die *Fibel des perfekten Selbstmords* steht in Nippon in der Bestsellerliste. Die japanische Gesellschaft hat keinen Platz für Arbeitslosigkeit, Selbstzweifel und Verzweiflung. Vor allem die Seelsorgedienste, die Telefonhotlines zur Suizidverhinderung unterhalten, erleben die Kausalitätskette Arbeitslosigkeit-Selbstmord Tag für Tag. ›Ich möchte nicht mehr leben, seit ich meinen Job verloren habe‹, bekannte ein Anrufer. ›Meine Frau akzeptiert das und sagt, ich könne zu Hause im Bett eine Überdosis Schlaftabletten nehmen, wenn ich mich selbst umbringen möchte.‹ Die Beraterin Sumiko

Kitagawa steht vor allem kleinen Angestellten moralisch bei. Sie sind durch hohe Hausbaukredite und
Bildungskosten für die Kinder oft hoffnungslos ver-
schuldet und rechnen nun ihre Existenz gegen eine
mögliche Lebensversicherung auf, mit der sich die Familie über Wasser halten könnte. Die Konfliktberaterin
weist die Anrufer darauf hin, dass Japans Lebensversi-
cherer angesichts der Rekordzahlen nicht mehr wie früher unproblematisch nach 12 Monaten, sondern erst
nach zwei oder drei Jahren oder für Selbstmord überhaupt nicht mehr zahlen.« (*www.couchblog.de/
couchblog/archives/2003/04/nippon_suicide.php*, zitiert nach *Stuttgarter Zeitung*, 10. Oktober 2002)

Ernst Lohoff

Arbeitsterror und Arbeitskritik

Repressive Toleranz und ihre Grenzen

Diese Gesellschaft behauptet von sich, sie kenne keine Tabus mehr. Und in der Tat, es bedarf mittlerweile schon extremer Reize, um das abgebrühte moderne Individuum noch irgendwie aus der Reserve zu locken. Diese Art von Vorurteilslosigkeit zeigt indes keineswegs an, dass im Vergleich zu früheren Dekaden die Verhältnisse weniger repressiv geworden wären. Ununterscheidbar von Indolenz, ist sie vielmehr Ergebnis und Ausdruck eines auf die Spitze getriebenen realen Gleichschaltungsprozesses.

Die gesellschaftliche Wirklichkeit hat sich in das Nebeneinander von Teilmärkten aufgelöst, die mit Glaubwürdigkeit, Geschmack, politischen Meinungen und sexuellen Präferenzen genauso handeln wie mit Waschpulver und Senf. Das moderne Individuum zeigt sich allzeit tolerant, weil es sich diesem Zustand mimetisch angepasst und sich darauf eingestellt hat, immer nur dem Gleichen zu begegnen, nämlich konkurrierenden Warenangeboten.

Dass die herrschende Toleranz nur die blinde Unterwerfung unter die Allgegenwart der Warenlogik reflektiert, kennzeichnet sie nicht nur als »repressive Toleranz« (Herbert Marcuse). Damit ist auch bereits der logische Umschlagspunkt markiert, an dem der alles verdauende Stumpfsinn des Warensubjekts sich in blanken Hass verwandelt. Für eine Gesellschaft, in der das Streben nach Verkäuflichkeit alles legitimiert, ist eins in jeder Hinsicht unannehmbar, ja undenkbar: die Weigerung, die eigene Verkäuflichkeit als den alles entscheidenden Maßstab anzuerkennen. Die gründlich verinnerlichte Zumutung, sich permanent als ›Humankapital‹ zuzurichten, findet ihr Ventil in einer permanenten Mobilmachung gegen alles, was sich diesem Zwang nicht bedingungslos fügen könnte. Wer in dieser Gesellschaft kein Geld hat, das für ihn arbeitet, hat selbst zu arbeiten oder zumindest seine unbedingte Arbeitsbereitschaft unter Beweis zu stellen, ansonsten wird er als asoziales Element behandelt. Dieser Geist ›repressiver Toleranz‹ durchweht auch die politische

Sphäre. Mehrheitsfähig sind heute vornehmlich virtuose Eklektiker, die sich allzeit ›undogmatisch‹, ›lernfähig‹ und nach allen Seiten hin ›dialogbereit‹ zeigen. In der Politik können aber nur deshalb alle mit allen über alles reden, weil es als undenkbar gilt, die gesellschaftlichen Ziele prinzipiell in Frage zu stellen.

Man gibt sich offen, weil es längst feststeht, dass es immer nur um Umsetzungsfragen gehen kann, darum, wie die unter dem Label ›Modernisierung‹ verkauften ökonomischen Imperative durchzusetzen sind, aber nie um das Ob und Warum.

Wer sich an diese Geschäftsordnung nicht hält und die Zwangsorientierung auf Akkumulation und Beschäftigung selbst zum Thema macht, erfährt sehr schnell die Grenzen der offiziell allzeit beschworenen Diskussionsbereitschaft. Wirtschaftswachstum und Arbeit sind heute mindestens so sakrosankt wie im Mittelalter die heilige Dreifaltigkeit. Auch die Warengesellschaft hat ihr Tabu, an das niemand rühren darf, ohne dass die angeblich so Aufgeklärten sofort zu Gotteskriegern mutieren.

Wer das Kapital abschaffen will, muss die Arbeit abschaffen

1999 ist die Gruppe Krisis mit einem »Manifest gegen die Arbeit« an die Öffentlichkeit getreten. Schon der Titel verrät, dass die Publikation Anstoß erregen sollte. Wo alle politischen Richtungen sich im Schrei nach Arbeit einig sind, erklärt das Manifest das Gut der Güter zum Grundübel und die Erneuerung der arbeitsgesellschaftlichen Perspektive im Zeichen von New Economy, Dienstleistungskapitalismus und Arbeitskraftunternehmertum zur Fata morgana.

Den Verfassern ging es indes um mehr als eine Provokation. Die ebenso groteske wie allgegenwärtige Arbeitsideologie verweist unmittelbar auf den Kern kapitalistischer Zurichtung. Mit der Attacke auf die Arbeit soll die Grundlage und der schwache Punkt der warengesellschaftlichen Ordnung bloßgelegt werden. Es ist primär der Arbeitszwang und der positive Bezug auf ihn, der Menschen zu Warensubjekten abrichtet. Bei der Kritik der Arbeit und dem Gedanken ihrer Aufhebung handelt es sich um weit mehr als eine polemische Überspitzung. Beides ist durchaus wörtlich zu nehmen. Das Manifest geht davon aus, dass sich eine theoretisch konsistente Kapitalismuskritik heute nur noch als konsequente Kritik der Arbeit formulieren lässt.

Der Versuch, Kapitalismuskritik mit einer radikalen Kritik der Arbeit neu zu begründen, hebt sich sehr deutlich vom überlieferten Antikapitalismus ab. Im Soziologenjargon würde man wohl von einem ›Paradigmenwechsel‹ sprechen.

Das traditionelle Verständnis deutete Arbeit und Kapital als einander feindliche Prinzipien. Die Arbeit galt ihm als eine »ewige Naturnotwendigkeit«, die nur äußerlich vom Kapital überformt und für den Zweck der Profitproduktion missbraucht wird. Die Kritik der Arbeit unterstellt eine ganz andere Beziehung. Die Kategorien Arbeit und Kapital betrachten dasselbe gesellschaftliche Verhältnis, nur von zwei verschiedenen Seiten her. Arbeit kann grundsätzlich gar nichts anderes sein als die spezifisch kapitalistische Tätigkeitsform. Das Kapital wiederum stellt »geronnene Arbeit« dar.

Die Identität von Arbeit und Kapital ist nicht bloß im Sinne der vom Marxismus aus der klassischen Nationalökonomie übernommenen »objektiven Wertlehre« zu verstehen, derzufolge die Arbeit die »Substanz« des Werts und damit die einzige Quelle von Wertschöpfung bildet. Sie reicht wesentlich tiefer. All das, was kapitalistische Herrschaft ausmacht, ist bereits der Kategorie Arbeit eigen.

Wer das Hohe Lied der Arbeit anstimmt, hat damit begrifflich bereits die Gleichgültigkeit der Verwertungsbewegung gegenüber ihrem stofflichen Inhalt und den Selbstzweckcharakter der kapitalistischen Produktion akzeptiert. Außerdem lässt sich die Melodie letztlich nicht intonieren, ohne die gesellschaftliche Sphärentrennung als Selbstverständlichkeit zu behandeln und implizit alle nicht direkt in die kapitalistische Verwertung integrierbaren Tätigkeitsbereiche abzuwerten. Insbesondere eine begrifflich stringente Kritik patriarchaler Strukturen ist von daher nur als Kritik der Arbeit und nicht auf der Grundlage eines positiven Arbeitsbegriffs formulierbar. Weil der arbeitskritische Zugang es erlaubt, diese Dimensionen von Kapitalismuskritik in Beziehung zueinander zu setzen und viel prägnanter zu fassen, als es die marxistischen Termini konnten, ist dieser Neukonzeption der Vorzug gegenüber traditionellen antikapitalistischen Vorstellungen zu geben.

Die Arbeit und ihr Inhalt

Der Prozess der Wertverwertung kann nicht vonstatten gehen, ›tote Arbeit‹ kann nicht aufgehäuft werden, ohne dass sie die Gestalt irgend-

welcher Gebrauchswerte annimmt. Der kapitalistische Verwertungsprozess verfügt aber über keinerlei Sensorium für seine eigene stoffliche Seite. Solange sich Arbeitsprodukte mit Gewinn verkaufen lassen,
besteht kein Unterschied zwischen Kampfflugzeugen, Rheumapflastern
oder Blumentöpfen. Als austauschbare Darstellungsformen abstrakter
Arbeit und damit als Waren sind sie gesellschaftlich ein und dasselbe.
Diese Nivellierung wird der Arbeit aber nicht erst von außen, durch die
profitgierigen Kapitalisten aufoktroyiert. Sie haftet vielmehr bereits der
Kategorie Arbeit selbst an und ist für sie sogar konstitutiv.

Was ihren sinnlichen Gehalt betrifft, haben der Unterricht von Kindern, die Produktion von Giftgas, die Darstellung künstlerischer Leistungen vor zahlendem Publikum und der Bau von Möbeln nicht das
Geringste miteinander gemein. Konzentriert man sich auf das, was
getan wird, und sieht konsequent von der gesellschaftlichen Form ab,
in der es getan wird, löst sich die Abstraktion Arbeit gleich doppelt
auf. Es lässt sich einerseits kein allgemeines Merkmal angeben, das
die Artverwandtschaft all der Aktivitäten begründen könnte, die als
Arbeit gelten. Andererseits ist vom Standpunkt einer rein stofflichen
Betrachtungsweise genauso wenig zu erklären, warum ein und dieselbe
Tätigkeit – beispielsweise das Singen von Liedern oder die Züchtung
von Blumen – einmal als Arbeit gilt, dann wieder als Hobby, je nachdem, ob sie dem Geldverdienen dient oder nicht. Ohne die Subsumtion
unter die gleiche gesellschaftliche Zwangsform des Sich-Verkaufens
existiert demnach zwar eine breite Palette unterschiedlicher Reichtum
schaffender konkreter Tätigkeiten, aber keine allgemeine Tätigkeitsform namens Arbeit. Sie ist das Produkt einer das gesamte gesellschaftliche Gefüge prägenden Zwangsreduktion von Reichtum und
Reichtumserzeugung auf Warenproduktion. Die vorkapitalistischen
Gesellschaften sind denn auch nie auf die seltsame Idee verfallen, die
Tätigkeit von Sklaven und Freien, von Priestern und Seefahrern unter
eine gemeinsame Kategorie zu zwingen.

In allen europäischen Sprachen bezeichneten die Wörter, die heute für
Arbeit stehen, ursprünglich entweder nur das Dasein der sozial Abhängigen oder ganz allgemein Not und Leid, jedenfalls keine Allgemeinheit gesellschaftlich anerkannter Tätigkeit. Eine nachkapitalistische
Gesellschaft hätte genauso wenig Grund, an einem solchen Prinzip festzuhalten.

Arbeit ist Selbstzwecktätigkeit

Kapitalistische Produktion zeichnet sich durch ihren Selbstzweck-charakter aus. Die Erzeugung von Gütern zieht ihre Daseinsberechtigung nicht daraus, dass sie Mittel zur Befriedigung menschlicher Bedürfnisse bereitstellen würde. Produziert wird vielmehr um der Produktion willen. Die Daseinsberechtigung von Bedürfnissen steht und fällt damit, ob sie sich mit Profitrealisierung verknüpfen und auf Warenkonsum reduzieren lässt. Bedürfnisse, die keine Abzugskanäle für die Warenströme öffnen, weil es an Zahlungsfähigkeit fehlt oder weil sie sich gar nicht in Warenkonsum übersetzen lassen, bleiben in dieser so reichen Gesellschaft grundsätzlich unerfüllbar.

Die traditionelle marxistische Kapitalismuskritik konnte nicht das Hohe Lied der Arbeit singen, ohne die absurde Verkehrung von Mittel und Zweck de facto zu übernehmen. Die Erhebung der Arbeit zum Kerninhalt des menschlichen Daseins bedeutet ebenso das Lob des produktivistischen Selbstzwecks wie das Ja zum kapitalistischen Wirtschaftswachstum.

Spätestens der ökologische Protest hat aufs Tapet gebracht, dass der Zwang, die Welt unter Fabrikationsstätten und Warenlawinen zu begraben, sehr viel mit Zerstörung und Unterwerfung und nichts mit Emanzipation zu tun hat. Solange Antikapitalismus im Bannkreis eines positiven Bezugs auf Arbeit gefangen bleibt, lässt sich der produktivistische Irrsinn aber nur als eine von der eigentlichen Kapitalismuskritik getrennte Frage interpretieren und damit missverstehen. Die konservative Konsumkritik hat diese Leerstelle besetzt und es sogar fertiggebracht, den Ekel vor dem Gebrauchswert der Waren gegen den antikapitalistischen Impuls zu mobilisieren.

Eine als Kritik der Arbeit reformulierte Kapitalismusanalyse nimmt das Bedürfnis- und Gebrauchswertelend mit ins Blickfeld. Sie behandelt es als genuinen Bestandteil einer in sich kohärenten Gesamtkritik der Selbstzweckbewegung des Werts. Die Kritik der Arbeit zeigt auf, wie grotesk und zynisch es ist, den produktivistischen Wahn mit überschießender Bedürfnisbefriedigung gleichzusetzen, um ihm irgendeine Verzichtsideologie entgegenzuhalten. Vielmehr gehören Akkumulationszwang, das rigide Abschneiden menschlicher Potenziale und die Reduktion menschlichen Bedürfnisreichtums zusammen.

Die Kritik der Arbeit hebt zugleich schon begrifflich darauf ab, dass es eben nicht allein darum geht, die abstrakte, wertsetzende Arbeit für sich aus der Welt zu schaffen. Auch die konkrete Arbeit, die Art und

Weise, in der das Kapital die Naturaneignung organisiert, muss zur Disposition stehen. Die Arbeit überhaupt, also konkrete und abstrakte Arbeit, ist aufzuheben, weil die konkrete Arbeit als Arbeit von vornherein gar nichts anderes sein kann als der sinnlich-empirische Niederschlag eines übergreifenden Abstraktionsprozesses.

Arbeiten macht arm

Ihre Apologeten feiern die Arbeit als die entfesselte menschliche Schaffenskraft und den Kapitalismus als die Gesellschaft, in der Fleiß, Tüchtigkeit und Effizienz den ihnen gebührenden Rang gefunden haben. Und tatsächlich, die Indienstnahme der sinnlichen Reichtumsproduktion durch die große Arbeits- und Verwertungsmaschine lässt sich als Verfleißigungsprozess beschreiben. Allerdings ist der nicht positiv zu werten, sondern als Verarmungsbewegung, als Auslöschung sinnlicher Qualitäten.

Der sinnliche Reichtum vorkapitalistischer Gesellschaften setzte sich aus den Resultaten *uneinheitlicher* produktiver Tätigkeiten zusammen, die jeweils wesentlich von Naturrhythmen, Tradition und den Eigentümlichkeiten des umzuformenden Naturstoffs bestimmt waren. Das Kapital zerstörte diese Ordnung, um an ihre Stelle die Allgegenwart der *immergleichen, azyklisch-linearen Tätigkeitsform der Arbeit* zu setzen. Die Verfleißigung mag zu einer Intensivierung der Beziehung des Arbeitenden zu seinem Arbeitsgegenstand führen und sinnliche, die Persönlichkeitsentfaltung anregende Qualitäten haben; allerdings allein in dem Sinne wie Folteropfer eine ausgesprochen intensive Erfahrungen mit ihrem Körper und den peinigenden Instrumenten machen. Arbeit, als Tätigkeit, die permanent an sich selber sparen und die eingesetzte Zeit pro Einzelprodukt, pro Arbeitsvorgang um jeden Preis minimieren muss – nichts anderes heißt Effizienz – kennt die Eigenheiten des zu bearbeitenden Gegenstandes nur als das den beständigen Arbeitsfluss hemmendes Hindernis. Auch das biologische Erholungsbedürfnis des Menschen und seine Neigung, zwischen Aktivität und Muße zu wechseln, erscheint vom Standpunkt der Arbeit, des kontinuierlich nimmer müden Anstrengens, als bloße Störquelle, die es so weit wie irgend möglich auszuschalten gilt. Das kennzeichnet die Arbeit als permanenten Zweifrontenkrieg. Sowohl seiner eigenen Sinnlichkeit als auch der sinnlichen Qualität seines Arbeitsgegenstandes steht der Arbeitende in der Arbeit wie einem Feind gegenüber, der nur existieren darf, so er sein Eigenleben aufgegeben hat und bloße Ressource geworden ist.

Arbeit ist patriarchal

Bei der Arbeit handelt es sich um eine verarmte Form von Tätigwerden, um Entäußerung statt um Aneignung von sinnlichem Reichtum. Gerade aufgrund dieses Defizits ist sie nicht in der Lage, tatsächlich sämtliche Bereiche der gesellschaftlichen Reproduktion zu erfassen. Die Herrschaft der Arbeit ist ohne einen umfänglichen Sektor von ›Schattentätigkeiten‹ gar nicht denkbar, die sich ihrem Inhalt nach nur bedingt oder gar nicht in die azyklisch-lineare Verausgabung von Muskel, Nerv und Hirn übersetzen lassen und sich der Organisation als Erwerbsquelle sperren. Keine Gesellschaft kann existieren, ohne dass Kinder betreut werden und ohne dass Menschen für sich und andere die tägliche Reproduktion erledigen. Die Adelung der Arbeit zur einzig gültigen gesellschaftlichen Tätigkeitsform fällt mit der Abwertung dieser Tätigkeiten zusammen, die zugleich strukturell ›weiblich‹ eingeschrieben und in der Regel den Frauen zugewiesen werden. Sie mögen so unverzichtbar sein wie die Luft zum Atmen, da sie nicht an die qualitätslose Qualität, aus Geld mehr Geld zu machen, gekoppelt sind, werden sie zur inferioren ›Privatsache‹ degradiert und bleiben größtenteils unsichtbar. Solange die menschliche Existenz und die Teilhabe am gesellschaftlichen Reichtum nichts anderes sein können und dürfen als ein Abfallprodukt der Wertverwertung in der großen Arbeitsmühle, sind diese ›weiblichen‹ Tätigkeiten strukturell bloß stille Voraussetzung kapitalistischer Reproduktion. Weder rhetorische Muttertagsblumen noch gut gemeinte Definitionsübungen, die darauf beharren, dass Arbeit eigentlich mehr sein sollte als Erwerbsarbeit und auch die Hausarbeit umfasst, schaffen diesen Umstand aus der Welt.

Arbeit heißt Sphärentrennung

Das herrschende Bewusstsein ist darauf konditioniert, die historischen spezifischen Verrücktheiten der Warengesellschaft zur ewigen Naturbedingung zu erklären und sie in die Vergangenheit und die Zukunft zu projizieren. Bei der Arbeit gelingt das dem Alltagsverstand und seinen theoretischen Fürsprechern in fast schon klassischer Manier. Offiziell will er in ihr nur ein unschuldiges Synonym für den »Stoffwechselprozess des Menschen mit der Natur« (Marx) sehen. Unter der Hand wird aber mit dem Begriff Arbeit immer schon die spezifische warengesellschaftliche Konstellation eingeführt und für unhintergehbar erklärt.

Wer von Arbeit spricht, drückt keineswegs nur die banale Tatsache aus, dass Menschen in jeder denkbaren Gesellschaft in irgendeiner Weise aktiv werden müssen, um die produktiven Potenzen zu entwickeln und zu realisieren. Der Terminus hat überhaupt nur einen Sinn, solange er im Kontrast zu anderen, entgegengesetzten Formen menschlicher Praxis steht, die dann unter Rubriken wie Freizeit, Hobby, freiwilliges Engagement, Familienleben usw. anderen, separierten (prä-)gesellschaftlichen Bereichen zuzurechnen sind.

Wäre alles Arbeit, dann wäre nichts mehr Arbeit und der Ausdruck hätte jede Bedeutung verloren. Indem die Arbeit in den Rang einer ewigen Naturnotwendigkeit erhoben wird, ist daher immer schon klammheimlich unterstellt, dass die Reichtumsproduktion sich als eine von allen anderen Lebensäußerungen fein säuberlich getrennte Form der Lebensentäußerung zu vollziehen hat und eine eigene, aus dem übrigen sozialen Zusammenhang herausabstrahierte Sphäre bildet.

Das mag dem Warensubjekt ›natürlich‹ erscheinen. Es ist daran gewöhnt, eine zerlegte Existenz zu führen und in den Privatmenschen, den Staatsbürger und den Arbeitshomunkulus zu zerfallen, der tagein, tagaus acht Stunden lang eine aus den sonstigen Lebensbezügen herausfallende und dementsprechend auf einen betriebswirtschaftlich-zweckrationalen Kern reduzierte Tätigkeit verrichtet. Genau diese schizophrene Struktur macht aber eines der ganz zentralen Momente des warengesellschaftlichen Terrors aus.

Die Abstraktion Arbeit ist bei der Beschreibung vorkapitalistischer Verhältnisse schlicht fehl am Platz. Wo das Wirtschaften wie in den traditionellen Gesellschaften in weitergehende soziale und herrschaftliche Zusammenhänge eingebunden war, konnte sich kein Sonderphänomen Arbeit ausbilden. Die Unterstellung, auch jede nachkapitalistische Gesellschaft müsse Arbeit kennen, ist aber fast noch gefährlicher als dieser Anachronismus. Sie hintertreibt den Gedanken der Aufhebung der Sphärentrennung – und ohne dieses Motiv kann es heute keine Strömung geben, die das Attribut antikapitalistisch zu Recht führen würde.

Der klassische marxistische Gedanke, eine künftige Gesellschaft zerfalle in ein »Reich der Freiheit« und »ein Reich der Notwendigkeit«, schreibt, leicht verquast, die Abspaltung unseres Dasein in entleerte Privatheit und Arbeitsschwachsinn für alle Zeiten fest. Dass auch eine befreite Gesellschaft nicht wie das Schlaraffenland aussehen kann und keineswegs jedes Moment materieller Notwendigkeit hinter sich lässt, ist eine Sache. Die Vorstellung, sie als ein abgesondertes Gegenreich organisieren zu wollen, ist etwas völlig anderes.

Antikapitalismus muss arbeitskritisch sein oder er wird nicht sein

Der Begriff Arbeit gehört gleichzeitig zwei Welten an. Er kann einerseits zusammen mit dem Wert als die abstrakteste und allgemeinste Kategorie der Kritik der Politischen Ökonomie gelten, schließlich bezeichnet er nichts anderes als dessen Tätigkeitsseite. Andererseits ist Arbeit millionenfach unmittelbare Alltagspraxis und -erfahrung. Mit der Entwicklung der letzten Jahre hat dieses Spannungsverhältnis noch eine zusätzliche Komponente gewonnen. Die Arbeitszumutung, der beständig verschärfte Zwang, sich zu verkaufen, steht im Mittelpunkt jenes sozialen Präventivkriegs, den heute die Hüter der herrschenden Ordnung angesichts der realen Krise der Arbeitsgesellschaft gegen das ihrem Zugriff ausgelieferte Menschenmaterial führen. Arbeit ist im Zeitalter von Dauerarbeitslosigkeit, neuem Arbeitskraftunternehmertum, amtlicher Zwangsarbeit sowie Billig- und Kombilohnkampagnen mehr denn je zum Kampfbegriff geworden.

Heute prägen Brutalisierung, Vereinzelung und Egomanie das soziale Klima und lassen das Projekt der Emanzipation als hoffnungslos überholt erscheinen. Diese Tendenz zur totalen, keine Grenzen mehr anerkennenden Konkurrenz hat aber nichts anderes zum Ausgangspunkt als die bedingungslose Unterwerfung unter die Arbeitsdiktatur. Eine antikapitalistische Strömung hat nur dann die Chance, noch einmal Ausstrahlungskraft zu gewinnen und offensiv zu werden, wenn sie das Arbeits- und Inwertsetzungsdiktat als Fokus begreift, in dem sich die ganze Gewalt der herrschenden Vergesellschaftungsform bündelt, und dessen Kritik zu ihrem eigenen Brennpunkt macht. Solange die Linke theoretisch wie praktisch jedoch auf Tauchstation geht und es versäumt, sich auf das heute erreichte, nur als Amoklauf der heiligen

Arbeit beschreibbare Widerspruchsniveau der Warengesellschaft zu orientieren, wird sie keinen Fuß mehr auf den Boden bekommen. Im 21. Jahrhundert wird es entweder keinen Antikapitalismus mehr geben, oder er wird die Kritik der Arbeit zum Fokus haben.

Repression und Emanzipation

Mehr als hundert Jahre lang zog Generation um Generation von Antikapitalisten im Namen der Arbeit gegen den Status quo zu Felde. Von wenigen, randständigen Positionen einmal abgesehen – man denke etwa an Paul Lafargues »Lob der Faulheit« – identifizierten sowohl ›Reformisten‹ wie ›Revolutionäre‹ Befreiung beharrlich mit der Befreiung der Arbeit. Diese zähe Gleichsetzung war natürlich nicht einfach Ergebnis eines kollektiven Blackouts.

Vor allem zwei säkularen Trends verdankte das Missverständnis, das ein letztes Mal in der durch die 68er-Bewegung eingeleiteten sozialdemokratischen Reformära geschichtsmächtig wurde, seine einstmalige Plausibilität. Zum einen ließ sich die Arbeit, solange sich das System der kapitalistischen Arbeitsverwertung auf einem historischen Expansionskurs befand, als soziales Integrationsprinzip verstehen. Der nur von ökonomischen Krisen zeitweilig unterbrochene Heißhunger auf zusätzliche Arbeitskraft bot den Besitzern dieser Ware auf dem Boden der bestehenden Ordnung tatsächlich eine Perspektive. Zum anderen konnte in der Auseinandersetzung mit ältern, aus der Frühgeschichte der Warengesellschaft stammenden personellen Autoritätsbeziehungen der emanzipatorische Impuls mit dem Systemimperativ interferieren, die traditionellen sozialen Schranken einzureißen und an ihre Stelle die versachlichten Beziehungen gleichberechtigter Waren- und Arbeitssubjekte zu setzen. Die sukzessive Zentrierung sozialer Herrschaft auf das Akkumulationsgebot und die Indienstnahme des Staates für den Selbstzweck der Wertverwertung wurden weniger als Zuspitzung und Totalisierung von versachlichter sozialer Kontrolle wahrgenommen denn unter dem Aspekt der Zurückdrängung sichtbarer, personaler Gewalt. Das »Gehäuse der Hörigkeit« (Max Weber), das Menschen nur als Charaktermasken, als Arbeitsidioten, Rechtssubjekte, Staatsbürger usw. kennt und behandelt, konnte so als sein eigenes Gegenteil, als mühsam erkämpfter potenzieller Freiheitsgrad erscheinen. Die antikapitalistischen Kämpfer hatten natürlich nie davon geträumt,

die Fabrikherren in ›Sozialpartner‹ zu verwandeln und die hungern-
den proletarischen Massen in Proleten mit Eigenheim, Mercedes und
Gewerkschaftsbuch. Indem sie sich darauf versteiften, für das kapitalistische Prinzip der Arbeit Partei zu ergreifen, konnte aber kaum etwas anderes am Ende ihrer heroischen Anstrengungen stehen.
Der Kampf gegen die Sonderinteressen der Bourgeoisie und für die
Verbesserung der Lebensbedingungen der breiten Massen merzte an
der herrschenden Ordnung nur aus, was anachronistisch, also gemessen an den Kriterien warengesellschaftlicher Rationalität kontrapro-
duktiv geworden war.
Gegen seine eigene Intention funktionierte der antikapitalistische Protest damit selbst als Motor der Durchsetzung der Warenlogik. Dieser
›Modernisierungserfolg‹ wäre ohne ein überschießendes Moment,
ohne die Entschlossenheit, mit der kapitalistischen Herrschaft Schluss
zu machen, schwerlich zu haben gewesen.
Er war freilich auch gleichbedeutend mit dem sukzessiven Verlust dieses weitergehenden Impulses. Die paradoxe Vorstellung, man könne
mit Ausbeutung und Herrschaft brechen und gleichzeitig die Arbeit
hochleben lassen, hat sich als Jugendflause in der Geschichte der
Warengesellschaft desavouiert. Es ist aber kein Zeichen von Alters-
weisheit, sondern von Altersschwachsinn, wenn daraus abgeleitet
wird, man müsse den Gedanken der Emanzipation endlich in der Mot-
tenkiste versenken. Anachronistisch ist nicht die Idee der Befreiung,
sondern die Diktatur der Arbeit.

Die Gemeinschaft der Arbeitenden

Arbeit bedeutet nicht nur die Zurichtung des jeweiligen Arbeitsgegenstandes, seine Unterwerfung unter die Gesetze der betriebswirtschaftlichen Rationalität und der Verwertbarkeit. Sie schließt immer
auch die Selbstzurichtung des Arbeitssubjekts ein. Auch und gerade
wenn das Arbeitssubjekt lernt, sich mit der Gewalt, die ihm widerfährt, zu identifizieren, hinterlässt diese repressive Erfahrung unweigerlich ihren Stachel. Das Trauma, der Arbeit unterworfen zu sein,
verkehrt sich in die Ablehnung derer, die nicht dem Idealbild des allzeit arbeitsbereiten weißen Arbeitsmannes entsprechen wollen oder
können. Wo die Ehre der Arbeit hochgehalten wird, gelten sie als min-
derwertig und führen eine Randexistenz.

Trotz aller Gleichheitsemphase klang diese Herabsetzungslogik auch in den Verlautbarungen des linken Flügels der großen Pro-Arbeits-Bewegung des 19. und 20. Jahrhunderts regelmäßig an – und oft genug kaum überhörbar. In erster Linie waren es aber die Rechten, die mit der dem Arbeitsethos inhärenten Inferioritätsdoktrin Ernst machten. Diese Tendenz zum Ausschluss blieb während der Aufstiegsphase der Arbeitsgesellschaft Gegenmoment innerhalb einer großen historischen Inklusionsbewegung. Die gemeinsame Distanz zu den im Sinne der Arbeitsherrlichkeit ›Minderwertigen‹ stiftete ein stilles Einverständnis im Lager der Arbeit. Von der Identifikation mit dem arbeitsteiligen Prozess in den großen Fabriken war es nur ein kleiner Schritt zur Beschwörung der großen ›Betriebsgemeinschaft‹, und die ließ sich durchaus auch klassenübergreifend interpretieren.

Die Brüderschaft der Arbeit spielte in der Ideologie der Epoche eine Schlüsselrolle. Selbst den offenen Apologeten des Kapitalismus lag es fern, das Kapital als für sich stehende, selbstgenügsame Größe, als seinen eigenen Endzweck abzufeiern. Um sein Dasein zu rechtfertigen, hatte sich das Kapital stattdessen als unerlässlicher Bestandteil der auf immer höhere Stufen zu hebenden produktiven Kooperation zu beweisen und sich als eine spezielle Art koordinierender Arbeit zu verkaufen. Die Heiligkeit und Unverletzlichkeit des Kapitals wurde aus dem Pathos der Gemeinschaft der Schaffenden abgeleitet, und den Nimbus der Gemeinnützigkeit verschaffte sich das Kapital in der Pose des ersten Dieners der Arbeit.

Wert-Arbeit und die Lebensunwerten

Im ›Vaterland der Arbeit‹, in Deutschland, nahm die Dialektik von Inklusion und Exklusion eine besondere, ganz extreme Form an. In der ›Volksgemeinschaft‹ wurde nicht nur die Betriebsgemeinschaft überhöht, der Impuls zur Exklusion schlug hierzulande in eliminatorische Wut um. Während ansonsten die für die Verwertung Untauglichen eine soziale Schattenexistenz zu führen haben, stand im Nationalsozialismus gleich die physische Existenz der von der arbeitsstolzen Volksgemeinschaft als lebensunwertes Leben Kategorisierten massenhaft zur Disposition.

Der Nationalsozialismus trieb aber nicht nur die Ausschlusslogik auf die Spitze, indem er zu systematischem Massenmord überging. Mit der Shoah sprengte er den Rahmen warengesellschaftlicher Funktionalität. Das Zerstörerische an der Arbeit, ein Begleitmoment des Kapitalistischen, verselbständigte sich in der Arbeit an der Vernichtung zum eigentlichen Inhalt. Seit den Tagen der »ursprünglichen Akkumulation« ist es in der Geschichte der Moderne immer wieder vorgekommen, dass Menschen massenhaft dazu gezwungen wurden, sich zu Tode zu schuften. Das nationalsozialistische Genozidprogramm fällt aber schon insofern aus dieser Kontinuität heraus, als bei ihm die reale Arbeitsvernutzung zum Mittel geworden ist, die Vernichtung hingegen zum Selbstzweck. In der Shoah vollzog sich Vernichtung als Parallelprogramm zur totalen Mobilmachung der »deutschen Arbeit«. Auschwitz erzeugte als »Fabrik zur Vernichtung des Werts« (Moishe Postone) zugleich die Ehre der ›deutschen Arbeit‹ und natürlich auch die des ›schaffenden deutschen Kapitals‹.

Zusammen mit den realen jüdischen Opfern wurden phantasmagorisch die vom Arbeitsideal abgetrennten Momente der Herrschaft des Abstrakten vergast und verbrannt. Vor diesem Hintergrund ordnet sich denn auch der Nationalsozialismus in die Epoche arbeitsgesellschaftlicher Inklusion ein. Dass die Brüderschaft der ›Arbeiter der Stirn‹ und der ›Arbeiter der Faust‹ mit dem Blut derer besiegelt wurde, die aus der Gemeinschaft der deutschen Arbeit herausdefiniert worden waren, und dass sie in einem kontinentalen kollektiven Amoklauf ihren Höhepunkt und Abschluss fand, kündet nur davon, wie grauenhaft tragfähig diese Gemeinschaftlichkeit einmal gewesen ist.

Die Aufhebung der Lohnarbeit

Ein halbes Jahrhundert später hat sich die Konstellation verändert, auch in Deutschland. Im gleichen Maß, wie die Arbeitsgesellschaft ihre Fähigkeit einbüßt, real immer mehr Menschenmaterial einzusaugen und stattdessen Arbeitskräfte massenhaft als überflüssig ausspeit, kann die Inklusion auch im herrschenden Bewusstsein immer weniger als das übergreifende Moment funktionieren. Das exkludierende Moment schiebt sich in den Vordergrund.

Diese Veränderung hat eine Art Seitenwechsel zur Folge. Im postindustriellen Verständnis stellt sich die Identität von Arbeit und Kapital anders dar als noch in der fordistischen Ära. Nicht mehr das Kapital hat sich heute als Arbeit zu legitimieren, sondern die Arbeit muss sich ihrerseits zum (Human-)Kapital adeln. Wo Unternehmer einst als

Unterart von Arbeitern firmierten, mutieren Arbeitskraftverkäufer nun sukzessive zu Arbeitskraftunternehmern, die alle anderen Anbieter in diesem Marktsegment belauern.

Mit dieser Umkehrung rückt das Trennende in den Vordergrund. Zum Eigentlichen wird gerade auch für den Arbeitnehmer zusehends die unmittelbare Selbstbehauptung auf dem Markt. Die früher Sinn, Legitimation und repressive Gemeinsamkeit stiftende Zusammenarbeit im Produktionsprozess verkommt zum Anhängsel, und entgrenzte Konkurrenzbeziehungen durchtränken sie.

Auf der Mikroebene haucht die alte, auf Sekundärtugenden gegründete Betriebsfamilie ihre Seele aus, auf der Makroebene verflüchtigt sich der tendenziell die ganze Gesellschaft einbeziehende Geist der ›Sozialpartnerschaft‹. Der neue Selbständige wird zur Charaktermaske einer neuen, kaum mehr durch Intermediärgewalten (Gewerkschaften, Betriebsräte) gebremsten, atomistischen Konkurrenz.

Diese Entwicklung lässt sich unschwer am Austausch der gesellschaftlichen Leitfiguren ablesen. Der Siegeszug der Arbeitsgesellschaft hatte einst den langfristig an ›seinen‹ Betrieb gebundenen Gehaltsempfänger und Lohnarbeiter zur gesellschaftlichen Norm gemacht. Mit der Krise der Arbeit und mit der neoliberalen Offensive flüchtet sich das herrschende Bewusstsein in eine reaktionäre Pseudokritik des ›unflexiblen‹ Normalarbeitsverhältnisses und feiert die unvermittelte Unterwerfung unter das Gebot der völligen Verkäuflichkeit als neu gewonnene ›Selbstbestimmung‹ und Chance.

Die Beseitigung gesicherter Einkommen unter Beibehaltung und Steigerung des Arbeitszwangs soll einen Ausweg aus der Misere der Arbeit eröffnen. Der Lohn kann zur Not auch verschwinden, solange nur die Arbeit bleibt. Diese perfide Logik zeigt an, dass die Arbeit aufgehört hat, als das zentrale Medium eines gesamtgesellschaftlichen Inklusionsprojektes zu fungieren, um sich in das Ausschlusskriterium einer längst schon Konturen gewinnenden globalen Apartheidgesellschaft zu verwandeln. Die (stets nur provisorische) Sicherung der ›Beschäftigung‹ der einen bedeutet den sozialen Ausschluss der anderen. Gesamtgesellschaftlich läuft die Aufrechterhaltung des Arbeitsregimes auf soziale Desintegration hinaus. Angesichts der sich zuspitzenden Krise der Arbeitsgesellschaft lassen sich Solidarität und selbst simpelste menschliche Standards nur im Kampf gegen die Arbeitsdiktatur verteidigen.

Die AutorInnen

Achim Bellgart, geb. 1952, lebt in Bremen. Kennt sich in der Welt der Ausbildungen (Lehrer, Systemanalytiker, Religionswissenschaftler), der Arbeit und der Arbeitslosigkeit annähernd gleich gut aus. Hat sich nach vielen Jahren lustvoller Rödelei im Kommunistischen Bund zur Wertkritik empor gerackert. Heute Redakteur der *Krisis*.

Martin Dornis, geb. 1974, lebt in Leipzig. Studiert(e) unter anderem Wirtschaftswissenschaften und Philosophie. Beschäftigt sich mit Wert- und Krisentheorie, kritischer Theorie und Psychoanalyse, Kritik des Antisemitismus und Rassismus, dem Mensch-Natur-Verhältnis in der bürgerlichen Gesellschaft sowie möglichen Perspektiven sozialer Emanzipation. Er publizierte Aufsätze zu den genannten Themen.

Andreas Exner, geb. 1973 in Ternitz/Niederösterreich, lebt in Wien. Trotz vielseitiger Interessen Studium der Ökologie. Intensive Beschäftigung mit sich selbst während der Studienzeit. In den letzten Jahren Mitarbeiter in vegetationsökologischen Forschungsprojekten. Diverse Gelegenheitsjobs im Ökobereich. Zweites monetäres Standbein: Betreuung geistig behinderter Menschen. Seit 2000 bei Attac-Österreich: Engagement in Inhaltsgruppen (visionAttac, ökoAttac), Veranstaltungsorganisation, Workshops. Redaktionsmitglied der *Streifzüge* seit 2003.

Marco Fernandes, geb. 1979 in Rio de Janeiro, lebt seit 1996 in Sao Paulo und hat dort 2000 sein Geschichtsstudium abgeschlossen. Derzeit bereitet er ein Buch mit dem vorläufigen Titel »Das Tabu der Arbeit« vor. Er ist Aktivist beim Movimento de Sem Teto do Centro (Obdachlosen- und Hausbesetzerbewegung) und bei der Associação Nacional de Trabalhadores em Empresas de Autogestão (Verband der Arbeitenden in selbstverwalteten Betrieben). Anfang 2003 ist er zwei Monate durch Argentinien gereist, hat besetzte Betriebe besucht und Kontakte mit der Piquetero-Bewegung geknüpft.

Lothar Galow-Bergemann, geb. 1953, lebt in Stuttgart. Vater zweier Kinder im Alter von 6 und 18 Jahren. Krankenpflegehelfer. Seit '68 in verschiedenen sozialen Bewegungen und linken Zusammenhängen engagiert. Einige Stationen: Operationssaal, Parteifunktionär, Blinden-altenheim, Intensivstation. Derzeit freigestellter Personalrat in einem Klinikum. Freiwillig teilzeitarbeitslos.

Christian Höner, geb. 1971 in Erfurt/Thüringen. Mitbegründer der Kooperative Haina/Thüringen. Lebt dort mit 10 Erwachsenen und 10 Kindern. Engagement im nichtkommerziellen Lokalsender Radio F.R.E.I. Erfurt. Webmaster der *Krisis*-Homepage.

Karl-Heinz Lewed, geb. 1960, freier Publizist und Redakteur der Zeit-schrift *Krisis*, lebt in Nürnberg mit Partnerin und einem vierzehnjährigen Sohn. Studierte in Erlangen Elektrotechnik, Arbeitsschwerpunkt in den letzten Jahren: Aufklärungskritik und Kritik der Rechtsform unter der Perspektive der Abspaltung.

Ernst Lohoff, geb. 1960, lebt in Nürnberg. Studierte Soziologie, und sammelte über viele Jahre Erfahrungen als ›Sozialschmarotzer‹. Er gehörte zu den Gründervätern der Theoriezeitschrift *Krisis* und repro-duziert sich derzeit als (vogel)freier Publizist. Er ist der Autor von »Der Dritte Weg in den Bürgerkrieg. Jugoslawien und das Ende der nachholenden Modernisierung«, Bad Honnef 1996. Ko-Autor des »Manifest gegen die Arbeit« (Gruppe Krisis, 1999). Mitherausgeber von »Feierabend! Elf Attacken gegen die Arbeit«, Hamburg 1999. Er hat einen erwachsenen Sohn.

Frank Rentschler, geb. 1963, lebt in Marburg. Studierte Soziologie und Europäische Ethnologie als brotlose Kunst. Abschluss 1991, vage Promotionsideen danach (u. a. zu Stadtentwicklung, Geschlechter-verhältnisse, Demokratiekritik) führten nicht zu akademischen Wei-hen, sondern nur zu ausgefeilten Schwerpunkten der Stadtzeitung *Marburg Virus* (Redakteur von 1991-1999). 2002 Mitorganisator der Veranstaltungsreihe »Lob dem Müßiggang« in Marburg. 2003 Initia-tor der Studiengruppe »Arbeitszwang als soziale Wohltat. Zur Sozial-politik des aktivierenden Staates« an der Uni Marburg.

Erich Ribolits, geb. 1947, lebt in Wien. Studium der Pädagogik und Politikwissenschaft. Beschäftigt in der Aus- und Weiterbildung von Lehrern berufsbildender Schulen sowie als Lehrbeauftragter und Gastprofessor an mehreren österreichischen Universitäten. Tätigkeiten in der Erwachsenenbildung und Forschungsarbeiten zur Thematik beruflicher Ausbildung sowie zum Verhältnis von Arbeit, Bildung und Gesellschaft. Buchautor; zahlreiche Vorträge und Veröffentlichungen; u. a. »Die Arbeit hoch? Berufspädagogische Streitschrift wider die Totalverzweckung des Menschen im Post-Fordismus«, München/Wien 1995.

Franz Schandl, geb. 1960 in Eberweis/Niederösterreich. Studium der Geschichte und Politikwissenschaft in Wien. Lebt dortselbst als Historiker und Publizist und verdient seine Brötchen als Journalist wider Willen. Redakteur der Zeitschriften *Krisis* und *Streifzüge*. Diverse Veröffentlichungen, gemeinsam mit Gerhard Schattauer Verfasser der Studie »Die Grünen in Österreich. Entwicklung und Konsolidierung einer politischen Kraft«, Wien 1996. Lektorat am Institut für Zeitgeschichte der Universität Wien. Vater dreier Kinder im Alter von 6, 7 und 16 Jahren.

Holger Schatz, geb. 1967, lebt in Freiburg. Studium der Soziologie und Geschichte. Diverse Publikationen, u. a. »Freiheit und Wahn deutscher Arbeit«, Münster 2001 (zusammen mit Andrea Woeldike). Im Herbst erscheint »Arbeit als Herrschaft. Die Krise des Leistungsprinzips und seine Rekonstruktion« im Unrast Verlag. Langjährige Mitarbeit bei Radio Dreyeckland, heillose Verstrickung zwischen Kapitalismus-Ekel, parasitär angeeignetem Zeitwohlstand, Leistungssport und Produktivismuskritik.

Norbert Trenkle, geb. 1959, aufgewachsen in Lateinamerika und schon seit vielen Jahren in Nürnberg lebend. Durch ein Wirtschaftsstudium geschädigt, wurde er in die Ökonomiekritik getrieben. Er ist Redakteur der Zeitschrift *Krisis*, publiziert gelegentlich in anderen Zeitschriften und Zeitungen wie *iz3w* und *Jungle World*, ist Ko-Autor des »Manifest gegen die Arbeit« (Gruppe Krisis, 1999) sowie Mitherausgeber von »Feierabend! Elf Attacken gegen die Arbeit«, Hamburg 1999. Durch seine Kinderlosigkeit trägt er zum Aussterben der Deutschen und zum Bankrott der Sozialkassen bei.

Gaston Valdivia, geb. 1954, ist seit nunmehr 35 Jahren aktiver Gesellschaftskritiker in Theorie und Praxis. Meist hält er sich in Hamburg auf, zwischendurch in Südamerika. Er hat in der *Krisis, Karoshi, Jungle World* und anderen Publikationen Artikel veröffentlicht. Nach zwei Berufsausbildungen und vielen Berufsjahren hat er Volkswirtschaft studiert und ist seit 15 Jahren als Trainer in der Computer- und Neue Medien-Branche unterwegs. Er hat einen erwachsenen Sohn.

Maria Wölflingseder, geb. 1958 in Salzburg, seit 1977 in Wien. Sozialakademie; Studium der Pädagogik und Psychologie. Arbeitsschwerpunkt: Analyse und Kritik von Esoterik, Biologismus und Öko-Feminismus. Zahlreiche Publikationen. Gemeinsam mit Gero Fischer Herausgabe von »Biologismus – Rassismus – Nationalismus. Rechte Ideologien im Vormarsch«, Wien 1995. 1999 und 2001 Lehrauftrag und Gastprofessur an der Universität Klagenfurt. Redaktionsmitglied der *Streifzüge* seit Anbeginn. Bis 2000 Redaktionskoordination bei *Weg und Ziel*. Nicht nur in der Theorie zu Hause, sondern auch in der Literatur, insbesondere in der slawischen. Veröffentlichungen von Lyrik sowie Buch-Rezensionen.

Bini Adamczak

Kommunismus.
Kleine Geschichte, wie endlich alles anders wird.
farb. kleines Taschenbuchformat,

ca. 80 Seiten, ISBN: 3-89771-430-2 ca. 8 €

Wie lässt es sich – jetzt! – fünfzehn Jahre nach dem Ende der Geschichte über das Ende der Vorgeschichte, über Kommunismus schreiben, ohne der Lächerlichkeit eines ohnmächtigen Pathos zu verfallen? Es bedarf einer kinderleichten Sprache um ein kommunistisches Begehren zu erfinden. »Den Kommunismus machen: das kann ja wohl nicht so schwer sein.«

Holger Schatz

Arbeit als Herrschaft.
Die Krise des Leistungsprinzips
und seine neoliberale Rekonstruktion
ca. 350 Seiten, ISBN: 3-89771-429-9, ca. 21 €
ersch. im Oktover 2004

Warum hat in Krisenzeiten die Frage ›was hält die Gesellschaft zusammen‹ Hochkonjunktur und wieso ertönt am Ende stets der Ruf nach ›Arbeit‹, ›Anerkennung‹ und ›Eigenverantwortung‹?

Hito Steyerl,
Encarnación Gutiérrez Rodríguez (Hg.)

Spricht die Subalterne deutsch?
Migration und postkoloniale Kritik

304 S., 12. Abb., ISBN: 3-89771-425-6, 18 €

Zeitgenössische Diagnosen und Kritiken auf dem Hintergrund der kolonialen Geschichte Europas und der aktuellen Migrationsregime.

UNRAST

UNRAST Verlag • Postfach 8020 • 48043 Münster
Tel. (0251) 666293 • Fax. (0251) 666120

info@unrast-verlag.de